U0480551

"十三五"國家重點出版物出版規劃項目

馬藏

第一部 | 第九卷

北京大學《馬藏》編纂與研究中心 編纂

科學出版社
北京

圖書在版編目（CIP）數據

馬藏・第一部・第九卷 / 北京大學《馬藏》編纂與研究中心編纂. —北京：科學出版社，2023.8

國家出版基金項目　"十三五"國家重點出版物出版規劃項目

ISBN 978-7-03-075964-1

Ⅰ.①馬…　Ⅱ.①北…　Ⅲ.①馬克思主義-文集　Ⅳ.①A81-53

中國國家版本館 CIP 數據核字（2023）第 123772 號

責任編輯：劉英紅　夏水雲 / 責任校對：賈娜娜
責任印製：霍　兵 / 封面設計：黄華斌

科 學 出 版 社 出版
北京東黄城根北街 16 號
郵政編碼：100717
http://www.sciencep.com

中國科學院印刷廠 印刷
科學出版社發行　各地新華書店經銷

*

2023 年 8 月第 一 版　開本：787×1092　1/16
2023 年 8 月第一次印刷　印張：34 1/4
字數：570 000

定價：580.00 元
（如有印裝質量問題，我社負責調換）

《馬藏》第一部第九卷

顧　　問　郝　平　　龔旗煌

策　　劃　于鴻君

主　　編　顧海良

副 主 編　孫代堯　　孫熙國　　孫蚌珠　　仰海峰　　劉　軍

本卷編纂人員（以姓氏筆畫爲序）

王　倩　　王　蔚　　王保賢　　仰海峰　　宋朝龍

孫代堯　　孫蚌珠　　孫熙國　　萬仕國　　路　寬

鞏　梅　　劉　軍　　劉慶霖　　顧海良

北京大學馬克思主義學院組織編纂

總　序

　　《馬藏》是對馬克思主義形成和發展過程中相關文獻進行的彙集與編纂，旨在通過對文獻的系統整理及文本的再呈現，把與馬克思主義在中國和世界傳播與發展的相關文獻集大成地編纂薈萃爲一體。作爲馬克思主義理論研究的重大基礎性學術文化工程，《馬藏》分爲中國編與國際編，中國編是對馬克思主義中國化歷史進程中相關文獻和研究成果的彙纂；國際編是對馬克思主義在世界其他國家傳播和發展過程中産生的歷史文獻和研究著述的彙纂。

　　在十九世紀後期西學東漸的過程中，中國知識界開始譯介各種有關社會主義思想的著作，中國人開始了解和認識馬克思及其社會主義學説，這是馬克思主義在中國傳播的開端。十月革命給中國送來了馬克思列寧主義，中國先進知識分子顯著地增强了對馬克思主義和社會主義文獻的移譯和理論闡釋。中國共産黨成立後，馬克思主義開始在中國得到更爲廣泛的傳播。在中國革命、建設和改革過程中，馬克思主義經典著作的編輯和研究，成爲中國共産黨思想理論建設的重要組成部分。

　　馬克思主義在中國的傳播和發展已經有一百多年的歷史，但學界至今仍然缺乏將這一歷史過程中産生的相關文獻彙集和編纂爲一體的權威典籍，尤其缺乏對早期文獻和相關資料的系統整理與彙纂，以致在中國馬克思主義傳播史和中國近現代思想文化史中大量的有價值的文本幾被埋没；已經發掘出來的一些原始文本，也由於種種原因，在轉引轉述中，多有訛奪、失真，造成有關理論研究的結論有失準確，缺乏説服力。編纂《馬藏》，無論是對中國馬克思主義發展史研究，還是對中國近現代思想文化史研究，都十分必要且刻不容緩。

北京大學是中國最早傳播馬克思主義的基地和中國共産黨的理論發源地，有着深厚的馬克思主義研究和傳播的歷史積澱和文化傳統。編纂一套系統呈現馬克思主義在中國傳播、接受和發展的歷史文獻典籍，推動新時代馬克思主義理論研究和哲學社會科學發展，是北京大學應當肩負的使命和學術擔當。基於此，北京大學啓動了《馬藏》編纂與研究工程，成立了《馬藏》編纂與研究中心，由北京大學馬克思主義學院負責編纂工作的具體實施。

《馬藏》中國編的編纂原則如下：一是突出思想性。按照毛澤東所揭示的馬克思主義中國化歷史過程的"使馬克思主義在中國具體化"和"使中國革命豐富的實際馬克思主義化"的基本特點，編纂堅持尊重歷史、求真拓新，系統編排、科學詮釋。二是體現全面性。《馬藏》力求全面搜集文獻，這些文獻主要包括馬克思主義經典作家著作的中文譯本、國外學者有關馬克思主義和社會主義問題相關著述的中文譯本、中國共產黨領導人和重要理論家的著述、中國學者有關馬克思主義和社會主義問題的研究著述、報紙雜誌等媒體的通訊報道等、中國共產黨成立以後有關馬克思主義中國化的文獻資料，以及其他相關的各種文本，如檔案、日記、書信等。三是彰顯學術性。編纂與研究過程，力求忠實於原始文本，完整呈現文獻内容。對原始文本作學術考證和研究，注重對各種文本及其内容、作者、版本、出版者、流傳和影響等作出基本的、必要的學術考證和研究，同時還對文本中的重要詞彙、用語和關鍵詞的内涵及其演化、流變等作基本的、必要的學術考證和説明。四是力求權威性。對相關文本作出準確説明，注意整理國内已有的研究成果，甄別有争議的問題，并且提供有助於問題解决的相關文本資料。通過文本再呈現，爲進一步研究提供學術資源和理論依據。對一些有争議的問題，重於文本引導、考據説明，避免作簡單的判斷。

根據上述原則，《馬藏》中國編分作四部：第一部爲著作（包括譯著）類文本；第二部爲文章類文本；第三部爲各類通訊報道，各種檔案、筆記、書信等文本；第四部爲中國共產黨有關文件類文本。各部之下，按照歷史發展過程分別設卷。

《馬藏》對各文本的編纂，主要分爲三大板塊，即文本呈現、文本校注和文本述評。一是文本呈現，堅持原始文獻以原貌呈現。爲有利於學術研究，凡與馬克思主義在中國傳播和發展相關的有思想價值、學術價值或文本價值的文獻，在内容上依照原貌呈現。對於同一文獻有不同版本的，如有思想價值、學術價值或文本價值，則逐一收錄；對於不同時間出版的同一文獻和資料，在内容上没有變化或變動較少的，只收錄最初的版本。二是文本校注，以頁下注釋的方式，對原書中的誤譯、誤寫或誤排之處，予以更正；對文本中出現的人名、地名、著述、歷史事件、組織機構和報刊等名詞給予準確而簡要的説明。三是文本述評，以"編者説明"的方式附於相應文本之後，呈現編校者對該文本的述評。"編者説明"對文本形成和流傳情況作出描述，如介紹文本原貌及來源、作者、譯者、歷史背景、出版情況、不同譯本和版本演變情況、文中涉及的重要概念和史實、文本傳播狀況、文本的思想傾向等。"編者説明"也對文本研究狀況作出述評，注重對與該文本及其主要内容相關的國内外學術界研究現狀、主要觀點和各種評價作出述評；力求對已有的研究成果作出思想性和學術性的總體述評。

　　《馬藏》不是簡單的資料彙編或者是對原有文本的複製，而是強調對所收文本進行必要的研究、考證、注釋和説明，以凸顯《馬藏》彙集與編纂爲一體的學術特色。需要説明的是，由於收集、整理和研究的是繁蕪叢雜的歷史文獻，不可避免地會出現一些缺憾：一是文獻收集過程中，雖然編纂人員盡力收集已見的和可能發掘的所有文獻資料，但因文獻數量龐大，原始文本散落，著錄信息不完整等原因，難免會有部分重要文獻遺漏；二是編纂過程中，編纂者雖盡力對文獻的版本、作者、譯者、出版者、翻譯狀況，以及文獻中的人名、地名、事件等作出有根有據的考證、注釋與說明，但因文獻情況複雜，在一些文本中仍有少許問題没能解决，注釋與"編者說明"中也可能存在偏差。

　　《馬藏》編纂意義重大，可謂功在當代，利在千秋。《馬藏》對於促進馬克思主義學術研究和理論發展，增强馬克思主義理論自信和文化自信，提升中國化馬克思主義的影響力，推進中國哲學社會科學的繁榮發展有着重大而深遠的意義；《馬藏》對中國近現代思想文化史資料的收集與整理，對於促進中國近現代思想文化史、中外文化交流史的研究，對於展現真實而客觀的中國近現代史具有重大意義；《馬藏》翔實的文獻將向人們展示近代以來中國人民是如何歷史地選擇馬克思主義和社會主義，是如何執着地傳播馬克思主義和推進馬克思主義中國化時代化大衆化的，具有以史爲鏡、資政育人的重要意義。

本卷文獻及編纂説明

本卷收録文獻凡五册。

《社會學》，日本岸本能武太著，章炳麟譯，1902年上海廣智書局出版。本册由王蔚編校。

《總同盟罷工》，奧地利無政府主義者羅列（阿諾爾德·羅勒）著，張繼譯，該書根據幸德秋水的日譯本轉譯而來，1907年出版，未注明出版者。本册由王倩編校。

《新世紀叢書》巴黎本是1907年由巴黎新世紀社編輯出版的一套宣傳無政府主義理論的叢書，原擬出版7個小册子作爲第一集，但在印出6個小册子後，因爲清政府的查禁，被迫中斷。已經出版的6册，包括《革命》《思審自由》《告少年》《秩序》《世界七個無政府主義家》《無政府主義與共産主義》。除《革命》外，其餘5册均爲譯作，譯者均爲"真民"（即李石曾）。本册由萬仕國編校。

《新世紀叢書》晦鳴本爲晦鳴學舍重排合訂本，是師復等於1912年7月根據《新世紀叢書》巴黎本重新排印的。本册由萬仕國編校。

《歐洲近世智力進步錄》，由上海廣學會的英國人高葆真（威廉·亞瑟·科納比）根據赫克托·麥克弗森的《知識進步的世紀》縮寫改編而成，1909年由上海廣學會出版，上海商務印書館代印。本册由宋朝龍、路寬編校。

　　王保賢、劉慶霖參與本卷書稿的審讀工作。

　　萬仕國對本卷全部編校稿作了審讀、修改。

　　鞏梅負責本卷文獻資料總彙。

　　顧海良主持本卷編纂和審讀，作統修和定稿。

本卷凡例

一、本卷各册文獻原爲竪排版，今均改爲横排版。行文中"如左""如右"等表述，保持原貌，不作改動。

二、底本中的繁體字一仍其舊，舊字形今均改爲新字形。

三、底本中的異體字原則上不作改動，但過去使用而現在不再使用的異體字，以相應的繁體字替代；"編者説明"中引用的原文，其中的異體字亦如是處理。

四、底本中以"。""、"表示的句讀，均保持原貌。

五、底本中字旁表示強調的"●""○""◎""、"等符號，今以字下着重號"."表示；底本標示強調符號時，首字不標句讀的，今在該字前補斷句號"。"。

六、底本中的竪排引號『』和「」，今均改爲横排引號。

七、底本中錯、漏、衍、倒字之處，今保持原貌，另在頁下注中予以補正；底本正文中的個別文字漫漶不清，今以"□"替代，不再出注説明；底本中"己""已""巳"及"戊""戌""成"混用的，今根據文意徑改，不出校記。

八、底本中所涉及的國名、人名、地名、報刊名和機構名等與現在通行譯名不一致的，均出頁下注説明。

九、底本中的"支那""夷""蠻"等歷史詞語，均保持原貌。

十、各册文獻扉頁上的内容，由編校者根據底本封面、正文首頁和版權頁等所載信息綜合而成。

十一、各册文獻的目録，均依底本目録録入。底本目録與正文標題不一致處，目録和正文標題均保持原貌，在正文標題處出頁下注説明；正文中標題缺漏的，今據目録增補，并以方括號"[ ]"標示。《總同盟罷工》和《新世紀叢書》巴黎本原無目録，今依正文補作目録。

目錄

社會學	1
《社會學》編者説明	133
總同盟罷工	151
《總同盟罷工》編者説明	225
新世紀叢書	243
《新世紀叢書》巴黎本編者説明	329
新世紀叢書	353
《新世紀叢書》晦鳴本編者説明	421
歐洲近世智力進步録	433
《歐洲近世智力進步録》編者説明	499

插圖目錄

《社會學》扉頁 　　　　　　　　　　2

《社會學》告示頁 　　　　　　　　　3

《社會學》自序首頁 　　　　　　　　6

《社會學》目錄第 1 頁 a 　　　　　　11

《社會學》目錄第 1 頁 b 　　　　　　12

《社會學》卷上第 1 頁 a 　　　　　　16

《社會學》卷上第 46 頁 a 　　　　　78

《社會學》卷下第 1 頁 a 　　　　　　82

《社會學》卷下第 38 頁 b 　　　　　131

《社會學》版權頁 　　　　　　　　　132

《總同盟罷工》扉頁 　　　　　　　　152

"無政府社會主義綱目"第 1 頁 　　160

《總同盟罷工》第 1 頁	164
《總同盟罷工》第 32 頁	180
《總同盟罷工》第 41 頁	186
《總同盟罷工》第 43 頁	189
《總同盟罷工》第 44 頁	190
《總同盟罷工》第 92 頁	218
《總同盟罷工》第 96 頁	222
《總同盟罷工》版權頁	223
《革命》封面	248
《革命》封二	249
《革命》扉頁	250
《革命》第 1 頁	252
《革命》第 8 頁	258
《革命》插圖一	259
《革命》插圖二	260
《革命》插圖三	261
《革命》插圖四	262
《思審自由》封面	264
《思審自由》封二	265
《思審自由》目錄	266
《思審自由》第 1 頁	268

插圖目錄

《告少年》封面	278
《告少年》封二	279
《告少年》第 17 頁	292
《告少年》第 18 頁	293
《秩序》封面	296
《秩序》封二	297
《秩序》第 5 頁	302
《秩序》插圖一	303
《秩序》插圖二	304
《秩序》插圖三	305
《世界七個無政府主義家》封面	308
《世界七個無政府主義家》譯者前言	310
《世界七個無政府主義家》第 1 頁	312
《無政府主義與共產主義》封面	324
《新世紀叢書》晦鳴本封面	354
《新世紀叢書》晦鳴本目錄	357
無政府主義七家學說比較表一	398
無政府主義七家學說比較表二	400
"馬塲路自由民樂園"圖	410
"鷹山村共產殖民地"圖	411
《新世紀叢書》晦鳴本校勘表第 1 頁	417
《新世紀叢書》晦鳴本校勘表第 2 頁	418

印贈新世紀叢書者之言	419
《歐洲近世智力進步錄》扉頁	434
《歐洲近世智力進步錄》英文扉頁	436
《歐洲近世智力進步錄》英文目錄	438
《歐洲近世智力進步錄》目次第 1 頁	440
《歐洲近世智力進步錄》目次第 2 頁	441
《歐洲近世智力進步錄》第 1 頁	442
《歐洲近世智力進步錄》第 14 頁	454
《歐洲近世智力進步錄》第 49 頁	485
《歐洲近世智力進步錄》第 50 頁	486
《歐洲近世智力進步錄》第 62 頁	494
《歐洲近世智力進步錄》第 65 頁	497
《歐洲近世智力進步錄》第 66 頁	498

社 會 學

日本　岸本能武太 / 著
　　　章炳麟 / 譯

上海廣智書局

日本岸本能武太著

社會學

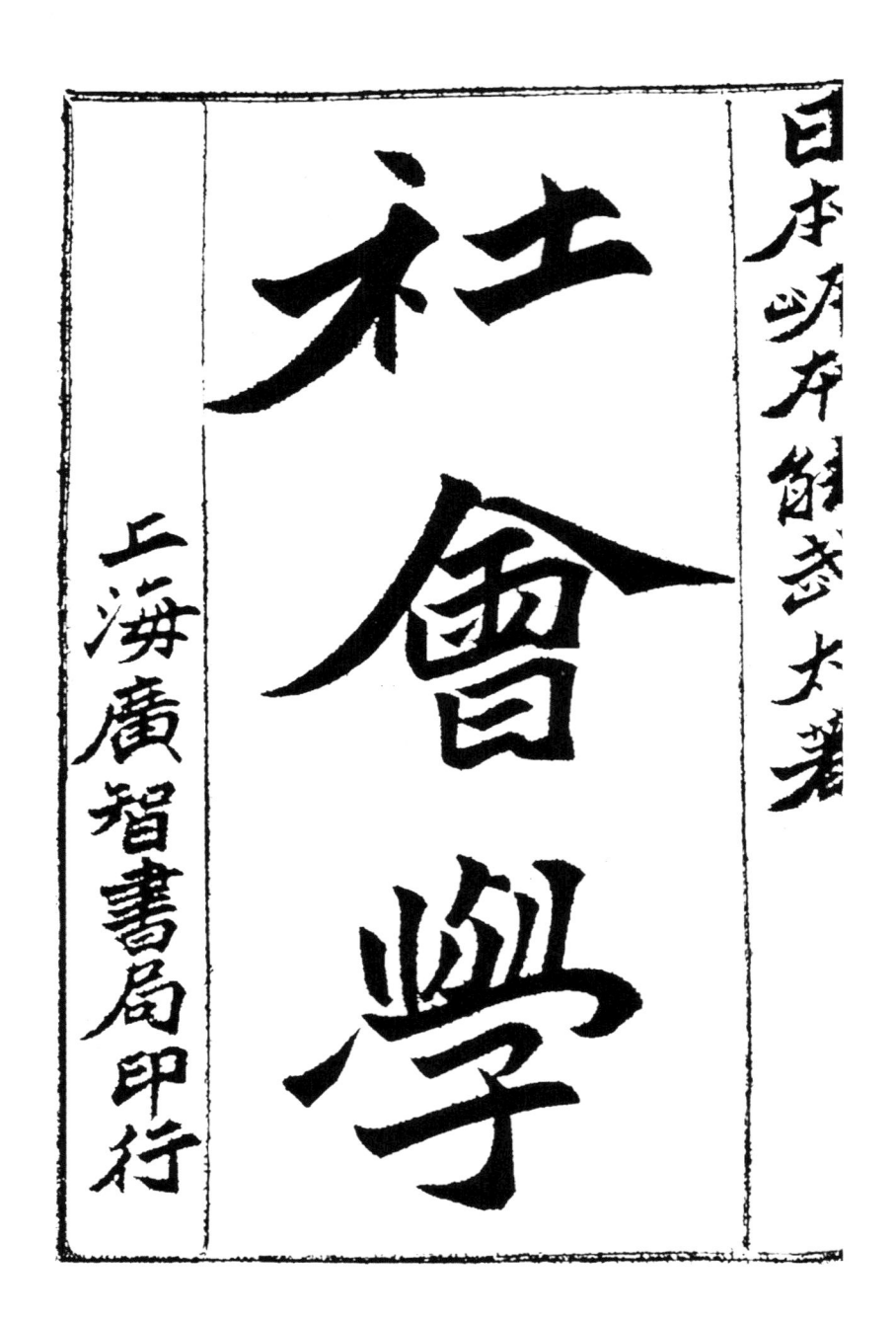

上海廣智書局印行

《社會學》扉頁

欽命二品頂戴江南分巡蘇松太兵備道袁　爲

給示諭禁事本年二月十二日接

英總領事霍　來函以香港人馮鏡如在上海開設廣智書局繙繹西書刊印出售請出示禁止翻刻印售並行縣廨一體示禁附具切結聲明局中刊刻各書均係自譯之書等情函致到道除分行縣委隨時查禁外合亟出示諭禁　爲此示仰書賈人等一體遵照冊得任意翻印漁利倘有前項情弊定行提究不貸其各凜遵冊違切切特示

光緒二十八年　三月　初二　日示

欽加三品銜賞戴花翎在任候選道特授江蘇上海縣正堂汪

出示諭禁事奉

道憲　札接

英總領事霍　來函以香港人馮鏡如在上海開設廣智書局繙譯新書刊印出營請給示禁止翻刻印售並行縣廨一體示禁等由到道札縣奉此合行出示諭禁　爲此示仰書業人等知悉嗣後不准將廣智書局刊譯各種新書翻刻出售如敢故違定干查究其各凜遵切切特示

光緒二十八年　三月　十七　日示

《社會學》告示頁

社會學自序

　　社會學始萌芽。皆以物理證明。而排拒超自然説。斯賓塞爾①始雜心理。援引浩穰。於玄秘淖微之地。未暇尋也。又其論議。多蹤迹成事。顧鮮爲後世計。蓋其藏往則優。而匱於知來者。美人葛通哥斯②之言曰。社會所始。在同類意識。俶擾於差别覺。制勝於模效性。屬諸心理。不當以生理術語亂之。故葛氏自定其學。宗主執意。而賓旅夫物化。其於斯氏優矣。日本言斯學者。始有賀長雄③。亦主斯氏。其後有岸本氏④。卓而能約。實兼取斯葛二家。其説以社會擬有機。而曰非一切如有機。知人類樂羣。亦言有非社會性。相與偕動。卒其祈嚮。以庶事進化人得分職爲侯度。可謂發揮通情知微知章者矣。余浮海再東。初得其籍。獨居深念。因思劉子駿⑤有言。道家者流。出於史官⑥。固知考迹皇古。以此先心。退藏於密⑦。乃能幹人事而進退之。考迹皇古。謂之學勝。先心藏密。謂之理勝。然後言有與會⑧。而非夫獨應者也。岸本氏之爲書。綜合故言。尚乎中行。雖異於作者。然其不凝滯於物質。窮極往逝。而將有所見於方來。誠學理交勝

---

① "斯賓塞爾"，即赫伯特·斯賓塞（Herbert Spencer，1820—1903），英國社會學家和哲學家，著有 10 卷本《綜合哲學體系》。
② "葛通哥斯"，即富蘭克林·亨利·吉丁斯（Franklin Henry Giddings，1855—1931），美國社會學家，著有《社會學原理》（The Principles of Sociology）等。
③ "有賀長雄"，有賀長雄（1860—1921），日本社會學家、法學家，著有《共和憲法持久策》《皇室典範》等。
④ "岸本氏"，即岸本能武太（1866—1928），日本社會學家。
⑤ "劉子駿"，即劉歆（約公元前 50—公元 23），字子駿，西漢經學家、數學家，著有《三統曆譜》，所著《七略》，原書已佚，其主要内容存於《漢書·藝文志》中。
⑥ "道家者流。出於史官"，語出《漢書·藝文志》。
⑦ "以此先心。退藏於密"，語出《易·繫辭上》。
⑧ "與會"，有誤，應爲"興會"。

者哉。乃料簡其意。譯爲一編。無慮五萬餘言。有知化獨往之士。將亦樂乎此也。

壬寅六月①章炳麟序

---

① "壬寅六月",指光緒二十八年(1902)六月。

社會學自序

社會學始萌芽。皆以物理證明。而排拒超自然說。斯賓塞爾始雜心理。援引浩穰。於玄秘淖微之地。未暇尋也。又其論議多蹤成事。顧鮮為後世計。蓋其藏往則優。而憻於知來者。美人葛通哥斯之言曰社會所始在同類意識俶擾於差別覺。而制勝於模效性。屬諸心理。不當以生理術語亂之。故葛氏自定其學宗主執意而賓旅夫物化其於斯氏優矣。日本斯學者始有賀長雄亦主斯氏其後有岸本氏卓而能約斯葛二家。其說以社會擬有機。而曰非一切如有機。知人類樂羣亦言有非社會性相與偕動。卒其祈嚮以庶事進化人得分職為侯度。可謂發揮通情知微知章者矣。余浮海再東初得其籍獨居深念因思劉子駿有言道家者流出於史官固知考迹皇古以此先心退藏於密乃能幹人事而進退之考迹皇古謂之學勝先心藏密謂之理勝然後言有與會。而非夫獨應者也岸本氏之為書綜合故言尚乎中行雖異於作者然其不凝滯於物質窮極往逝而將有

《社會學》自序首頁

目錄

卷上

緒論 ……………………………………… 15

    第一節　社會學之字義 ………………… 15

    第二節　社會學爲新學問 ……………… 15

    第三節　論社會學創立獨晚之故 ……… 17

    第四節　研究社會現象之四方面 ……… 19

    第五節　社會學爲最複雜之學問 ……… 26

    第六節　社會學之定義 ………………… 28

    第七節　社會學與直接諸科學之關係 … 29

    第八節　論"索西亞利士謨"Soolalian[①]與"索西奧羅齊衣"Sircaloyy[②]不可混同 … 31

    第九節　研究社會學之利益 …………… 32

[①] "Soolalian"，有誤，應爲"Socialism"。
[②] "Sircaloyy"，有誤，應爲"Sociology"。

本論　　　　　　　　　　　　　　　35

第一章　原人狀態　　　　　　　36

第一節　原人野蠻①之差別　　　　36
第二節　原人時代爲最初大古時代　　37
第三節　證生民之始在五十萬年以前　　38
第四節　論吾輩所有古代智識不出萬年　　39
第五節　人爲進化之動物　　　　40
第六節　自太古至有史時代各種長物之發見　　41
第七節　原人之身體　　　　48
第八節　原人之心意　　　　56

第二章　社會與境遇　　　　64

第一節　社會發生發達皆被境遇之影響　　64
第二節　無機境遇　其一　氣候　　66
第三節　無機境遇　其二　土壤　　70
第四節　有機境遇　其一　植物　　74
第五節　有機境遇　其二　動物　　75

卷下

第三章　社會之起原　　　　81

第一節　社會何以發生　　　　81
第二節　社會起原諸説　其一　神命説　　83

---

① "野蠻"，有誤，應爲"野蠻人"。

第三節　社會起原諸說　其二　社會性說　　84
　　第四節　社會起原諸① 其三　民約說　　86
　　第五節　社會起原諸說　其四　自然淘汰說　　89

第四章　社會之發達　　92

　　第一節　協力有同業分業二種　　92
　　第二節　社會自同業協力發生　　93
　　第三節　社會自分業協力發達　　93
　　第四節　社會成長與社會發達之別　　94
　　第五節　社會成長之法　　94
　　第六節　督制供給兩系統之法見爲社會分化第一步　　96
　　第七節　分配係統之發見爲社會分化第二步　　98
　　第八節　督制供給分配之系統各自發達爲社會分化第三步　　99
　　第九節　督制系統之發達　　99
　　第十節　供給系統之發達　　101
　　第十一節　分配系統之發達　　103

第五章　社會之性質　　107

　　第一節　社會性質五說　　107
　　第二節　社會多元說　　108
　　第三節　社會一元說　　108

---

① "社會起原諸",有誤,應爲"社會起原諸說"。

第四節	社會器械說	109
第五節	社會化學說	111
第六節	社會有機說	111
第七節	社會爲一種有機體　其一　社會與有機體相似之點	112
第八節	社會爲一種有機體　其二　社會與有機①相異之點	114
第九節	社會發達之原動力	115

第六章　社會之目的　118

第一節	以社會發達足證社會之有目的	118
第二節	萬物爲進化之萬物	120
第三節	社會目的所在	121
第四節	人生究極之目的在任受完具之幸福	123
第五節	召致完具幸福之要件　其一　天然征服	125
第六節	召致完具幸福之要件　其二　社會改良	126
第七節	召致完具幸福之要件　其三　箇人教育	129

社會學目錄終

---

① "有機"，有誤，應爲"有機體"。

社會學目錄

卷上

緒論

第一節　社會學之字義 …………… 一
第二節　社會學為新學問 ………… 一
第三節　論社會學創立獨晚之故 … 一
第四節　研究社會現象之四方面 … 三
第五節　社會學為最複雜之學問 … 九
第六節　社會學之定義 …………… 一〇
第七節　社會學與直接諸科學之關係 … 一二
第八節　論「索西亞利士謨」Socialian 與「索西奧羅齊衣」Sociology 不可混同 … 一三

第九節　研究社會學之利益　一四

本論

第一章　原人狀態
第一節　原人野蠻之差別　一五
第二節　原人時代為最初大古時代　一五
第三節　證生民之始在五十萬年以前　一六
第四節　論吾輩所有古代智識不出萬年　一六
第五節　人為進化之動物　一七
第六節　自太古至有史時代各種長物之發見　一八
第七節　原人之身體　一九
第八節　原人之心意　二五

第二章　社會與境遇　三〇　三六

社會學卷上[1]

---

[1] 目録爲"卷上"。

緒論

第一節　社會學之字義

社會學。英語云"索西奧羅齊衣"①。Sociology德語云"索西奧羅其衣"。Sociologie本由拉丁語所謂"索西烏斯"Socius希臘語所謂"羅告斯"Logos者結合而成。"索西烏斯。"本訓"朋輩"。及用之於此。則與拉丁語之"索西哀他斯"②Societas英語之"索沙哀齌衣"③Society同意。其義皆爲"社會"。羅告斯者。其全體則訓"辭"訓"道"。而亦訓爲"科學"。與所謂"沙衣恩斯"④者同用。如地質學稱"齊奧羅齊衣"⑤。生物學稱"巴衣奧羅齊衣"⑥。心理學稱"沙衣廓羅齊衣"⑦。凡其云"羅齊衣"⑧者。皆自"羅告斯"而流變。故"索西奧羅齊衣"。義即"社會之科學"。或云"關於社會之學問"亦可。

第二節　社會學爲新學問

初言社會學者。爲法人歐哥斯德廓模德⑨。其所著"實驗哲

---

① "索西奧羅齊衣"，Sociology 的音譯，即社會學。
② "索西哀他斯"，拉丁文 Societas 的音譯，即社會。
③ "索沙哀齌衣"，Society 的音譯，即社會。
④ "沙衣恩斯"，Science 的音譯，即科學。
⑤ "齊奧羅齊衣"，Geology 的音譯，即地質學。
⑥ "巴衣奧羅齊衣"，Biology 的音譯，即生物學。
⑦ "沙衣廓羅齊衣"，Psychology 的音譯，即心理學。
⑧ "羅齊衣"，即詞根 "-ology"，表示學科。
⑨ "歐哥斯德廓模德"，即奧古斯特·孔德（Auguste Comte，1798—1857），法國著名哲學家，社會學和實證主義創始人。

社會學卷上

日本　岸本能武太　著

中國　章炳麟　譯

緒論

第一節　社會學之字義

社會學英語云「索西奧羅齊衣」Sociology 德語云「索西奧羅其衣」Sociologie 本由拉丁語所謂「索西烏斯」Socius 希臘語所謂「羅告斯」Logos 者結合而成。「索西烏斯」本訓「朋輩」及用之於此則與拉丁語之「索西哀他斯」Societas 英語之「索沙哀齊衣」Society 同意其義皆為「社會」羅告斯者其全體則訓「辭」訓「道」而亦訓為「科學」與所謂「沙衣恩斯」者同用如地質學稱「齊奧羅齊衣」生物學稱「巴衣奧羅齊衣」心理學稱「沙衣廓羅齊衣」凡其云「羅齊衣」

學"①。始見"索西奧羅其衣"之語。其書第三版。出於千八百三十八年。社會學之名。始顯於世。至今未六十年也。傳此名號科學於英語者。則自英人赫巴德斯賓塞爾②始。

社會學之名晚出。其科學亦晚出自廓模德以往。社會問題。學者莫或研究。若法度斯學之材料組織。則前此略有備者。然利用此材料。而復以新材料增之。且求秩序於材料。以組織此新率統新科學者。則舍廓模德無人焉。其爲新學。固無待深論爾。

第三節　論社會學創立獨晚之故

社會學之創立獨晚。是何也。夫社會現象。自有生民而既著於地球。宜早有討論其學者。今至於十九世紀之始。猶無其人。且中世以彼③。民智之發達。科學之興起。日盛於歐洲。獨其關於社會之科學。則寂然莫之考索。是豈無其說耶。以余觀之。其原因有二。

第一原因。治會學者於凡百現象有其組織之智識。然自太古以至十九世紀之始。具此智識者無人也。且一切科學。其基礎皆在智識。而不可直以智識爲科學。必有組織之智識。始足以稱科學而無怍。如"威柏斯他"大字書④。豈不藏無數智識於其中耶。然不可以此字書爲科學書者。由其於

---

① "實驗哲學"，即孔德的著作《實證哲學教程》（*Cours de Philosophie Positive*），共 6 卷，完成於 1830—1842 年。"社會學"（Sociologie）這一概念，是孔德於 1838 年在《實證哲學教程》第 4 卷"社會哲學專論"中首次提出的。在此之前，孔德一直沿用聖西門使用的"社會物理學"（Physique Sociale）概念。
② "赫巴德斯賓塞爾"，即赫伯特·斯賓塞。
③ "以彼"，有誤，應爲"以後"。
④ "'威柏斯他'大字書"，"威柏斯他"，即諾亞·韋伯斯特（Noah Webster, 1758—1843），美國詞典學家。"大字書"，即諾亞·韋伯斯特編撰的《美國英語詞典》（*An American Dictionary of the English Language*）。該詞典初版於 1828 年，從 1890 年的修訂本起，稱《韋氏國際詞典》（*Webster's International Dictionary*）。章太炎（即章炳麟，號太炎，以號行於世）翻譯《社會學》時的韋氏詞典，應該是《韋氏國際詞典》。

各種智識。不能秩序而組織之耳。於社會現象亦然。其聞見雖多。僅可謂蓄積智識之府。固未能組織以成科學也。於此智識。不可無組織。其組織也。又不可無法度。今見社會現象之複雜紛亂。而欲探其秩序。求其法度。有所未能。則雖欲成此科學。其目的終不可達。此社會學創立獨晚之原因一也。

至十九世紀。社會學始現於世。則因研究現象。而發見其秩序法度爾。其助此發見者。有二事。

一曰"統計學"之進步也。凡人事現象。必有定數定量。有統計學。則可以綜合其成事。而豫想其將來。故若水災之數。失火之數。生死之數。自殺之數。婚嫁之數。每歲以平均計之。而自見有一定之數量一貫之法度於其間。則保險會社。於是成立。於是保存矣。由此推測。於一切社會現象。皆知其秩序法度。則組織社會學之端緒。亦於是始開矣。

二曰"因果律"之通用也。（以原因結果之理法適用之於人事）使人類恣意言動。而當其言動。絕無當然之原因。（即動機）則社會現象。就從而發見其秩序。使言動皆出於偶然。若波濤在風。變幻不恆。無法度之可言。則人類固自屏於因果律外。而一切關於人事之科學。如道德學社會學者。皆不能成立。如統計學者。亦不能適用於社會現象也。又使此因果律。僅適用於社會全體。而不適用於箇人之舉止。彼箇人之舉止。以起原言。則無一定法度。以相互之間言。則無一定關係。欲於此建設科學。亦猶築室水中。飄泊而無定著也。惟人類舉止。悉在因果律之範圍。而一言一動。皆有原因。無出於偶然者。既明此說。而於社會現象之有秩序法度。乃信之益堅矣。

第二原因　治社會學者必研究世界種種社會之比較。夫僅以關於社會現象者。而稱之爲科學。其義有未盡也。今使就日本社會。蒐集現象。復組織之。終不可以社會學稱。何者。社會學者。關於地球萬國之社會。非關於一方之社會也。取地球萬國之社會。以"歸納法"研究之。而發見普通於社會之原理法度。然後可以無忝其名矣。地球萬國之社會。至不一也。或則野蠻。或則半開。或則開化。就其人種而分其事類。則有黑黃白晳之不同。欲審斯狀。固其難哉。故非因交通之利便。必不能達斯目的。陸無滊車。海無滊船。而欲智識完具。其道無由。非因進化論之行世。必不能易西人高傲之性而使之謙讓。被①視膚色異者不比於人夫蒙昧半開之社會。孰肯虛心平氣以研究之。然則於地球未盡交通之時代。於西人高傲自滿之時代。又安得所謂社會學者乎。當社會學未創也。必先以比較法研究種種現象。而後其機始啓。適會十九世紀之初。交通便利漸以得開。而進化論又方現於世。其所唱道。非獨無機物進化云爾。非獨動植物進化云爾。雖人類亦自各種動物進化。雖今之文明人種。亦自昔之矇昧野蠻進化。自爾以來。西人始抑制其高傲之性。而知野蠻風俗。亦不可不以平心考之。經此階級。始覩曙光。此社會學創立獨晚之原因二也。

第四節　研究社會現象之四方面

　　將下定義於社會學。則其問題甚多。今先就問題之一。而論社會現象之研究。自四方面得之。

　　第一方面。爲社會分析研究法。謂勿問東西今昔。凡一社會。則分析解剖之。而研究其所組織之元素是也。凡人類集合。至於組織社會。其間必有各種分業。而此分業者。隨於社會進化而趨複雜。故進化之社會。其

---

① "被"，有誤，應爲"彼"。

部分自繁。今所謂社會分析研究法者。非研究社會之進化。又非徒研究進化之社會也。雖然。先研究進化之社會。而不進化之社會。其事自可推知。故學者爲分析研究法。常自進化社會始。然其部分複雜。則分析非易。故當其分析也。以用"分類法"爲最便。分類法者。謂取社會種種現象。而從其種類分之。至其分類之綱目。以何者爲適當。或言以"演繹法""先天法""臆斷法"定之。或言以"歸納法""後天法""實驗法"定之。二者相較。吾固取其後者。夫以社會現象之繁賾。而欲以少數之綱目分類之。稍有所倚。必不免於偏僻。如斯賓塞爾著"社會學原理"。舉大綱六。一曰家族制度。二曰儀式制度。三曰政治制度。四曰宗教制度。五曰職業制度。六曰產業制度。有賀長雄氏。傳其學於日本。亦自著"社會學"。舉大綱五。一曰宗教。二曰族制。三曰政體。四曰儀式。五曰產業。凡其舉此綱目。必自謂最要可知也。其於定著綱目之前。必先討論此綱目之性質。與其進化。又可知也。然而精覈之。則數者以外。其可設之綱目不少。如兵制法律教育美術。皆可自爲一綱。而論其起原進化。然則前人之遺漏。不已多乎。

　　社會分析研究法。在取種種現象而分類之。故又稱社會博物學研究法。是於英語則云"那忒育拉、希斯德利、邁索知德歐索西亞斯他忒"。Natural history method of soeidl seudy[①]博物學者。如動物學植物學金石學皆是。乃聚物而分類之。非研究物之起原變化與其目的也。故其進步。不過二事。曰物類之增加分類之方法而已。於社會研究之第一方面亦然。先蒐現象。次分綱目。於此問其進步何如。獨在分類之法。能適當於其現象否耳。若夫以今昔彼此之社會。互相貫通。而研究其貫通之定法。則屬於第二方面。

---

① "Natural history method of soeidl seudy"，有誤，應爲"Natural history method of social study"。

非第一方面所與知矣。雖然。於今昔彼此之社會。業已略舉數端。則此社會博物學研究法。正爲"社會比較研究法"起本爾。溯此而上。未有不研究兩社會之異同優劣者也。若更以比較研究法。徧施諸種種社會。則又可從其社會優劣之程度。而次第排列之。是故博物學研究法。自一社會之研究。而擴之至於衆社會之研究。於一社會現象。既取其單位而研究之。亦擴之至於衆社會現象之單位也。

第二方面。爲社會歷史研究法。其所以異於分析研究法者。彼取社會與社會之現象。一一從其原形而研究之。若曰與他社會及他現象。無所關係也。此則根據"進化律"而解明凡百社會相互之關係。與一社會中各現象相互之關係也。故歷史與分析之異。曰。其視社會。非死物而爲活物。非靜止者而爲轉動者。非沈滯者而爲進化者。

從博物學研究法。則於凡百社會。較其元素之多寡。組織之單複。而定其優劣程度。以次第排列之耳。從歷史研究法。非特排列其優劣也。又可知人類全體。自野蠻之域而進於文明之域。其間有種種階級。以此觀察社會。故較諸博物研究。深且遠矣。

或曰。發見進化律。似非要事。不知其於學術進步。功不次於紐敦①之發見重學也。自進化律之發見。凡關於動植物學者勿論。下而至於無機物。上而至於人事。其學術皆爲一新。故有無機物進化論。有動植物進化論。有人類進化論。有道德進化論。有宗教進化論。有社會進化論。精言哲理。躍接以生。其成效顧不著耶。

有機物果自無機物進化耶。人類果自猿狙變遷耶。學者於此。其議論多函胡。余亦未暇深論也。惟夫人類。自野蠻矇昧之狀態數更進化。而臻

---

① "紐敦"，即伊薩克·牛頓（Isaac Newton，1642—1727），英國物理學家、天文學家和數學家，經典力學的創始人。

於今日文明開化之狀態。斯言也。則萬夫同聲無可疑者。試觀人類百事。非日進乎。人類之智識。非日新乎。人類之慾望。非從於歲月而增其容量。多其取材乎。既知人類於現在未來。皆爲進化。則於其過去者。斷爲進化。夫何不可。況夫見於歷史者。進化之跡。固粲然著明耶。

社會歷史研究法。即以進化律研究社會者。小則以此研究一社會。大則徧施於人類社會之全體。所研究者。第一原人之狀態。第二組織社會之次序。第三種種分業之起原。第四種種制度之發現。第五制度之變遷沿革。於此五者知其微旨。則可以知今世社會單複異形進化異度之故。又可以知現在過去諸社會。其文野不同者。特人類進化之異其階梯耳。

然則以博物學研究。而網羅現象。無所遺漏。得以少數之綱目配之。以進化律研究。而辨章程度。知其緣起。得以適當之位列處之。社會學中。僅以此二方面言。其範圍固已廣博無圻矣。夫惟社會學之爲用。非僅關於一方一世。故凡涉及人事之科學。皆包容於社會學中。雖其科學無涉於人事者。而於社會學中。猶不可闕。故稱社會學曰科學之科學。非侈言矣。世人稱哲學者。多用此名。其意以爲哲學者。所以研究凡百科學之原理原則者也。今以此稱社會學。則其意義少異。蓋謂凡百科學。皆包絡於社會學之範圍云爾。

利用進化律以研究社會。與用分析研究法者。皆自斯賓塞爾始。故緯以分析。經以進化。而斯賓塞爾之學成矣。有賀氏①祖述之。其方面絕無所異也。

第三方面。爲社會哲學研究法。其異於分析歷史二法者。分析法惟取社會現象。而觀察其組織之要素。復從其種類分之耳。此則非獨觀察其組

---

① "有賀氏"，即有賀長雄。

織。又討論社會之性質何如。人之所以組織社會者何故。歷史法惟以變遷進化觀社會。此則審察其變遷進化者何因。彼此社會進化狀態之相異者何故。豈特知此現象爲彼現象之原因。此事蹟爲彼事蹟之結果。遂以沾沾自喜耶。斯哲學研究法。所以異於前二者也。

社會哲學研究法。所以求社會組織之原理。與社會進化之原則者也。夫種種現象所以組織社會者。必以分析法求之。而始知社會之要素。斯固然矣。雖然。知社會之要素。未可云知社會。社會雖以此要素組成。而社會非此要素。以此要素組成之社會。其性與要素之性不同。又與合計要素之性不同。社會固自有其性。而組織此諸要素以爲社會者。亦自有其定法也。譬之輕氣養氣①。爲水之要素矣。而水自爲水。非輕氣非養氣也。水之爲流動體。又與輕氣養氣之爲氣體者不同。則并與輕養合計之性異矣。於社會亦然。知其組織之要素。不足以知社會之體性。夫人何爲而組織社會。社會之要素。從於何法而相和合。其要素相互之關係何如。其社會組織之法度何如。斯非爲哲學研究者。寧足以對此問題耶。

更進而問之曰。社會之所以進化者何故。人類之所以進化者何因。社會之組織。其取於人類者。影響何似。斯皆社會哲學研究法之問題也。故非獨研究一方社會今昔之沿革而已。又非獨研究社會全體自野進文之歷史而已。又非獨研究一事蹟與他事蹟。或爲其原因或爲其結果而已。又非獨研究社會全體之變遷。而明解其如何進化之理法而已。更將問人類社會何故進化。箇人之進化。與社會之進化。其關係云何。何者能使社會變遷而進化。何者能使進化之理法。適用於社會之變遷。於此求之。是謂研究社會進化之原理。

---

① "輕氣養氣","輕氣",即氫氣;"養氣",即氧氣。

大凡科學。可區別爲二種。第一種曰"分類科學"。此以分類爲造極之目的者。如動物學植物學是也。第二種不以分類自畫。又欲於現象之間。發見其原因結果之關係。是名"因果科學"。如機械學物理學是也。分類科學所重。在分別同時現象之類族。於空間則徧考諸東西。於時間則不考諸前後。因果科學所重。在探究異時現象之關係。於時間則徧考諸前後。於空間則不考諸東西。故英國學者租斯周亞德彌兒①辨此二種。以前者爲關係於"同時之合同"。以後者爲關係於因果之合同。今社會分析研究法。與分類科學同。社會歷史研究法。與因果科學同。獨社會哲學研究法。其名既曰哲學而非科學矣。其所以異者。曰、非專以分類同時之現象與發見前後進化之軌道法度爲能事。惟研究社會組織之原理與社會進化之原則。斯爲其當務云爾。

第四方面。爲社會結局研究法。蓋欲社會哲學研究法之臻於完備。則必問社會之目的如何。若徒研究其組織進化而不審其目的。則缺陷多矣。夫社會因何事而存在。向何目的而進化。組織社會之箇人。其於社會目的。有何等關係。此數問題。皆社會結局研究所注意也。故第一方面。惟研究其組織之要素。第二方面。惟研究其變遷之歷史。至於第四方面而始研究其組織進化之目的。其補益於社會。誠不少歟。

第一可研究者。其問題曰。社會果有目的否耶。若有目的。吾輩果能知之否耶。應之曰。社會爲發達進化者。又從於歲月而增開化之度者。其有目的可知也。其目的之歷久漸明。又可知也。吾輩惟信社會之發達進化。故不疑其目的之存在。與其目的之歷久漸明。目的者何。曰、使人類之組織社會而生存於其間者。皆受圓滿具足之幸福爾。故社會進化云者。其意

---

① "租斯周亞德彌兒",即約翰·斯圖亞特·穆勒(John Stuart Mill,1806—1873),英國經濟學家、哲學家、政治學家。他在《邏輯體系》(1843)一書中研究了確定因果關係的邏輯方法。

與社會能增進幸福無所異。

第二可研究者。其問題曰。此目的與組織社會之箇人。其關係如何。應之曰。使社會雖有目的。其目的雖能歷久漸明。然而人智進步。或未達其程度。則不知社會之有目的也。於斯時也。亦自順其天則。不識不知。以增進其組織。蓋社會反如知己之有目的者。而能使人類向此目的。冥行前進而不自覺。惟人類亦若爲社會所驅役者。徑情直行。不知所如往。不達此目的不止。俄而智識進步矣。人人知社會之有目的。非獨知之。又知此目的者。可以己力助成。於是社會之進步。較之前日。其速力加迅。故向也以箇人浮於社會之潮流。而隨之進退。今也以箇人波引社會之潮流。而使其駛行。此則非社會轉移箇人之時代。而箇人轉移社會之時代也。

第三可研究者。其問題曰。當以何法。使箇人能促社會之進步耶。應之曰。社會之目的。在使組織社會之箇人。受圓滿具足之幸福。而所謂幸福者。在所費之勞力愈減。而所得之利益愈增。故欲達此目的。在使智識普及於個人。使道德徧行於箇人。更欲求其門徑。則惟教育普及而已。教育之效。能使人知己之目的與社會之目的爲何物。又知達此目的最良且速者爲何法。故能貫徹於社會之始終本末者。獨此爲不二法耳。

觀社會學家所持論。或曰。社會以自然方法而進步。或曰。社會之進步。可以人爲方法促進之。且不得不促進之。前者自社會靜止之方面觀察。後者自社會轉動之方面觀察。故前者稱"靜止社會學"。後者稱"轉動社會學"。如斯賓塞爾之社會學。重在靜止。故密於分析歷史之研究。而疏於哲學結局之研究。如利他哀夫歐爾德[①]之社會學。重在轉動。故始終所向。皆

---

① "利他哀夫歐爾德"，即萊斯特·弗蘭克·沃德（Lester Frank Ward，1841—1913），美國社會學家、植物學家和古生物學家，曾擔任美國社會學協會首任主席。

在哲學結局之研究。而切論促進程度貫徹目的之道。嗚呼。<u>歐爾德</u>者。可謂有意於助長社會者矣。

第五節　社會學爲最複雜之學問

　　社會學之定義未下。故余於前節。先示研究四方面。於此復明社會學爲最複雜之學問。凡皆爲確下定義起本也。社會學之複雜。以其所取現象之複雜知之。社會現象之複雜。以研究社會有四方面知之。夫以研究社會而有四方面。是即可云社會學有四種之別也。使專以分析爲任務。蒐其方物。辨其種類。已自不易。說①又求其發達於歷史。求其動機於哲學。求其目的與自然人爲之法於結局耶。非先有地理生物心理哲學諸科之智識。孰能與於斯者。夫學問之複雜。寧有過此者乎。

　　所謂複雜者。非獨於研究社會學時。以各種科學爲研究之器械也。其學既以社會名矣。則其所研究之現象。自包有各種科學可知。凡科學者。特能形造社會現象之一部耳。故有取於社會之一部者。如經濟學道德學政治學是也。有取於社會以外之現象者。如地理學地質學物理學化學動植物學是也。有取於支配物心二界之原理原則者。如數學論理學②哲學是也。三者之於社會學。或直接。或間接。要之未有漠然無關係者。雖曰三者之存在。皆爲社會形造其一部。亦非過言也。

　　人類有各種學術。則有統一科學之二法。其一。欲發見一切科學之原理。而據此原理。以綜合一切科學者。是爲哲學之目的。此所以稱科學之科學也。其二。欲測定複雜之程度。而使一切科學。從其發現之早晚而排

---

① "說"，有誤，應爲"況"。
② "論理學"，即邏輯學。

列之。是爲社會學之任務。此所以亦稱科學之科學也。而此二法者。其性質自相反對。前者欲自最廣最顯之原理。有所發見。而從其概括。使一切科學。歸於一貫。人類智識。趣於簡易。蓋由綜合而復綜合之。卒令萬有思想。集點於一丸一粒。是謂自複雜而趣單純。期於發見單純之真理者也。後者先取簡易之科學。以爲基礎。漸及複雜之科學。而尚以爲基礎。蓋由複雜而益複雜之。遂自立於一切科學之上。使一切科學。皆包括於其內容。而爲自有特性之科學。是謂自簡易而趨複雜。期於建設科學之階級者也。前者以因果理法爲始基。而希萬殊之歸一。後者以生民幸福爲目的。而希使種種現象。向前目的而進化。故哲學與社會學。其稱科學之科學則同。而其所以得稱者。於義固大殊矣。

社會學包有一切科學。故<u>廓模德</u>以統一科學之第二法。而建設科學之階級。凡分六級。一曰數學。次二曰天文學。次三曰物理學。次四曰化學。次五曰生物學。次六曰社會學。數學最單純。故居最前階級。社會學最複雜。故居最後階級。天文學本在數學中。而自有其特性。物理學化學亦爾。至社會學。則立於諸學之上。而包括各科於其內容。社會學固有之特性。亦諸學所無也。由是觀之。其複雜爲何如耶。

難者曰。社會之複雜。獨可於其特性見之。其與他科學相涉者安在。曰、以特異性而見其複雜。別於社會現象研究法示之矣。當其研究現象時。欲知社會之起原與其進化。則必就其國土而考其地理地質氣侯[①]動植與夫種種現象。此勢所不可避者。觀諸社會學家所著書。欲論社會現象。必先論其地球之起原。生命之起原。心意之起原。人類之起原。而後論社會之起

---

① "氣侯",有誤,應爲"氣候"。下同。

原與其進化。則社會有二重複雜。不既彰明較著矣乎。

第六節　社會學之字義[①]

　　余於第一節。説社會學之字義。於第四節。説社會研究之四方面。合此二者考之。而社會學之定義。庶幾可下矣。前言社會學有靜止轉動二種。靜止一派。論其組織沿革。不暇及他。轉動一派。則注意於社會將來之發達。而思凡有血氣心知之屬。將以何術促進社會。此其所殫精竭慮者也。二者雖異。皆便於一方。滯於他方。吾欲調合此二者。而下一具足之定義。則曰社會者。先研究現在過去之社會。而發見其要素性質起原發達與其目的。次論組織社會之箇人。將來以何方法促進社會之進化貫徹人類生存之目的。此其所以爲社會學也。

　　如右所定。今復附以二言。一曰。此定義之前件後件。有親密無間之關係。夫其研究現在過去之社會者何故。其欲發見社會之要素性質起原發達與其目的者何故。將出於嗜奇之心耶。抑別有他因耶。曰、有之。是欲使組織社會之箇人。識將來進化之正確方法也。是欲使社會所處。適當於羣生咸遂之目的也。然則前後兩件。其不能相離也明矣。二曰。此定義者。所以宣示社會學之特性也。社會學雖包括一切科學。而非徒爲科學之合體。彼科學者。於萬有現象中。僅居其一部一隅。合之亦特爲萬象之符號而已。而社會學者。將使萬象悉達社會之目的。將使人類皆有圓滿具足之幸福。不徒有之。又發達之。則其特性於此著矣。

---

① 目録爲"社會學之定義"。

第七節　社會學與直接社會諸科學之關係①

　　社會學既複雜而包括諸科。則如道德政治經濟等學。有關係於社會現象者。其關係於社會學也何如。其離於社會學而各有獨立性質也何如。就此問題。稍有論究。則社會學之性質愈明。

　　一曰道德學與社會學之關係。既云道德學矣。其性質與社會學之性質。自不能無所異。抑所異者。將在研究全體道德學。所貴之行義。或一社會所貴之行義耶。其在研究非是則不可。與如是則不可。又及感情性質耶。要之道德學者。關係於箇人之性行云爾。而社會學者。關係於社會之全體。故其目的。亦在社會全體之幸福也。然則道德雖不可離於社會而自存。而箇人之性情舉止合於道德者。則終自社會之存在目的而分離。社會全體之幸福。於組織社會之箇人之幸福。雖有直接關係。定社會目的之性質。於定箇人德行之性質。雖有最大效果。而箇人之幸福德行。則終自社會之幸福目的而分離。故注意於箇人者。爲道德學之特性。注意於箇人。更注意於凡百現象者。爲社會學之特性。斯其範圍之廣狹。無待論也。

　　二曰政治學與社會學之關係。學者於此二事。或言其甚相密切。自政治學之廣義論之。則二者固無區別。雖然。通言政治學者。謂輔世長民之學問云爾。其於社會現象特居一部。則範圍之有廣狹明矣。且既云輔世長民之學問。則僅關於建立政府而後。若野蠻矇昧之社會。既無政府。亦無政治。是則於政治學無關。於社會學有關。此二者之相異一也。其在今日之社會者。亦非獨政治制度而已。若儀式。若產業。若教育。若宗教。皆

---

① 目録爲"社會學與直接諸科學之關係"。

非直接關係於政治者。而社會學則既關政治。亦關此等現象。此二者之相異二也。政治學者。所以研究政府之組織職掌。若立法機關。行政機關。司法機關。各明其官聯任務云爾。又所以研究內治外交之規則方略云爾。而社會學非專究政府之組織。乃徧及社會全體之組織。凡政治與一切社會制度相交涉者。靡不攷究。此二者之相異三也。政治學之目的。欲使被治者得爲寧①幸福。社會學之目的。欲使人類皆得具足幸福。二者似無所異。然達此目的之法。則自有區別。政治學祇欲以善政達之。社會學欲使政治與一切社會制度。皆向此目的而達之。此二者之相異四也。

　　三曰經濟學與社會學之關係。經濟學者。義爲利用厚生②之學問。其所研究。爲關於生產分配消費之法。第一以箇人之幸福爲目的。曰"箇人經濟"。第二以一家之幸福爲目的。曰"家族經濟"。第三以組合一社會之幸福爲目的。曰"社會經濟"。第四以一國之幸福爲目的。曰"國民經濟"。第五以世界全體之幸福爲目的。曰"世界經濟"。其範圍亦自有廣狹矣。雖然。既云利用厚生之學問。則其係於人生者。不過"物質幸福"。昔人有言。衣食足而禮讓興。是則經濟學者。亦即衣食之學問耳。小而一家。大而一國。衣食不給。則不可得幸福。是世人所以重視經濟學也。抑人類生存之目的。其專在物質幸福耶。其猶有"精神幸福"存焉。凡所以樂生者。非直飽煖而已。若美性。若禮讓性。若樂慕真理性。若竭愛正義性。是皆高尚之性質。而思得其所好以自娛者也。當衣食未足。誠不暇念及此。而非得此高尚之精神幸福。則不可云已達生存之目的。今經濟學者。以一切幸福之基礎。歸諸利用厚生。其於社會學中所望圓滿具足之幸福。可謂游於其樊矣。然而不可以經濟學爲社會學者。則以社會學自有其本職。而經濟

---

① "爲寧"，有誤，應爲"康寧"。
② "利用厚生"，語出《尚書·大禹謨》："正德、利用、厚生、惟和。"即盡物之用，富裕生民。

學特其一部一隅耳。

第八節　論"索西亞利士模"Soclalism[①]與"索西奧羅齊衣"Sociology不可混同[②]

"索西亞利士模。"其訓爲社會主義。爲共產主義。"索西奧羅齊衣。"其訓爲社會學。聲音相近。或誤認爲同物。故今略論其異如左。

"索西亞利士模"者。自千八百三十五年。英之"羅薄爾德奧溫"[③]。Robert owen組織一大協會。名曰"亞知索哀西溫奧爾科拉知塞奧爾禁西溫"[④]。Association of All Classes of All Nations以期社會改良。始見此名。其後傳播法國。卒至全洲皆用斯語。日本譯之。或曰社會主義。或曰共產主義。或直譯其音。世亦多通此訓詁矣。

歐洲之社會。貧富懸隔。積歲彌甚。資本家於飽食暖衣之中。厚積財產。增進愉樂。而漸趣於淫佚。勞動者墮指流汗。無閒寒暑。工資既薄。無以備不時之需。薾然爲人形役。而所得羨餘。無與於己。其地位又益卑。遂終身勞動貧乏以死。於是社會改良之說起焉。今舉索西亞利士德[⑤]（主張索西亞利士模者）之論。揭其要略曰。

貧富懸隔日甚。在社會組織之不善。非改良則事無可爲者。凡厚

---

① ""索西亞利士模' Soclalism"，"Soclalism"，有誤，應爲"Socialism"。"索西亞利士模"，Socialism 的音譯，即社會主義。
② 目錄爲"論'索西亞利士謨' Soolalian 與'索西奧羅齊衣' Sircaloyy 不可混同"。
③ "羅薄爾德奧溫"，即羅伯特・歐文（Robert Owen，1771—1858），英國空想社會主義思想家和實踐家。
④ "亞知索哀西溫奧爾科拉知塞奧爾禁西溫"，即全世界各階級聯合會（Association of All Classes of All Nations），1834 年由歐文創立的英國工人運動史上第一個全國性總工會，最初由歐文擔任工會主席。後因爲反對政治鬥爭，歐文逐漸脫離工會。
⑤ "索西亞利士德"，Socialist 的音譯，即社會主義者。

生之本。文化之基。皆肪於土地資本二者。今之社會。於二者得擅"私有權"。斯其所以不合也。宜廢絕此權。而使土地資本。爲社會全體之共有財產。使組織社會之箇人。皆自此共有財產而蒙同利。則安有貧富之差乎。

廢私有財產而爲社會財產。爲共有財產。是爲索西亞利士模。故譯曰社會主義。亦曰共產主義。

由此觀之。則索西亞利士模與索西奧羅齊衣之別。自可覩矣。（一）索西奧羅齊衣。於關係社會之點。似與索西亞利士模相類。然索西奧羅齊衣。僅爲理論。索西亞利士模。則爲實際運動者。（二）索西亞利士模之目的。在分配財產。泯絕差等。救護傭工。與索西奧羅齊衣之目的。在使社會全體得具足幸福者。雖有所同。亦有所異。蓋一欲邊達其目的。一欲先考社會全體之性質目的。而後達之。（三）研究索西亞利士模之性質品量者。爲形造索西奧羅齊衣之一部。蓋所謂社會學者。非獨研究其過去現在。而亦研究其將來。非獨研究其歷史目的。而亦研究人類之能助達其目的。故共產主義。已包絡於社會學中。知此三說。則二者之非同物。章章明矣。非直此也。社會學云者。又非一種社會改良術之別名。與一切社會改良術之總名也。

第九節　研究社會學之利益

研究社會學之利益。多不勝舉。雖然。其尤卓著者。曰利益之利益。蓋其效果。能使人之思想。常支配（猶云統治也）於社會全局。而學行皆免於偏僻之患。斯其所以貴也。今夫人所最易陷者。莫偏僻若矣。其有害於社會者。亦莫偏僻若矣。惟其眼界狹隘。未能洞觀全局。以致此戾也。今研究社會學。於此四方面者。層累而進。則心自縝密。精神自受其感化。當其遇事。必周覽左右前後。而察其全局之動靜。則學行自免於乖謬矣。以社會譬奕。使不知社會學之定著。惘惘然向社會之棋枰而下子。則徒知一角之動靜。而此角與他角之關係。未能明也。合圍於前後左右。以攻其中堅者。未能憭也。知社會學。如知定著然。每舉一子。其目常營全局。安有如偏僻者之舉棋不定。而常爲他人圍陷者乎。

以研究社會學而得免於偏僻者。自研究學術改革事業二者觀之。最爲切著。

凡專門科學家。自詡最甚。以己所專攻者。比於他科。輒謂吾學最妙且最重也。而言語動作間。亦時有蔑視他科之象。觀夫形而下學者。與形而上學者。常相齟齬。而形下諸科。形上諸科。亦各自相軋轢。若唯物論與唯心論之爭閱。心理學與哲學之抵觸。哲學與宗教學之譁訐。宗教學與物理學之攻擊。物理學與生理學之辯難。非由偏於一部。而忘其全局。以致此衝突耶。今欲使各科皆安其分位。全其任務。其相交也。親密而無閒。非研究社會學。何以得此。何者。自社會學日進。而昔所委棄不顧鄙夷不屑之事。今舉知其必當研究。凡太古之傳述。野蠻之思想。悉知其關於人類進化。而不得不苦心悴慮[①]以求之。於是所謂真理者。所謂神聖者。皆爲社會學之所證明。則夫種種科學。亦如四大河水。入海而爲一味。此研究社會學之有益於研究學術者。較然可知也。

社會因改革而速進。故無論何國何代。未有可闕於改革者。凡政治教育道德宗教。亦未有可闕於改革者。而改革家之通弊。率坐眼界狹隘。不知所可改革之事。其影響於他事者。利害如何。又坐識力鈍弱。不知改革

---

① "苦心悴慮"，即苦心積慮。

以後。其效果之善惡如何。故非貽大螫劇毒於社會。即其所改革者。無大成效。嗚呼。往者不可追矣。而方來之改革者。其於此加之意哉。自今以後。凡改革政治者。毋眩於一時之近效。而當思千百年之長計也。其有貽害於教育宗教。及其他事業者。雖於政治有利。毋見小而輕動也。夫欲具此識力。當以何道求之。非研究社會全體之現象。與三世（謂過去現在未來）社會之趣勢者。孰能以通識長算輔助此乎。此研究社會學之有益於改革事業者。又較然可知也。

本論

第一章

原人狀態

第一節　原人野蠻人之差別

　　社會何以發生。基於民約歟。出於民性之自然歟。抑亦更有他故。而使人類爲之團結。遂至組織社會歟。欲解此疑。當遠溯太古。而考其人類之狀態。若其考之也。當從何方法。以何事蹟爲基礎。是亦困難矣。何者。太古草昧之事。史策無所徵。至其器械物品。遺存於今日者亦少。且雖有此甚少之遺物。而猶未必即屬於太古。故以古物考原始時代之狀態。未足以躊躇滿志也。於是不得不別求方法以研究之。則取今世野蠻人之最劣等者。而觀其狀態。研究其身體知覺思想感情言語宗教以參考之於舊器遺物。而太古人類之身體知覺思想感情言語宗教一切狀態。庶幾可以推測矣乎。抑原人之智識。粗雜實甚。今以野蠻人之狀態。而推測之於原人。則猶有未足滿志者。何者今日之所謂野蠻人。必非與太古之原人同狀也。

　　野蠻人雖甚蒙昧。其自列祖以至子孫。既更數千萬歲。積數千萬歲之經驗智識而有今日。則寧復爲原人之狀態耶。以今日之野蠻人。而比於文明國人。其頑陋誠甚。若比於原人。則猶爲極進化之優等人種。是則借證推考者所當知也。要之欲研究原人狀態。自區區舊器遺物外。無適當之方法。則姑以野蠻人推測之。是亦不得已耳。

第二節　原人時代爲最初太古時代①

　　人之始生。至於今幾何年。自古多異說。或據舊約之創造說②。以爲初祖<u>亞當</u> <u>滬瓦</u>③。生於西歷紀元前四千年間。自人種學地質學古代生物學等。日益昌明。而斯說無以自立矣。夫就埃及印度支那之古代。而僅以紀元前四千年論之。尚未必爲其文明所自始。況人類初祖之生期耶。當紀元前二百五十年。埃及之僧侶<u>馬奈索</u>④有言曰。統一埃及之第一王朝。在紀元前五千年。其時所建金字塔。至今猶在。爲埃及學者爲取證⑤。夫紀元前五千年。埃及業已統一。自生民之始以至埃及統一。其所經年月又幾何。則知舊約之說。必不足證也。

　　就學者之說而證生民之始。則距今必已二十萬年。二十萬年。猶爲短限也。故學者所證明。復有過於此者。或言五十萬年。或言八十萬年。或言百萬年。或言過百萬年。然則生民之始。去今爲極遠。原人時代。於世爲極古。欲知原人狀態者。必當注意於此。

---

① 目錄爲"原人時代爲最初大古時代"。
② "創造說",今譯作"創世說"或"創世記"。
③ "滬瓦",有誤,應爲"陀瓦",即夏娃（Eve）。
④ "馬奈索",即曼涅托（Manetho）,公元前4世紀末至前3世紀初古埃及祭司和歷史學家,用希臘文寫成《埃及史》一書,該書有片段爲教會歷史學家保存下來,是今人研究古埃及歷史的重要史料。
⑤ "爲取證",有誤,應爲"所取證"。

第三節　證生民之始在五十萬年以前

人類生於五十萬年以前。其證甚衆。今略舉一端。以示地質學家持論之鋭利。

開痕德窟①者。在英國特温舍亞州②。與陀爾科吠③爲近。有探此窟者。見其最上爲石灰層。其次爲黑泥層。其次薄而三寸厚至五尺者。爲斯他拉哥馬衣德層④。其次爲數寸之燒木層。數尺之土層。其次復有斯他拉哥馬衣德。是曰第二斯他拉哥馬衣德層。比於第一者。其質異。其度深且厚。有過十二尺者。自此以下爲赤沙石層。其厚不可測。凡此諸層者。其最上層。已有二千年遺物。次及第一斯他拉哥馬衣德層。而見水牛象赫衣懷那⑤與人之遺骨。及手破燧石片云。

欲知此人骨之在何代。即以其中遺物定之。前此五十年。嘗於此第一斯他拉哥馬衣德層。發見遺物。有鐫刻姓名年月者。其文曰"落巴德、赫忒衣斯、奧亞衣爾倫德非普"。"Robert Hedges of Ireland Frb，20，1688"⑥當發見時。其坳字掩於斯他拉哥馬衣德之薄層。此種坳字。如千六百八十八年所刻者。距今二百餘歲。而所掩之斯他拉哥馬衣德。僅二十分"因知"⑦之一。由是觀之。此第一斯他拉哥馬德層⑧。厚至五尺者。當以幾何年形造

---

① "開痕德窟"，即肯特洞穴（Kents Cavern），舊石器時代晚期遺址，位於英國德文郡托基市（Torquay）東部。
② "特温舍亞州"，即德文郡（Devonshire），位於英國西南部。
③ "陀爾科吠"，即托基市。
④ "斯他拉哥馬衣德層"，即石笋層（stalagmite layer）。
⑤ "赫衣懷那"，"赫衣"，rhino 的音譯，即犀牛。"懷那"，hyena 的音譯，即鬣狗。
⑥ "Robert Hedges of Ireland Frb，20，1688"，有誤，應爲 "Robert Hedges of Ireland, Feb 20, 1688"，應指逝者 Robert Hedges 於 1688 年 2 月 20 日埋葬此地。
⑦ "因知"，inch 的音譯，即英寸。
⑧ "斯他拉哥馬德層"，即石笋層。

第一章　原人狀態　　　　　　　　　　　　　39

之耶。按開痕德窟天井之懸溜。形造厚一"因知"之斯他拉哥馬衣德層。需有三千七百二十年之石灰。則積至一尺。當得四萬四千六百四十年。積至五尺。當得二十二萬三千餘年。而人骨之在何時代。於此可定矣。

抑此所發見者。猶第一斯他拉哥馬衣德層之人骨燧石耳。其下燒木層。尚有燧石器骨鍼燒骨諸物。於土層亦有之。又其下第二斯他拉哥馬衣德層。則僅見熊骨。轉下至赤沙石層。於熊骨熊齒外。復見人力精造之燧石器。以前例率之。形造第二斯他拉哥馬衣德層。取少數計。當四十五萬年。而其下猶有人造之器。時代復在其前。其歲月更不可計。則知自生民之始。以至今日。必不下五十萬年。且得此遺物者。非獨陀爾科吠一隅而已。歐羅巴與他洲大陸。時有所見。故知人類初生。於今極遠。其義固無可疑者。

第四節　論吾輩所有古代智識不出萬年

生民之始。遠在百萬年。近在二十萬年。而吾輩所有古代智識。則僅於二十萬年者。而取其二十分之一。直萬年云爾。就最大人類中。求其確數。在紀元前五千年。於今則七千年耳。如印度之文明。自吠陀時代①。已甚進步。然吠陀以前。更無傳記可為根據者。故吾輩之歷史智識。亦盡於吠陀時代。吠陀之去紀元。歷歲不過二千。雖遠計不能在三千年以上。此印度學者所同唱也。支那法爾特亞②諸國。亦文明舊邦也。然其歷史之言太古者。無可徵信。要其在紀元前。亦不過四千年以上。五千年以下。夫生

---

① "吠陀時代"，指公元前 1500—前 500 年的古代印度。因記述這一歷史時代的文獻主要收錄於《梨俱吠陀》《娑摩吠陀》《耶柔吠陀》《阿闥婆吠陀》而得名。
② "法爾特亞"，即迦勒底（Chaldea），西方學者認為其是古代世界文明的搖籃。

於今日。而可以得最古最確之歷史智識者。其惟於埃及見之乎。是非以埃及爲開化最早之國也。<u>法爾持亞</u>①之開化。視埃及爲先進矣。獨其可徵於文獻者。莫埃及若。如<u>馬奈索</u>所記。統一時代。在紀元前五千年。此固學者所引以爲信者也。然則歷史智識。必不能出於萬年以前。而在萬年以後。亦明矣。夫初祖肇生。至於今日。積歲二十萬。自有歷史以往。十九萬年。斯叢叢者將何所事耶。若以五十萬年計。自有歷史以往。四十九萬年。斯叢叢者又將何所事耶。眩惑而不解。無所質之。吾有以質之。曰。於斯時也。其必自野蠻之域。而漸進於半開之域。特其進化之力極微。而進化之期。亦因以極緩。斯固無待於語言文字。而可以直悟其情者歟。

第五節　人爲進化之動物

人與各種動物之異點。此視而可知望而可識者也。雖然。遠溯太古。而尋其人類之狀態。則與各種動物之狀態。殆無區別。故今日之野蠻人。視文明人爲野蠻。若太古原人之視野蠻人。則更爲劣數十倍之野蠻。抑自古論人類性質者。有反對之説二矣。其一曰。人自天神創造。其性質本甚完全。而具足善德者也。其後陷於罪惡。以有今日。此所謂墮落説也。其一曰。人自各種動物進化。其性質與彼無異。久漸進化。然後能審別眞僞。辨識善惡。此所謂進化説也。斯二説者。若水火不相容。信墮落説者。必排進化。采動物説者。必詆創造。余固不暇論其長短。特以輓近學術言。則人類必非完全於初而墮落於後者。其由惷愚而趣明智。自頑嚚而臻良淑。可知也。夫專以人爲動物進化者。出於臆斷。專以人爲天神創造者。亦出

---

① "法爾持亞"，有誤，應爲"法爾特亞"，即迦勒底。

於臆斷。就其臆斷之説。而取一焉以爲定論。斯亦臆斷矣。要之大力者之負物而趣。始終無間彼人者。今亦進化。後亦進化。則其始之自動物進化。固可推知爾。自有生民以至有史時代。其進化一也。獨前此數十萬年。其進化之力遲。至於有史時代。而進化之力速。此無容疑者。或曰。據進化説。非獨人有進化而已。萬物莫不然。人自動物而進化。與"非人動物"之自進化。何以別之。曰、觀其進化之程度性質。而其異點可知也。人之初進化。視有史以後之進化爲遲。而視"非人動物"之進化猶速。故余稱人類曰"進化之動物"。非謂進化祇限於人類。而他物不與也。惟其動力加速。故使之擅其美名爾。夫其進化之速於他物者何也。或謂由境遇之感力。或謂由天賦之性質。余則以爲未有不基於天性者。而境遇特爲促進之一物耳。苟無進化之性。雖遭此境遇。猶之底滯而不行。今夫天下雖有至美者。而自下等動物之素無美性者視之。則無所樂其美也。

第六節　自太古至有史時代各種長物之發見

當有史時代之初。則既有開化高度之人種。而非僅蒙昧野蠻之充塞於大塊而已。觀印度之吠陀。埃及之幽靈書[①]。知其智識技術。已進文明。而至遠者不過七千年。方其前此數十萬年。必積種種經驗發明。以增進其智識。而後自禽獸族居之狀態。進而爲有史時代之狀態。其果何所倚賴而得此耶。余則曰有各種長物之發見爾。

第一曰直立之發見。凡動物中。有四足獸。則犬是也。有四手獸。則猿是也。而人獨爲二手二足之動物。分其四肢。於下爲步行之用。於上爲

---

① "幽靈書"，即《亡靈書》（*Book of the Dead*）。

捕獲採作之用。斯人類所以優於他物。而能進於文明者也。令四肢皆附於地。則目常下視。而心之所念。常不出此咫尺。無以發高尚思想。惟其直立而觀念進矣。又自手足分業。以一者專司進退。然後一者得辭其職務。而專以採作爲事。向令手亦從事於匍匐。則於捕獸争戰求食諸務。能便利如彼耶。故余以手足區別。即直立直行之發見。爲第一長物。

　　第二曰言語之發見。苟稱曰人。雖甚劣等。未有不能言者。苟稱曰"非人動物"雖甚高等。未有能言者。動物之劣等者。不能發聲音。漸至高等。而聲音漸發。其聲音之數亦漸多。至於哺乳動物。最爲高等矣。然其聲音之數。與其變化聲音之力。猶無幾也。犬也猿也。於動物爲發達。猶不能言語。特以其聲音爲觀念之符號云爾。必以此符號之聲音。互相連續。以爲有義之文句。然後得稱曰言語。此非唇舌咽喉。臻於發達。而有種種變音。非神經脊髓臻於發達。而有種種觀念者。不能。惟人也爲能之。而當其始有言語。猶未若今日之複雜也。呼吸之官。進而益調達。思慮之官。進而益深長。而後其複雜也如是。斯豈他物所得有乎。故余以言語之發見。爲第二長物。

　　三曰火之發見。始有火化之時。今未能了。如古物學家所説。凡可得稱人之動物。未有不知火者。未有不能從其目的而用火者。下觀於迹層僵石。太古之槁骨。以時發見。率有石片石器。以發燄而取煖者。附其左右。此則人能用火之證。亦其所以異於他物者也。人之始知用火也。大抵森林灌莽之間。烈風時作。木摩生火。以焚山麓。或迅雷間發。電氣下觸。遂致然爇。以此而人之智識。爲其所誘導耶。雖然。余以爲用火者。非原人所知。其發見必稍在後。火之發見。可以證人之腦力優於他物。自其發見。而人獲三利。遂與他物差異日甚。所謂三利者。曰、生熱則可以禦寒氣。燭暗則可以便行事。烹調則可以得熟物。故余以火之發見。爲第三長物。

第一章　原人狀態

　　四曰器具之發見。文明進步之一義。曰、致富之術。在勞力愈減。而報酬之產物愈增。其道無他。不外於器具機械而已。故所謂文明進步者。謂人與產物間之機械之進步耳。太古百工未具。所以爲人用者。無過四肢百體。能受直接之利。而不能受間接之利。凡所謂節體力以孳貨殖者。機乎其未有聞也。漸及進化。而始知器械之爲利。其始所用。爲具至少。爲用亦至簡易。漸又進化。而始臻於複雜。嘗舉其例。人與人相搏鬭也。初以手足齒牙而已。其後或撾以杖。或擲以礫。人與獸相戰爭也。初以股肱膂力而已。其後或用弓矢。或設陷穽。御伏以鬭。而人始不徒以力爭。設械以獵。而獸始不得以猛勝。此所以用力寡而獲效多也。農夫之獲稻也。差差而摭之。粒粒而拾之。則於事至不便。於是用鐮而收刈速矣。虞人之伐薪也。枝枝而折之。葉葉而引之。則於事至不便。於是用斧而樵蘇利矣。其他類此者。猶不勝計。夫動物惟有爪牙之利。而無器械之用。斯所以爲用者。不出其身。惟人也能利用異物。以爲形骸之助。形骸鮮用。則有餘裕以圖他事。是社會所以益開也。故余以器具之發見。爲第四長物。

　　五曰慾望之發見。原人之狀。如庶物。如小兒。偸樂一時。而無過去未來之思想。故僅爲肉慾之動物。未得云慾望之動物也。肉慾者。謂食慾睡慾牝牡慾三事。三者又各具三性。一曰其樂切膚。二曰其滿有限。三曰其動有息。是惟文明人得制限之。若太古原人。則擅柯柄於胸中者。獨有肉慾。孰得加以制限。故飢則思食。渴則思飲。疲則思臥。當肉慾起時。與一切動物無異。已往之經驗。不記也。將來之備豫。不慮也。夫慾望者。由肉慾與將來之觀念綜合而生。故一切"非人動物"。有肉慾而無慾望。人類始生。與彼不異。其後漸進。而將來之觀念漸萌。於是始爲慾望之動物。抑其慾望。特爲此三肉慾者。謀前進久長之計耳。又進而於三肉慾外。復增慾望。曰所有慾望。曰權力慾望。曰名譽慾望。曰美術慾望。曰宗教慾望。曰智識慾望。曰道德慾望。此數慾望者。與人種相隨而發達。於慾望中。爲最多量最高尚矣。斯固他物所無也。故余以慾望之發見。爲第五長物。

六曰自己之發見。自己者。與外物對待而爲言。若專以對待肉慾之心靈。稱爲自己。則今所未暇論也。對待肉慾者。婆羅門①謂之神我②。而文字曖昧。則或以對待外物之形性。與對待肉慾之心靈。一切稱爲自己。今所論者。祇謂其對於外物。生則與他人他物殊觀。死則與天然現象殊觀云爾。蓋肉體心靈之區別。非甚發達者不能知。如今日之野蠻人。尚未知肉體而外。有所謂心靈者。故其所謂自己。特與外物分割畛域之名。若夫發見心靈。對於肉體而稱自己。斯必俟諸異日。蓋由粗入精。思想進步之常軌也。故非發見對外之自己。無以發見心靈之自己。而"非人動物"。則並此對外觀念而無之。太古原人。其始亦若是耳。俄而神經發達。遂能形造"對外爲己"之觀念者。是則有三因焉。一曰。於萬家③中。見夫囂然可怖。而與人以不歡不利者。遂生自己外物之分。蓋能知所知之對立。即主觀客觀之異形。然其始固未能認識此也。惟主觀之利益。與客觀之事情。彼此衝突。而主客以辨。此其原因一矣。二曰使人人互相輯睦。則無以知彼我之區別也。而人之經營生計。其終不得不出於爭。故自利益之衝突。而人人互有自己之觀念。自利益與利益之衝突。彼我既分。而愈著其自己之觀念。此其原因二矣。三曰自遇此衝突。而有自己之觀念。於是有將來之觀念。於是有所有之觀念。所有物愈增。而自己之觀念愈進。何者、係望於所有。所以爲將來計也。如小兒。如野蠻。如吝嗇者。其視自己與所有物。或無區別。或滯於所有之愛戀。而并不暇計自己之將來。寧以所有易其軀

---

① "婆羅門",即印度婆羅門教。
② "神我",即原始物質,這種原始物質精細不可見,故又稱之爲"未顯"。
③ "萬家",有誤,應爲"萬象"。

第一章　原人狀態

命者。所在皆是也。然正惟有此觀念。而自己之觀念益堅。彼固曰所有卽自己爾。此其原因三矣。夫生存競爭。萬物之常態。然不知而自競爭。與知之而用此競爭。其程度效果殊矣。故余以自己之發見。爲第六長物。

　　七曰畜牧之發見。太古衣食之資。獨賴天產。或茹果衣薪者。或射魚獵獸。食其肉被服其皮者。其所以謀生存。若是而已。而天產有時地之制限。乍遇凶年。或漁獵無所獲。則今日雖安全。而不知明日之爲餓殍否也。當是時。人與"非人動物"無異。雖欲進化。其道無由。何者。衣食不給。固不服①他圖爾。自此天然時代漸以進步。則初爲畜牧時代。次爲農耕時代。畜牧時代者。人人選水草豐饒之地。以飼養馬牛羊豕。其物產旣爲定著。而非夫儻來寄存者。則衣食所需。不憂其乍絕。而進化之途。亦異於前日矣。天然時代。不費日力。可以得其所欲。至是則必以日力營之。經日則能持久。用力則能忍勞。此所以爲進化之資也。抑太古獸類其性本獰惡而不可馴。而人能發見畜牧者何故。蓋當其狩獵。長成之獸。則取以供咮。子獸不足飽。於是姑豢養之。以待異日。則馬牛貍犬之齕草飲水於谷②者。至是始成爲家畜矣。畜牧時代。已有將來觀念自己觀念及漸起種種慾望。故余以畜牧之發見。爲第七長物。

　　八曰農耕之發見。農耕畜牧。皆以天然生產力爲基礎。復用人力助之。蓋動植諸品。放任之則不能蕃殖。唯以人力助長。而後其量漸增。其質漸美。如人心所期望。農牧之助力。與器械相似。惟器械以死物而代形勞。農牧以活法而增物產。斯其所以異耳。農以裁養③植物爲務。牧以飼養動物爲務。裁植④之期。後於飼動。乍念如倒置其次序者。深思之乃知其確也。

---

① "不服"，有誤，應爲"不暇"。
② "谷"，當爲"山谷"。
③ "裁養"，有誤，應爲"栽養"。
④ "裁植"，有誤，應爲"栽植"。

一以農耕之較畜牧。當有天然信任。夫牲畜常覩於目前。無論何時。皆可給用。若農夫之播種。則未得所獲①。而種子已失矣。自播種以至收穫。常更數月。其間或遇旱潦。又不可知。且蒙昧之民。所慮不止此也。種子既下。方以腐敗爲憂。故非冀將來之利益。而不惜現在之投資者。不能爲農耕。非人人有此經驗期望。亦不能成農耕時代。此農耕所以後於畜牧者一矣。二以農耕之較畜牧。當有複雜器具。彼畜牧所需者。一筞一索云爾。農器雖簡易。耕刈舂簸。各需異械。當偶爾蒔植時。誠非邊需是器。及其少有②收穫。而其器有不得不製者。苟無斯器。必不得成農耕時代。其器或石或金或木。非有技術。亦不能製造。製器而後。其施於植附耘刈。又自有其法度。其視畜牧。孰難孰易。斷可識矣。且畜牧逐水草而移居。而農耕必有其定所。向令耕者越畔以侵他人之隴畝。則爭訟繁興。而何暇盡力於農事。故觀農耕時代之所以成。則知其社會之已具也。此農耕所以後於畜牧者二矣。故余以農耕之發見。爲第八長物。

九曰社會之發見。太古人類。恃天產以生存。其時果組織社會否。以余觀之。社會之興。必不與生民同時。最初人類。皆獨立生存耳。世謂社會所起。起於人性自然。然可云社會因人性而興。不可云社會與人生③同現。若不辨二者。則思想爲混淆矣。人固有好親睦喜交通之性。雖自餘一切動物。亦皆有羣居之本能。野蠻人對於外物。或畏之。或怒之。則亦召集同類以相扶助。以此推驗。似原人必嘗組織社會者。不思社會待箇人而形造。而箇人不必賴社會以生存。凡人必有社會性。亦必有非社會性。二者互抵。天賦然也。故終日羣居而受與人之束縛者。必思獨行屏處。以求愉搏④。斯

---

① "所獲"，有誤，應爲"所穫"。
② "少有"，同"稍有"。
③ "人生"，有誤，應爲"人性"。
④ "愉搏"，有誤，應爲"愉懌"。

第一章　原人狀態

盡人然矣。況於原人。性常下急①。復多我慾。又甚放縱。而云自有此身。便能組織社會。不泰誣乎。或曰。雖極野蠻之原人。親子之情。夫婦之愛。未嘗絕也。然則於親子夫婦間。必已有其團體矣。曰、原人之愛小兒。其情甚厚。惟有此情。故寧使種種不便於己。而復事②於乳哺保抱之勞。不然。則人類至今已絕矣。抑其愛兒之性。固動物之本能。猶狗之愛狗子而已。若云有此本能。遂得形造團體。則非其義也。彼既以動物之本能愛之。及小兒自能覓食。則亦渙然離散。相忘而不顧。若夫夫婦之愛。亦兩性本能之作用耳。情慾起則相合。情慾止則相離。故原人有男女之慾。而不得遽以夫婦名之。夫何團體之有。要之最初時代。人自爲謀。未有形造社會者。必人智進步。然後社會始生。是爲有史時代所肇始。由是觀之。社會之於原人。爲一種發見。而社會之組織。即分業之起原。分業之起原。即文明之初點。則知社會之發見。於原人爲發見之發見。故余以社會之發見。爲第九長物。

　　十曰道德之發見。通言道德。其義似渾淪無指。要之不出四者。一曰善惡兩觀念之區別。二曰。可爲善不可爲惡之感想。三曰。若者爲善若者爲惡之判斷。四曰避惡就善爲道德之品性。是四者之在今日。人人能知。如善惡之辨。雖甚野蠻。猶無不憭此者。既能憭此。則可爲善不可爲惡之感想。亦夫人有之矣。至於若者爲善若者爲惡。則甲種之與乙種。白人之與黃人。其間法律觀念。或有異同。然其最普通者。大致不異。賤惡人而貴善人。宙合所同也。諺有云。盜賊間之正直。是雖暴橫如盜賊。猶知正直之不可缺也。以愛人爲善。以盜竊爲惡。此亦宙合所同者。而盜賊亦自知之。則知今時人類。未有無道德思想者。夫原人亦人耳。何宜無此。然

---

① "下急"，有誤，應爲"卞急"。
② "復事"，有誤，應爲"從事"。

就考道德思想之起原。則有史以前。必有無此思想之時代。何者。人心發達之次序。感於有利而始稱爲善。感於有害而始稱爲惡。原人惟辨苦快。而未能辨邪正。必也彼此利害。互相衝突。交蒙責讓。而後有善惡之分。故非比伍羣居組織社會以後。則道德思想固無有也。善惡兩觀。且未區別。況於可爲善不可爲惡之感想。若者爲善若者爲惡之判斷。善人可貴惡人可賤之志念乎。倫類合而後枉直分。生命貴而後仁義立。則雖謂道德之發見。即社會目的之發見可也。故余以道德之發見。爲第十長物。

自太古以至有史時代。其間所發見者。大抵以此十事爲度。是時進化甚緩。積數十萬年。始脫"非人動物"之狀態。而爲有史人類之狀態。自有史時代以前。其事茫昧。無有確定。故一以今世野蠻推之。一以吾心理想合之。假定此十事而已。若必曰。此十種發見。自有史以往。確審其爲何時。以此詰責。則應之曰。吾惟取聞見所及。而其情狀方類最近於太古者。以是比擬原人而已。譬之算術。開方者數商而猶有尾數之不盡。知其不可盡。則故以是爲方根。其他固非所知也。

斯實塞爾①論原人狀態。分爲三部。一原人之身體。二原人之感情。三原人之智力。有賀氏嘗闡明其説。不繁申論。今以原人之身體。原人之心意。分爲二綱。以便推測。則如左所論是也。

第七節　原人之身體

人自庶物進化。愈近文明。而兩者相去愈遠。非獨智力感情然也。雖身體亦然。漸溯太古。其身體與"非人動物"相似之點漸增。觀人類學古

---

① "斯實塞爾"，有誤，應爲"斯賓塞爾"，即赫伯特·斯賓塞。

物學地質學所證可知。

　　今以野蠻人之身體。比擬原人。可得大略。一曰顎齒强大。二曰下肢輭弱。三曰腸胃肥盛。四曰軀幹短小。五曰膂力薄弱。六曰身體剛堅。七曰身體早成熟。

　　顎齒强大說　凡動物劣等者。其頭部常小。顎部常大。漸進高等。則頭部漸大。顎部漸小。故馬之視犬。則顎大而頭小。猿之視犬。則顎小而頭大。至於人類。雖至下劣者。頭猶大於猿。顎猶小於猿。然以各種人類相較。則頭顎之比例各殊。如人類學說。古人之顎。其比例較頭爲大。今世野蠻人豐於顎。而文明人豐於頭。故以日本人比歐美人。其面角之角度。彼常贏餘。我常不足。顎既强大。齒亦同之。牛馬也。狸犬也。猿狙也。人類也。以四者之齒牙相比較。則劣等者愈盛。而高等者愈衰。此非偶然也。一曰以食物之粗惡堅硬。而咀嚼機與之互戰。則齒牙自强大。其附近之筋骨。亦從之强大。夫用者强大。不用者弱小。故牛馬茹草。而顎齒自優。人類穀食。而顎齒自劣。惟原人所食。猶爲粗惡堅硬者。故顎齒劣於百獸。而猶較文明人種爲優。二曰獸與原人之齒牙。非獨以之咀嚼。常以爲攻守之武具。操作之良械。其用既多。故體自强大。而附近之筋骨。亦復之强大。人漸進化。則器械日出。而齒牙失其舊用。故文明者齒牙不得不劣。然則顎齒之縮小由於食味改良機械發達。而野蠻與原人之顎齒强大。即其未能進化而類於"非人動物"之證已。

　　下肢輭弱說　旅行野蠻國者。皆言其人下肢弱小。蓋其比於文明人種。他部非有甚殊。惟兩足則弱小殊甚。此其故何也。人類本四足動物。漸變而爲二手二足者。今夫以四足載全體。則足之所負任者輕。故無待於强大。又其前後二肢。未有分業。則組織形狀。不必相殊。斯牛馬狸犬。所以四肢細小而分劑略同者也。俄而嶄然直立矣。以全體之重量。悉支載之於後肢。其身體失於平均。則不安殊甚。閱時既久。下肢之用。漸爲習貫。於是稍稍強大。彼原人尚未進化。故下肢頓弱。而全體之權衡。未能安定。於手亦然。當其始能直立。手之專業。猶未著明。則細小亦甚。漸而其所營業。非足之所與能。由是發達。則臂腕自大。手足既發達而變化。而全體諸部。亦後之以發達變化。自是全體平均。程度爲之益進。今以歐美人比日本人。其異點最著者。獨四肢強大耳。手發達而增其手之用。足發達而增其足之用。以是爲身體進化。則歐美人之視吾族。誠不得不云進化矣。以較原人。其異點愈可覩也。彼手足相似而無差別。此手足各異其程。而全體之權衡與其膂力。皆臻調均壯盛之度云爾。

　　腸胃肥盛説　腸胃爲消化機之最要者。故腸胃肥盛。猶言消化機肥盛爾。野蠻人消化機之肥盛。見於遊記者。如<u>哥利烏</u>①記<u>法模遮臺爾人</u>②曰。"下腹垂而手足細。"<u>巴洛烏</u>③記<u>柏修門人</u>④曰。"下腹殊突出。"<u>修温弗德</u>⑤記<u>遏佉人</u>⑥曰。"有擁腫之腹。拳曲之足。"皆其證也。且非獨野蠻人而已。雖文明國之小兒。其消化機。猶視他部爲肥盛。此亦人類未發達者之一徵。而太古原人之狀態。可自此推知矣。尋其所自。曰惟大食之故。徵之旅行野蠻之遊記。<u>廓哥倫</u>⑦記<u>亞哥德人</u>⑧曰。"一五歲小兒。食蠟燭三本。酸化凝凍之牛酪數斤。黃色石鹼一具。一時頓盡。"又曰。"數見<u>亞哥德</u>人與<u>通哥</u>

---

① "哥利烏",即約翰·巴羅(John Barrow,1764—1848),英國地理學家。
② "法模遮臺爾人",即北美印第安人,斯賓塞稱之爲"Kamtschadales"。
③ "巴洛烏",即約翰·巴羅。
④ "柏修門人",即布須曼人(Bushmen)。
⑤ "修温弗德",即格奧爾格·奧古斯特·施魏因富特(Georg August Schweinfurth,1836—1925),德國植物學家,非洲探險家。
⑥ "遏佉人",即阿卡人(Akka),中非地區俾格米人(Pygmy)的一支。
⑦ "廓哥倫",即讓-弗朗索瓦·熱爾比永(Jean-François Gerbillon,1654—1707),法國人,中文名張誠,字實齋,清代康熙年間來華的天主教耶穌會傳教士。
⑧ "亞哥德人",即雅庫特人(Yakut),主要分布於俄羅斯薩哈(雅庫特)共和國。

第一章　原人狀態

斯人①。日盡四十斤肉。"德模孫②記柏修門人曰。"彼善大食。又能忍飢。其胃力與肉食獸等。"余復由此數者推其大食之故。不曰以食物粗惡。而滋養之分數甚小。所啖雖多。其廢料亦多。非大食則不足以滋養身體而保生存也。二曰以食物供給之不規則。故不得不蓐食。（麟按原文作食溜謂并三次食作一次食也此二字無所取義中國舊稱蓐食見左氏及史記淮陰侯傳蓐者厚也或訓爲食於茵蓐間前人已駁之③）蓋狩獵所得。不能時定。或取啖不盡。或一時乏絶。不蓐食則無所儲蓄以禦恆飢也。以生存競争之道觀之。野蠻人中。腸胃肥盛而能蓐食者。其利益多於不能蓐食者。於是優勝而得自存。然其不利亦有二焉。一曰。腸胃肥盛。則不便於動作。且以其四肢之弱小。而欲支柱此腹。亦能無困劇乎。二曰。大食則血液之用。專務於消化。而榮養百體。有所不給。則安能靈運自然也。故當其食物有餘。則心志怠惰甚。當其食物不足。則氣體頽萎甚。此所以難於進化。而長與禽獸同其狀態。野蠻且然。況於原人乎。

軀幹短小説　今日之野蠻人。體格非皆短小。帕達告尼亞人④。長六尺至七尺。美洲土人。多不劣於白人者。同在狩獵時代之野蠻人。其高下亦不一致。畜牧時代亦然。故概以野蠻爲短小。或專以長短大小而定其人種之文野。其説皆未安也。雖然。彼原人者。以下肢弱小。故軀幹不得不短。苟以今之野蠻偶有高大者。而謂原人亦然。則於義不可。今之野蠻人。生

---

① "通哥斯人"，即通古斯人（Tungus），泛指居住在西伯利亞和東北亞地區的民族。
② "德模孫"，即喬治·湯普森（George Thompson，生卒年不詳），冒險家，撰寫游記記載了他1823—1824年前往南非探險的情況。
③ "中國舊稱蓐食見左氏及史記淮陰侯傳蓐者厚也或訓爲食於茵蓐間前人已駁之"，《左傳·文公七年》："訓卒，利兵，秣馬，蓐食，潛師夜起。"杜預注："蓐食，早食於寢蓐也。"《史記·淮陰侯列傳》："亭長妻患之，乃晨炊蓐食。"《集解》引張晏曰："未起而床蓐中食。"均爲舊説。"前人已駁之"，指清人王引之《經義述聞》卷十七"秣馬蓐食"條，引《方言》"蓐，厚也"，謂"蓐食"即"食之豐厚於常"，"厚食乃不饑"。章太炎不用舊説，改從王引之説。
④ "帕達告尼亞人"，即巴塔哥尼亞人（Patagonians）。

於地球。歷祀數萬。其所經變革已多。則太古原人。必不得與之同狀可知也。案今中央印度之山族①。男子猶不逾五尺。女子猶不逾四尺四寸。非齊衣人②。鮮五尺者。因達馬尼斯人③。率長四尺十寸。柏修門人。男率四尺六寸。女率四尺。中部亞非利加之遏佉人。男子短者率四尺一寸。長者不過四尺十寸。地球最小人種。爲京斯基穆人④及拉蒲倫德人⑤。或以宅處寒地。因之縮促。亞非利加⑥之柏修門人亦然。以氣侯酷暑。食物不足。漸益短小。然於斯三者。謂其本體素高。亦未有明證也。以生存競爭之道觀之。人類之身體。必自弱小進於強大。故原人之視今人。無一事不處於劣等。軀幹既小。其膂力亦自薄弱。當其競爭。則劣敗者自趣於消滅。幸而猶有孑遺。而與軀幹高大者戰。亦無不敗衄者。觀於印度。其人種嘗蔓延全地。自爲外人所攘逐。而爲中部之山族矣。觀於非洲。柏修門人與遏佉人。爲黑人所襲擊。而僅有此三數人矣。觀於吾國。廓爾包科種⑦爲亞衣奴種⑧所攻破。今已無留遺者。亞衣奴人復爲日本人種所攘逐。而今僅偸息於北海道矣。要之外來人種。其軀幹常優於土人。優者既勝。益改良其體格。此自然淘汰與人爲淘汰之原理。以是推之。則謂原人短小者。必非憑臆妄造之說審矣。

　　膂力薄弱說　世之言野蠻人者。率以猛烈慓悍測之。是特以其好亂而云然耳。夫文明人之好亂。誠有不逮野蠻者。獨膂力強弱。則與此異例。

---

① "中央印度之山族"，指中南半島的山地民族（Hill tribe）。
② "非齊衣人"，即火地人（Fuegians）。
③ "因達馬尼斯人"，即安達曼人（Andamanese）。
④ "京斯基穆人"，有誤，應爲"哀斯基穆人"，即因紐特人。
⑤ "拉蒲倫德人"，即拉普蘭人（Laplander），分布在北歐北部。
⑥ "亞非利加"，即非洲（Africa）。
⑦ "廓爾包科種"，人種名，其他不詳。
⑧ "亞衣奴種"，即阿伊努人（Ainu），居於北海道地區的阿伊努人，也稱蝦夷人。

第一章　原人狀態

是亦旅行者所同證也。膂力有三種①。一曰暫用之膂力。一曰特久②之膂力。野蠻原人之膂力。二者皆劣於文明人。而不能持久爲尤甚。培倫③記達斯馬尼亞人④曰。"觀其身體。如甚有力者。及以驗力器試之。則不逮白人遠甚。"於薄因人⑤亦然。告爾敦⑥記達馬拉人⑦曰。其筋肉甚發達。其力則無一可與余之從者相匹。此皆謂其無暫用力也。邁孫⑧記印度山族及佉鄰斯人⑨曰。"體力輕發。少頃則衰。"告爾敦又記達馬拉人曰。"其人不任久旅。"此皆謂其無持久力也。余尋其故。蓋有二事。一以滋養之不足也。大凡形骸揪大。其膂力未必增多。若滋養充分。雖瘠而膂力亦盛。豢馬者飼之以草。其容量雖增。而膂力反減。不能持久。飼之以穀。其容量雖減。而暫用持久之膂力。皆有所增。惟人亦然。觀野蠻人之形骸。甚揪大矣。惟以食物粗惡⑩。滋養不充。故膂力不適其比例。一以神經系統之不發達也。膂力之官。雖在筋肉。若其動作之主因。則惟神經系統是賴。故神經不盛。則膂力自微。人有盛怒中酒者。其神氣凌厲。遂能狂走引重。火焚其室。雖婉變之弱女。而或能舉千鈞。失望沮喪之時。其志念黯然頹廢。有膽而不能舉。有腕而不能持。豈其膂力故然哉。皆從其主因以爲進退爾。彼野蠻者。

---

① "三種"，有誤，應爲 "二種"。
② "特久"，有誤，應爲 "持久"。
③ "培倫"，不詳。
④ "達斯馬尼亞人"，即塔斯馬尼亞人（Tasmanians）。
⑤ "薄因人"，人種名，其他不詳。
⑥ "告爾敦"，即弗朗西斯·高爾頓（Francis Galton，1822—1911），英國社會學家、科學家、探險家、心理測量學家。
⑦ "達馬拉人"，達馬拉人（Damara），又稱 "貝格達馬人（Bergdama）"，主要分布在今納米比亞中部的達馬拉蘭。高爾頓在《熱帶南非的探險紀事》（*Narrative of an Explorer in Tropical South Africa*）中記錄了達馬拉人的生活。
⑧ "邁孫"，即弗朗西斯·梅森（Francis Mason，1799—1874），美國傳教士、博物學家，著有《緬甸的物產，或關於丹那沙林省動植物及礦物的筆記》（*The Natural Productions of Burmah; Or, Notes on the Fauna, Flora, and Minerals of the Tenasserim Provinces and the Burman Empire*）。
⑨ "佉鄰斯人"，即克倫人（Karens）。
⑩ "組惡"，有誤，應爲 "粗惡"。

神經鈍滯。則何膂力之有乎。以此推測原人。其於男①薄弱可知也。

身體剛堅説　所謂剛堅者。與英語"赫猶衣奈斯"②Hardiness同義。非謂其身體之健康發達也。謂其於苦痛傷害。無不能任受爾。此與軀幹短小膂力薄弱似相反皆③。而有可以並存者。蓋原始時代。一切技術法度。皆所未備。則對於外界。其所受之苦痛傷害實多。惟能任受者。可以生存。不能任受者。無不消滅。故幸而生存。則身體必增其剛堅之度。此生存競争之自然結果也。其可證以今日之野蠻者。一曰能任受寒暑。赤道下人。炎火鑠金而不覺其熱。哥亞德人④坐臥霜雪肉袒露形而不覺其寒。故世稱亞哥德人⑤曰"鐵人"。觀斯二者。知其身體剛堅。而能勝天以自保也。二曰能任受飢渴。當其暴食飲也。不異牛馬。及資糧乏絶。焦脣槁腹。而亦無所苦。蓋習於不規則之飲食以致此也。三曰能任受瘴氣。印度土人。呼吸"馬拉利亞"⑥之氣。而不蒙其毒。非洲黑人。終日遊於瘴癘。亦未見有猝死者。使文明人處此。則必不能少忍。非其體質之異人。亦何以堪此也。四曰能任受創痍病氣。觀旅行者所記。野蠻人未有醫藥。而下遇⑦劇病。數日即瘳。時有創痍。亦如巨象之剡其皮。少頃即泯合者。且當其未愈。亦未聞呻吟宛轉。如不可忍。使文明人處此。不死則困憊也。五曰能任受產難。凡人類愈文明。則愈感分娩之苦。此勢所無可如何者。而野蠻人絶無所感。與禽犢無以異。使原始時代土人感此。則人類亦絶矣。由此五者。以野蠻人苦痛感覺之弱。即可知開化人感覺程度之增。彼其弱於感覺。而能有此剛

---

① "男"，有誤，應爲"膂力"。
② "赫猶衣奈斯"，hardiness 的音譯，即大膽、强壯。
③ "反皆"，有誤，應爲"反背"。
④ "哥亞德人"，指尼羅特人（Nilotes），又稱"尼洛特人"。尼羅特人身材高大，皮膚黝黑，有"鐵人"之稱。
⑤ "亞哥德人"，即尼羅特人。
⑥ "馬拉利亞"，malaria 的音譯，即瘧疾。
⑦ "下遇"，有誤，應爲"卒遇"。

第一章　原人狀態

堅之體者。適所以見其神經之鈍滯耳。神經鈍滯。故無靈運聰達之質。無發揚蹈厲之機。是其所以不能自脱於野蠻也。然則當於斯境則爲優。以進化言。則方爲疲蹇駑劣之尤者。嗚呼。剛堅者。非美質也。可弔而不可賀[①]者也。

身體早成熟説　生物應於進化之度。而異其成熟之期。進化者之達於成熟。其所歷歲月必多。以人與鳥獸較。其遲速可知也。雖同爲人類。亦莫不然。劣者速熟。優者晚成。蓋神經系統。應其腦髓發達之程度。而成熟之期。不得不異。腦髓大者。積久始能發達。故其身體之成熟。比於腦髓小者。亦不得不遲。婦女之成熟也。速於男子。其槁落也。亦先於男子。正以婦女之腦髓。視男子爲小。又不甚進化耳。而同在男子。其腦髓大者。其成熟亦遲。其腦髓小者。其成熟亦速。世稱大器晚成。不其然乎。然則野蠻人之成熟速。而文明人之成熟遲者。亦以文明人腦髓較大。故其成就需時也。嗚呼。吾東方人觀此。可以警矣。彼印度人者。熱帶人也。故從於氣候境遇自然之影響。而成熟也極速。支那朝鮮日本諸族。其成熟不可謂遲。然非僅以氣候境遇致之。如日本人成熟速矣。衰老亦速矣。二十而成人之知識皆具也。五十而槁項黃馘以隱居者自半也。是非氣候境遇。有以制迫吾者。顧腦髓自小耳。今以日本人爲機警敏捷者。殆全球之所同許。若其量度之狹。氣體之小。蓋亦全球之所同證。夫其成熟之速。爲東方特質。既莫可如何矣。雖然。若可以改良歟。則凡我國民。固當守大器晚成之誡。以養成大邦俊民魁壘宏碩之風。否則終爲小國島民。而爲上國所鄙夷耳。嗚呼。念哉。成熟之早者。其成熟之腦髓小也。嗚呼念哉。有使吾早於成熟之腦髓者。其衰老亦早也。

[①] "可弔而不可賀",《太平御覽》卷九百一十二引《舊唐書》：朱泚軍中有貓乳鼠，泚獻之以爲祥。崔祐甫云："此物之失常也，可弔不可賀。"

第八節　原人之心意

　　前論原人七事。皆屬形質。今舉心意言之。以心理學説。區分人心作用。爲智識感情意志三部。簡言即智情意三者。人類自野至文。非獨身體發達。心意亦然。觀歐非兩洲之比較。即可得其一例。大抵諸能力之強弱。其程度大異。諸能力之多寡。其劑量大異。此其較然可覩者也。今所研究。非今日野蠻人之心意。而爲太古原人之心意。故較之文明人。其異尤甚。

　　一曰原人卞急。今之野蠻。其性有灰冷者。如美洲紅種。當戚友分離與相見道故時。漠然不見其悲喜。蓋西半球野蠻。較東半球野蠻。其情復爲灰冷。惟神經系統之未發達。與生命力之不充分。故其灰冷也。則視卞急爲尤劣。非素性卞急而能抑制以成灰冷。實未能卞急耳。若東半球野蠻。則無不卞急者。亞非濠①三洲。大略相似。如比亞②基爾其斯種③。心善變不可測。非齊衣島人。感情易激。少頃即滅。達斯馬尼亞人。方極歡笑。旋又悲泣。因達馬尼斯人。性躁烈而喜復仇。斯皆著於遊記者也。包爾敦④説非洲東部人曰。方甚溫厚。俄而殘忍。方甚親睦。俄而鬭争。方甚迷信。俄而侮慢。雖好戰。又矜慎甚。雖勇敢。又卑怯甚。雖諂媚。又專恣甚。雖頑固。又無恆甚。雖知恥。又污詬甚。雖貪吝。又皆窳甚。雖好自殺。又偷生甚。此可謂委曲盡情矣。如馬來由人⑤。較他種爲要詳。則稍稍自脱

---

① "濠"，指大洋洲。
② "比亞"，有誤，應爲"北亞"。
③ "基爾其斯種"，即吉爾吉斯人（Kirghiz）。
④ "包爾敦"，即理查德·弗朗西斯·伯頓爵士（Sir Richard Francis Burton，1821—1890），英國軍官，著名探險家、語言學家、人類學家。
⑤ "馬來由人"，即馬來人（Malay）。

第一章　原人狀態

於野蠻者也。<u>因達馬尼斯</u>人、<u>達斯馬尼亞</u>人、<u>非齊衣</u>人、<u>濠地利</u>人①。於人種爲最下。則卞急殊甚。以此推測原人。大略近之矣。且野蠻之比於文明。猶小兒之比於成人。故今日文明國之小兒。則人類小兒時代之縮影也。凡小兒皆卞急。漸長而漸要詳。則以小兒擬原人。抑亦可得其模略歟。今夫原人與小兒。皆感情肉慾之動物耳。一感一慾之起。常爲之馳驅盡瘁。非感滅慾遂則不止。何者。感情者。直起之物。非有思慮之抑制之。則固徑行而無猶豫。人無思慮。又無以制肉慾。且不能以此慾易彼慾也。而終日爲慾所制。作止噱笑。固發於不自已。逮其少選。則淡然忘之矣。感情疾走而善變。故人之制於感情者。多反覆難信。其遇事又不能持久。傳曰。無恆者不可以爲巫醫②。彼原人之無技藝方術。豈不以無恆故耶。

　　二曰原人放縱。今之野蠻。有不受束縛孤立子居者。有稍能羣居者。其度自異。然大抵以放縱不羈爲常軌。如馬來半島之<u>門陀拉</u>人③。常謂一己以外。更無他人。惟獨立不羈。爲生人之要質。故偶有小羣。即彼此分離。<u>包爾奈獲</u>④中部之土人。子女成立。能自謀生。則與父母離柝⑤。至相見不能道姓名。<u>柏拉齊爾國</u>⑥有<u>因忒安人</u>⑦者。幼時循謹。長即披猖自肆。印度山族亦然。世謂人類爲社會動物。故不好獨立而好羣居。疑古人必非散處者。以今之野蠻推之。則知其相反矣。夫其所以散處者。一以爲我能自由而不受他人之約束者也。蓋其人既爲肉慾之動物。務於得慾。則不暇念他

---

① "濠地利人"，即澳大利亞人（Australian）。
② "無恆者不可以爲巫醫"，語本《論語·子路》："南人有言曰'人而無恒，不可以作巫醫'。"
③ "門陀拉人"，有誤，斯賓塞在《社會學原理》中對馬來人的社會性進行描述時引用了一段真言（Mantra），岸本能武太應當是將"Mantra"一詞誤解爲一個人種，因此章太炎轉譯時將其稱爲"門陀拉人"。
④ "包爾奈獲"，即婆羅洲（Bornéo）。
⑤ "離柝"，有誤，應爲"離析"。
⑥ "柏拉齊爾國"，即巴西（Brazil）。
⑦ "因忒安人"，即印第安人。

人。而争閱常因以起。争閱者。未必其果勝。不果勝則或爲他人所判。而無以成自由獨立之榮名。故非散處則必有自疚者矣。一以社會未發達也。雄雞之相鬭也。或不因公利害衝突。而自爲其本能。鬭久而漸相狎。然後可以聚居。方其鬭也。惟欲散處也。惟人也亦然。使當時早有共同懇親之社會。則閭里之制。酋長之治。何待於後世矣。一以當時之境遇不便於社會組織也。原人所恃以自存者。惟天產耳。天產不能於多人團集之所而一一支配之。遭此逆境。自不得不參伍散處。亦其時地然也。有此三者。故其性質愈放縱云。

三曰原人慵惰。此較卞急爲尤著。赫頓德人①於地球爲最慵惰之人種。柏修門人。非在燕飲。則在饑餓。外此即無餘事。美洲土人。有以怠於狩獵。而種族自滅者。蓋非外界之刺擊。無由使其勤奮。非日暮塗遠。迫於饑饉。則常以勉力從事爲忌。是何也。彼其慾望卑近易滿。一切不足以從臾之。乏於慾望。故將來之觀念亦弱。當其求樂。不讓於明日之我。寧知所謂備豫不虞②者耶。雖然、是與厭世觀念則又絕異。蓋彼固無時而不愉快者也。觀美洲土人與馬來人種。雖多鈍重肥戇。至最下之野蠻。則多好談笑滑稽。嬉戲弄劇。終身不厭。此慵惰愉快之兩情所以能並處者。亦曰乏於將來之觀念而已。

四曰原人因循。因循者。不喜變化之謂。此所謂習慣性也。文明人非無習慣性。習慣性亦非竟爲惡辭。惟視其習慣之是非利害耳。非而有害之習慣。則當改革之。是而有利之習慣。則當養成之。於是而有利者。雖不改革。不得謂之因循。非者不改。乃被之因循之名。而不敢辭。是故人之

---

① "赫頓德人"，即霍屯督人（Hottentot），分布在非洲西南部。
② "備豫不虞"，語出《左傳·文公六年》："備豫不虞，古之善教也。求而無之，實難。過求，何害？"

第一章　原人狀態

有習慣性也。可以免思想感情制度之驟變。而持社會之安寧。終亦緩行以期進步。且制度利害。判別需時。而此習慣性者。能假人以試驗之時。故曰不喜變化者。非惡辭也。若原人則無問是非利害。一切膠泥而不知變。斯謂之因循也已。黑人之言曰、吾祖所爲。吾亦爲之。美洲赤人。有勸以改革舊俗者。則大笑疾走。是皆其證也。尋其原因。一由腦力單純不任變化。蓋其身體成熟。較文明人爲早。而神經系統之不發達。亦由於成熟過早。故簡易腦髓之中。不能貯複雜之智力。腦髓之容量小。而動作亦因之以弱。動於一方。不能動於他方。斯其所以牢守習慣。且以排斥異己爲能事也。一由野蠻社會裁判有力。其所以裁判者。亦特毀譽褒貶耳。毀譽褒貶重。而風俗習慣爲之愈重。其可以得變化者罕矣。逮至社會發達。人數弘多。於其間生種種差別。且民智洞啓。而人人有自由獨立之思想。然後習慣之力爲之減殺。斯文明社會所以能改良。而野蠻社會所以逡巡不進者也。

　　五曰原人心意薄弱。前於原人身體。既論其無暫用持久之力矣。於心意亦然。暫用之心意。持久之心意。皆劣於文明人遠甚。斯畢科斯[①]曰吾嘗見柏拉齊爾之因忒安人。就其方言。而質問然否。少頃。自言氣喘頭痛。其不能勞心如此。培芝[②]亦云。欲使因忒安人知抽象之思索。最爲不易。陀柏列赫番[③]曰。亞比普人[④]。遇一事物。驟見而不能曉者。則逡巡卻退曰。安所用此。斯夫羅德[⑤]曰。南美之亞陀人[⑥]。自文明人觀之。直如熟睡者。

---

① "斯畢科斯"，即約翰·巴特斯特·馮·斯比克斯（Johann Baptist von Spix，1781—1826），德國生物學家。
② "培芝"，即亨利·沃爾特·貝茨（Henry Walter Bates，1825—1892），英國博物學家、探險家，參與了具有重要科學意義的南美洲亞馬孫河考察，代表作 *The Naturalist on the River Amazons*。
③ "陀柏列赫番"，即馬丁·多布里茨霍費爾（Martin Dobrizhoffer，1717—1791），奧地利傳教士。
④ "亞比普人"，即阿維波內人（Abipones），又稱阿維龐人，南美印第安人的一支。
⑤ "斯夫羅德"，即吉爾伯特·馬爾科姆·斯普洛特（Gilbert Malcolm Sproat，1834—1913），代表作爲 *The Nootka: Scenes and Studies of Savage Life*。
⑥ "亞陀人"，即南美洲的阿它斯人（Aht），現有多種譯法，不太統一，也稱安次人、阿特人、阿脫族。

方其奮厲。應對亦能敏捷。少頃。以略當思索記臆之事問。則疲勞不能忍。其心動悸。似無所薄。如東亞非利加人①。較此雖稍進化。然泡爾敦②言之曰。問之以數。雖智慧最高者。歷十分時。輒困憊甚。如亞拉迦西人③較此復爲進化。然於縝密持久之思索。亦無此智力也。是數者。皆可以推證厚人④。詳其原因。一由腦髓組織之簡易。故習於簡易之觀察。未習於複雜之智識。習於具體之觀念。未習於抽象之思索。能保存前日感覺之印像。使之再見。而不能采此印像。以構成吾之新想像。能於今日經驗一事。於明日經驗一事。而不能得其秩序。不能綜合諸事而配之以範疇。一由有觀察之腦髓。亦無思索之腦髓。故心意偏於形下。而不通於形上。事稍難解。即無由會悟。雖暫會悟。逾時便忘。復遇此事。即又茫昧。亦由不習於持久之徵也。

六曰原人心意早熟易衰。是亦與其身體同例者。蓋成熟早者。衰老亦早。動物莫不然。以鼠比狸。以狸比人。年壽之長短。成熟之早晚。衰老之遲速。其比例可知矣。人之有男女。女子之成熟衰老。亦較男子爲早。是豈獨身體然耶。雖在心意。女子心意發達之始。先於男子。其心意發達之終。亦先於男子。野蠻文明。其例亦爾。今以簡易之思想。使野蠻國之小兒與文明國之小兒。共揣測之。則野蠻者多能會悟。及其長也。於複雜抽象之思想。則相與爲反比例。利陀⑤曰。非洲赤道下地。其小兒皆了了。無椎鈍者。包爾敦曰。非洲西部人。自嬰兒至十五六時。常銳敏。十五六以後。則腦髓似腐蝕者。於新芝人⑥。可實驗也。由是觀之。野蠻人心意發

---

① "東亞非利加人",即東非人。
② "泡爾敦",即理查德·弗朗西斯·伯頓爵士。
③ "亞拉迦西人",即東南非的馬爾加什人（Malagasy）。
④ "厚人",有誤,應爲"原人"。
⑤ "利陀",即威廉·溫伍德·里德（William Winwood Reade, 1838—1875）,英國歷史學家、探險家。
⑥ "新芝人",指印度雅利安人（Aryan）。

達之始。先於文明人。其心意發達之終。亦先於文明人。夫其知識豈無日增者。要之止於觀察之知識。而綜合之知識無聞焉。且少時所知。素已固結而不可解。則雖有異日之經驗。而不能改良其舊識。試觀非洲東部人。非兼具少時童昏之念與衰年頑固之志者耶。濠洲土人。非二十而智力始衰。四十而一切消滅者耶。吾以文明人與野蠻人比較。向也念及於泰西日本身體之異。而今也又念及於泰西日木①心意之異。觀泰西之小兒。始如愚物。終則發達之壯瑋。有大異人者。日本人少以才子稱者。自謂過泰西人遠甚。而終也爲不才子。故小兒欲速爲成童。成童欲速爲成人。逮及壯年。則急欲謝絕人事。何其少弘毅之力也。有觀察而無反省。知具體而昧抽象。偷現在而忘將來。心意之肥弱。乃至於是。較之於泰西文明人。則我正爲野蠻耳。朝鮮人也。支那人也。萬方而一概者也。西人有言。東洋人爲早熟易衰之人種。今其言果中。悲夫。他國吾不言。言吾日本。將欲爲東洋之盟主。黃人之先進文明國。且振大風於宇宙者。而心意尚如是。是可不深念耶。

　　七曰原人觀念止於具體。蓋野蠻人五官銳敏。爲旅行者所同稱。非洲之<u>柏修門</u>人。其視官如望遠鏡。睒睒不息。亞洲之<u>佉來衣人</u>②。於距離稍遠之物。他人必重襲眼鏡以視之者。而被③能眺見之。<u>柏拉齊爾</u>之<u>因忒安</u>人。能見白人所不能見。聞白人所不能聞。北美之<u>因忒安</u>人。能聽聲音極幽者。而識別其高下。<u>息蘭島</u>④之<u>韋達</u>人⑤。能以蠭之羽音。而知蠭巢所在。皆其例也。大凡觀察之力長。則思索之力不得不短。而觀察所得。特爲具體觀念。其在思索者。入有抽象觀念耳。野蠻人與文明人。其區別正在是。甲

---

① "日木"，有誤，應爲"日本"。
② "佉來衣人"，即克倫人。
③ "被"，有誤，應爲"彼"。
④ "息蘭島"，即斯里蘭卡（Sri Lanka），舊稱錫蘭。
⑤ "韋達人"，即南亞的吠陀人（Veddah/Vedda），又稱維達人。

者務觀察。而計慮不深。乙者過思索。而決行或乏。觀察者。氣多銳敏。又多樂天主義。思索者氣多沈靜。又多厭世主義。當人類之初進文明也。離於觀察。而趨於思索。故文明國人。率非觀察者而爲思索者。其以股肱之力成技藝。或不逮野蠻人。由其已過觀察之時代。而達於思索之時代也。若夫野蠻則不然。培芝曰。柏拉齊爾國之因忒安人。凡事非直接軀體者。一切無所動念。包爾敦曰。非洲東部人。長於觀察。然不能因其觀察所得而演繹其利益如何。且其心所感念。不能出五官範圍。又於現在事物以外。無有能思索者。赫忒孫曰。印度山族。目覩日光與膏燭之光。能辨其殊物矣。若夫光之爲言。則一切明照者。皆得抽象以施是名。而山族不能名也。斯畢科斯曰。柏拉齊爾國之因忒安人。能別一草一木一蟲一鳥之名。至於植物動物。其名則因於抽象之觀念。而因忒人無是語也。其稍進於是者。抽象之名。若音、若姓、若種、亦不能舉其辭。而略能綜合者。惟步食飲歌聞驚等語。間於不定動詞中見之。告爾敦曰。達馬拉人之舉數也。以左手撮右手之指而計之。故數至五以上。則不能舉。然其家畜。亡失亦希。蓋簡閱牛羊時。不專以數計。亦察其毛物以爲識別也。至以物品交貿。率煙草二本易羊一頭。若給以煙草四本。令取羊二頭來。則芒然不知其解。其短於綜合如此。余觀野蠻人種。凡數至五以上若十以上。率不能舉。蓋離實物而言數。斯爲抽象之名。彼固不知抽象。亦何緣知數耶。且知具體而不知抽象者。非獨野蠻。文明國之小兒亦然。孩提相對。所語惟卑近之物質。而無阻深之理想。其以抽象而言若爲赤色。若爲黑色。所不能也。欲言赤色。則言金魚。欲言黑色。則言薪炭。金魚薪炭爲具體。離金魚薪炭之實質而言赤色黑色。則爲抽象。宜其窮於語言矣。或言一狗一狸。而近於抽象者。曰吾家之黃者。曰鄰家之白者而已耳。離於是狗是狸。而又不能言黃白。要之前者徒知具體。不知抽象。後者徒知各箇。不知綜合。

第一章　原人狀態

綜合之觀念。必待有抽象之觀念而後成。故不知抽象者不能知綜合。略知抽象者。亦不能知綜合。又進而離此一狗一狸。而念及全體之狗狸。離此狗狸。而念及全體之動物。此皆由綜合而得之者。所謂概念也。則更窮於思索矣。是數者。由小兒以推野蠻人。由野蠻人以推原人。其趣一也。今求其故。一因止有印象觀念。蓋覩人與馬而言人與馬。與未覩人與馬而冥心思人與馬。一爲既見觀念。一爲不見觀念。不見觀念。能思云云者爲馬。云云者爲人。此云云者。謂之說明觀念。聞此說明。雖未見人與馬。而能知其爲何物。既見觀念。必嘗覩此人與馬者。使其印象遺存於腦中。然後知云云者爲人。云云者爲馬。是亦曰印象觀念。彼原人者。有印象象觀念①而無說明觀念。故能知一方而不能知他方矣。一因觀念範圍。限於五官所觸。其所觸者。當其不觸。尚不能冥心以形造之。其所不能觸者。愈可知也。然世或以太古人類。有高尚阻深之思想。若云認識上帝之存在是已。吾以爲上帝非直接於五官。思上帝者。即爲抽象觀念。而超脫於觀察界者也。彼原人者。行由②認識此耶。肉慾動物。尚未辨己之身心。雖知五官直接之箇物。而推究物物之關係。以一定之法度。因果之原理。求物質之原於神識。則皆所不知。何者。法度原理物質神識之屬。是皆非五官所能觸也。

---

① "印象象觀念"，有誤，應爲"印象觀念"。
② "行由"，當爲"何由"。

第二章

社會與境遇

第一節 社會發生發達皆被境遇之影響

　　社會何以發生。必其境遇最便利於己之發生者。蓋人固生物之一也。生物存在。非適當之地無由。而社會爲人類之集合體。故非境遇相當。無自發生。非獨發生。其發達亦賴境遇矣。予於第三章論社會之起原。在原人之生存競争。蓋合羣而戰。其所得生存發達之形便。優於孤立而戰者。夫組織社會之人類。得以生存。則社會自發生於生存者之間。然其競争也。非一切國土。皆可行之以取勝。是則視其境遇何如耳。

　　詳考人類古代史。最古社會。發生於何地。何地能使社會進於文明。是必因其境遇。便利於社會之發生發達者也。尼羅河岸。埃及之社會起焉。育弗芝斯河①梯歌利斯河②間。亞述巴比倫之文美③作焉。新歐④殑伽⑤兩河

---

① "育弗芝斯河"，即幼發拉底河（Euphrates River）。
② "梯歌利斯河"，即底格里斯河（Tigris River）。
③ "文美"，疑當作"文明"。
④ "新歐"，有誤，應爲"新頭"，即印度河。
⑤ "殑伽"，即恒河（Ganges River）。

第二章　社會與境遇

之濱。印度之開化肇焉。黃河綠河之間。（麟案綠河未審何水姑存其名俟考）支那古代之歷史創焉。是於地球。爲最古文明之四大中心。其社會所自始。皆以土壤肥沃。物産繁殖。便利於其發生云爾。夫境遇之於社會。其有密切關係於發生。既可知矣。而社會發達。亦境遇所能引導。斯於比較地理學得證明之。

比較地理學所證明。一國文明之程度。與其海岸線之長短。有密切關係。五大洲中。最文明者爲歐洲。而海岸線與面積之比例。最爲延長。最蒙昧者爲非洲。而海岸線與面積之比例。最爲短促。此非偶然也。因果律有必至者矣。試就歐洲考之。爲文明之先進。而達於最高尚之開化者。非希臘也耶。希臘於歐洲中。其海岸線獨長。亦猶歐洲與他洲之比較。近徵吾國。文明先進。在海岸線延長而不規則者。則九州四國是已。而奧羽①等地。海岸線既短促。又成規則。則開化亦晚云。

由是言之。社會之發生發達。靡不影響於境遇。可明徵矣。然則研究社會者。必自研究境遇始。故今所論述。以境遇於社會發生。有何等關係爲主。以境遇於社會發達。有何等影響爲輔。

雖然。余以社會之發生發達。基於境遇。而非曰社會發生。盡基於境遇也。必云有何等境遇而後可以組織社會者。是固余所不信。何者。社會之發生。爲生存競爭之結果。而此境遇者。特有間接關係於生存競爭耳。故境遇可爲社會發生之間接原因。而社會不可爲境遇之直接結果也。

所謂境遇者。非自氣候土壤以及動植物産。一切綜舉言之耶。今則分此爲二部。第一部曰社會之無機境遇。第二部曰社會之有機境遇。無機境遇。指氣候土壤二者。有機境遇。指植物動物二者。是於今昔人類之生存

---

① "奧羽"，指日本東北地區的陸奧、出羽。

進化。其所感爲至重大。吾輩在今日。非依賴此境遇。固不得頃刻生存也。雖然。古者技術未開。境遇皆直接於人生。非如今日之間接者。故其力爲尤盛。民智漸進以至今日。器具機械。悉發明而利用之。可避境遇之害。而且可因之以爲利。故土壤雖瘠。氣候雖酷。動植雖乏。而人皆能於其地組織社會。若夫未解農耕未建宮室之時代。其境遇之足以掣曳人者。庸可與今日並論耶。吾將一一論其性質影響矣。

第二節　無機境遇　其一　氣候

人有謀築室者。必度其基址所在。氣候如何。何者。形體之盛衰視此也。社會所在之地。亦因氣候以爲盛衰。然尙有進此者。社會之發生。由氣候支配之。氣候惡劣。社會必不得發生。且社會之生存。需於動植者多。而動植之生存。必賴氣候適當。故余所云氣候者。非獨溫度之高下而已。雖空氣之乾溼。亦詳審論之。

論溫度高下。曰生物之能受溫度。各有定限。若酷暑沍寒①。則生物未有能受者也。生物高尙者。其能受之溫度。界限愈陿。出此界限以外則死矣。至人類則非獨以溫度界限之陿。維持生存。其能發達進化者。受溫度之界限。不得不愈陿。故社會發生之區域。較之人類生存之區域。其溫度界限有愈陿者。

人所棲息之地球。其構成之原質與日球適宜。而後生物能繁衍於其上。生物之能寒忍熱者。各不一致。至於人類。又異於他種生物。不能受非常高下之溫度。雖然。苟遇路人而問之曰。寒暑二者。孰爲難受。則必曰寒

---

① "沍寒"，有誤，應爲"沍寒"。下同。

第二章　社會與境遇

甚於暑矣。如寒帶之<u>哀斯基穆</u>人種、汲汲爲禦寒計。更無餘力以營他事。其所飲食。亦爲助暖。而消費於維持身體機關之動作。則所以助生殖力者自微。由是子姓不蕃。社會亦無以生長發達。且非獨生殖力微而已。智也情也意也。諸能力亦微。三者不發達。故文明之機。無緣得至。何者。勞力盡瘁。救死不贍。安望形而上者之發達乎。若夫熱帶。以酷暑而害發達。至不能組織社會者。雖未嘗絕。然一切生物。大抵於酷熱之地。多能繁殖。其較諸沍寒者爲優。他動植物無論也。雖考人類歷史。最古之文明國。亦皆見於熱帶。如埃及印度支那（麟案以支那爲熱帶恐有未諦）墨西哥秘露①諸國。皆爲文明先進。而其地皆酷暑。雖今日社會開化之地。多在中帶。然近事如是耳。太古之事。則未嘗爾也。太古之社會。於熱帶發生。亦於熱帶發達。徵之諸國。其成事粲然著矣。

處於熱帶之人類。其較寒帶爲發達者。何也。一以晝雖酷暑而暮夜猶涼。非若沍寒之地。晝夜一致。未嘗少弛也。夫熱帶之酷暑有時而息。寒帶之沍寒。無時而息。二者相較。其不適於軀體者。孰多孰寡矣。熱地之人。固有流於慵惰者。然較諸沍寒之損傷形體。其利害猶不相同。況晝暑夜涼。天道代謝也耶。一以物產豐富易於資生。蓋人固不能藉無機物以自養。其藉以自養者。獨動植物耳。寒帶之動植少。而熱帶之動植多。故熱帶人類。其所以爲衣食居處者。非獨較寒帶爲易。亦較中帶爲易。其餘力足以組織社會。而爲種種發達。固其所也。要之社會之發生。與其發達。其大原不外於日球。日球之溫度。能孳動植。較之不能孳動植者爲優。日球之溫度。雖高而有間息。較之下而無間息者爲優。彼熱帶發達。而寒帶凝滯者。非以此歟。

---

① "秘露"，即秘魯。

論空氣乾濕。曰此雖如甚瑣細者。審思之。其於箇人及社會。皆有影響焉。空氣甚乾燥者。其土壤之表面。亦自乾燥。而植物之生長不易。人類與一切動物之繁殖亦不易。若其土壤素非乾燥。而空氣常乾燥者。則水氣消散。土壤亦幾於坼裂矣。反之空氣蒸濕。雖特別之植物。式能繁蕪。而他種植物。與人類及一切動物。亦不能生存於是。此生理易見者也。且蒸濕過甚。則物之破壞腐蝕亦甚。宮室器具。不得久存。則保存貯藏之慾。必爲之殺。斯技藝才能。所以不能發達。而有害於社會之進化也。

觀古代歷史。上世人類能進於文明者。率居空氣乾燥之地。自非洲北部。以至亞拉伯①波斯。自衛藏②以至蒙古。皆爲無雨界。此地文學者所證明。亦吾輩所稔知也。在東半球者。凡征略之人種。悉起於無雨界及其近邊。始韃靼③人種。橫度無雨界西北之山脈而入支那。又侵突支那印度間。逐其土著。據其壤地。其後又數侵擊西方。（麟案支那太古民族自佉爾特亞④巴比倫等處徙入亦稱巴科民族⑤譯即百姓也如循蜚因提禪通⑥伏羲神農黃帝蒼頡巴比倫神王系表皆有其名確然可證此謂韃靼人種據有支那沿舊說不足信）其次阿利亞人種⑦。出自波斯東北無雨界中。其一部得入印度。而爲新芝人。其一部侵入歐羅巴。而爲今之歐羅巴人。其一部割據波斯。而爲今之波斯人。其次塞弭忒科人種⑧。起自亞拉伯西利亞⑨。侵擊四鄰。或組織亞述巴比倫之大帝國。或奉回教。而入埃及波

---

① "亞拉伯"，即阿拉伯。
② "衛藏"，舊時西藏的別稱。
③ "韃靼"，韃靼（Tatar），歐洲人對歷史上歐亞大草原諸游牧民族的統稱。
④ "佉爾特亞"，即迦勒底。
⑤ "巴科民族"，即巴克族（Bak tribes）。
⑥ "循蜚因提禪通"，原出中國古代緯書《春秋命歷序》。拉克伯里氏以爲，中國循蜚紀即 Sumir，因提紀即 Dintirki，禪通紀即 Tamdin。
⑦ "阿利亞人種"，即雅利安人。
⑧ "塞弭忒科人種"，即閃米特人（Semitic），德國人奧古斯特·路德維奇·馮·施洛澤（August Ludwig von Schlözer，1735—1809）提出的一種人種概念。
⑨ "亞拉伯西利亞"，疑指古代兩河流域北部的亞述地區。

第二章　社會與境遇

斯印度諸國。又歷小亞細亞以征略歐洲之一部。此三人種者。膚色不同。居處各異。然皆自無雨界起而征略。蓋乾燥之地。足以作其勇氣也。及其折首制勝。據有肥壤。所處之地。濕氣既多。而勇氣亦隨之消失。此誠人力所不可爭歟。

空氣乾燥。能使人靈運壯健。此求之生理而易知者也。凡身體機關之作用。從於皮膚肺臟之蒸發。而蒸發之者。空氣乾燥之土地爾。徵諸病人之羸尪者。其在濕地。則怏鬱不樂。及徙處燥地。以自療養。則皆渙然愉快。是可知燥氣之能蒸發身體。而使機關靈運矣。且勇氣乾燥之相繫。熱帶視中帶爲尤著。中帶多濕者。身體之溫度。較暖於空氣之溫度。氣一接觸。則溫度自高。而增空氣含濕之量。故身體之蒸發自易。此雖多濕。於身體所繫亦小也。熱帶之地。身體之溫度。與空氣之溫度。略相平均。有時空氣反暖於身體。故其身體之蒸發。悉視空氣之燥濕而定。多濕則蒸發難。多燥則蒸發易。此所以熱帶之濕者。其民體多沈滯。而熱帶之燥者。其民體多靈運也。西半球文明先進。爲墨西哥秘露。是二國者。亦皆處熱帶無雨界中。而有雨界則無文明者。斯又其徵矣。

徵之世界歷史。皆云白人較非白人。其進於文明爲速。膚色之黑白。乃足以證材性之優劣。何耶。抑色之致黑。非獨熱爲之也。熱與濕結合而爲之。溫哥斯頓①者。善察非洲內地之民種者也。其言曰。熱不足以染人。熱濕相依。始生深黑之色。修溫夫德②曰。非洲內地黑人。色亦不一。處平坦濕地者。其色深黑。處中部巖石地者。其色淺黑。其體亦壯健。然則同在熱帶非洲內地之民。因其燥濕不同。而膚色之深淺身體之強弱亦異。深

---

① "溫哥斯頓"，即大衛·利文斯通（David Livingstone，1813—1873），蘇格蘭探險家、傳教士、醫生，曾在非洲大部分內陸地區進行探險活動。
② "修溫夫德"，即格奧爾格·奧古斯特·施魏因富特。

黑者爲劣種。淺黑者爲優種。然不得云深黑故劣弱。淺黑故優強也。深黑因於多濕。多濕而種自劣弱。淺黑因於多燥。多燥而種自優強。非色之直接致之也。有間接者爾。白人之靈運壯健。非白爲之也。處燥而白。使之靈運壯健者。歸功於燥。而不歸功於白。其社會之組織。文明之發生。視此矣。彼膚色者。特其表識云爾。

第三節　無機境遇　其二　土壤

土壤之於社會。影響不少。當其發生發達。感力亦甚鉅也。今就分土壤爲三事。一曰土壤之形勢。二曰土壤之麗雜。三曰土壤之肥瘠。

論土壤形勢。曰、社會自生存競爭而起。以競爭故。不得不團結。團結之難易。其繫於社會發生者甚大。而操縱此團結者。土壤之形勢也。所謂形勢者。與肥瘠麗雜各異。謂其表面之起伏不同爾。凡土壤平坦而廣。其肥饒處處相等者。則人人可恣意散處以營生計。團結旣難。社會自不易發生於其地。廣土不毛。勢亦相等。且較之肥饒者。其組織社會更自不易。然則地勢如何。而後可以組織社會曰。一需土壤肥饒便利於人類羣居者。一需地勢拔出便利於人類統一者。假令一處之土壤。比於四鄰。肥饒不逮。則民將往徙。而安能羣居於此以成社會。若徒有肥饒。而無限民之勢。各鳥獸散。社會亦未可覩也。

是故地勢之最要者。一曰土沃而不廣。方今生齒蕃殖之時代。沃土愈廣。則養民愈贍。當社會發生也。民數無幾。離散易而團結難。沃土愈陿。則羣居愈密。親睦任卹。職由是起。相殺毁傷。亦由是起。愛憎雖異。其所以組成社會則同。若沃土過廣。則渙然離遜矣。二曰沃土以外皆不易生

第二章　社會與境遇

存之地。或荒蕪不毛。或爲他旅①割據。故其民守土則樂。出疆則危。自無遁逃離散者。民各安堵。則團結之所以成也。三曰沃土之周圍無山國。山國岡阜錯出。屈曲隱蔽。易於藏匿逋逃。使其民不喜團結。不欲服從其酋長。則必遁居深山。爲人所不能蹤迹。此亦團結所由敗。而社會所由夭遏也。四周無山。民無所遁矣。

疆域以內。土壤肥饒。而其外皆荒蕪不毛者。則埃及之所以能組織社會也。昔人有言。埃及文明。實尼羅河之賜。蓋尼羅河兩岸。有陿長之沃地云爾。自陿長沃地以外。率皆沙漠。故其民懷土。而生齒日增。邑里羣居。遂能互相親睦。知出境則爲餓殍也。

山國之居民。不憂敵人侵襲。自古以然。緣其形勢屈曲。易於遁逃伏匿。而敵人之侵襲者。又不能經行直前②。如古代希臘北方。有衣羅利亞人③。雖迫近大國。而能永持獨立。常爲馬塞陀尼亞人④所患。遭歷山王⑤征略。稍失其自主權。歷山王死。復起獨立。又如英之西方。有威爾斯州⑥。其民天性不羈。緜歷歲月。始能統一。是二方者。皆屈曲之山國也。亞拉伯之沙漠。亞細亞內地之沙漠。其居民皆逐水草轉徙。是曰天幕人種⑦。其鄰國稍開化者。時有遁逃。亦往往移居於此。久之從其風習。與天幕人種不異。蓋沙漠雖與山國異狀。其轉徙無恆。不易統一。亦與山國等爾。

由是言之。形勢之於社會。其影響所及。顧不著耶。

論土壤麗雜。曰、社會之發生。繫於土壤麗雜者雖少。其發達則有恃

---

① "他旅"，有誤，應爲"他族"。
② "經行直前"，有誤，應爲"徑行直前"。
③ "衣羅利亞人"，即伊奧利亞人（Aeolian），約公元前2000年從巴爾幹半島進入希臘。
④ "馬塞陀尼亞人"，即馬其頓人（Macedonian）。
⑤ "歷山王"，即亞歷山大大帝（Alexander the Great，公元前356—前323），馬其頓王國國王（公元前336—前323）。
⑥ "威爾斯州"，即威爾士（Wales）。
⑦ "天幕人種"，疑指貝都因人（Bedouins）。

此者。所謂麗雜者。非指肥瘠與動植少多言。謂其表面不單純一致。其地不皆爲山。不皆爲水。不皆爲丘。不皆爲原。不皆爲沙漠。不皆爲森林。其石不皆爲一種之石。其土不皆爲一種之土。組織部分。種類形式各殊爾。所爲言土壤表面之麗雜者。猶曰無機物原質之麗雜。經驗習慣之麗雜。由是技術智識。因以進步。交輸貿易。因以發達爾。麗雜者文明易。不麗雜者文明難。何者。變化多則思想盛。變化少則思想衰。故一國之文明與土地之麗雜爲正比例。如美洲之普來利①。俄羅斯之斯忒普斯②。土壤純一。故文明未嘗萌芽發達於其地。蓋物質不變。無以刺擊人心也。中央亞細亞中央亞非利加。莫不皆爾。雖大洋絶島。不出是例。臺奈博士述珊瑚島③事曰。自貝甲以外。無剪截他物爲器具者。飲少淡水。多取於海。蓋其地無川瀆山岳。故思想不踰珊瑚島外。土壤表面。無過半英里。海濱洼下。不見陵阪。故自雨量多少以外。不知考氣候之變化。是安能效文明社會之技術。而解其文學謠詠耶。反之地理地質皆麗雜者。人之思想。亦因以麗雜。而其國土自進於文明。今專就文明所起言之。如埃及之尼羅兩岸。雖非甚麗雜者。比於境外。則麗雜實甚。自邊境諸山岳至尼羅河。岡陵川壑田畦巖窟。莫不備具。尼羅河貫埃及南北。交通復易。亞述巴比倫。亦較其東西鄰境無川瀆者爲麗雜。非尼基④海岸線長而不規則。河渠多橫斷其國土。丘谷原野。亦殊不一。希臘表面之起伏。土質之堅柔。海岸線之出入。最爲複雜。陀若⑤有言。歐羅巴全洲。天然狀態。未有如希臘之麗雜者也。意大利亦然。是數國者。或於上古或於中世。皆嘗爲文明先進。而其土壤如

---

① "普來利",prairie 的音譯,即大草原。
② "斯忒普斯",steppes 的音譯,即大草原、干草原,特指西伯利亞一帶没有樹木的大草原。
③ "珊瑚島",泛指南太平洋的島嶼。
④ "非尼基",即腓尼基。
⑤ "陀若",應指該學術觀點的提供人 Tozer 和 Grote。分别著有 *Lectures on the Geography of Greece*(Henry Fanshawe Tozer)和 *A History of Greece*(George Grote)。

第二章　社會與境遇

是。雖西半球之墨西哥秘露亦然。墨西哥之廣原。周以山岳。内有湖沼。其王都島嶼。大抵秀拔。且在土廓湖①中。秘露之表面。高下不齊。其政治自芝佉湖②島嶼中出云。若吾國之文明。非始海濱。亦不在東北平原。九州四國。地理地質。最爲麗雜。則以是爲權輿焉。故曰文明與麗雜爲正比例也。

　　論土壤肥瘠。曰、前論土壤形勢。亦及其肥饒荒蕪。祇以內外異形。便於統一言之。非純論肥瘠也。今者專以肥瘠立說。蓋學者有言。地過膏腴。以少量之勤勞。獲多量之飽煖。則其民皆窳不材。而害於社會之發達。是於文明半開諸國。則固然矣。若古代之蒙昧社會與今日之野蠻社會。則肥饒未爲其害。而反有益於其發達。今夫赫威人③也。他西查人④也。陀根人⑤也。沙穆因人⑥也。非芝人⑦也。非以國土肥饒。故或能半開。或能近於半開耶。蒔稻一粒。於斯馬他拉島⑧。則穰歲穫八十粒。歉歲穫四十粒。於馬達佉爾島⑨。則穰歲穫百粒。歉歲穫五十粒。島人之社會。於是進步者。固沃土之賜也。非洲內地有亞蘇芝人⑩。達奸遇人⑪。於社會爲甚進化。亦由其土壤肥也。埃及於地球。爲文明先進。其尼羅河水。歲歲泛溢。比水落則停淤壅灌。足以孳乳植物。全國賴之。亞述巴比倫之文明。起梯哥利

---

① "士廓湖"，即特斯科科湖（Lake Texcoco）。
② "芝佉湖"，不詳。
③ "赫威人"，指夏威夷人（Hawaiian）。
④ "他西查人"，指居住在塔希提島（Tahiti）的塔希提人（Tahitians）。塔希提島位於南太平洋地區，是法屬波利尼西亞向風群島中的最大島嶼，總面積約 1000 平方千米，也是法屬波利尼西亞的經濟、政治、文化中心。
⑤ "陀根人"，即湯加人（Tongans）。
⑥ "沙穆因人"，即薩摩亞人（Samoan），居住在南太平洋的薩摩亞群島（Samoa Islands）。
⑦ "非芝人"，即斐濟人（Fijians）。
⑧ "斯馬他拉島"，即蘇門答臘島（Sumatra），印度尼西亞的主要島嶼。
⑨ "馬達佉爾島"，即馬達加斯加島（Madagascar），位於非洲東南部。
⑩ "亞蘇芝人"，即阿散蒂人（Ashanti），西非幾內亞灣沿海民族。
⑪ "達奸遇人"，有誤，應爲"達好遇人"，即達荷美人（Dahomeans）。達荷美是今西非國家貝寧（Benin）的舊稱。

斯^①育弗芝斯兩河間。印度之文明。起新頭^②殑伽之岸。支那之文明。起黃河綠河間。是皆古者社會發於沃土之證矣。要之社會初開。必行於外界抵抗最少之地。當農業未發明時。與發明而甚幼稚時。器具方術。一切未善。苟非沃土。必不適於開墾。若夫耕治磽土。而民食亦足。此非農業進步。不足與於此也。天道草昧。丞民未立。雖略知稼穡。猶賴於天產之多。然後民無阻飢。生齒蕃衍。而社會得以發生。稍久漸能進化。不然。萌芽之始。體質纖弱。安能與逆境抗乎。在逆境而能成長也。此進化社會之事。非萌芽社會之事也。業已進化。則以地過肥饒。惰形蓄力。而阻滯發達者有矣。以是律太古。則異乎吾所聞爾。

第四節　有機境遇　其一　植物

　　社會之發榮與否。與其地之植物。所繫甚多。或植物匱乏。而害社會之進步。或植物過繁。而亦害社會之進步。故略分三例。曰有植物不足。害於社會發達者。曰有植物豐富。益於社會發達者。曰有植物豐富害於社會發達者。

　　論植物不足害於社會發達。曰、人所需用。兼資動植。然可以衣食居處者。則動少而植多。食則米麥。衣則麻葛。居則版堵。非皆植物也耶。近有持蔬食主義者。要之人不肉食。不衣毛褐。固無損於生存。亦未嘗不可進於文明也。由此觀之。植物於人。較之動物為急。故有植物不足。而人類無以生存。社會無以發達者。附近北極之地。有哀斯基穆人種。未嘗覩林木。潭木自中帶熱帶來。則因而用之。蓋其地沍寒。百草不生也。故

---

① "梯哥利斯"，即底格里斯河。
② "新頭"，即印度河。

第二章　社會與境遇

其衣食居處。一切與吾儕異趣。以冰雪建屋。而食魚獸之肉。獸有毳毛。復蒙被以爲衣。果實之味。麻絲之暖。逮老死而不知。其技術幼稚。亦因於草木匱乏也。濠洲亦少植物。故至今無社會。每六十英方里。財分配一人耳。夫菜果不殖。民食空匱。則生齒自稀。無以成團體矣。

論植物豐富益於社會發達。曰、植物豐富。即土壤膏腴之結果。然其能增殖生齒。促進社會。非獨以豐富而已。豐富者必麗雜。人之用物精多。則智識自進。且果實而外。復有野菜。五穀而外。又有根類。（謂蕪芋薯蕷之屬）猝遭歉歲。此絀彼盈。尚足更代。故餓死者尠。喬木蔓藟。並爲宮室器械之用。就材施技。形式百變。故方術自增。夫人無夭札。家有技藝。則社會安得無發達乎。觀他西查人。處於他西芝島①。材木多故能爲宮室。椰葉多故能爲簟席。纖緯物多故能爲布紵。樹皮多故能爲籃籠。其他雜香染質。皆能取以爲用。種種發明。遂使社會日進。弗芝島②人。所謂食人人種也。然其島有植物一千餘種。剖大木爲一舟。有可乘三百人者。故其人多技術。而有分業貿易之法。此皆其證也。

論植物豐富害於社會發達。曰、凡益人之植物多。則爲社會利。妨人之植物多。則爲社會害。如非洲安達馬尼斯人種③。以內地榛林叢蔽。遠徙海濱以爲居宅。蓋赤道直下之地。灌木最多。而其人祇用石器。未有伐木之斧。故植物豐富。反能逼人。是知蒙昧時代。遇此則亦有損於社會也。

第五節　有機境遇　其二　動物

動物之有無多少。其影響及於社會。較之植物爲輕。且或因動物不足。

---

① "他西芝島"，即塔希提島。
② "弗芝島"，即斐濟群島（Fiji Islands）。
③ "安達馬尼斯人種"，即安達曼人（Andamanese），分布在安達曼-尼科巴群島。

而使人類離於狩獵畜牧之業。以進入農耕時代。則不足反能爲益也。前論植物。分三方面。今論動物。分二方面。曰有益動物豐富之地。曰有害動物豐富之地。

　　論有益動物豐富之地。曰、凡可食之獸其有無多少。皆與居民之職業性質。及可以組織社會之性質。有所影響。如北美地多野獸。故土人皆以狩獵爲業。常負其所獲。轉徙異地。此於農業人數技術三者。皆有所害。如太平洋羣島。則以野獸乏絕。故其民皆土著。習爲農耕。衣食既給。生齒遂繁。其技術亦多進步。若夫次於狩獵時代者。則畜牧時代也。凡牛馬羊鹿山羊橐駝之屬。可馴養爲家畜者。其有無多少。足以贍①畜牧時代之長短盛衰。其地多產家畜。則畜牧時代。積久不滅。而不得進入農耕。蓋以家畜資衣食。不憂匱乏。則不知農業之爲要也。拉普倫陀人②。豢鹿犬。韃靼人。豢牛馬。南美人豢豕。自昔至今。因襲無改。彼其滯於畜牧。非由天產之富耶。雖然。今之文明國人。其先皆從事畜牧。如征略三人種。所謂韃靼　塞彌忒科③阿利亞者。並以畜牧雄世。使其地無牛馬橐駝諸畜。彼三人種者。當爲何如人種耶。其果能爲征略人種否耶。此則未易邃定者也。

　　論有害動物豐富之地。曰、植物之害屬消極。動物之害屬積極。故動物之害。過植物之害遠甚。猛惡毒螫之物多。人畜皆蒙其禍。以敗社會之組織者。有之矣。如斯馬他拉島④。有數邨落。以多虎故。民皆逃亡。印度嘗有牝虎一頭。滅十三邨落。荒二百五十六英方里之地。英吉利及歐洲北部諸國。營門外職業者。亦數爲狼食。又印度多毒蛇。每歲傷人。平均以二萬五千計。此其有害於人類定居及從事農業者不少矣。其他動物間接爲

---

① "贍"，有誤，應爲"瞻"。
② "拉普倫陀人"，即拉普蘭人。
③ "塞彌忒科"，即斯基泰人（Scythians）。
④ "斯馬他拉島"，即蘇門答臘島。

第二章　社會與境遇

害者。如鳥獸昆蟲。皆能損器具林木。當人類自畜牧而進農耕之世。遇此則將逡巡郤退①。復返歸於畜牧。何者。是時民智淺弱。不爲遠謀。勞力報酬。既難必信。則遏然去之矣。且害社會之發達者。非獨巨獸毒物而已。雖小蟲亦多能爲害。如<u>蘇蘭</u>②多蜉蝣。使人不得出戶。然則以慵惰之野蠻。而處多蠅之地。其必廢池③門外職業可知也。非洲東部多白螘。食衣服什器且盡。故其諺曰。富人遭白螘。明日爲貧人。<u>好模薄爾德</u>④曰。白螘懷物⑤。則人不得進於文明。非過言也。

　　右所論社會境遇之關係。於社會幼稚時代。最爲密切。如今世文明社會。無論境遇何等。皆能以人力變逆使順。或未能遽達。而改良者亦自不少。若社會幼稚時。則有境遇制社會。無社會制境遇。故社會之發生發達。其權皆自境遇操之。夫自生民至今。已閱五十萬年。而最近萬年以前。未聞有尺寸之進步。固由人力纖弱。亦其境遇之不適耳。當知太古人類。智能材力。皆無所擅。正如童昏之子。計短氣怯。其遭順境而進化。復遭逆境而退化者。蓋不知凡幾。斯社會發生。所以必在四十九萬年以後也。

---

① "郤退"，有誤，應爲"卻退"。
② "蘇蘭"，即蘇格蘭。
③ "廢池"，有誤，應爲"廢弛"。
④ "好模薄爾德"，即亞歷山大·馮·洪堡（Alexander von Humboldt，1769—1859），又稱洪堡男爵，德國著名科學家，在天文學、植物學、地球科學、物理學和動物學領域皆有建樹。
⑤ "懷物"，有誤，應爲"壞物"。

亦其境遇之不適耳。當知太古人類智能材力。皆無所擅。正如童昏之子計短氣怯。其遭順境而進化復遭逆境而退化者蓋不知凡幾。斯社會發生所以必在四十九萬年以後也。

社會學卷下[1]

---

[1] 目錄爲"卷下"。

第三章

社會之起原

第一節　社會何以發生

　　社會何以發生。本於人性耶。迫於境遇耶。其與生民同出耶。抑遠在其後耶。自古論社會起原者。人人異説。或曰。受上帝之命令而組織。或曰。社會性者。人所固有。故社會出於自然。或曰。欲使人己皆利。相爲契約。是以能成社會。或曰。以生存競爭。獨戰不如羣戰。故社會者。自然洮汰之結果。是諸説者。固有長短可議者也。

　　余前論境遇之於社會。影響甚大。蓋社會發生。因最便利之境遇。社會發達。因最少害之境遇。是則然矣。然學者或過重境遇。謂社會專由境遇形造。亦專由境遇使之進化。此則知其一端。未明於全體也。社會者。自人人團結而成。使人人得以團結者。境遇之功爲多。若團結之原動力。則非境遇所能任矣。所謂原動力者。曰惟人性自然生存競爭之謂。有此原動力在。而觸於境遇。其作用遂有强弱緩急之差。故境遇者。特所以左右原動力耳。學者既知境遇於社會。影響甚大。又當知境遇於社會。不得爲原動力。今未詳論。觀後自憭。

社會學卷下

日本 岸本能武太 著
中國 章炳麟 譯

第三章 社會之起原

第一節 社會何以發生

社會何以發生本於人性耶。迫於境遇耶。其與生民同出耶。抑遠在其後耶。自古論社會起原者人人異說或曰受上帝之命令而組織。或曰社會性者人所固有。故社會出於自然或曰欲使人已皆利相為契約。是以能成社會或曰以生存競爭獨戰不如羣戰故社會者自然洮汰之結果。是諸說者固有長短可議者也。余前論境遇之於社會影響甚大蓋社會發生因最便利之境遇社會發達因最少害之境遇是則然矣然學者或過重境遇謂社會專由境遇形造亦專由境遇自生民以至社會萌芽。中更十種發見。始能成就。前既述之。世或云社會與生民同出。或云遠在其後。如言受上帝之命令而組織者。此爲神命說。言社會爲本性所有者。此爲社會性說。言欲使人己皆利。故相爲契約者。此爲民約說。言組織社會。本於生存競爭者。此爲自然淘汰說。是四說者。前二說謂社會與生民同出。後二說謂遠在其後。余因列舉而平議之。

第二節　社會起原諸說　其一　神命説

神命說行於猶太基督二教中。其根據在舊約之世界開闢說人類創造說。蓋云上帝先造宇宙萬物。而後造人類之初祖。夫曰亞當。婦曰陀瓦①。居於樂園。是曰哀頓②是則家族之始。社會之基也。亞當陀瓦。受帝命爲夫婦。以形造社會。當是時。人皆直接於神。語言互達。事事物物。悉受神命。初祖忽爲天魔誘惑。食果開智。分別善惡。遂被放於哀頓樂園外。然上帝猶與交語。逮其子姓。尚聞誥誡。先是神與人通婚嫁。其後蒸庶蕃殖。人各有女。神子悅之。納以爲婦。遂致洪水。上帝猶命那亞③營造方舟。救其家族。此則亞當　陀瓦爲夫婦家族之起點。至其子姓。遂能組織社會。一一皆秉神命明矣。又陀瓦本亞當肋骨。上帝取以爲女而妻之。則家族社會。爲上帝所命可知也。今詳其説。蓋有二謬。

一曰舊約之世界開闢説。人類創造説。社會起原説。悉與各種科學牴牾。非獨與之牴牾。欲屈服調和之。皆有所不可得。蓋萬物不以一時同起。從其天則。緜歷歲時。自爾變遷進化。人類不以特別創造。自下等動物。

---

① "陀瓦"，即夏娃。
② "哀頓"，即伊甸園。
③ "那亞"，即諾亞。

漸臻高貴。以有今日。非真宰所能刻削鑄鎔也。至謂生民初降。已爲一夫一婦之定婚。是未知原始時代。男女無別。皆羣夫羣婦之雜婚耳。未得稱家族也。夫雜婚時代。家族異於今日。固不得云絕無社會。然必如舊約所示。由定婚而成家族。由此家族而成社會。則其戾於事實也明矣。

　　二曰使社會起原。出於神命。神以何術傳命於人耶。將口講指畫。灌灌①不已。曰如何而組織家族。曰如何而形造社會。以此誨示之耶。抑其術尚有不可思議者耶。藉令果有其術。人不了解。則其命無效。了解而不知爲神命。則雖有社會。亦不可云神命致之。且於未見社會之世。而先告以社會云云。彼安知社會之爲何物。抑不知爲上帝者。以外界注入之法命之乎。以內界自發之法命之乎。其在外界。非以語言。必以實物。夫未有其事。而遽示之以語言。其不能喻。無異海島之聞鐘鼓也。實物之喻人。易於語言。而彼社會者。方耶圓耶。黑耶白耶。芳耶臭耶。甘耶苦耶。五官所不能觸。以何實物而曉示之。其在內界。將使人於冥無知識之地。倏爲形造之歟。抑先有觀念。既能了解。而後組織之歟。夫社會爲實事。而社會之觀念爲抽象。方今既有社會。人之生存於社會而未有社會之觀念者尚多。若云先有觀念。然後見之實事。其爲倒置之說可知也。必不得已。則言人於冥無知識之地。倏爲形造社會。庶幾可矣。雖然。若是則神之命令。自爲命令。人之形造。自爲形造。又安得曰社會起原。出於神命乎。進退皆窮。則神命說必無以自立。而社會性說乃起而代之矣。

第三節　社會起原諸説　其二　社會性説

　　人類固有之性。惡獨居而好羣居。此所謂社會性也。有此性質。則人

---

① "灌灌"，有誤，應爲"嚾嚾"，喧嚚貌。

第三章　社會之起原

自相聚。以至形造社會。非獨成人有此性爾。雖爲嬰兒。東西未辨。自他未別。然其左右無人。則惶怖哭泣。一人在側。則尉安而無恐。又非獨人類然也。凡動物亦具有之。狸狗好依人而處。麋鹿羊猿。常相與羣居。昆蟲魚鳥。亦多有喜萃處惡離散者。人與一切動物。皆有是性。故人能基於是性。以立社會。所謂社會性者。是即社會之起原。無待民智發達。知社會之爲利益。而後組織之也。然則社會之發生。與生民同時。亦不得不與生民同時。自皇古至於今日。未有不生存於社會之時代也。凡社會性説。其概略如此。乍聞如塙然可據。審思既久。乃能斷其虛實云。

一曰。社會性雖今人所固有。然肇有人類時即有此社會性否。是則有可疑者。蓋今人爲文明開化之人。今之嬰兒。亦爲文明開化之嬰兒。未可遽以此論原人也。何所據依而云社會性與生民俱來耶。縱令其説可信。其性質之形於實事。果能著明如今日乎。夫區別善惡。自爲觀懲①。必積歲而後有此觀念。太古之人未有也。於社會性亦然。不得竟謂之無。而不可直謂之有。其性伏匿於人心。是曰潛在。不得謂之現在。必云原人有此性。且有此事。則於理論事實。皆有所戻也。

二曰。縱令原人有社會性。同時亦有非社會性。余前述原人心意。既明其卞急放縱慵惰因循薄弱矣。以其放縱。故不能羣居。男女親子。非不以自然之本能相愛。少選則遂分離。至不相識。故雖有社會性。而亦爲非社會性所掩。何暇論其效果耶。

三曰。縱令原人有社會性。其所値境遇亦迫之爲非社會動物。蓋農耕畜牧宮室械器。一切未備。則處於巖穴。食於野草。衣於茸毳而已。而有限之物。不能與孳生之人相配。則必不免於戰争。其戰争也。非今日文明

---

① "觀懲"，有誤，應爲"勸懲"。

國人所能想像。雖以骨肉至戚。不能止其相競。蓋當時親子夫婦之間。名實未定。其相繫不甚親密。鹿之聚麀。豹之護子。時過則相牴觸噬齧矣。夫以境遇所迫。使不得不出於戰爭。則本性安所依託乎。

由是言之。社會起原。必不能以社會性立說。原人時代。爲放縱戰爭之時代。縱有其性。亦無其時。彼舉性以原事者。可謂倒其次敘也已。實則以互相戰爭。孤立者必敗。而羣鬪者必勝。遂使放縱之原人。不得不協力團結。然後社會發生耳。故求社會起原於原人。當求之生存競爭。不當求之社會性。若以由性起原與由爭起原之說。殽爲一物。則性說自滅。不得不變從爭說矣。要之原人雖有社會性。以其迫於境遇。日事戰爭。故社會性不得不先破壞。破壞以後。求其便於戰爭者。而社會始起。故社會非直接社會性而起。乃優勝劣敗之結果耳。

第四節　社會起原諸說　其三　民約說

民約說者。當十七世十八世間。盛行於歐洲。英有<u>赫柏斯</u>[①]。法有<u>路索</u>[②]。皆唱道斯旨者也。以唱者之性質不一。故其說亦有異同。然大抵以組織社會因於原人有意之契約爲主。今舉其略說曰。人類始生。或則孑居。或則以小小家族爲團體。當是時。人性良淑。不陷罪戾。欲望易盈。謳歌載道。故無建立政府之謀。亦無橫被厭制之懼。久之生齒蕃殖。人事複雜。物我相交。不得關於紀律。於是互訂契約。所謂民約者也。一切箇人皆割其自然權利之數部以與社會全體。且服從於社會之代表者。與社會一執

[①] "赫柏斯"，即托馬斯·霍布斯（Thomas Hobbes，1588—1679），英國哲學家、政治理論家，機械唯物主義的代表人物，早期資產階級天賦人權理論的代表人物。
[②] "路索"，即讓-雅克·盧梭（Jean-Jacques Rousseau，1712—1778），法國啓蒙思想家、哲學家、教育家、文學家、民主政論家和浪漫主義文學流派的開創者，啓蒙運動代表人物之一。

第三章　社會之起原

行者。蒙其保護。至纖至悉。自此契約之成。而社會乃始萌芽。政府亦始建立。久之梟雄之士。漸利用此團體。以爲富厚崇高之機械。其實掊克兼并。而文之以宗教。飾之以政法。傅會其義。以成美名。此今日文明社會之人。所以權力絕殊。相十百千萬而無異也。嗚呼。王權僧權。如此其弊。貴族地主。爲害復劇。將欲救之。惟使今日之人類歸於原始天然之狀態。剝滅社會。傾覆政府。以復民約未成之黃金時代則庶幾人人皆有權利矣。

　民約說之大略如此。原其持論。固非平心以求是。特當時經世之士。憤嫉時弊。急謀改革。以建立斯旨耳。如路索者。生於法國之社會者也。是時政法宗教。繆戾實甚。欲矯此腐敗社會。非顛覆政府。破懷[①]宗教。不足以改良。激而立說。遂曰政府之權利。非政府所固有。而受諸組織社會之箇人。曩日割之。今日收之。固其所也。然其說特明政府之起原。非明社會之起原。惟以組織社會。不能無藉於政府。故以其明政府之起原者。間接而明社會之起原。其明社會也。又未嘗徵舉事實。以歸納法斷之。惟爲社會改良。立此臆說。故以科學解社會起原。則民約說處處牴牾。蓋其不合者有三焉。

　一曰。原人果性善乎。夫論人性之善惡者。今昔中外。建議各異。然言性善與言性惡者。均之無當於事實也。躬爲善人。而多與善人交。以此概量人類。則曰性善矣。躬爲惡人。又多與惡人交。以此概量人類。則曰性惡矣。以戔戔數人者。而欲推之全體。此其所以合者少不合者多也。至以文明開化之人類。揣擬原人。謬曰性善。何其輕於立論歟。且其意固曰。原人性質之正直淑善。迥非今人所能及。是可謂倒置矣。若墮落說果是。

[①]　"破懷"，有誤，應爲"破壞"。

则民約説或當可信。然徵之事實。求之科學。知人類皆進化者。今優於昔。百事悉然。雖性之善惡。寧能遁於其律。然今人性質。尚未盡善。其卑劣忮戾者猶多。是亦善惡混殽爾。況於蒙昧原人。與禽獸無別者耶。夫善惡兩性。具存於人。雖原人亦未嘗無善。然兩性之比例。必善少而惡多。今欲復於天然狀態。以爲改良。是席上之腐談也已。

　　二曰。原人之智識感情。果能訂立民約乎。夫以今人訂民約。或非難事。然其情狀複雜。而欲以數言定之。非有高尚之感情。抽象之思想。未能期於完具也。今使同國之原人。其始孑立自謀。不相往來。漸以外敵襲擊。當施防禦。生齒孳殖。爭訟煩興。知不得不相團結。於是聚謀立約。各割其權利之數部。以寄之代表執行者。又當服從惟謹。受其保護。斯數語者。自蒙昧原人視之。已覺其屈曲而多層纍矣。吾未見其智識能知此。其感情能守此也。夫以原人思想。惟知具體。而能解權利義務爲何義。以原人心意。至爲放縱。而能遵率契約。勿敢違越。是其期許原人。亦太過矣。且所謂民約者。雖今之文明國人。習聞自由民權諸説。或尚未能履行也。

　　三曰徵之歷史①。果有民約實行之證據乎。夫原人時代。徒見其有腕力而無思慮。喜離散而憚協力。其稍有政治團體者。特迫於強者之壓制。固非其始願如是也。若民約者。或於進化之社會。稍得履行。如古代希臘之共和政治是已。希臘民智固已進步。非野蠻蒙昧之族。若曰太初原人。靡不由此。則未之聞也。又爲民約説者。以政權教權。皆出於王者僧侶之私意。是亦紕繆。夫固有以政權行殘虐。以教權助幻惑者。此不可一概論。組織社會。必不可無統御者。戀生怖死。亦不能無事神者。以統御之不可

---

① "三曰徵之歷史"，原底本此段內容誤與上文接排。

無。而權自歸於王者。以事神之不能免。而權自歸於僧侶。是豈以一人私意。能掩襲而取之乎。要之民約諸家。激於時弊。駕虛立說。其救時則誠有功矣。於政府社會之起原。則概乎未有聞也。

第五節　社會起原諸說　其四　自然淘汰說

三說既不合。原人何故組織社會。其有意組織之乎。不然。彼卞急放縱者。迫於何事。而形造此也。余以爲生存競爭者。實使原人去離散孑立之域。而入協力團結之域。其勢自然。故社會者。生存競爭之自然結果。即自然淘汰之自然結果也。要之羣戰之原人。勝獨戰之原人。勝者生存。歷時漸久。其團結亦漸鞏固。是不外於優勝劣敗之效。詳論其義。大凡四事。

一曰最初原人不立社會而生存。前論社會之發生。因於境遇。境遇者。非徒以土壤肥饒而已。肥饒之地。放縱者猶各自散處。此占一隴。彼割一畦。各爲獨立之原人。未能成社會也。難者曰。叢叢穰穰之原人。同時生存於一地。是非已組織社會耶。曰、同時生存於一地不可以言社會。今有沃土百里。原人散處各自獨立。不與他人交際。此僅得爲同居。不得爲團結。社會云者。非僅衆人同居之義。必同居而相交際。有協力團結之事。然後得副是名。故余謂最初原人。有不立社會而生存者。

二曰生齒日增而原人有生存競爭。蓋慈愛雍睦之社會性。與殘忍賊殺之非社會性。二者人皆有之。然於離散生存之時代。二者皆未發達。惟自樂其不羈獨立。不與聞他人事。亦未覺戰爭搏殺①之不可已。迨至生齒蕃衍。

---

① "搏殺"，有誤，應爲"搏殺"。

資用不給。然後爲生存而競爭。蓋動植不足而衣食乏。巖窟不足而居處窮。幸獲者生存。不獲者死亡。於是殘忍賊殺之性。有所不得不用矣。

　　三曰原人團結爲優勝劣敗之自然結果。蓋以生存競爭。互相擊殺。其始制勝而生存者。必在强力之人。故是時有鬭力而無鬭智。亦未聞協力相角也。久之弱者知獨力不足以抗强者。於是協力團結。以相抵禦。而前之强者又敗。蓋以一人戰。則力盛者爲優勝。力衰者爲劣敗。以衆人戰。則多助者爲優勝。寡助者爲劣敗。劣敗者死亡。優勝者生存。生存之基旣固。遂致形造强大之團體。原人所以去離散孑立之域者。自此始也。

　　四曰原人無組織社會之目的而終至組織社會。蓋以原人之放縱椎魯。必不得有社會觀念。雖有之亦不得見於實事。故其組織社會。非計畫而爲之。獨以優勝劣敗之原則。自然發生耳。團結而組織社會之原人。較之孑立而不組織社會之原人。其生存爲易。故從於自然洮汰。而團結者自爲適種。社會亦於是發生發達焉。若乃豫設準鵠。志在必達。則原人固無是念也。難者曰。前言弱者知獨力不足以抗强者。於是協力團結。以相抵禦。是謂彼已明知團結之利益矣。今又言無組織社會之目的。何也。曰、彼所知者。惟團結之有利於生存競爭耳。非以組織社會之目的而團結也。其始所念。特在衣食居處。同利益者。與之團結。異利益者。與之競爭。如是而團體遂成。社會遂立。此則自然之結果。非計畫爲之明矣。

　　如有[①]四事。足以明社會起原。不外於自然洮汰。較諸說爲優矣。然諸說亦各有短長。爲之蒐采其長。遺棄其短。則皆不越於吾說之範圍也。

　　主境遇說者。以爲社會起原。悉視境遇而定。適當則成社會。不適當則不能成社會。此其所長。在重視境遇。其所短在過於重視境遇。使人本

---

① "如有"，有誤，應爲"如右"。

第三章　社會之起原

無刺擊於境遇而形造社會之天材。則雖境遇極適。社會猶不可成。若自然洮汰說。既以境遇爲要點。又以境遇爲非原動力。原動力者。因生存競爭。而使放縱之原人。不得不組織社會也。

主社會性說者。以爲人性好羣。故放任原人。自能組織社會。此其長短。皆在重視社會性。夫組織社會。爲生人所必至。吾誠不能指駁其非。特人心之有社會性也。體非絕對。尚有非社會性與之抗衡。故令人不能遽爲社會動物耳。彼未覈社會性之分子。忘其共處於人心者。尚能與此性相拒。此其所以不安也。自然洮汰說則曰。原人放縱之時。非社會分子爲多。及不得已而相團結。然後社會分子爲多。無取過尊本性。以爲宰制萬有之重器矣。

神命說之所短。在以自然組織之社會。而稱之曰超自然之神命。夫苟以廣義言之。則曰社會起於民約者。曰社會起於社會性者。曰社會起於自然洮汰者。皆可謂之間接神命。何者。神本無形。則凡所以驅率社會者。無妨歸功於冥漠爾。然彼言神命。則僅以陿義爲主。若曰以口告誡。以手指示者。此則所謂超自然說。其不合事實明矣。故爲自然洮汰之說者。必先去斯疑眩。而後豁然自信也。

民約說之所短。在以放縱之原人爲有善德。蒙昧之原人爲有思慮。今人所未能行者。而原人既能行之。夫遠不秉神命。近不感境遇。內不因本性。外不緣競爭。倏爲割其箇人權利以與社會。而冀社會之保護。其說不根。較諸說皆劣矣。若謂民約非有意之契約。而特以無意爲社會之組織。則仍歸於自然洮汰爾。原人以生存而競爭。至優勝劣敗。社會自發於生存者。故是說於社會起原。最爲明確。且能有諸說所長而不陷其短云。

第四章

社會之發達

第一節　協力有同業分業二種

　　社會起於生存競爭。羣戰者優勝。獨戰者劣取①。所謂羣戰。猶言協力而戰也。大凡協力有二種。一曰同業協力。一曰分業協力。同業協力者。合數人以舉一事。分業協力者。人各異事。互相輔助。如引巨石。非一人所能勝。則與二三人共引之。此所謂同業協力也。如營室家。夫出而採作。婦居而炊紉。則夫無內顧。婦無外憂。夫婦異事。而各相輔助。此所謂分業協力也。分業協力。起於同業協力之後。蓋太古人類。分職不殊。亦無待他人相輔。久之同業者漸趣於協力。而分業猶未起也。如夫婦分業。雖基於男女之天性。然太古獨有雜婚而無定婚。家族未成。則亦無此義務。故知分業協力之家族。視同業協力之社會。其出較晚也。

---

① "劣取"，有誤，應爲"劣敗"。

第二節　社會自同業協力發生

　　獨戰不如羣戰。其效果遂爲協力之社會。當時所協力者。誠不獨戰爭一事。然彼此率皆同業。故當稱萬人同狀及各人萬能之時代。如戰也獵也漁也。數事皆一人任之。羣生睢睢。所職不異。而社會實於此發生。其協力之箇人。即組織社會之元素。執業不殊。有相增裨。無相交易。則團體必甚薄弱。生齒稍繁。其團體即易分裂。何者。無必不可解之繫紐也。唯外敵入侵。不得不集衆走險。故椓其外者。乃以堅其內耳。

　　既爲同業協力。則雖薄弱而猶有團體。其情狀必異於無社會時代。如南美之<u>亞陀</u>及<u>因忒安</u>人。人人異居。家家析處。絕無協力。故社會無自發生。若濠洲之生蕃。南非之<u>柏修門</u>人。北極之<u>哀斯基穆</u>人。三數廛宅。集爲邨落。則稍有社會矣。然以分業不行。故其分裂亦易也。

第三節　社會自分業協力發達

　　同業協力之社會。易於分裂。故無由發達。其發達必在分業協力。分業云者。析人事爲各部。而分配之於數人。亦有分一事爲各部者矣。各部之材技性質。互相異劑。則部各相依。不可缺乏。斯所以不得分裂也。且部既增多。則一部所營。其範圍必甚陿小。故本部愈習。而他部愈疏。農者不能爲粗。冶者不能爲鞾。一事一器。兼有賴於異工。是故其所得者。業中之深邃。而所失者。業外之廣延。雖欲分裂。其可得乎。

　　社會發達者。謂組織社會之人。分業增進云爾。故亦可以社會分化名之。凡不發達之社會。其體單純。部分不增。變化不著。發達者其體複雜。適與相反。複雜愈甚。即部分與變化愈多云。

社會之分業協力。有三事當注意。一曰分業增進。則兼業漸自消滅。方社會初生時。以一人具萬能。漸致發達。始變萬能而爲兼業。漸又發達。復變兼業而爲專業。專業易工。則兼業之粗者自退矣。二曰兼業消滅。則各部益交相依賴。蓋本部而外。皆所不習。則不得不依賴於他部。社會之目的。非交相依賴。固不可得達也。三曰分業協力增進。即社會成長發達之謂。蓋各部相依。而團體愈固。且一部固有之長技。日益精善。則社會之能方①益進。富庶可以備矣。

第四節　社會成長與社會發達之別

成長。即 Growth。謂變其小形而爲大。如小兒成長爲大人是也。發達。即 Developmone②。非獨變形爲大。亦變其組織部分之簡單者而爲複雜。如渾淪之卵。乍爲雞雛。則具有頭尾羽骨是也。是故成長云者。謂其物全體之形自小趣大。發達云者。謂組織其物之部分自單趣複。且謂其部分之弱小者。亦變化而爲強大。故發達之義。得函成長。成長之義。不得函發達。凡言社會成長。謂部分悉如其舊。而其形視前爲充滿。故無論文野時代。苟生齒孳殖。則不問社會組織之單複。皆得以成長言之。凡言社會發達。謂其生齒既孳。各從事於其部分。視前爲增多。故又稱社會分化。非是則不得以發達言之。

第五節　社會成長之法

社會以何法成長。將因生齒之自然增殖耶。抑因優勝劣敗之自然洮汰

---

① "能方"，有誤，應爲"能力"。
② "Developmone"，有誤，應爲"Development"。

第四章　社會之發達

耶。是二法者。皆有力於社會成長。其因自然增殖而成長者。在何時代。其因自然淘汰而成長者。在何時代。余謂社會萌芽之始。不得不爲生存而競爭。故其成長也。率不出於自然淘汰。過此時代。則競爭非其所要。故其成長也。多因於自然增殖。就此二法。審論如左。

第一社會自然成長法。此爲生殖之結果。生齒增殖。則境土亦以擴張。勢自然也。然當社會發生時。尚多漁獵而鮮農牧。衣食居處。不給不適。則軀體必不能強健。而生殖力亦殊微弱。且是時男女雜婚。其子女必不壯盛。養育之術。亦未逮定婚時代。以是二者。則生齒之增緩矣。況其天性放縱。非迫於競爭。無緣團結。人人離散。則雖畫爲分土。而不得有分民。安望其自然增殖耶。然則當是時代。而期社會之成長。捨生存競爭無由已。

觀今日諸人種。其社會不同實甚。如亞陀威達人[①]。僅以二三人同居。柏修門人。亦特挈其家族逐水草而處耳。福哀芝亞人[②]。與十人二十人居。濠洲人。達斯馬尼亞人因達馬尼斯人。乃有二十人至五十人之部落。棲息寒瘠之哀斯基穆人。技術不進之因忒安人。鄰有優種阻其發達之周安哥人[③]。皆仍原始狀態。無所進步。若其生處沃土。衣食給足者。如包利尼沙諸島[④]非洲內地諸部。組織部落。或百人。或二百人。或五百人。大者乃至千人。進及半開文明之國則有以萬億人組織一社會一國家者。此大社會。非其本始然也。必自小社會漸次成長。以致今日。其名曰社會之漸大。漸大之法。亦在生存競爭而已。其始弱部落爲強部落而并。而部落漸大。數大部落。復自相并。遂爲一大民族。如是者數。而形造此大國與大社會云。

第二社會優勝成長法。此爲競爭之結果。夫使小社會至今不亡。則社

---

① "威達人"，即吠陀人。
② "福哀芝亞人"，即火地人。
③ "周安哥人"，即朱昂人（Juang），是居於中南半島的山地民族的一支。
④ "包利尼沙諸島"，即波利尼西亞群島（Polynesian Islands）。

會必無由成長。然人不能孤立而競爭。社會亦不能孤立而競爭。故人欲競爭。必與他人協力。社會欲競爭。亦必與他社會協力。不與他社會協力。則不得生存也。故方其競爭。則糾合同仇之社會以從事。而社會之羣戰者。自勝社會之獨戰者。及其戰勝。則同盟互合。而爲親族團結。又知求生存者。不可以多樹敵。復以威力脅合敗者。而爲敵族團結。自此小族團結而爲大族。小部落團結而爲大部落。蓋實爲二重成長焉。

社會或以他因成立。而非蒙生存競爭之影響者。則必不能鞏固。昔北美土人。以特別原因成社會。集廊門載斯人種①之三大族。而制於一酋長。然團結力薄甚。邁孫論佉倫斯人②曰。邨落皆如獨立國。酋長皆如帝王。小拏坡倫③出而征服其全土。以開一統帝國之基。其舊族遂無孑遺。是可見社會不本於生存競爭。則其團結必脆弱也。本於競爭者。非獨鞏固。又能持久。其競爭之久且激者。斯爲力尤厚。何者。激則智術出。久則實驗多。於是優勝社會。習知團結之爲利。而其寢食於團結中者。亦已相安而無所苦矣。是故競爭既息。其團結益鞏固不可動。而社會益以成長。是豈可誣耶。

雖然。此優勝成長法。惟效於必當競爭之時代。其後鄰敵既盡。競爭非其要事。則是法爲無效。當是時惟以生齒之自然增殖。成長社會而已。是則於半開文明時代見之。不於野蠻時代見之。

第六節　督制供給兩系統之發見爲社會分化第一步④

社會組織。非同業協力之時代。不得發生。非分業協力之時代。不

---

① "廊門載斯人種"，即科曼切人（Comanche），北美印第安游牧民族。
② "佉倫斯人"，即克倫人。
③ "小拏坡倫"，即小拿破侖，指拿破侖一世（Napoléon Ⅰ，1769—1821），法蘭西第一帝國皇帝（1804—1814、1815）。此處的"小拿破侖"是以拿破侖作比喻，指克倫歷史上完成統一的部族領袖。
④ 目錄爲"督制供給兩係統之法見爲社會分化第一步"。

得發達。而社會分化之第一步。在分離督制系統供給系統爲二部。先是二者未殊。督制供給。人人以爲兼業。至是始以其半爲督制。以其半爲供給云。

督制系統爲治人治法之通名。供給系統爲役人役法之通名。如夫婦之營家政。其夫戰獵於外。其婦炊紉於內。野蠻初載。未有此分業也。同爲戰獵炊紉而已矣。然既有社會。則分業漸著。壯健之男。與外敵戰爭。以保持其社會。孱弱之婦。不事戰爭。而供其戰爭所需之物。若餱糧甲胄是也。斯爲督制系統供給系統分部之發見。而分業於是萌芽矣。

本於男女天性者。此自然之分業也。一變而分配督制系統供給系統於征伐者服從者之間。是由二羣相鬨。乙爲甲敗。則甲羣爲主人。而脅持乙羣。使從事於種種勞役。斯則奴隸所權輿也。故甲羣之男女。悉爲督制者。乙羣之男女。悉爲供給者。夫征伐者督制。而服從者供給。斯固優勝劣敗之常軌也。

甲乙相爭而生督制供給兩部。此其一事也。雖然。社會分化。固起於自然。假令人人皆爲戰士。又人人奔走於衣食。則視有專業之戰士專業之農牧者。其勇力資用。悉遠不逮。其社會亦必不能生存。故同業協力之社會。必滅於分業協力之社會。而分業之初步。不外督制供給之區別。二部既殊。他部不得不從之分化。分化愈複雜。斯社會愈發達矣。

社會分督制供給二部。則兼業督制供給者自衰。兼業既衰。兩部之異性愈著。彼此不能相傭代。則互相依賴也愈甚。又以分化之故。各致精於其專技。而社會全體。自趣高度。則富強自此始。此分化社會之所以爲優勝者。昭然可覩也。

第七節　分配系統之發見爲社會分化第二步[①]

　　社會日以分化成長。疆域益擴。生齒益增。遂於督制系統供給系統之間。生第三系統。是曰分配系統。位於中央。爲之媒介而助其協力。以發達兩部固有之專業者也。自兩部既分。互相依賴。其始直接相交。各輸入其所長。而補苴其所短。漸至社會成長。督制系統之徵調。供給系統之輸納。日不暇給。則一於治事。一於殖產。皆有所怠。是其爲害於兩部之發達。與社會全體之分化者甚大。故分配系統出而助之。其職業與兩部不同。故能爲兩部轂。自此社會組織。增一新部。而分化之度亦愈進。故曰第二步云。

　　上古狩獵之時代。征伐者爲主。服從者爲從。值主族無戰事。則常從事狩獵以給衣食。從族亦取其所掠獲以自資。當是時。非獨無待於分配系統。即督制供給兩系統者。其區別亦未昝然也。逮至畜牧農耕之時代。兩系統區別漸明。主族於外敵則任防禦。於內政則任管轄。而從族所務。惟爲衣食之資。則兩者截然有溝畛矣。雖然。社會之成長。或由和合親族。或由兼并寇敵。而主族之中。又別貴賤。從族之中。復分高下。如主族有帝王世爵武士。從族有平民奴隸是也。複雜如是。則主從必不可直接而行其督制供給。且疆土擴張。諸部。職業。隨地而異。苟有產物。必不得不與他部交貿。是故分配系統者。轉運供給系統之產物。以應督制系統不時之需者也。其發見之時代必在兩系統分立以後者。勢也。

　　今使禦外敵司內政者爲武族。治絲麻營陶冶者爲農工。武族不以衣食擾念。故能盡力於統治。農工不以寇盜爲慮。故能盡力於治生。然而二者

[①]　目錄爲"分配係統之發見爲社會分化第二步"。

之間。不得分配系統以媒介之。則武族農工之任務。猶不能定。何者。兩部既分。不可家至而日見。供給者與需要者。一輸一受。其間懸日不少。饋餉轉漕。悉供給者自任之。則作業廢而生產耗。故非有分配者處於其間。爲之轉運。計日而到。則武族有曠廢督制任務之時。農工有曠廢生產事業之時。其專業何由充分發達。其社會何由充分進步乎。

分配系統之發達也。一需社會成長。生齒蕃殖。二需督制供給者。各從事於分業能不相侵。三需社會所在。其地質物產有異。四需因其所異而職業亦異。

地質物產既異。則職業自從之異。如沃土則多業農者。礦地則多業冶者。水力有餘之地。則多業製造者。此猶多聞則爲學者。善戰則爲軍人。巧藝則爲技師。皆因於自然傾向者也。後者稱人間之分業。前者稱土地之分業。亦曰職業之分地。職業之分地愈增進。分配系統亦愈複雜。而發達矣。

第八節　督制供給分配三系統各自發達爲社會分化第三步[①]

督制供給分配。三部相離。非獨致社會全體之分化也。各系統之組織。亦皆自簡易而趣複雜。其間分業。亦愈增進。以此各系統之分化。而社會全體之分化。益趣複雜。故以此爲社會分化之第三步。

第九節　督制系統之發達

有人羣而無組織。不可以言社會。故求其統一。則必有督制者。無督

---

① 目錄爲"督制供給分配之系統各自發達爲社會分化第三步"。

制者。人羣無以團結。謂之無社會。督制之爲要。非獨在社會起原。於其生存。與發達。皆不可一日缺者。當數社會競爭時。一社會有善於督制者。能鞏固其團結。則兼并他社會也不難。故督制者之賢否。有直接影響於社會競爭者。曰、外與敵族社會格鬬。内整齊其親族社會而已。

　　夫然則社會生存。其任皆負於督制者。若夫督制系統之發達。斯以何術致之。曰。亦在生存競爭爾。無戰争。則人羣不必受督制於一人。有戰争而非久且大。則督制系統亦無以強盛。何者。久戰、亟戰。則人習於受制。而服從之性自成。大戰則所統者衆。而主者之勢力範圍自廣。然則督制系統之發達。其不在戰争耶。

　　萬能與兼業之時代。督制供給。未甚區別。故無所謂督制系統。專業時代。區別既明。而社會亦尚幼稚。任督制者。惟酋長一人。故無所謂系統。督制系統之發見。在督制者之增其數。與增其力。凡一部落兼并他部落。一種族兼并他種族。則督制之數力自增。故單純督制者變而爲複雜之督制系統。是可以二事明之。

　　一爲增督制之員數。蓋優勝社會之督制者。子姓既多。皆分布以居督制之地。而其所兼并之之劣敗社會①。亦故有督制者。歸命以後。以其素長統御。亦使之輔助督制。此督制系統所由著也。

　　二爲增督制之事務。蓋生齒日增。則社會之容量日大。分業日盛。則社會之組織日複。自劣敗社會爲優勝社會所有。生齒增矣。分業盛矣。其所以統御之者。職務不得不繁。則向之督制者。不能以一人勝任。而多置輔弼以自助。此督制系統所由生也。

　　此督制系統者。以生齒增殖。社會發達。而分化愈明。組織愈複。其

---

① "兼并之之劣敗社會"，有誤，衍一"之"字。

第一分化。爲文官武官之分化。方社會幼稚時。軍事民事。任於一人。亦猶祭政兼司。無宗教政治之別也。至是事務日繁。而文武不能兼職。於是將帥與內部分焉。其第二分化。爲中央官地方官之分化。其始人少地狹。督制易周。至是品庶蕃生。疆土日闢。不能以一人支配。必於一大中心之外。設無數小中心。於是政府與縣邑分焉。其第三分化。爲中央地方之文武兩官各自分化。先是於外則國際通商。於內則教育殖產。皆屬於一文官。於海則以船舶遠征。於陸則以步騎攻守。皆屬於一武官。至是事類相岐。不可兼掌。於是文則外部與文部農部分。武則海軍與陸軍分焉。是三者。於督制系統之發達。最爲較著。其他瑣細。未暇盡述也。

第十節　供給系統之發達

當生存競爭之時代。而使督制者無內顧之憂。惟供給系統是賴。然督制供給。其業雖分。供給者尚一一受命於督制者。未能組織獨立之系統也。若於產物。一曰種類。二曰多少。三曰價格。皆由督制者恣意立之。苟有所求。則恣取而強市。非有定則也。若於勞作。一曰時間。二曰僱值。三曰塲地。亦皆由督制者恣意定之。雖報酬不相當。地候不相適。無以易之。故供給者雖有團體。而其地未能獨立。與督制系統未能對。則雖云無系統可矣。當是時。供給者之能力。無由發達。其影響所及。非獨不利於供給者。亦不利於督制者。則社會亦湮鬱不宣。必也免其干涉。臻於獨立自由之狀態。然後社會得發達爾。夫其所以能至是者。蓋有三因焉。

第一原因。在督制者與供給者其職務之性質互異。當生存競爭時。和戰不恆。督制系統之職務。一則猝至無時。二則迫急難緩。三則必以武斷干涉而不可放任。故當鄰敵有釁也。事出不意。其計畫無有恆軌。少一猶豫。而社會已滅亡矣。非果敢善斷。恣意徵發。則敗衂可期也。然則軍政者。即武斷政。督制系統所任。惟是而已。若夫供給系統之職務。一則有定時。二則無迫急。三則以干涉爲害以放任爲利。故至社會少進。供給者之數日增。人人覩其利害。而悟督制供給之性質相異。則兩者之所以分離。而供給系統之所以獨立者。其原因一也。

第二原因。在外患既止之平和時代供給系統自然完盛。當外族侵襲時。社會之基礎未固。其生存亦未安全。故督制系統爲最要。供給系統。惟隱於督制系統蔭影之中。無由自顯。及外族既盡。或勢足以防遏外族之時代。督制之勢。不得不輕。而供給系統於是視前爲要。遂與督制系統對等。當是時。生人所欲。非獨苟活而已。必有高尚之愉樂業福①乃足以遂其願。夫如是。則供給系統。安得不日就充盛乎。問者曰。督制之數既誠②。供給系統之產物。將安所注入耶。曰。是時督制者以外。又有學者文人藝師。然其所取尚少。惟分業既行。彼我殊職。則不得不互相供給。斯即其所注入也。夫何壅積不流之足患哉。斯供給系統之所以獨立者。其原因二也。

第三原因。在自由產業之利益多而干涉產業之利益少。凡自由產業 Tree Instustry③非獨利於殖產者。亦利於社會全體。干涉產業。乍念如有利益。其實以督制系統之大體言之。其損害亦多。好利惡害。人之常情。故民智稍進。能識利害。則自順循斯軌。而供給系統發達矣。自由產業者。凡產物勞作。一切不受他人干涉。惟以己意擇利而趣。此其間雖無法度。而實際有法度在。要之以最少之勞力。得最大之報酬。爲生人所同羨。故其競爭自生。遂至需用供給。各相調和。生者食者。平等獲益。斯皆自自由產

---

① "業福"，有誤，應爲"養福"。
② "既誠"，有誤，應爲"既減"。
③ "Tree Instustry"，有誤，應爲"Free Industry"。

業始。此供給系統之所以獨立者。其原因三也。

供給系統。以發達而獨立。以獨立而愈發達。先是僅得稱供給者。不得稱系統。至是而系統成矣。一因供給者之數增多。一因供給者之種類增多。自督制供給二部。各有分化。皆是[①]分配者亦分化而爲系統焉。

供給系統之業。種類雖繁。可先以四種別之。一曰漁獵業。二曰采掘業。三曰農耕業。四曰製造業。漁獵業者。射魚捕獸。爲野蠻時代所行。采掘業者。伐木浚礦。視漁獵業爲進。農耕業者。播穀植樹。視采掘業又進。至製造業。則利用三業之材。以爲食物械器。故前三業在材料。當稱生產職業。後一業在材料之變形。當稱變形職業。斯諸職業者。其間又各有分業。而統給[②]系統益以複雜分化。漁獵采掘。其業雖至簡易。然尚有種種分業。各爲專門。至農耕之複雜。觀於農科大學森林學校。自可知也。製造種類繁多。未暇具舉。雖磨鐵爲鍼。事至簡易。需器猶衆。時計表一拳可握耳。分業之繁。蓋有十數。一器而爲之者更數百人矣。此數百職工者。專以時計表之支部爲業。而他業一切不聞。製造業之分化如是。供給系統。焉得不益進於複雜之度耶。

第十一節　分配系統之發達

轉運供給者之產物於督制者。而應其需用。轉運供給者之產物於供給者。而濟其相無。所謂分配者也。例以吾國封建時代之社會。其人曰士農工商。則士爲督制者。農工爲供給者。商爲分配者。故組織分配系統者。則商人云爾。分配系統。出兩系統後。太古未有分配者也。其必先樹兩部。

---

① "皆是"，有誤，應爲"由是"。
② "統給"，有誤，應爲"供給"。

而供給者有產業之分地。然後分配興焉。何者。非有分配。則距離過遠之地。不能從事於相異之職業爾。是故三系統中。以分配爲晚出。而其要不減於二者云。

萬能兼業之時代。不必以有無相通。而所求自給。至分業既行。則采掘者不足於魚獸。漁獵者不足於材木。必以甲之魚獸。與乙之材木交貿。而後盈絀足以相資。所謂物物交貿是也。當是時。猶未有分配之商人。以爲媒介。其交貿也不易。或甲有所需於乙。而乙方無需於甲。或乙之所需於甲者。不當於甲之所需於乙。如是則有餘者腐敗。不足者匱乏。故無商時代需用供給無以調和。則其出自不得已。

凡分配之事有三。一曰市。二曰行商。三曰商廛。

市説　言市者未可稱商。行商居商。皆未發見。而市。固先著於世。故與今日之市。由專門商人販運物品以爲貿易者不同。凡殖產者。自運其所餘以通有無。或時間有定。或塲地有定。以是集會。而調和需用供給之不適。其界域不大。其度數常增進。當分業未發達時。需用者少。故開市之度數亦少。或歲而一。或半歲而一。或時而一。或月而一。或半月而一。以漸增進。其生齒少者。需用亦少。開市之度數亦如之。生齒日繁。或間日而一。或日而一。如是已矣。市之所設。其時間塲地。必便於人人集會。時地最要者。爲神社之祭日。市設其側。便利最著。至今日本及東西諸國。每值祭日。猶使神社左右。市情大變。説昔時之市。僅以販夫販婦組織成之者乎。

行商説　生齒與需用日增。而趣市爲不便。一以塲地陿隘故。二以行人雜沓故。三以往復需時故。於是以行商易市。購殉產[①]者所餘。以趣異地。

---

① "殉產"，有誤，應爲"殖產"。

第四章　社會之發達

而鬻之需用者。且行且鬻。以濟人人趣市之不便。自行商之出。人得節勞省時。以營他務。故於社會進步。影響最大。

商廛説　生齒與需用又增。而市與行商皆不足以應之。於是始有商廛。夫市有定地。亦有定時。其用隘而不廣。其利暫而不常。行商無定地。亦無定時。其用逝而不留。其利絕而不續。商廛者。既有定地。而人豫知於何處購之。則無行商之弊。復有常時。而人可於猝需之時購之。則兩無市與行商之弊。此其所獨優也。

商廛之發達。與社會之發達相類。始自萬能而趣分業。遂於分業中復有分業。野蠻國無商廛。漸進而有商廛。猶以一廛兼備百物。所謂八百屋萬屋①是也。文明國之僻邑。至今亦尚有是。所謂雜貨屋是也。而社會自分業發達。商廛亦自分業發達。購索頻繁。物不能給。於是一兼備百物之廛。變而爲十百專業之廛。專業廛者。自備物廛進化。故商廛分化。與社會分化並行。百世百國。其事若一。欲知其國其町發達之程度。視其商廛分化之程度。則較畧可知已。自備物分裂爲專業。其時又生采購裨販二者。采購者以茶莩菽米。各爲一廛。皆購自殖産者。而鬻諸裨販者。裨販者復鬻諸他人。其次復有轉般者。未嘗直接以爲貿易。而專爲行商負運。以取賃金。於陸用車。於海用舟。使百物無積滯壅塞之患。則行商愈以發達。故今日分配系統之複雜。皆自昔之草純②者分化。其非與社會分化之故。一致不殊者耶。

分配系統之發達。復因二者。一曰道路發達。二曰貨幣發達。

道路發達説　萬能時代。未有貿易。則無取於交通。故今日之道路。非自昔已然者。自四民交通。而後往來旁午。足迹所至。自成蹊隧。故道

---

① "八百屋萬屋"，"八百屋"，日語詞，蔬菜水果店。"萬屋"，日語詞，百貨商店。
② "草純"，有誤，應爲"單純"。

路者。亦得以人迹連續稱之。其道或緣川流。或從獸迹。大抵在阻滯最少之線。然猶未以人力修築也。生齒愈繁。分業愈盛。需用愈亟。於故道之良楛長短。始有所感。由是廣其陿者。清其茀者。則道路性質之改良也。直其曲者。夷其險者。則道路距離之改良也。所謂今日之道路者。實自此始。是故有一等道路。有二等道路。有三等道路。民智愈開。人事愈劇。一等道路。又有不適。於是敷鐵道而通滊車。鑿山潛水。以短縮其距離。則交通者日益便。雖一國一地文明之程度。於其道路。亦略可見之。

　　貨幣發達說　物物交貿之時代。謂之無貨幣時代。既而需用供給。不相調和。有魚獸者求材木。有材木者求魚獸。非甲乙直接。無以得之。於是感其不便而創貨幣。貨幣者、交貿之媒介。甲需乙物。得先鬻其所有於丙。而後購之於乙。則有餘者不憂其腐敗。不足者不憂其匱乏矣。亦曰價格之尺度。今有犧牛一頭。粟米一石。其價格以何術定之。準以貨幣。猶以足量物之長短也。既爲價格尺度。由是貨幣本質。亦有價格。無價格之貨幣。當民智少開時。必失其價格尺量之用。故龜貝鹿皮。不行於今。而文明諸國。悉以金銀爲貨幣者。其勢固無可遁也。凡用金銀。原因不一。一以不爲貨幣自有價格故。一以無取攜不便之庫價。無計算不便之高價故。一以不憂破損磨滅腐蝕故。然自貿易日繁。而原形貨幣。遂進爲鑄造貨幣。其卒至用紙幣。鑄造貨幣之爲便。以其度量有定。紙幣之爲便。以其易於取攜。要之道路貨幣之發達。既爲社會發達之果。亦爲社會發達之因。皆於分配系統。有直接關係云。

第五章

社會之性質

第一節　社會性質五説

　　言人爲社會動物。又言社會者由人之集合而組織之。於社會性質。尚未發達明也。人之集合何者得稱社會。劇場所見。聚者衆矣。是亦可稱組織社會耶。凡所謂烏合者其與社會。果何所區別耶。曰、亦視其合集時。果有一種關係與否。而已。劇場所見。爲偶聚而無關係。而社會者。組織之箇人。雖欲避之而不可得。是則有必然之關係者也。必明其關係。而復①社會之性質明。社會之性質明。而後社會之目的亦明。然凡組織社會之箇人。其關係果如何。欲研究此問題。觀英國哲學者陌京齊所著社會哲學緒論②具列社會性質五説。且平議其長短。其義最塙。可以解釋疑眩矣。五説者。一曰社會多元説。二曰社會一元説。三曰社會器械説。四曰社會化學説。五曰社會有機説。

---

① "而復"，有誤，應爲"而後"。
② "陌京齊所著社會哲學緒論"，"陌京齊"，即約翰・斯圖爾特・麥肯齊（John Stuart Mackenzie, 1860—1935），英國哲學家。"社會哲學緒論"，即《社會哲學導論》（*An Introduction to Social Philosophy*）。

第二節　社會多元說

多元說即 Monadin①云。本謂無數元子。各爲獨立。初無統一綜合之者。而各元子亦無互交之關係以相制相化者。如是則有部分之累積。而部分必不組織爲全體。審論其義。非獨無全體而已。雖部分亦無之。何者。部分與全體。爲相對之名詞。未有無部分而有全體者。亦未有無全體而有部分者。故各元子之有時而結合。其事特出於偶然。元子固獨立。於外物無所依賴。不得云此元子與彼元子相待而存。爲結合之效果也。

今以多元說施之社會。是所謂社會多元說也。其所持者。謂社會非有全體在。特有無數箇人在耳。而箇人亦各獨立。無所依賴。本無相助。亦無求於相助。故獨存爲自然。團結爲偶然。部分爲實事。全體爲妄言。無數箇人。比於海濱之沙粒。沙粒皆自存。而其同在海濱者。亦出於偶然耳。且以實際言之。人類以社會而被鉗束。致毀損自然之權利者多矣。故箇人宜脫社會之裁判。以復歸其自由。是說於社會性質。其不合無待深論。蓋人非協力無以脫野蠻。非組織社會。無以臻今日之文明。毀損權利者其一端。償其毀損而畀以餘利者其大體。是故認社會爲實在。不認箇人爲實在。箇人而離社會。未有能存在者也。

第三節　社會一元語②

一元說即 Monism 云。以宇宙爲惟一不二之本元。與多元說反對。蓋謂萬物皆全體之部分。無獨立而存在者。能獨立者。唯一之全體耳。凡各部分。

---

① "Monadin"，有誤，應爲"Pluralism"。
② "一元語"，有誤，應爲"一元說"。

無固有之存在。其實在者。非部分而爲全體。如日球系統。似爲獨立固有之存在者。不知其與無數日球系統相拒相引而致此也。萬物之協力亦然。

今以一元說施之社會。亦與社會多元說反對。彼謂箇人而外。更無社會。此謂社會而外。更無箇人之獨立存在。其說曰。凡人自嬰兒以至老耋。終身所事。或直接。或間接。未有與他人無涉者。故箇人無獨立。必依賴他人。又與他人相互存在。然則社會之存在。非爲箇人。箇人之存在。乃爲社會耳。箇人可不永續。而社會不可不永續。故箇人者。社會之犧牲也。凡下等動物之生存。多有爲保種者。蟲之母。分裂已體而生子。彼何所樂而爲是耶。高等動物。生子多則體異耗。然而不敢自愛者。斯必有故存焉。至於人類。亦爲種族社會而生存。故箇人之權利幸福。常爲社會制限。何者。忘社會之幸福。則已不得獨有其幸福也。

社會一元說如是。由彼之說。社會果箇人之合計耶。其如累積塊石而爲一金字塔耶。夫社會固自箇人組織。而組織社會之箇人。其生存與權利。與累積構塔之塊石不同。組織金字塔之塊石。其全體目的而外。更無箇體目的。而人也。有智識。有理性。有意志自由。故自組織社會保存種族之全體目的而外。猶有箇體目的存焉。其愉樂歟。智能歟。權利歟。是皆箇人所固有。而欲保存之者也。要之於社會公利而外。使箇人各有其餘裕。則所以組織社會者。不外是矣。夫寧有忘其一身。而專爲同胞之民計者乎。斯一元所以偏繆也。

第四節　社會器械說

社會器械說即 The Mechanical exlqanation of society[①]云。以爲社會猶成

---

① "The Mechanical exlqanation of society"，有誤，應爲"The mechanical explanation of society"。

器。人類猶部分。凡器自一方觀之。則有全體在。自他方觀之。則又有部分在。故凡組成一器。必有全體之存在與目的可知也。然剖解是器而爲各部。其各部復於是器之全體目的而外。自有其存在與目的。以時計表例之。一器之全體。實有存在目的。固也。若剖解此時計表。而分之爲各部。則各部非必集合以成時計表者。就各部之原形。若齒輪。若彈機。雖他無所用。而自得達其目的。何者。齒輪彈機既成矣。故自組織時計表言之。則各部非有獨立箇體在。自不組織時計表言之。則各部實有獨立箇體在。是故各部者。半爲獨立。半爲非獨立。以是喻社會。則多元說與部分而奪全體。一元說與全體而奪部分。器械說則亦與全體。亦與部分。兩者各許其獨立。以調和二說者。固自謂完周備具之義也已。

　　雖然。是說於社會性質。尚有未諦。一以全體部分之關係。器械與社會迥殊。如所謂時計表云云。彈機齒輪。無論集成時計表否。亦無論集成他物否。彈機自不失其爲彈機。齒輪自不失其爲齒輪。若箇人與社會之關係。則未能淡漠如此也。語曰人間。人間云者。明人之不能孤立也。非形造社會。箇人不能生存於人間。亦不能有人格於人間。然則部分於器械。爲偶然之關係。箇人於社會。爲必至之關係。其不得相擬明矣。一以器械與社會其全體之目的不同。器械以部分成立。其構造部分者。爲構造器械全體計耳。而器械全體。目的安在。則曰時計表爲時計表之部分而存在。曰時計表爲己之全體而存在。曰。時計表爲人而存在。苟要其終。則知必以爲人爲目的。初非爲己與爲部分也。而社會目的。必不爲社會以外而存在。然爲發達一己與全體耳。是則比於器械。其目的相異又可知也。

第五節　社會化學說

　　化學結合與器械結合異。器械自部分結合。結合而後。部分不失其舊狀。化學結合。則諸部和合爲一宗。其形狀性質。悉與固有者殊矣。例之以水。其組織者爲養氣輕氣。而自成水事後。則形性與二氣悉殊。故社會化學說。亦與社會器械說異。夫化學結合。則部分變形。故全體存而部分失。組織社會之箇人。果將失其獨立。至於億兆睢睢如出一型耶。社會既成。束於風俗法律。而毀損其故性。誠事勢所不可免者。雖然。社會必不能使衆人皆失其特性。其與化學之鎔解各種元素而爲一和合物者。較然有殊矣。縱令社會有同化力。同化力復以社會發達。而增其力。亦安能漫滅箇人。淪沒部分。使黯然泯合而不可覩歟。此足以明其立說之不合也。

第六節　社會有機說

　　社會有機說者。以社會爲有機體。凡發明社會性質。以是說爲最優。故學者多采用之。有機體與生物。同實而異名。生與死對。有機與無機對。故生物必爲有機體。無生物以爲無機體。欲觀其異。略舉三事。曰部分相互之關係不同。曰發達變化之狀態不同。曰存在之目的不同。

　　一有機體無機體部分相互之關係不同。大凡無生物。其組織之部分。無必至關係。一土塊也。部分亦繁賾矣。然多寡大小。無所不可。在此在彼。出於偶爾。一時計表也。各部相合。誠不可增減移徙。然非能如生物軀體。其部分有密切關係者。是故剖解全體。則彈機猶不失其彈機。齒輪猶不失其齒輪。故曰無必至之關係也。若軀體之部分則不然。斷斬其手。

使離於全體則失其爲手之用。雖謂之非手可也。必與全體接續。而手之名實始成。是故有機體之部分。相離則敗。無機體之部分。相離猶成。此其不同一矣。

二有機體無機體發達變化之狀態不同。凡無機體無成長。有機體有成長。人類之在地球。其始所因緣者爲何物。誠不可知。然不得云自無機體進化。以彼本無成長故也。要之無機體自外部之增減而變化。有機體自内部之同化而成長。其變化同。而變化之道不同。今觀巖石。非由内部消化其養料以爲一物可知也。外有增減。則從而變化爾。時亦脹縮異形。總之不關於内部。特以温度高下。使其充塞空間有廣有陿而已。若軀體變化。則必由内部運行其養料。而使之歸於同化。是所謂有成長也。此其不同二矣。

三有機體無機體存在之目的不同。今夫萬有之生存。目的安在。一則在他。其於己絶無所爲。凡無機物悉然。感覺意識。一切不具。故可以爲他。而未嘗知爲己。非直不知。其存在之目的。皆不能於其本體中求之。一則在己。凡有機物悉然。無問動植。皆有成長。皆以生殖力保存其種族。斯非爲己而誰爲耶。有時有機物所爲存在者。亦或在一己以外。然絶不爲己者則無之。此其不同三矣。

二者相異既如是。今以有機説施之社會。果完具無遺憾耶。曰。是固視四説爲優。然社會與有機體。特相似之點爲多。其間亦不無少異。故直言社會爲有機體。其説猶有未周。余則曰。社會爲一種有機體。非一切如有機體。

第七節　社會爲一種有機體　其一　社會與有機體相似之點

社會與有機體相似相異之點。皆可舉軀體爲例。今先舉其相似者。

第五章　社會之性質

一全體之生命作用。爲部分所不與知。此社會與有機體相似者。今夫人身有手足頭胴臟腑。其形性名有不同。其爲形造軀體之部分則同。非有全體。則部分失其爲部分。全體雖依賴部分以成。然其生命作用。非僅以部分之生命作用合計而已。社會亦然。其結合由於箇人。其與箇人情狀乃大相異。固不可以無數個人之合計命之。是故社會爲全體。而箇人爲分子也。

二一部分之變化。其影響及他部分。遂致全體之變化。此社會與有機體相似者。凡社會軀體。皆於部分而外。別有團體。而諸部變化。彼此相係。是爲連帶變化。今夫軀體各部。雖甚完健。適有頭痛肺炎。則影響及於他部。而全體悉爲病體。小之耳目膚髮。乍有楚痛。其影響亦傳達於一身。一部分之疾病既然。一部分之壯盛。其利亦徧及之。社會亦然。一國之商業據起①。則利不獨在商人。而社會全體皆與有利也。

三部分之壽在一時。全體之壽在永久。此社會與有機體相似者。今夫組織軀體者。則爲肌骨血脈。而其物常以新陳代謝。此生理學之恆言也。肢體之中。若心若胃。最爲靈運。其組織之材料。代謝至速。自餘以次遞緩。要之今日軀中之物。必與十年以前悉異。然全體形性。猶自保存。今之吾身。猶昔之吾身爾。是則部分之壽何其促。而全體之壽何其永耶。社會亦然。組織社會之箇人。至百歲而止矣。箇人與箇人。前後迭代。而社會猶自永存。吾國之至於今。且二千年也。

四自同化而成長。自分化而發達。此社會與有機體相似者。生物成長。不在外部增多。而在內部同化。前既述之。社會成長。或由一社會中。生齒增殖。或由征服外族。而兼并其社會。增殖之力。固在內部矣。雖至兼并。亦非外部所能與。何者。必使降人馴擾。然後得爲吾用。非是則反爲

---

① "據起"，有誤，應爲"遽起"。

害。亦如服丸餌者。消則爲益。滯則爲損。此則其能成長者。亦在内部之同化耳。若夫社會分化。擬之以有機體。則下等動物。部分既寡。而作用亦不甚相殊。進至高等。部分漸增。作用亦異。試以蚯蚓比人類。其部分繁簡何如。社會亦然。不發達者單純。發達者複雜。

　五存在目的在本體之内部。此社會與有機體相似者。凡有機體。一以生活力而得發育成長。一以生殖力而得保存種族。此二能力者。其目的皆在己而不在他。夫固有爲他之目的矣。試責其所以成長生殖者。果何所爲。則猶有旁及之意可知也。要之未有不先爲己而邊爲他者。故其本能必不可奪。今夫社會者。爲永續團體之集合名詞。其以一社會生殖無數社會者。亦其偶然。非其本性。然至社會發達。則與有機體絕似。蓋其目的。專爲本體之内部而非爲社會以外也。

第八節　社會爲一種有機體　其二　社會與有機體相異之點

　前舉社會與有機體相似者。今舉其相異者。
　一社會部分皆有意識之動物。此社會與有機體相異者。今夫人身各部、口曷爲而存。則可言爲胃。胃曷爲而存。則亦可言爲口。頭曷爲而存。則可言爲腹。腹曷爲而存。則亦可言爲頭。凡其部分。如連環之不可解。孰爲目的。孰爲取徑。固不可確定也。故就是點言。則軀體器械社會。三者皆有所似。惟器械之全體部分。一切無生活力。斯所以異於軀體社會耳。軀體與社會。其有生活力則同。其所以相異者。社會之部分。非如身體之部分。固著不動。且無意織①也。今夫百體之感覺。皆自神經脊髓發之。非

---

① "意織"，有誤，應爲"意識"。

能自有所覺。手足之動。非其自動。離於全體。則與瓦石等耳。而社會之部分。則箇人也。箇人者。豈不動止自由且有意識也耶。然則軀體比於中央集權。社會比於地方分權。軀體之部分。離全體則無生命。社會之部分。則自社會生命而外。猶自有其生命焉爾。

　二社會無本體以外之存在目的。此社會與有機體相異者。凡生物存在。皆爲本體。而不爲他物。社會之存在。爲組織社會之箇人。自謀幸福。此其目的固在本體也。雖然。軀體者。中陰之所居。而中陰者超絶於軀體。故由一方觀之。軀體爲軀體而存在。則言爲本體可也。由他方觀之。軀體爲中陰而存在。則言爲本體以外亦可也。若社會之存在。則斷未有爲他物者。或曰。社會者。爲人間之幸福。爲文明之發達。此其所爲非在社會以外耶。應之曰。人間與社會。舉名不同。究之人間以外。安所得社會者。社會以外。安所得人間者。則是猶二五之與十。初無所變也。文明者。非有一物。離於社會。文明固不可得見。然則所謂文明者。非即社會之文明歟。故知一切異名。皆不出於社會本體之目的。則社會存在。非爲他物可知。而有機體尚未能與之一一相應也。

第九節　社會發達之原動力

　鐵道既築。機關既設。然而無蒸汽以爲原動力。則車不得行。蒸汽具矣。車行之遲速。猶視蒸汽之盛衰而定。社會亦然。使之發達進化者。有原動力存焉。或言社會發達。由於自然。抑無論自然與否。要皆自原動力致之。東西諸國之社會。其發達雖有異狀。就大體言。則原動力彼此無異也。

　人與非人。動物之所以異。自昔學説。皆有未備。彼其種類。果異於人耶。抑特程度之不同耶。非人動物不能辨眞理。而人也能辨之。其遂以此爲界域乎。抑彼能辨之而未若人之發達也。余以爲非人動物。智識進步。今尚未充。求之心理。徵之事蹟。自謂能別其異點矣。

非人動物之生。先於人類。進化之法。固行於非人動物間。乃其進化也。猶不逮晚出之人類。彼其本能。亦有工妙出人上者。而本能又絶無進化。藉今有之。猶緩弱不可識別。今之蜘蛛。昔之蜘蛛。其張網之巧拙無異也。人類亦由非人動物而進化者。最初智識。或視彼爲劣。而今者一切視彼爲優。果何道而致此耶。余謂人智異於非人動物之智。人情異於非人動物之情。非獨以進化速力見優情智之間。亦互有能動受動之關係。智者所以促情之進化。情者所以促智之發達。是謂智情相關之法云。

非人動物。特爲肉慾而生存。肉慾者。日①食慾睡慾牝牡慾。三者又各具三性。一曰其樂切膚。二曰其滿有限。三曰其動有息。是三性之在肉慾。人與非人動物。未有以異也。然非人動物。其情特爲現在。而人則有思考將來之智。故非獨直接以謀現在。亦將間接以謀將來。由是所謂肉慾者。始變化而爲慾望。如得椰子五。盡噉之。則恐將來之不繼。於是噉其三者。貯其二者。此則以將來之慾望。而制現在之肉慾也。自有將來觀念。則遂有貯蓄觀念。有所有觀念。自是以往。慾望之數量。與其性質。積世遞增。蓋最初特有所有慾望而已。及其形造社會。則有權力慾望。有名譽慾望。有社交慾望。有智識慾望。有道德慾望。有美術慾望。有宗教慾望。人智愈進。而慾望亦因之愈進。其所以異於肉慾者。一曰肉慾在形體。慾望在心意。二曰肉慾有滿限。慾望無滿限。三曰肉慾爲暫在。慾望爲常在。以是三者觀之。即知慾望之起。起於情智並動。夫惟有智。故能使其情逡巡

---

① "日"，有誤，應爲"曰"。

第五章　社會之性質

於現在。而延乒①於將來矣。慾望非直增其量。亦增其質。如好音樂者。一再聽奏。終無厭倦。斯謂增量。初喜俚歌。後必雅樂。斯謂增質。能使量質並增。斯人情所以異於非人動物之情也。然非與智。偕動。亦安得進肉慾而爲慾望耶。

　　所謂社會發達者。增慾望之量質。與遂其慾望之塗徑也。欲發見此塗徑。惟智是賴。塗徑既得。則慾望愈深。故曰智以促情。情以促智。人之進化也。迫於慾望。故不得不深其計畫。及慾望已遂。人智益務進不已。則社會愈以發達。故知發達之原動力。不外慾望爾。雖然。世固有慾望增進、而不得遂之之塗徑者。則其智不足以導情也。

　　最進化之社會集慾望最深之箇人以成立。然慾望有驅人之力。而無導人之力。使慾望與外界適合。求之而無勿遂者。其用在智。智者。人類進化之導師也。是故慾望如蒸汽。智識如鐵道。人類如車。慾望驅之於後。智識導之於前。而後向方無誤。慾望又如瞽者。能行而不知所行。智識又如跛者。知所行而不能行。以跛者導瞽者。而得達其目的矣。是故使社會發達者智也。欲使社會發達者。慾望也。所以爲原動力也。

---

① "延乒"，有誤，應爲"延久"。

第六章

社會之目的

第一節　以社會發達足證社會之有目的

　　社會之發生發達。出於自然。非出於偶然。偶然者無目的。無法度。自然者。有目的。有法度。凡物大自宇宙。細至蟣蝨。無不出於自然者。然其目的。或可知。或不可知。社會者。特人事耳。啖珍味者。所以為口。視美色者。所以為目。聽眇音者。所以為耳。其目的既可知矣。夫社會之目的。亦未有不可知者也。

　　持厭世論者。對於社會。懷消極絕望之念。以慾望為罪戾。以生存為楚痛。死為極樂。生為至悲。觀於人世。有境遇之楚痛。飢饉洪水地震火災戰爭壓制是矣。有形體之苦痛。四百四病是矣。有精神之苦痛。哀別悼亡失望悔過惶怖煩懣是矣。故曰生存者。楚痛之連鎖。社會者。煩惱之淵藪。必滅性逃羣。然後可以幸免。此其素所執持也。雖在吾輩。亦非以今之社會為完美。非對於身世而絕無厭世觀念者。何者。人生之楚痛。故粲然可覩矣。獨念觀社會者。當自兩方面觀之。楚痛可厭者其一方。恬適可樂者又其一方。故猶有境遇之愉樂形體之愉樂精神之愉樂。與楚痛並存焉。

第六章　社會之目的

夫疢疾災眚。不過暫見。死亡喪失。亦三數遇之耳。寧居恣意之時。猶居太半。雖在社會。以生存競爭而蒙戰禍者。亦所在有之。至於比較利害。則以社會獲利者爲多。胡足厭也。吾非謂人類無社會。則不得生存。然其生存至難矣。觀於高等動物之嬰兒。惟人爲至愚至弱。較之獸魔。其材獨劣。蓋有不能獨活者。何者。他物離乳。不過旬月。人則離親。而不能自存者。大抵七年。此嬰兒時代之獨長也。魚雀雖幼。猶知防禦襲擊。人則非直不能。抑又無感。此本能作用之獨拙也。草昧時代。無異於嬰兒。盲風[①]驟雨。猶能殺人。況毒蛇鷙獸之相迫耶。非朋輩相輔。母子相持。以禦斯患。則人類必不能生存。此社會之爲當務可知也。抑豈直生存爾。文明開化。因自社會致之。如前所謂分業協力慾望增進者。是非其明驗歟。夫以今昔之社會。其成效可覩如此。將來之社會。其愈益發達進化。以便利人生者。庸不可以豫知耶。今之社會。猶未能洗除楚痛。則楚痛之洗除。其必有望於將來之社會無疑也。以今視昔。則今優於昔。以後視今。則後必優於今。是故黃金時代。吾不爲盲昧者之求於既往。而有所望於將來。彼求於既往者。以心理學測之。蓋無足怪。何者。壯艾以往。哀樂漸多。顧念兒時嬉戲。若不可得。而日少勝於壯者。固生人之常態也。太古時代。猶幼稚時代。今日而羨太古。亦猶壯艾而羨兒時。是誠勢有必至者矣。不悟嬰兒之不能獨活。而深受楚痛者。較之壯艾爲尤劇。然則黃金時代。不在既往。而必在將來。此亦數之無可遁者也。世有忿嫉時俗。痛思社會改革者。人或謂之厭世。而吾謂之樂天。何者。彼雖謂黃金時代。不可再見於今。其心猶有所豫期焉。豫期者固非消極絕望。則凡所以滅性逃羣者。特對於客觀之今日。而非發於主觀之吾心。其心固猶是樂天也。

---

① "盲風"，有誤，應爲"盲風"。《禮記・月令》："盲風至，鴻雁來。"鄭玄注："盲風，疾風也。"

第二節　萬物爲進化之萬物

發達者。宇宙之原則。進化者。萬物之大法。然則發達進化。寧獨社會而已。萬物皆有上達之傾向。爲舉數例明之。

一日球系統之進化。在昔行星聚處。與日泯合。酷熱溶解。遂成一大火球。其外則無數日球系統。皆爲一宗。無所區別。自熱氣發射。火力少衰。球漸分散。而一切日球。各自著見。然其系統之中。猶是一火球耳。漸又分散。而爲行星。行星又分爲諸月。其環繞日球。皆有常軌。亦有定期。則系統成矣。故於無數日球中。而見吾之日球。於無數行星中。而見吾之地球。皆自火球進化耳。

二地球之進化。地球初離於各行星。猶自火球也。山海生物。一切未形。火力少衰。始分水陸。其時炭氣①最盛。草木蔽天。後此寒氣復劇。號爲冰期。更此數代。始有今日。凡人類所以富庶開化者。一切仰給於地球。百穀礦質。材木魚鹽。地球所殖。如此其備也。使非進化。則今日猶自火球也。

三生物之進化。地球漸冷。初有生物。然其始特下等植物耳。數更變化。而後爲高等植物。動物之生。復在其後。初有頓體動物。進而爲有脊動物。又進而爲哺乳動物。然後始有人類。原動物所以晚出者。由不能直接無機物。而以同化力得其養料。植物得之。使化有機。然後動物得之。且動物不適於炭氣。藉植物之葉。有光線以分解。然後動物得存。此其出所以獨後也。

---

① "炭氣"，即二氧化碳（CO_2）。

四人類之發達。人類非由天降。非自地出。自非人動物而進化者也。其初人獸無辨。強求其界域所在。則彼之本能多且強。此之本能少且弱。彼無將來發達之可能性。此有將來發達之可能性。以是爲區分耳。故其後人漸進化。而一切可以破壞幸福。損害發達者。人皆利用之以收其效。此則材官萬物。即人類發達之徵也。

五真善美之發達。所謂真之發達者。是即所謂真理開展者也。民智愈進。故真理愈明。非獨人爾。萬物之進化。無出於真理開展以外。惟前者爲真理之相對開展。後者爲真理之絕對開展。前者爲抽象之發見。後者爲具體之實現。美之發達亦然。其絕對者。具體之美。與萬物相偕以實現。而人未發見之。其相對者。美既實現而人得發見之。二者之美。其程度皆日進。如今之宇宙。必視火球時代爲美。今之美術理想。必視大古爲優。此其大例也。善之發達。以人類皆有當爲之念。漸益開展。迄今日而愈明。又皆有不可之念。本於智力意力。若有威權。不可牴觸。堪德①所謂絕對之命令是也。斯念百世不變。而其內容日進而不已。英國哲學家馬芝諾②有言。凡善惡勢力之消長。執義者常勝。古者希臘波斯之戰。近世拿破侖之敗。成事可徵。是知人心固有趣向。形於羣體。則其義益明耳。由是觀之。無問社會發達與否。皆自有目的在。業已發達。則其所向愈明。斷可識矣。

第三節　社會目的所在

社會之目的。在社會以內。非在社會以外。具如前論。然其在內也。

---

① "堪德"，即伊曼努爾·康德（Immanuel Kant，1724—1804），德國古典哲學的創始人，啓蒙運動思想家之一，著有《純粹理性批判》《實踐理性批判》《判斷力批判》等。
② "馬芝諾"，不詳。

果屬何部。則猶有當研究者。或曰社會之文化。爲社會最後之目的。或曰箇人之幸福。爲社會究極之目的。余以爲自一方觀。社會文化。爲箇人幸福所不可缺。故以社會文化爲最後目的可也。自他方觀。箇人幸福。以社會文化爲取徑。故以箇人幸福爲究極目的亦可也。然二者一爲外形。一爲内實。以外形則在社會文化。以内實則在箇人幸福。而外形者特爲内實之津梁。故究極目的。必在箇人幸福無疑也。

　　社會目的。異說實繁。一曰生無他目的。惟在顯現上帝之意志耳。吾不知上帝之意志胡爲而欲顯現。且其目的。將以自樂。抑以福人耶。斯既無可尋索。其說蓋無足論者。

　　一曰民智開發文明進步。爲社會之目的。吾以爲是誠要務。然其實何所爲耶。亦曰於生人之愉樂。有直接間接而已。夫研究學術。操習技藝。好之者足以忘死。此有益於精神者。所謂直接之愉樂也。製造日美。品物日增。高尚之慾。足以自遂。此有益於形體者。所謂間接之愉樂也。是特爲目的所取徑。而非直爲目的。然則目的者。亦不外於箇人之幸福而已。

　　一曰。人生最後之目的。在養成品性。此謂幸福愉樂。爲一切動物所公有。而人類自有其高尚者。則曰道德云爾。不從事於此。不足以養成品性。幸福愉樂。猥賤之器。適足以自汙①也。余尋其說。蓋以道德與幸福愉樂、或相背馳。故寧爲道德死。不爲幸福愉樂生。雖然。道德與愉樂。果若冰炭之不相容耶。道德何以貴。品性何以當養成。亦特爲愉樂之津梁耳。愉樂與道德。故自不離。則知養成品性。亦其取徑則然。而非究極之目的也。

　　然則社會究極之目的。在爲箇人幸福謀其圓滿具足者。然非開發民智養成品性。不足以致之。故二者爲其具。而箇人幸福爲之根。斯即所謂外

---

① "自汙",有誤,應爲"自污"。

形內實者也。學者見其一方。而忘其他方。是以異論紛歧、無所底止。不知所以爲箇人謀者。非社會發達臻於完具。則一人之幸福。亦無以臻於完具。完具之幸福。非自直接得之。而必自間接得之。故非造因於外形。不能得果於內實。是故有完具之幸福。而後可以爲完具之箇人。有完具之社會。而後可以獲完具之幸福。在①完具之箇人。而後可以立完具社會。三者循環。互爲首尾。取徑至繁。蹊迹紛錯。是以逐流而忘返者。詡其外形。而漠然忘其內實也。

第四節　人生究極之目的在任受完具之幸福

論人生目的所在。學說不一。略述其義。爲之平議如左。

一曰人生目的。在遂行上帝之意志。發揚上帝之光烈。其所謂遂行意志者。若曰爲上帝攝位云爾。故就其言語動作。而使上帝實現於人世。是則發揚其光烈也。雖然。其義含糊。必假他事以爲條目。汗漫之義。庸足以自立耶。

二曰人生目的。在文明進步。夫苟以是爲社會目的。尚不知其於形造社會。具何能力。而況曰人生之目的歟。

三曰人生目的。在品性完具。則反而詰之曰。品性完具之目的。又何所爲。吾知其必曰在受完具之幸福矣。

四曰人生目的。在軀體健全。人亦有言。健體之中。健心存焉。觀夫厭世諸家。往往以形羸氣鬱。遂改逃空屏處。然則健體之養成。誠於今日爲要務。雖然。是亦爲幸福之取徑而已。未得遽亡②目的也。

----

① "在"，有誤，應爲"有"。
② "遽亡"，有誤，應爲"遽云"。

五曰。人生目的。在智識開發。此亦徒爲取徑與軀體健全同也。

　　六曰。人生目的。在美性發揚。此以人有美性。故於魚鳥卉木音樂潰畫①。一切足以自樂。非美性發揚。不能爲完具之人格。是固然矣。雖然。其於愉樂。不過一端。何足以言人生目的也。

　　七曰。人生目的。在德性發揚。此謂人之異於庶物者。在審辨善惡。有所避就也。雖然。善者何以云善。惡者何以云惡。所以當爲善不當爲惡者。其故安在。則又將求德性發揚之目的矣。

　　七者皆不足以言人生目的。故余以完具之幸福當之。言完具者。謂其種類最多量劑最大。種類有七別。曰在軀體者。爲衣慾食慾居慾睡慾牝牡慾長壽慾。在社會者。爲名譽慾貯產慾權利慾社交慾。在家族者。爲孝慈慾靜好慾友悌慾。在學術者。爲數學慾哲學慾生物學慾機械學慾。在壯美者。爲自然壯美慾人爲美術慾。在道德者。爲慕義慾。忠愛慾殺身成仁慾。在宗教者。爲崇拜慾依賴慾。是諸種類。完具之幸福。當盡有之。而當其任受也。使時久長。使志完滿。是爲量劑最大。雖然。吾生有涯。顧使各種愉樂。紛然雜沓以趣之。則彼此將生衝突。於是著律三章。以示趣向。庶令各適其職爾。

　　一各種愉樂當以意識別其品位之貴賤。如形體之樂。卑於精神。名譽之慾。下於正義。其他類是雖錯雜。識別之道。自在天性。譬黃柑葡萄林檎。悉含酸味。然其爲酸不同。舐之以舌。而其味易辨也。是謂品位識別律。

　　二當貴賤兩種愉樂不相衝突時。則得充分任受。世或以情慾爲罪戾。務欲勦滅之者。如佛教耆那教②基督舊教。皆以牝牡慾爲當去。天性自然。

---

① "潰畫"，有誤，應爲"繢畫"。
② "耆那教"，流傳於南亞次大陸的古老宗教，公元前6世紀由筏馱摩那（稱"耆那"，Jaina）創立，奉《十二支》爲經典，反對吠陀權威，守五戒，倡苦行。

而欲深文成罪。未知其可。夫萬物無絕對之罪戾。惟卑下之愉樂。與高尚之愉樂。有時衝突。則當視卑下者爲罪戾耳。若夫情感互動。各無牴觸。雖卑下者。何不可充分任受乎。是謂下位自由律。

三貴賤兩種愉樂相衝突時。則下位當服從上位。上位當制限下位。或曰下位愉樂有時陵轢上位。當以何術制限之。曰既有意識以識別其貴賤。上位受權於意識。則無難於統御也。是謂上位制限律。

夫本之以識別。弛之以自由。張之以制限。三律既定。則種類不患其多。量劑不患其大。雖方圓異度。舒肅殊用。要之所以自娛者。無越範圍。則不失其完具之幸福也。若夫幸福不可以坐致。而必有召致之者。則曰天然征服。曰社會改良。曰箇人教育。當於其後論之。

第五節　召致完具幸福之要件　其一　天然征服

人類之開化。皆本於天然力之利用。能利用天然力者爲人。所利用之天然力。則爲境遇。境遇者。非人所能生滅。獨能以己之目的而利用之。少利用者開化少。多利用者開化多。故一國一種族之開化。可以天然征服之程度推知。能利用天然力。即機械進步。而利益日增。如負擔者。初以一杖任重。足以省嗇膂力矣。輦車發見。而所任者數倍。又可以省嗇轉船[①]。鐵道發見。而所任者百倍。又可以省嗇時日。若夫利用動物而爲漁牧。利用土壤而爲農耕。以至風水磁電。皆從宰制。是皆所謂天然征服也。生人之利。其不因於是歟。

人之能利用天然力者。不外於智力發達。此非獨物物而經驗之也。必取其有相類似之點。而施之以網羅綜合。語言者。即綜合之結果。人云馬

---

① "轉船"，有誤，應爲"轉搬"。

云。非徒見人馬而令之①。必以人與人擬馬與馬擬而後命之。以此綜合力。至萬象之彼此類似者。皆能發見其天則。天則發見。益以擴張。而征服力遂增其度。昔之有害者。今利用之。而皆使有利。則進化自此遠矣。知綜合天然現象者。謂之科學。以是言之。進化固不越於智力歟。雖然。無智力無以征服天然。無天然無以爲智力所征服。是亦不得偏重也。

　　世多以人生目的。在物質文明。故多重軀體之便利。而忘品性之發達。其見庫陋。誠可悼已。亦有過輕物質者。抑未知衣食不足。則禮義不興。精神文明。以物質文明爲基礎。特物質文明之進步。自有三弊。一曰奢侈琦麗②之習。奢侈非必爲惡。其於幸福增進。固有合者。惟視其材力位望。而有相應與不相應。苟不相應。則謂之奢侈之弊。二曰競爭激烈之風。物質文明。而權力至於互傾。工人商人役人。各有競爭。而廉讓之道。幾於澌滅。非以政治輿論之力矯之。則其害亦甚也。三曰貧富懸隔之俗。物質愈文明。則資本勞作之相衝。豪有③窮民之相軋。爲勢所不可避。如泰西諸國。其民貧富懸隔。將抗激而爲亂階。非以財產公有利益配當。及諸慈善事業濟之。其禍可勝言耶。雖然。物質文明。足以致斯三弊。而其利有足以相償者。則以精神文明。非此無由取徑。他日人人得受完具幸福之時代。物質文明。必視今爲遠進。特自處於下位。而擁戴精神文明於上。固非一隅之論恣爲輕重者所能與也。

第六節　召致完具幸福之要件　其二　社會改良

　　未來社會之組織。必非堅守今法。將變化而更造之。夫社會團體。大

---

① "令之"，有誤，應爲"命之"。
② "琦麗"，有誤，應爲"綺麗"。
③ "豪有"，有誤，應爲"豪右"。

第六章　社會之目的

者列國。其次國民。其次町邨。其次家族。至於學校宗教政黨商會。工場樂地。皆自有其團體。所以組織者。至複雜矣。將欲更造。指何方角①。今就其大者言之。

　一曰家族。生民情智少開。自能組織家族。然則家族者。其組織因於自然。亦最易舉者也。雖然。古者有雜婚時代。有多夫時代。有多婦時代。至於一夫一婦。則必自近世見之。一夫一婦之制。果可以永守歟。其將如共產家言。謂家族制度。他日必當廢絕。夫婦親子。悉如路人歟。夫持此說者。以爲一家之愛。陋隘偏固。視國民之愛人羣之愛爲劣。既有家族。則必有利己主義。非廢絕之。其害於兼愛也殊甚。抑未知家族者。男女自然之配偶。基於生理。無可移易。且人皆利己。而欲施感情於他人。則必自家族始。故家族者。利他之學校也。今之制度。雖未完具。若必以是爲有害。則非吾儕所認可者。如結婚離婚婢僕家庭教育夫婦同居諸問題。今亦未暇詳論。要之一夫一婦之制。他日必愈發達。未見其可以廢絕也。且箇人主義世界主義。他自②將互相衝突。而家族主義。介立其間。彼此皆無所牴。則人人知其爲天性自然而視之將益重。儒者齊家之說。少變其旨。其形造未來社會之基礎歟。

　二曰工塲。實業盛而工塲增。烏合之職工。亦能自爲團體而增其勢。自貧富懸隔。挾資本者。以他人之勞力爲己利。其報酬也。不相稱。於是有同盟罷工。且示威於業主者矣。然則職工之利益不增。則於社會進化。阻力殊鉅。何者。形造社會之多數者。職工也。報酬不稱。則作業不力。是則社會全體。未可言完具矣。故莫如應其勞力而予之值。予值以外。復酬之他利。則作業愈勤。非獨利於職工。亦自利於業主。雖然。是猶未可

---

① "方角"，日語詞，即方向。
② "他自"，有誤，應爲"他日"。

云完具也。爲業主者。當教育職工。使識道義。又當自知物質幸福。於人生目的。未爲究極。則庶幾免於競爭矣。

三曰教會。同類相召。人性之常。宗教亦然。其始從於所信。各爲團體。自是爭教事興。而團體益以鞏固。其於異教。益如仇敵矣。然團體分立。非獨異教。雖同教亦自相分。如吾國佛教。爲宗十二。十二宗又分支體。其數至四十以上。基督教傳於吾國者。派別之數。至三十以上。自是以後。教會組織。其遂如故耶否耶。吾以爲交通愈便。則彼此長短。自能比較。凡宗教本義相近者存。其獨爲一義。不能與他教傅合者亡。雖然宗教之小異。本於人性之小差人性永續。則各教儀式之相異亦將永續。故教會團體必不能絕也。若其對於社會之任務。則不當以誦讚祈禱而止。必爲人修養道義。形造善心。然後足以自植。不然。有識者將鄙之矣。

四曰國家。既稱國家。下必有人民。上必有政府。使人民之智識感情道義。皆能充分發達。其尚需政府否耶。或曰。理想社會之說。固政府爲可廢爾。雖然。人民雖甚發達。猶必聚處一方。互有關係。則政府安能遽廢。有理想人民。亦可有理想政府。彼時政府。其任務稍減①耳。大抵刑罰可省。律令所弛。則法院任務。或歸消滅。若夫爲人民謀其便利。整其秩序。是猶當有政府存焉。則所謂國民全體之政府者也。今夫專制則有暴主。貴族則爲寡人。而平民參政。亦有徇私自便之憂。故教育爲其最要。逮及理想時代。則不必以是爲慮。上有議院。以備輿論之激變。下有志士。以其餘力浚發民智。如是則已矣。

五曰國際。方今各國。或戰爭。或同盟。他日者。其猶鏖戰無已耶。其如柏拉圖②所懸擬者。謂諸國互合。而爲一大共和國耶。余以爲火器愈盛。

---

① "稍減"，有誤，應爲"減"。
② "柏拉圖"，柏拉圖（Plato，公元前427—前347），古希臘哲學家。

第六章　社會之目的

而人知戰爭之爲害。今日既有其見端矣。然則弭兵之實。必見於方來。若夫聯合萬國。使統治於一政府下。其爲弊多。其爲利少。非余所企想也。要當考之地利。參之民性。以分業協力之法。施行於各國。使甲爲農國。乙爲工國。丙爲商國。其民長於音樂雕潰[①]者。爲美術國。其民察於思想名理者。爲智識國。雖有分地。固無分民。生於是土。而嗜好材力。與彼土同。則遷徙以就之。如是一國所務。獨爲專業。其需求於他國者實多。則必互相扶持。增其戢睦。而兵禍可以永息。人羣可以混合矣。若其技術益精。求無不洽。斯無待贅論也。

第七節　召致完具幸福之要件　其三　箇人教育

人之能征服天然而利用之者。導於智力。而迫於慾望。此所謂天然目的也。欲成就此目的。必以箇人教育爲最要。凡人組織社會。或屬家族。或屬國家。要其所爲。不外於箇人之幸福。此非可獨居孑立而任受之也。必與同社會者並處。然後得之。故非有箇人教育。不能使箇人之體智情意充分發達。則欲爲組織完具社會之人。而任受其完具之幸福。不可得已。然則受完具之幸福。必在完具之箇人。天然征服。社會改良。皆自箇人教育始也。

人爲思想之動物。亦爲舉止之動物。思想舉止。各爲一事。然將欲舉止。其先必有思想。本能之動作。反射之動作。皆自思想致之。是故思想猶源泉。舉止猶川瀆。思想清潔者。其舉止亦清潔。思想汙濁者。其舉止亦汙濁。必有精神教養。以成其高尚之理想。則舉止自從之。譬如黃河之

---

① "雕潰"，有誤，應爲"雕繢"。

清。雖遠猶有期也。故所謂箇人教育者。一曰體育。二曰智育。三曰情育。四曰德育。有是然後使箇人完具。其所受幸福亦可臻於完具。無問操何職業。未有不當受此完具之教育者也。體育者。使軀體發達。以支載完具之幸福者也。是非人生目的。特爲其取徑耳。若專事體育。而忘一切高尚之教育。則可謂大愚也。故非獨使無疾疢。又必期於健全。非獨以健全之軀體。衛其精神。又必以精神之命令。運用其軀體。則體育於是具矣。

智育者。是有二種。一爲智識之增多。二爲智力之發達。記臆教育。以智識增多爲目的。其用在注入。開發教育。以智力發達爲目的。其用在抽出。記臆雖要究極則必在開發。然是二者。於天然征服社會改良。皆爲要務。未可以偏廢也。

情育者。以生人愉樂。無不出自感情。自有感情。始有高尚之理想。凡所以嗜美喜壯。及注意於形上之事物者。悉由感情致之。如彼美術。非獨爲愉樂之源泉。亦使品性臻於高尚。然則情育寧可輕耶。

德育者。使人能明別善惡。且習於趣善避惡者也。生人慾望。非有絕對之惡。獨以上下衝突。而善惡始生。從上位者爲善。從下位者爲惡。就上去下。斯之謂德。養成是德。斯謂德育。

所謂人人當受此教育者何也。人之性質。自有萬殊。而社會進化。必在分業發達。故人必從其性質而從事於專門。雖然。且分業之弊。能使人類如機械。專門家可以爲機械。而一切組織社會之箇人。不可跼蹐於是。故分業既盛。當使人人皆受普通教育。至高等教育。則從其所長而授之。然後人格完具。而天然征服社會改良。一切可以進步。以完具之箇人。成完具之社會。得完具之幸福。則所謂社會目的者。必於是而達也。

社會學卷下終

是德斯謂德育。

所謂人人當受此教育者何也。人之性質自有萬殊。而社會進化必在分業發達。故人必從其性質而從事於專門。雖然且分業之弊能使人類如機械專門家可以爲機械而一切組織社會之箇人。不可跼蹐於是。故分業既盛當使人人皆受普通教育至高等教育則從其所長而授之。然後人格完具。而天然征服社會改良一切可以進步以完具之箇人成完具之社會得完具之幸福。則所謂社會目的者必於是而達也。

社會學卷下終

光緒二十八年七月初十日印刷
光緒二十八年八月廿三日發行

（定價大洋六角）

著　者　　日本岸本能武太

譯　者　　中國章炳麟

印刷所　　上海英界大馬路同樂里
　　　　　廣智書局活版部

發行所　　上海英界大馬路同樂里
　　　　　廣智書局

社會學

《社會學》版權頁

《社會學》編者說明

王蔚　編校

1. 底本描述

《社會學》一書，岸本能武太撰，章炳麟譯，由廣智書局於光緒二十八年七月初十日（1902年8月13日）印刷，光緒二十八年八月廿三日（1902年9月24日）發行，定價大洋六角。今據國家圖書館館藏紙本錄排。該書分爲上、下兩册，繁體直排右翻，鉛印本，書高19厘米，寬13厘米，白口，四周雙邊單魚尾。

2. 岸本能武太

岸本能武太（1866—1928），日本社會學家，曾任日本女子大學、早稻田大學教授，主要講授哲學、倫理學。他1882年即在同志社英學校受洗入教，1890年至1894年在美國哈佛大學神學院學習比較宗教學，其間皈依上帝一位論派。1895年3月至7月，岸本能武太曾考察遼東半島及朝鮮半島的風俗、宗教等。1896年，他與姊崎正治（1873—1949）組織比較宗教學會，後長期在早稻田大學和東京高等師範學校任教，同年起擔任一神論公報《宗教》的編輯。1897年11月，任《六合雜誌》編輯委員。1898年與幸德秋水、片山潛等組織社會主義研究會。其作品包括1900年出版的《社會學》，以及《宗教研究》《倫理宗教時論》《岡田式静坐三年》等。

3. 章炳麟[①]

　　章炳麟（1869—1936），原名學乘，字枚叔，後易名炳麟。因慕顧炎武改名絳，號太炎，以號行於世。余杭人。幼時入私塾就讀，接受了系統的文字音韻學教育。1883年因病放弃縣試，從此無意於科舉。後師從經學大師俞樾，廣泛涉獵經史子集。1895年，傾心於變法維新，加入上海强學會。1897年，任上海時務報館撰述。不久回杭州，與宋恕、陳虯等創興浙會，爲《實學報》和《譯書公會報》撰稿。次年，赴武昌籌辦《正學報》，不久在滬任《昌言報》主筆。戊戌政變後，攜家避難於臺灣。1899年6月東游日本，初次會晤孫中山。不久回滬任《亞東時報》主筆，并編定刊刻其第一部政治學術文集《訄書》。

　　1900年，八國聯軍侵華。章太炎致書李鴻章、劉坤一，策動他們據兩廣、兩江獨立。之後割辮，公開與清政府及保皇黨决裂。在唐才常組織的自立軍起事失敗後，章太炎於次年避居蘇州，任美國基督教監理公會所辦東吴大學堂國文教習近一年。時俞樾住在蘇州馬醫科曲園。章太炎往謁，被斥以"不忠不孝"，遂撰文《謝本師》，絶師生之誼。爲逃避清政府追捕，再渡日本，屢與孫中山共商革命大計。1903年春，到上海愛國學社任教，爲鄒容《革命軍》撰序，并發表《駁康有爲論革命書》。"蘇報案"發生後，被捕入獄。1906年出獄，應孫中山之招，赴日本，加入同盟會，主編《民報》，進行革命宣傳，與《新民叢報》展開論戰。爲留日學生開設講座，講授《説文解字》《莊子》《楚辭》《爾雅》等。又爲周樹人、周作人、朱希祖、

[①] 關於章炳麟的介紹主要來自以下資料：《蘇州通史》編纂委員會. 蘇州通史：人物卷（下）：中華民國至中華人民共和國時期[M]. 蘇州：蘇州大學出版社，2019：33-34；姜義華. 章炳麟評傳[M]. 上海：上海人民出版社，2019：656-683.

錢玄同等單獨開設一班，另行講授。後因與孫中山發生尖鋭衝突，與陶成章等於東京重組光復會，任會長，兼任光復會通訊機關教育今語雜誌社社長，與同盟會正式決裂。

1911年上海光復後，章太炎回國，建立中華民國聯合會，被選爲會長，兼任大共和日報社社長。1912年中華民國南京臨時政府成立後，被孫中山聘爲總統府樞密顧問。袁世凱在北京就任臨時大總統後，聘章太炎爲高等顧問，又委其爲東三省籌邊使。1913年宋教仁被刺後，章太炎因參加討袁活動被軟禁，猶爲吳承仕等講學不輟，後這些講學內容集爲《菿漢微言》。1916年袁世凱死後，章太炎獲釋南歸。次年與孫中山聯袂赴廣州，發動護法運動，任護法軍政府秘書長。護法運動失敗後寓居上海。因不滿新文化運動，創辦《華國》月刊，專門提倡"國故"。組織辛亥同志俱樂部，反對孫中山的聯俄、聯共政策。1927年南京國民政府建立後，又因主張討伐蔣介石遭通緝。

1931年"九一八"事變後，章太炎呼籲抗日救國。次年到燕京大學發表演説，號召青年拯救國家危亡。1933年2月，與馬相伯聯合發表宣言，反對日本帝國主義侵占中國東北。1934年秋，舉家由上海遷居蘇州，創辦章氏國學講習會，以"研究中國固有文化，造就國學人才"爲宗旨。1935年蔣介石派丁惟汾來蘇州探視章太炎，并贈萬金爲療疾之費。章太炎將此款移作章氏國學講習會經費，謂取諸政府，還諸大衆。同年9月，創辦《制言》半月刊，自任主編。於章氏國學講習會授《小學略説》《經學略説》《史學略説》《諸子學略説》等，聽者濟濟一堂，盛況空前。1936年6月4日，章太炎致信蔣介石，要求抗日，14日病逝於蘇州錦帆路家中。國民政府下令"國葬"，因時局變化未行，權將其葬於蘇州故居小園。1956年按照章太炎生前遺願，將其安葬於杭州西湖畔張蒼水墓側。

章太炎被稱爲"有學問的革命家"，在語言文字學、經學理論、歷史學、哲學等方面卓有建樹，著述宏富。1915年，其著作被集爲《章氏叢書》，由上海右文社出版。1919年《章氏叢書》經過精心校勘幷增補新作，由浙江圖書館出版。章太炎著作現被彙編成《章太炎全集》（上海人民出版社）。

4. 廣智書局

　　廣智書局是1898年在上海成立的一家出版機構。該局在晚清時出版的圖書，扉頁上都附有上海道台頒布的保護版權、不許翻印的告示。其中提到"香港人馮鏡如在上海開設廣智書局翻譯西書刊印出售"，這實際上是要向當局特別表明香港人馮鏡如是廣智書局的老闆，目的是以馮鏡如的港英身份獲得出版方面的便利。事實上，馮鏡如幷無廣智書局的股份。熊月之認爲，廣智書局"名義上由廣東華僑馮鏡如主持，實際上是梁啓超負責"[①]。

　　廣智書局的著譯者很多都曾在日本留學和生活，比較知名的有麥仲華、麥鼎華、趙必振等。該局出版書籍相當廣泛，涵蓋了很多方面。哲學、倫理學方面有中江篤介著、陳鵬譯《理學鈎玄》，中島力造著、麥鼎華譯《中等教育倫理學》，元良勇次郎著、麥鼎華譯《中等教育倫理學講話》，乙竹岩造著、趙必振譯《新世界倫理學》。法學、政治學、歷史學等人文社會科學方面有岸本能武太著、章太炎譯《社會學》，島村滿都夫著、趙必振譯《社會改良論》，小林丑三郎著、羅普譯《歐洲財政史》，西川光次郎著、周子高譯《社會黨》，市島謙吉著、麥曼荪譯《政治原論》，天野爲之與石原健三合著、周逵譯《英國憲法論》，小野梓著、陳鵬譯《國憲泛論》，松平康國編、梁啓勛譯《世界近世史》，松井廣吉編、張仁普譯《意大利獨立史》。

[①] 熊月之. 西學東漸與晚清社會[M]. 上海：上海人民出版社，1994：643.

所譯自然科學書籍不多，只有橫山又次郎著、馮霈譯《地球之過去及未來》等少數幾種。廣智書局所譯書籍，有不少在當時及日後的學術界影響很大，其中包含與馬克思主義和社會主義相關的書籍。例如，該局在1902年出版了幸德秋水著、趙必振譯《二十世紀之怪物帝國主義》，1903年出版了福井準造著、趙必振譯《近世社會主義》，都有較大影響。廣智書局對馬克思主義在中國的早期傳播發揮了重要作用。①

5. 該書翻譯情況及主要内容簡介

日本國立國會圖書館有兩種岸本能武太所著的《社會學》。其中一種是大日本圖書株式會社於1900年出版的《社會學》，另一種則是出版年份不詳、作爲東京專門學校文學科三年級講義錄的《社會學》。兩種不同版次的《社會學》在篇章結構上最主要的區别在於，"原人狀態"這一章前者共分爲五節，後者則分爲八節。章太炎翻譯的《社會學》在篇章結構上，實際上是與作爲講義錄的這一版次重合的。

章太炎翻譯的《社會學》出版於1902年9月24日，在時間上比嚴復的《群學肄言》還要早一年，因而通常被視作中國的第一本社會學書籍。1903年，《新民叢報》第24號全力推薦了章太炎所譯《社會學》，并將第一章第六節更名爲《論初民發達之狀態》，單獨刊登。編者在按語中指出，"其所論深足瀹人智慧，故録之"。民國初年，教育世界出版社出版了一套"哲學叢書"，共8册，分爲哲學概論、心理學、倫理學、社會學四部分。其中最後兩册是樊炳清翻譯的岸本能武太的《社會學》。這一譯本與章太炎翻譯的《社會學》略有不同，其中最主要的區别有兩個方面。其一，就篇章結構和

---

① 熊月之. 西學東漸與晚清社會[M]. 上海：上海人民出版社，1994：643-644.

具體內容來説，樊炳清譯本更接近大日本圖書株式會社出版的《社會學》。該譯本的《社會學》第一章共5節，且各章節標題與大日本圖書株式會社出版的《社會學》更爲貼近。其二，在一些關鍵術語的選擇與翻譯的詳略上有所區别。從馬克思主義傳播史看，在樊炳清翻譯岸本能武太的《社會學》時，社會主義在中國的傳播相較於章太炎翻譯時更爲廣泛，因而在樊譯《社會學》緒論第八節中，講到社會主義與社會學的區别時，明確提及了"馬克思"及"馬克思主義"，而章譯《社會學》中則没有提及。相較而言，在緒論中講解社會主義與社會學的差異時，樊譯《社會學》比章譯《社會學》更詳細。

章譯《社會學》全書分爲上、下兩册，上册包含社會學自序、緒論和本論前兩章，下册包含第三章到第六章的内容。章太炎在"社會學自序"中指出，岸本能武太"卓而能約，實兼取斯、葛二家"。正如章太炎所指出的，岸本能武太《社會學》中大部分關於"原人""社會進化"的基本思想和實證材料源自斯賓塞的《社會學原理》，但也融合了吉丁斯在社會領域關於社會歷史演進的一些基本思想，同時借鑒了斯賓塞和沃德的思想。緒論共分九節，分别介紹了"社會學"作爲一種學術思潮的歷史起源、研究對象、與其他學科的關係及與"社會主義"的異同，最後强調了研究社會學"有益於改革事業"。

該書正文部分共分爲六章，第一章"原人狀態"基本就是岸本能武太對照斯賓塞《社會學原理》第一卷相關内容進行的翻譯，根據考古和古人類學的研究，從人類的起源分析人類社會的起源。第二章"社會與境遇"，從現實的客觀環境出發分析了人類社會何以發生，文中指出："生物存在，非適當之地無由。而社會爲人類之集合體，故非境遇相當，無自發生。非獨發生，其發達亦賴境遇矣。"在此，岸本能武太强調了"競争"對於人類社會發生、發展至關重要的作用，指出"予於第三章論社會之起原，在原人之生存競爭。蓋合羣而戰，其所得生存發達之形便，優於孤立而戰者。夫組織社會之人類得以生存，則社會自發生於生存者之間。然其競爭也，非一切國土皆可行之以取勝，是則視其境遇何如耳"。在第三章"社會之起原"中，岸本能武太對此進行了詳細論述。這一章，岸本能武太列舉了神命說、社會性說、民約說和自然淘汰說四種有關社會起源的觀點，并指出自然淘汰說"最爲明確"。

在第四章"社會之發達"中，岸本能武太強調了分工對社會發展的重要影響。他將社會分爲督制、供給、分配三大系統，論述了各系統的發達與社會的發展進步之間的交互影響。在第五章"社會之性質"中，岸本能武太分別介紹了社會多元說、社會一元說、社會器械說、社會化學說、社會有機說五種觀點。岸本能武太認爲，"今以有機說施之社會，果完具無遺憾耶？"岸本能武太在支持社會有機說的同時，指出社會發展的原動力"不外慾望爾"。但他也看到了"慾望"的局限性，并提出"最進化之社會，集慾望最深之箇人以成立。然慾望有驅人之力，而無導人之力。使慾望與外界適合，求之而無勿遂者，其用在智"。岸本能武太在這裏強調了人類理性和智力對於社會發展的關鍵性作用，但還是將社會發展的原始動力歸爲"慾望"。在討論社會的目的時，岸本能武太以"慾望"作爲根本社會動力，倡導用人爲手段促進社會的進步，其中相當多的篇幅承繼自沃德的《動態社會學》。在第六章"社會之目的"中，岸本能武太指出社會的目的在社會之內而不在社會之外，其終極目的在於"爲箇人幸福謀其圓滿具足"。在這一章中，岸本能武太還介紹了實現幸福的三個條件：天然征服、社會改良和個人教育。

6. 該書有關社會主義的內容評析

在該書緒論第八節"論'索西亞利士模'Socialism與'索西奧羅齊衣'Sociology不可混同"中，岸本能武太介紹了社會主義與社會學的不同。馬克思主義理論在中國的早期傳播，在一定程度上借助了進化論。這在《馬藏》第一部第三卷"《社會進化論》編者說明"中有詳細介紹。20世紀初，中國知識分子甚至將"社會組織進化論""社會機體進化的原理"等詞當作馬克思哲學的術語。在該書中，岸本能武太則對這一問題進行了較爲基礎的劃分，并概括了社會主義與社會學的三點不同："（一）索西奧羅齊衣，於關係社會之點，似與索西亞利士模相類。然索西奧羅齊衣，僅爲理論；索西亞利士模，則爲實際運動者。（二）索西亞利士模之目的，在分配財産，泯絶差等，救護傭工；與索西奧羅齊衣之目的，在使社會全體得具足幸福者，雖有所同，亦有所異。蓋一欲邊達其目的，一欲先考社會全體之性質、目的，而後達之。（三）研究索西亞利士模之性質、品量者，爲形造索西奧羅齊衣之一部。蓋所謂社會學者，非獨研究其過去、現在，而亦研究其將來；非獨研究其歷史目的，而亦研究人類之能助達其目的。故共産主義，已包絡於社會學中。知此三説，則二者之非同物，章章明矣。非直此也，社會學云者，又非一種社會改良術之別名，與一切社會改良術之總名也。"

首先，岸本認爲社會學與社會主義在對社會關係的認識上有一定相似之處，但社會學僅僅是理論上的，而社會主義包含了社會運動的特性。其次，岸本認爲社會主義的目的在於救護被僱傭的工人，消除貧富差距和平均分配財産；而社會學的研究目的則是去探索如何使全民富足，且這種研究首先要在對社會的性質、目的進行研究的基礎上才能進行。最後，岸本認爲社會學包括共產主義，因爲社會學不只是研究過去和現在，也研究未來。實際上，岸本在這裏提到的"社會主義"就是指馬克思主義、共產主義。在後來的樊炳清譯本中，這一節中明確用到了"馬克思主義"這樣的術語。由此可見，岸本對社會學和社會主義的認識依然有待完善，没能對唯物史觀和剩餘價值理論進行充分認識，僅僅看到了社會主義"運動"的一面，没有對其理論内涵進行把握，没有認識到科學社會主義的學理性和科學性。在這種情況下，對社會主義和社會學進行區分，雖然在最初幫助分辨"社會學"和"社會主義"時起到一定作用，但也可能因此造成一定程度的混淆。

7. 該書的傳播影響

中國的社會學從一開始就受到了西方社會學的影響，特別是早期的社會學深受斯賓塞和吉丁斯的影響，有鮮明的實用主義傾向，且這種實用主義是在救亡圖存這樣一種危機意識中形成的。早期的"社會學"與"社會主義"研究，都是在救亡圖存這一中心思想下展開的。加之章太炎在清末民初的學術地位，本篇譯著的傳播因而有了一些特殊性。

在近現代史中，章太炎承擔了思想家、宣傳家的角色。李澤厚曾指出，"章太炎的哲學思想是其整個思想的重要組成部分，是他全部思想的世界觀基礎"[1]。章太炎不喜佛學的禪宗，而選擇了思辨性最細緻的唯識宗，同時也贊許莊周的《齊物論》。李澤厚認爲，章太炎的思想是中國近代資產階級革命時期爲數不多的、真正有哲學上的思辨性和獨創性的思想。馬克思主義哲學的核心是辯證唯物主義，是唯物史觀與辯證法的結合。如果說進化

---

[1] 李澤厚. 中國近代思想史論[M]. 北京：人民文學出版社，2020：342.

論的傳播爲唯物史觀的傳入起到了一定積極作用，那麼章太炎在介紹進化論時所呈現的思辨性，對馬克思主義傳播的早期啓蒙也具有一定的意義。

在章譯《社會學》中，章太炎思想的思辨性主要體現在對譯介對象的選擇及開篇所作的序中。中國資産階級革命派和改良派多信從達爾文進化論。受嚴復影響，對於社會發生發展的研究多贊同斯賓塞的《社會學原理》。但章太炎却認爲進化只是自然規律，而非社會原理。他之所以選擇岸本能武太的《社會學》來翻譯，是認爲該書"卓而能約，實兼取斯、葛二家"。斯賓塞從庸俗進化論出發，虛構出一個他認爲可以解釋一切自然和社會現象的哲學公式，主張道德是進化的産物，宣稱資本主義是社會進化的高峰，鼓吹個人主義和資産階級功利主義；而吉丁斯認爲社會實質上只存在於人們的"同類意識"之中，并且頌揚占統治地位的剝削階級是社會領袖和具有高級心理的人，是構成社會的主要部分。

章太炎看到進化論在自然界中存在的科學性，認識到了世界起源的物質前提。章太炎在序中評價岸本能武太"其説以社會擬有機，而曰非一切如有機。知人類樂羣，亦言有非社會性相與偕動"。與此同時，章太炎對進化論在社會領域的合理性提出了質疑，指出："社會所始，在同類意識。"可見，章太炎贊同岸本能武太所認可的吉丁斯在社會歷史領域的看法。誠然，這種認知在社會歷史領域是唯心主義的，但對那種在儒家思想籠罩下的歷史退化論者也是一種催醒，并且對進化論本身在社會歷史領域的質疑，也爲馬克思主義傳入中國提供了一定的思想機遇。同時，這一對進化論本身的質疑，也啓迪了近現代中國學者在接受西方資本主義思潮時對其理論的批判性反思。

此外，該書"緒論"第六節指出，"則曰社會者，先研究現在、過去之社會，而發見其要素、性質、起原、發達與其目的，次論組織社會之箇人，將來以何方法促進社會之進化，貫徹人類生存之目的。此其所以爲社會學也”。可見，在這裏，岸本能武太準備探討存在於人類各歷史階段的各種形態的結構及其發展，并窺測其進化過程。這一思想與唯物史觀具有很高的契合性。由此可見，章譯《社會學》爲馬克思主義哲學中世界觀和認識論在中國的早期傳播提供了一定的思想前提。

當然，最關鍵且直接的影響是，早期社會主義思潮傳入中國時，由於術語的缺失，"社會主義"一詞曾一度與"社會學"混用。岸本能武太在所著《社會學》中就這一問題進行了明確說明。章太炎將該書譯作中文，爲晚清知識分子進一步厘清"社會學"與"社會主義"的術語奠定了基礎。

8. 研究綜述

關於章學研究的著作繁多，但多集中於對章太炎本人的思想研究及章太炎文集的重新編譯整理，收錄章太炎譯《社會學》的較少，并且也僅限於原文摘錄，并未做注。就具體對本篇的研究來看，目前并沒有專門的學術專著，涉及本篇譯作的學術文章多從社會學研究領域展開。涉及該書的研究著作和相關文獻繁多，在此不逐一列舉，按照其研究類別，主要可以分爲以下幾個大類。

首先，大多數著作和文獻主要從社會學及其學科發展史的角度來研究該書。比如，梁瑞明編著《社會學基礎》、張利群著《社會學理論》、徐祥運和劉傑編著《社會學概論》、姚何煜和黃建主編《社會學概論》、孫本文著《當代中國社會學》、吳增基等編《現代社會學》、許建兵等編《社會學教程》、《浙江通志》編纂委員會編《浙江通志》第78卷《哲學社會科學志》、胡俊生主編《社會學教程新編》、宋惠芳編著《現代社會學導論》等著作；

以及許妙發的《章太炎與社會學之傳入中國》、林閩鋼和李保軍的《章太炎與中國社會學》等。這些研究普遍認爲該書"是整本引進外國社會學的首部著作"[1]。這些文章多從社會學傳播角度介紹章太炎翻譯岸本能武太《社會學》的意義，將章太炎視作"中國最早的社會學家之一"[2]。就具體內容而言，彭春凌認爲，岸本能武太綜合了《動態社會學》中"人的起源"與"社會的起源"兩章的部分內容，撰寫了《社會學》第一章"原人狀態"的第六節"自太古至有史時代各種長物之發見"，并指出，"該節講述了自太古到有史時代漫長數十萬年間，原始人通過十種長物的發見，逐漸實現了從非人動物到人的進化。岸本着意描述'將來'觀念的萌芽與逐漸抽象化在人類進化中的意義"[3]。該學者指出，岸本論十種發見，其中最初兩種"直立之發見"和"言語之發見"，雖然是重復沃德的判斷，不少語句也有翻譯沃德原文的痕迹，但是，岸本更着力於探究"高尚思想"產生的源頭。例如，同樣論述直立行走、解放雙手的意義，沃德現實地分析了"自由靈巧的雙手有利於人類依靠策略工藝和計謀來保護生命、維持生存"[4]。

其次，也有較多學者是從章太炎思想研究這一領域展開討論，分析該書序言中所體現的章太炎思想。比如，朱維錚和姜義華等編注的《章太炎選集（注釋本）》等相關著作，以及近來的彭春凌的《從岸本能武太到章太炎：自由與秩序之思的跨洋交流》等。這些學者多分析章太炎社會思想及其變化的軌迹，并將該書視作體現了章太炎思想的一個文本，而不只是將其視作章太炎翻譯的著作。其中，較值得關注的是湯志鈞的《章太炎的〈社

---

[1] 梁瑞明. 社會學基礎[M]. 廣州：中山大學出版社，2019：9.
[2] 《浙江通志》編纂委員會. 浙江通志：哲學社會科學志[M]. 杭州：浙江人民出版社，2018：309.
[3] 彭春凌. 人獸之辨的越洋遞演：從沃德、岸本能武太到章太炎[J]. 清華大學學報（哲學社會科學版），2021（2）：52-66.
[4] 彭春凌. 人獸之辨的越洋遞演：從沃德、岸本能武太到章太炎[J]. 清華大學學報（哲學社會科學版），2021（2）：52-66.

會學〉》一文。該文指出，章譯《社會學》是我國翻譯西方資產階級社會學成果著作中最早的一部。章太炎將《社會學》介紹到中國，主要是因其進化論的内容能够爲當時中國儒家思想籠罩下的歷史退化論帶來衝擊，催醒晚清中國的社會思潮。湯志鈞指出，章太炎翻譯《社會學》是伴隨其本身投身革命實踐而進行的，也是隨着革命實踐的發展而譯述的，同時也是爲了從中尋找學理，從而爲其《中國通史》的寫作做準備。章太炎認爲歷史不應只迷戀往古，還應"啓導方來"，意在運用《社會學》中的進化之理，變革過往傳統的舊史觀。因此，湯志鈞指出，章太炎翻譯《社會學》是爲資產階級革命所服務的，而非只爲翻譯而翻譯。湯志鈞認爲，將章太炎作爲地主階級代表的觀點并不合理，對章太炎翻譯的《社會學》進行研究能够幫助我們更客觀地認識章太炎的階級屬性。

朱維錚和姜義華等編注的《章太炎選集（注釋本）》只是收録了《社會學》中章太炎所寫的序言，并對序言進行了編校，未進行更深入的學術探討。彭春凌認爲，就岸本能武太《社會學》與章太炎思想的關係來説，"19世紀下半葉，自由放任資本主義引發的社會問題，令偏向個人主義的斯賓塞社會學説遭到質疑，并引發關於個人自由與社會秩序關係的深入思考。在西學東漸大潮推動下，歐美學界的思考以學術譯介的方式傳入日本和中國，并因文化傳統、話語體系、時政背景以及學者個人因素的差異而發生流變。岸本能武太《社會學》在斯賓塞社會有機體説基礎上，以'非社會性'對譯人類反抗社會秩序的'反社會性'特徵，在緩解斯賓塞個人自由觀念給日本社會帶來緊張感的同時，借此對抗日本日益膨脹的國家主義思潮。章太炎通過翻譯岸本《社會學》，將個人自由思想與中國傳統思想中的'逃群'、'隱'、'廢'等理念勾連，以'出世'方式抵抗清末新政，爲革命提供思想和理論支持"①。彭春凌認爲，章太炎譯《社會學》對近代中國學術和社會思潮產生了深刻影響。一方面是啓發學術思想。章譯《社會學》是我國翻譯出版的第一本完整的社會學著作，向國人呈現了最爲系統、清晰的社會學定義。章太炎之後，經由日本引介的社會學思想不斷輸入中國，在近代中國思想面貌的形塑過程中發揮了重要作用。另一方面是激蕩個性解放思潮。

此外，較多的研究從史學特別是思想史、西學東漸的歷史過程對該書進行了解讀。比如，孫江主編的《亞洲概念史研究》、寶成關著的《西方文化與中國社會——西學東漸史論》等著作，以及王中江的《進化論在中國的傳播與日本的中介作用》、韓承樺的《從翻譯到編寫教科書——近代中國心理傾向社會學知識的引介與生產（1902—1935）》等論文。寶成關認爲章太炎對岸本能武太的社會學思想進行了較高的評價，意即"岸本能武太既避免了斯賓塞社會有機體論那種用生理現象機械解釋社會活動的弊端，又糾正了吉丁斯把'類群意識'絕對化的傾向，顯得全面而又公允"。但寶成關認爲，近代中國"譯介西方社會學方面影響更大的仍屬嚴復"②。王中江從"譯介"的角度對章譯《社會學》進行研究，指出"雖然中國進化論思潮與日本有重要關係，但決不是通過日本照抄進化論。中國進化論思潮與日本的進化論思潮有一個重要的不同，這就是，中國進化論思潮，注重歷史發展觀、歷史革新和進步思想，注意競争是一種動力，而不注重優勝劣敗、弱肉强食的社會達爾文主義，不强調國家和社會至上論。而日本却發展了優勝劣敗、弱肉强食的社會達爾文主義，把國家奉爲至高無上，

---

① 彭春凌. 從岸本能武太到章太炎：自由與秩序之思的跨洋交流[J]. 歷史研究，2020（3）：110.
② 寶成關. 西方文化與中國社會——西學東漸史論[M]. 長春：吉林教育出版社，1994：370.

日本走向帝國主義的道路，不能説與此理論無關"①。韓承樺《從翻譯到編寫教科書——近代中國心理傾向社會學知識的引介與生産（1902—1935）》一文也討論了章太炎譯本所據原作底本的相關問題，但深度有所欠缺。

　　目前，仍未發現關於該書與社會主義、馬克思主義傳播相關的較有影響力的研究，這方面内容仍有待於進一步發掘。

---

① 王中江. 進化論在中國的傳播與日本的中介作用[J]. 中國青年政治學院學報，1995（3）：93.

總同盟罷工

奧地利　羅列 / 著
日本　幸德秋水 / 原譯
　　　張繼 / 譯

THE
SOCIAL GENERAL
STRIKE

總同盟罷工

無政府黨員
羅 列

秋水原 譯

《總同盟罷工》扉頁

序文

　　總同盟罷工論。德人羅列①著。張繼②以漢語迻書之。都凡四章。其最略曰。烝民失職。惟貨殖者并兼之咎。小小罷工。趨於增益儳錢。然貨殖者亦交相什保。不足以撓其權。獨有雲合霧起。走集要害。既奪資財。與其化居。且斷郵傳使不得通。雖有勁兵。自保不給。什伍散處。則號令不行。計一人乃足以當百。一國罷工。他國睢盱③而起。亦無憂於外患。如是則政府崩。豪民潰。階級墮。資用散。生分均。而天下始玄同矣。羅列生長西土。各④於其黨。故言不失方。今中土工商未興。於此若不汲汲者。然自功利説行。人思立憲。撫周官⑤管子⑥素王眇論⑦之説。以言保富。當代不行之典。於今無用之儀。腐臭千年。復洗涷⑧而陳之。狙儈攘臂。訟言國政。齊民乃愈以失所。其患既蘖芽於茲矣。晢人又往往東走。鑛冶阡陌之利。日被鈔略。邦交之法。空言無施。政府且爲其胥附。民遂束手無奈之何。以意絜量。不過十年。中人以下。不入工塲被箠楚。乃轉徙爲乞匄。而富者愈與晢人相結以陵同類。驗之上海。其儀象可覩也。夫審時勢者。不苟偷一朝之中失。其計畫當經久遠。今罷市爲內地所恆有。顧皆猥瑣。不敢

---

① "羅列",即阿諾爾德・羅勒（Arnold Roller，1878—1956），筆名，原名西格弗里德・納赫特（Siegfried Nacht），奧地利無政府主義者。1905 年，出版德語小册子《社會總同盟罷工》（*Der sociale Generalstreik*）。
② "張繼",張繼（1882—1947），字溥泉，直隷（今河北）滄縣人。
③ "睢盰",有誤，應爲"睢盱"。
④ "各",有誤，應爲"名"。
⑤ "周官",《周禮》的原名。《周禮・媒氏》："仲春之月，令會男女。"疏云："然則孔子制素王之法，以遺後世。"
⑥ "管子",指《管子》。
⑦ "素王眇論",指今文經學家視孔子爲有德無位的"素王"之説。
⑧ "洗涷",有誤，應爲"洗涷"。

行於巨大市場。行之則受成長官大賈。墮其調中。若循同盟罷工之則。姟兆①一志。更相攜將。一市之間。閉門七日。則饋餉役使皆不繼。雖有利器。且縮不前。吾乃近據其所有者而均調之。楷柱晳人富民之道。獨有此耳。若枳橈②畏死。一邻③一行。百金以下之民。必與牛駒同賤。以貧病捶撻死者。視以罷工橫行死者。一歲之中。數常十倍。孰與鋌而走險。姑忍數日之饑。一創之痛。以就大名。而有捊多益寡稱物平施④之利。此則羅列所已言。亦張繼迻書之志也。章炳麟⑤序。

吾歷睹中邦往述。凡揭竿斬木之變。雖由一二豪傑為倡率。然發難之萌。率胎於勞力之民。三代而上。田有定分。歲用民力。不踰三日。雖傳言小人勞力以事上⑥。然授產之則。布於朝。復稽時休民。俾有餘力。故等儀之辨雖嚴。而下鮮謗讟。東遷迹熄。暴政朋興。囊括民財。斬艾民力。觀魏君重歛。殘食於民。而碩鼠⑦之刺⑧興。詩言逝將去汝。適彼樂土。言民去其國也。梁伯好土功。民疲不堪⑨。而春秋書梁亡。公羊傳⑩稱之曰。魚爛而亡⑪。言民逃其上也。夫懷土之念。首

---

① "姟兆",亦作"垓兆",此處喻人數極多。古代下數以十萬為億,十億為兆;中數以萬萬為億,萬萬億為兆;上數以億億為兆(見漢‧徐岳《數術記遺》)。《太平御覽》卷七五〇引《風俗通》:"十萬謂之億,十億謂之兆,十兆謂之經,十經謂之垓。"
② "枳橈",當為"逗橈",謂怯敵而逗留觀望。
③ "邻",有誤,應為"卻"。下同。
④ "捊多益寡稱物平施",語出《周易‧謙‧象》:"君子以裒多益寡,稱物平施。""捊",同"裒",意謂聚集、歛取。這是《周易》提出的分配原則,主張統治者以取多補少的辦法來均衡財富分配。
⑤ "章炳麟",章炳麟(1869—1936),原名學乘,字枚叔,浙江餘杭人。後易名炳麟,號太炎。近代民主革命家、思想家,著名學者。
⑥ "小人勞力以事上",語本《左傳‧襄公九年》:"君子勞心,小人勞力。先王之制也。"
⑦ "碩鼠",即《詩經》中的《國風‧魏風‧碩鼠》。《毛詩序》:"《碩鼠》,刺重斂也。國人刺其君重斂,蠶食於民,不修其政,貪而畏人,若大鼠也。"
⑧ "剌",有誤,應為"刺"。
⑨ "梁伯好土功。民疲不堪",事見《左傳‧僖公十九年》:"梁亡,不書其主,自取之也。初,梁伯好土工,亟城而弗處。民罷而弗堪,則曰:'某寇將至。'乃溝公宮,曰:'秦將襲我。'民懼而潰,秦遂取梁。"
⑩ "公羊傳",即《春秋公羊傳》。
⑪ "魚爛而亡",語出《春秋公羊傳‧僖公十九年》:"梁亡,此未有伐者。其言梁亡,何?自亡也。其自亡奈何?魚爛而亡也。"

序文

邱①之思。凡在黎氓。罔不同具。其所以輕于去鄉者。則以避布粟力役之征耳。其在易之渙②曰。渙其血去。逖出无咎③。象④曰。渙其血。遠害也。其此之謂乎。特封建之朝。鄰封密邇。罹虐之民。其象爲去。混一之世。四方靡騁。罹虐之民。其象爲畔。昔秦皇窮困萬民。以適其欲。築阿房。設馳道。驪山役徒。以巨萬計。百姓任罷。內外騷動。一夫大呼。雲人響應。賈山至言⑤論之曰。秦帝以民自養。力罷不能勝其役。財盡不能勝其求。勞罷者不得休息。飢寒者不得衣食。人與爲怨。家與爲仇。故天下以壞。由是言之。則民罷財盡。爲羣黎昌亂之階。秦社之覆。咎由民勞。閭左戍卒。功未足多。山言具在。可覆審也。後世而降。國有罷民。則掩社之災。其象隱肇。試觀隋煬穿漕。衆夫側目。宋徽遷石⑥。羣盜滿山。元侈濬河。而徐韓⑦禍作。明興卯利。而張李變萌⑧。此豈曆數之不屬哉。蓋民有恒性。率親利而遠勞。至于給役萬人。發徵無藝。財力互罄。詛祝⑨式興。勢必奮臂草澤。以少抒其蘊。故世變之生。率以勞力之民爲功首。夫奚英傑之足云。清室宅夏。矯虐之虐。施于士族。臣工黎庶。鮮親其酷。故舍田僕灶丁外。鄉鄙之衆。恆自食其力。備物給用。俱贍而交利。今則莫然。桑孔⑩

---

① "首邱",即首丘。清代因避孔子名諱,改"丘"作"邱"。
② "易之渙",即《周易·渙》。
③ "无咎",有誤,應爲"無咎"。
④ "象",即《象傳》,《易傳》之一種,闡釋各卦上下卦象及六爻象之間的關係。其中,闡釋卦象者稱《大象傳》;闡釋爻象者稱《小象傳》。
⑤ "賈山至言",賈山(生卒年不詳),西漢政論家,穎川(今河南省禹州市)人,事文帝(公元前202—前157,公元前180—前157年在位),常借秦爲喻,言治亂之道,所作《至言》今存於《漢書》本傳中。
⑥ "宋徽遷石",指宋徽宗趙佶搜刮江南的奇花異石在京師築園一事(即"花石綱"事件)。
⑦ "徐韓",指徐達(1332—1385)和韓林兒(?—1366),均爲元末農民起義將領或領袖。
⑧ "張李變萌",即明末張獻忠(1606—1647)、李自成(1606—1645)起義。
⑨ "詛祝",有誤,應爲"詛祝"。
⑩ "桑孔",指漢代桑弘羊(公元前152—前80,武帝時任治粟都尉,領大司農;主張重農抑商,推行鹽鐵酒類由國家專賣的政策)和孔僅(生卒年不詳,武帝時曾任大農丞,後任大司農,主管鹽鐵專賣),皆以善理財著名。

之輩。駢肩于朝。豪商黠賈。欣盜其説以自殖。巨邑達都。工塲臻密。進席市利。退杜民業。致農士工女。靡所之讐其貨。及物值騰躍。細民仰屋嗟生。或背遺井里。以供富室之役。力作之劬。有若隸虜。復靳其賃貲。俾所入弗勝自贍。雖秦隋辟王之暴。曾蔑是過。惑者不審。以爲興利術昌。則失業之民鮮。不知方今勞力之民。衡以向昔失業之民。疾苦滋巨。蓋失業之民。境屯而躬佚。今則操業鮮休。瘁躬胼體。而艱屯之況若昔。蚩氓雖冥。亦何樂朘罄膏血。益殷户之侈。俾之以財力相君哉。加以貸耕之農。見十税五。採艸之夫。營道之卒。莫不躬罹箠楚。裋褐不完。及遥適殊方。則晳人復繩以苛則。民生多艱。實振古所罕覩。故抗税休市之變。亦相踵而呈。惜西國總同盟罷工之術鮮有達者。吾友張繼以德人羅氏①總同盟罷工論。意主福民。以漢文迻寫之。俾爲申儆齊氓之助。夫農夫釋耒。工女下機。前哲雖垂爲恆戒。然孟軻有言。無君子莫治野人。無野人莫養君子②。又曰勞心者治人。勞力者治于人。治于人者食人。治人者食于人③。姬嬴而後。循孟説若金科。故茲之作民蠹者。結駟聯騑。厲民以爲養。農殖所入。恆恃役民。儻羅氏之策。推行禹域。閭閻驛騷。紜若羹沸。則握政之人。喪其所依。即以甲兵相耀。其資糧履扉之供。亦匱竭莫復繼。泯等威而均民樂。意在斯乎。蓋處今之俗。匪有非常之源。不足言拯民。若謂矯除寇虐。僅恃緑林之豪。則罔恤民勞。翼④興大計。固未之前聞也。奚獨于今而莫然。故推論其説。以質張君。儀徵劉光漢⑤序。

---

① "羅氏"，即阿諾爾德·羅勒。
② "無君子莫治野人。無野人莫養君子"，語出《孟子·滕文公上》。
③ "勞心者治人。勞力者治于人。治于人者食人。治人者食于人"，語出《孟子·滕文公上》。
④ "翼"，有誤，應爲"冀"。
⑤ "劉光漢"，即劉師培（1884—1919），字申叔，號左盦，江蘇儀徵人。1903 年在上海結識蔡元培等，遂改名光漢，贊成革命。1907 年赴日本，與張繼發起"社會主義講習會"，宣傳無政府主義理論。1908 年回國，次年入端方幕。1911 年隨端方南下，辛亥革命後滯留成都。1913 年入閻錫山幕，1914 年入袁世凱幕，參與發起"籌安會"。1917 年任北京大學教授，1919 年病逝於北京。

序文

　　張君繼譯無政府黨人所撰總同盟罷工竟。而屬黃侃[①]爲之序。且言曰。吾譯是書。吾逆測他日之效。意將使中國之會黨。化而爲拉丁人之勞民協會。會黨之事業。亦當舍其奪攘矯虔。無所聊賴者。化而爲堂皇周備。克有成績者。吾意若是。子其爲我闡之。侃退而思曰。會黨烏乎起。曰。起乎民之困窮而無所歸。民烏乎窮。曰窮於貧富之不均壹。富者隱然遏絕貧者之生命。俾不能不鋌而走險。雖然、民之以會黨爲歸。而他無所託者。豈不曰有故。昔者竊聞之民死於刑。制於分。震聾於命。害發於無教。夫嚴刑慘罰之設始。直以制貧民。而保富人之貲財生命。貧者乃或戴動。則國有常刑在所不赦。人亦皆以不譓棄之。及其憔悴既極。仰天而呼。若有神靈。來宅其腦。而告之曰。汝之貧也。命與分也。而貧民之大疑。既無從剖矣。則亦自傷曰。命與分云爾。夫制其身者有刑。制其魂魄者有命與分。哀此顓愚。生而不學。智不足以啓其心。力不足以保其命。仿徨徙倚。瞻望四方。而有一地焉。有一事焉。可以託身而無憂凍餓者。民之走之。如水之趨壑也。是會黨之所以昌也。上覽神州在昔。每值凶年。一方之民。困不可蘇息。則始有揭竿斬木之事。然其起非爲政治。特求食焉而已。故殺掠攘奪。惟在乎得財。而亦鬱有洩憤復仇之意。至於勇毅不撓。寧死而弗降者。恐降而兵在其頸。幸而不殺。其窮困流離之苦。又無以異於殺也。若夫歲有大穰。貧民雖困而有所底。則亦隱忍而安之。至其一二無告者。失業無所得食。乃羣相協聚。潛於山野。以爲盜竊。故其意謹求[②]自活。衣足蔽體。食足療飢。即無大志焉。如責其有攘據神器之心。則冤誣而不中情實矣。惟會黨以資生不足而起。而自求多福之方。又莫爲之先導。然則

[①] "黃侃"，黃侃（1886—1935），字季剛，湖北蘄春人。早年東渡日本求學，加入同盟會，參與無政府主義活動。歷任北京大學、武昌高等師範學校、中央大學、金陵大學教授，爲章炳麟、劉師培弟子。

[②] "謹求"，有誤，應爲"僅求"。

貧困之患不弭。即會黨亦將如此終古焉。是何可長也。夫今之爲會黨者。其始故爲農工而非無業之民。始爲農工。繼入於會黨者。必其爲農而困於租賦之重。水旱之災。爲工而困於庸錢之薄。食指之多。要皆不能自澹①。而後爲是。誠使其人有自抍其苦之方。則其樂爲農工。而不樂爲會黨。可知也。誠使今之會黨。有秉正義以求生之術。則其樂爲中理之要求。而不樂爲無賴之剽劫。又可知也。夫農困不伸。道莫良於抗稅。工困不伸。道莫良於罷工。欲伸農工之困。而俾其永久無所苦焉。道又莫良於改造方今之羣制。實曰②社會革命。抗稅罷工業③之革命接之。而貧困之患。於以長戢。吾知會黨克聞是言。必有踴躍歡呼以受之者。則張君之譯此書。豈惟大有造於會黨也。張君數年前有無政府主義之譯④。侃得之於武昌。適有事溯江西上。舟中取示會黨某君。其人見之。大爲震動。謂侃曰。此貧民之所以託命者也。乞之而去。今已數歲。未知其人宣播之力何若。然必非无益⑤。斷可識矣。今君又譯是篇。而其志適在會黨。測其後効。庶將不誣。讀是篇者。知身雖困抑。而紓死之方。不違正義。誦鴻雁于征之詩⑥。而思衆人之莫肯念亂⑦。則其悲憤。當有不能自己者。盍興乎來。予日望之矣。丁未十一月七日⑧黃侃序

---

① "自澹"，同"自贍"。
② "實曰"，當爲"實行"。
③ "業"，當爲"等"。
④ "張君數年前有無政府主義之譯"，指張繼 1903 年編譯的《無政府主義》，該書已被收入《馬藏》第一部第六卷。
⑤ "无益"，有誤，應爲"無益"。
⑥ "鴻雁于征之詩"，典出《詩經·小雅·鴻雁》："鴻雁於飛，肅肅其羽。之子於征，劬勞於野。爰及矜人，哀此鰥寡。"
⑦ "莫肯念亂"，語出《詩經·小雅·沔水》："嗟我兄弟，邦人諸友。莫肯念亂，誰無父母？"
⑧ "丁未十一月七日"，爲 1907 年 12 月 11 日。

無政府社會主義綱目

一　社會之根基。係於經濟組織。凡諸社會疾病。如貧窮壓制爭鬥之類。皆由經濟不平使然。故無政府社會主義。主張將一切生產機關[①]。自資本階級中。取回收用。遵自由共產之大義。建設經濟組織。

一　經濟組織。因時變化。而政治亦隨之更改。因有奴隸制度。而有奴主之政治。因有農奴制度。而有地主之政治。因有工價制度。方有資本家之立憲代議政治。古今政治。皆握經濟權者壓制之具。一切政府。皆握經濟權者自衞之器。故無政府社會主義。主張反對一切政府。待自由共產社會。建設之後。其政治之特形。即爲無政府。

一　相互扶助。本爲生物自然之道德。社會進化。亦本於是。故無政府社會主義。主張人類脫離一切宗教法律之鉗制。以相互扶助之道德。爲社會結合之樞紐。

一　過去之革命。不外爭鬥權力。故欲革命者必先獲取政權。今後之革命。本爲開放被權制之社會。故欲革命者必先破滅政權。故無政府社會主義。主張不藉立法議會爲先導。而用平民之直接行動。爲實行革命之捷徑。

一　過去之壓制。多用武力虐民。遂發生武力革命。資本家之壓制。巧以經濟縛人。今後欲得解脫。舍經濟革命之外。無他法門。故無政府社會主義。主張社會的總罷工及非軍備運動。爲直接行動之妙用。

---

① "生產機關"，指"生產資料"。

無政府社會主義綱目

一 社會之根基係於經濟組織凡諸社會疾病如貧窮壓制爭鬪之類皆由經濟不平使然故無政府社會主義主張將一切生產機關自資本階級中取回收用遵自由共產之大義建設經濟組織。

一 經濟組織因時變化而政治亦隨之更改因有奴隸制度而有奴主之政治因有農奴制度而有地主之政治因有工價制度方有資本家之立憲代議政治古今政治皆握經濟權者壓制之具一切政府皆握經濟權者自衞之器故無政府社會主義主張反對一切政府待自由共產社會建設之後其政治之特形即為無政府。

一 相互扶助本為生物自然之道德社會進化亦本於是故無政府社會

目錄

第一章　總同盟罷工就是社會的戰鬥的武器　163

　　其一　甚麼叫做總同盟罷工　163

　　其二　總同盟罷工的方法　168

　　其三　總同盟罷工和軍隊　173

　　其四　總同盟罷工的時候平民們所受的危險是怎麼樣　179

　　其五　經濟的運動。工錢的同盟罷工和總同盟罷工的分別　183

　　其六　總說　192

第二章　總同盟罷工得勝以後社會改良的狀態　194

　　其一　工業　194

　　其二　農業　200

第三章　總同盟罷工觀念之略史　　　　203

其一　總同盟罷工觀念之由來　　203

其二　該觀念之歷史　　　　　　205

其三　近年的總同盟罷工　　　　209

第四章　結論　　　　　　　　　　216

第一章

總同盟罷工就是社會的戰鬥的武器

其一　甚麼叫做總同盟罷工

　　呵！現在有個新思想。忽然顯到我們眼前頭來了。這箇新思想。我們戰鬥的平民。拿來可以當做最利害的武器。全世界上的勞民運動。眼下拿這件事體。當做最大的議論了。哈哈。這箇好新思想。無論到那一國的平民裏邊。總看見他的力量了。這個新思想叫做甚麼名子呢。這就是總同盟罷工。General Strike向來我們這勞民裏邊。有一種人相信議會政策 Parlamentarism①可以達我們目的。但就近幾年出來的政治上的事件和他的結果看起來。這箇政策是靠不住的了。不得不尋頂好的戰鬥的方法。比方那德意志。是議會政策頂發達的地方。每回選舉總得順手。那社會黨的議員總選舉出幾個來。像這樣子的好運氣。尚且明白那議會政策是不行了。在那德意志社會民主黨最有保守性質的營壘裡邊。也聽見該用新思想的話了。

---

① "議會政策 Parlamentarism"，即議會主義（Parliamentarism），右傾機會主義的一種表現形式。19世紀末首先產生於德、法等國的工人黨內。它抹殺國家的階級本質，美化資產階級民主，迷戀議會鬥爭，把議會鬥爭看作無產階級同資產階級鬥爭的最高的甚至是唯一的形式。"Parlamentarism"，有誤，應為"Parliamentarism"。

總同盟罷工

羅列 A. Roller 原著

第一章 總同盟罷工就是社會的戰鬥的武器

其一 甚麼叫做總同盟罷工

呵！現在有個新思想，忽然顯到我們眼前頭來了。這箇新思想，我們戰鬥的平民，拿來可以當做最利害的武器。全世界上的勞民運動眼下拿這件事體，當做最大的議論了。哈哈，這箇好新思想，無論到那一國的平民裏邊，總看見他的力量了。這個新思想叫做甚麼名子呢。這就是總同盟罷工 General Strike 向來我們這勞民裏邊，有一種人相信議會政策 Parlamentarism 可以達我們目的。但就近幾年

第一章 總同盟罷工就是社會的戰鬥的武器　一

第一章　總同盟罷工就是社會的戰鬥的武器

總同盟罷工。這個道理。從前的人。狠看輕他。傳布這道理的人。常常的受他人的欺辱。到了今天。大有代替議會政策的樣子了。無論一個國的。萬國合起來的。那些勞民的大會。每一回開會。總要把這件事體。拿起來商議。就像那社會民主黨員。叫做飛里度白爾西① Dr.Friedeberg 的。公然在他的黨裏頭。也主張起來了。對着這個思想。德意志社會民主黨的態度。雖不是正反對。實在也是曖昧。他那黨的大會所通過的議案。雖然沒直接來反對。往往就着總同盟罷工的定義。大家討論以後。只決定他是因爲貫徹某一種的要求。作那政治的"大同盟罷工" Mass Strike 就完了。至於像我們所說的。社會革命的"總同盟罷工"。他們是常排斥的。

總同盟罷工這句話。向來種種的方面是用過的。人家因此生出誤解來。這也不足怪。就向來所解釋的講。一樣業務所關係的各方面。一齊發出來的罷工。就指做總同盟罷工。譬如坑夫②同盟罷工的時候。那補助坑夫的工人鑛師。一齊來援應。這就叫鑛夫的"總同盟罷工"。用在一個都會罷工時候的。像那"富洛林士③總同盟罷工"。General Strike in Florence 還有想得政治上的權利。或是全國。或是全州。罷工的時候。這也叫做總同盟罷工。像那比利時瑞西④。要求選擧權的運動。就是個好例了⑤。

然而"總同盟罷工"。頂切實的意思。可就與衆不同。他的宗旨。是要將目下的組織。從根本上改變起來。就是全世界的社會革命。把一切的政府。都破壞盡了。改成一切的新樣子。這種意見。本是拉丁（西班牙義大利⑥）

---

① "飛里度白爾西"，即拉斐爾·弗里德伯格（Raphael Friedeberg，1863—1940），德國醫生，社會主義者，德國社會民主黨領袖，後轉向支持總同盟罷工，成爲無政府主義者。
② "坑夫"，即礦工。
③ "富洛林士"，即佛羅倫薩。
④ "瑞西"，即瑞典。
⑤ "好例了"，有誤，應爲"好例子"。
⑥ "義大利"，即意大利。

平民裡邊的想頭。認這總同盟罷工。就是社會革命的開端。我們恐怕這種罷工。和那要求增加工價的。想得政治特權的。"政治的大同盟罷工"Political mass striks①黑白分不清楚。格外起箇名子。叫做"社會的總同盟罷工"The Social General Strike。我們這本書。就是論這種總同盟罷工的。向來的德國勞民。講些混張話。反對總同盟罷工的意思。就像那紳士商家。張開嘴説。"拿我的財產。就是全分給世上人。一個人能得多少呢。"拿這陳腐話。來反對社會主義一個樣子。那紳士商人。以爲這句話。可以破那社會主義的愚妄。狠得意呢。不知正可證明他自己的無見識。

德意志社會民主黨。有一句話説。"總同盟罷工。就是總無意思。"General Strike is general nonsense 他們信這句話。可以掃滅總同盟罷工的念頭。每回對着總同盟罷工發議論的時候。他們總説。"總同盟罷工。不過一個空想。把平民全體。團結起來。叫那一切的勞民。個個人一樣。同去罷工。那裡做的到呢。如果對着勞民。下了教育。團結訓練的工夫。力量可以做得到總同盟罷工。那個時候。就用不着總同盟罷工。何以呢。已竟成了一國裏頂大的勢力。想怎麼樣就怎麼樣。不必再罷工。"可是我們就事實上看看。在現在的世界。平民階級就有最好的團體。全國裏邊。議會裏邊。占了最大多數。若反背了"富豪集會所"Herrenhaus②和"聯邦議會"Bundesrath 的意思。能作出事體來麼。若反背了皇帝的意思。能作出事體來麼。皇帝爲保他自己的意思。軍隊的全權。在他手了。議會對着那兵丁的槍砲。自己防備的時候。除子③幾張紙片以外。還有甚麼呢。

再説"總同盟罷工"。初起的方法。並不是教勞民裏邊。不剩一個人。一齊丟下工器的説法。平常的時候。把勞民一切的階級。下教育訓練的工

---

① "striks"，有誤，應爲 "strikes"。
② "'富豪集會所' Herrenhaus"，即上議院。
③ "除子"，有誤，應爲 "除了"。

第一章　總同盟罷工就是社會的戰鬥的武器

夫。固然是有益的。可是我們絕不想"總同盟罷工"。一旦起來時候。馬上萬國的平民如同一個人一樣。從工塲鑛山裏頭。跳出來。頃刻之間。表出團結的意思。把那奴隸的鎖子斬斷了。這種傳道的理想。聽是好聽。其實不過一塲迷夢就是了。

從古來反抗政治上壓制暴虐的。不過是些精悍熱烈的少數人。那些多數人。在平日雖抱怨恨的心。實在並沒有反亂的氣焰。少數人起來以後。多數人纔隨着起來。可見怨恨同這叛亂。五十步百步之間。相差極近的①。無論甚麼革命。總是多數人受少數人鼓舞。

同盟罷工也是如此。向來的勞民協會②。雖是勞民的一小部分。他的力量。可就狠大了。無團結力的多數勞民。常被他們所鼓動。作出罷工的事體來。所以少數的人儻若一旦罷工起來。在他罷工的時候。別的多數人來響應。也是絕不稀奇的。

同盟罷工一旦起來。與他有關連的工業。以及工塲的分塲。也來相合。從這個地方。蔓延到那個地方。從這些人牽連到那些人。也是常常有的事實。

同盟罷工起一回。有一回的力量。這一回的樣子。下一回可以作標本。這邊作的。可以作那邊的導火線。是極有暗示的及傳染的性質。主張總同盟罷說③。The general Strike theory（像那西班牙和法國勞民所解釋的）和信仰的人。並不注重一切的勞民。能一時齊來不能一時齊來。他們最要緊的。是在攪亂全國的生產。斷絕權力階級的音信。禁止他消費。從此將資本的社會。破壞完了。舊組織滅亡以後。勞民拿勞民社會的力量。把一切生產機關鑛山家屋土地等。就是一切的經濟的要素。一齊拿到手裏。就算了。

---

① "五十步百步之間。相差極近的"，翻譯有誤，據德文和英文原書，應爲"五十步百步之間，相差極遠的"。
② "勞民協會"，指拉丁語國家無政府工團主義性質的組織。
③ "總同盟罷說"，有誤，應爲"總同盟罷工說"。

其二　總同盟罷工的方法

把從前各種總同盟罷工的報告。拿起看一看。我們所說的"社會的總同盟罷工"。布置的方法。也就可以明白了。

一開首。自然是要用些日子來傳道。傳道的結果。多數的人民及各樣的團體。明白這個意思。等到四面的機會可乘。要總同盟罷工的時候。各樣的勞民協會。簡直的。在他的本部分部。宣布總同盟罷工。團體以外的勞民。也就隨着來。（意大利已經有一個例子）運動的範圍大了。波及全國。就成了平民階級的"總同盟罷工"。

千九百〇二年四月。比利時的勞民三十五萬。受勞民協會的要求。全把工器丟開了①。

近世的工業。全是按着各樣專門。分功到了極點。並且積成了非常的複雜組織。一部少數人起了總同盟罷工。也就難以抵抗。就眼下講起來。眼下的社會。眼下的生產界。離不得眼下一切的組織。只有這種同盟罷工。可以從根本上。把他破滅了。

請看。我們天天所用的東西。是拿甚麼方法製造的呢。一件東西。從頭到了。並不只一個工場裏面的二三十人所經手的。多半從這個工場要送到那個工場。經了兩三個工場。方能造出一種東西。還有做東西的原料。大半是從狠遠的地方輸送來的。鐵道郵便電信等。也是今日生產上。極不可少的要素了。呵。像這樣大的社會。只要一個車輪子。停了運轉。與他相關連的製造工業。也就全部停止了。譬如千九百〇四年二月初間。英國

---

① "千九百〇二年四月。比利時的勞民三十五萬。受勞民協會的要求。全把工器丟開了"，指 1902 年 4 月 10—20 日的比利時總同盟罷工，有 35 萬工人參加。

第一章　總同盟罷工就是社會的戰鬪的武器　　　　　　　　　　169

斯聞紙①上記載了一件事。是説"在愛爾蘭別爾發斯度Belfast②地方。有一座製繩機器。因爲損壞了一部分。四千勞民。不得不停了一禮拜的工"。這就是一個例。再比方煤礦的勞民。同盟罷工起來。不到幾天。一切的屯煤廠。統統的空虛了。你想結果如何呢。一定是。一切的火車不能運送。一切的鎔鑛廠鑄造廠蒸汽機關工塲電氣局。不能不停工了。煤氣事業。沒有煤炭。也不能辦了。與這煤氣。相關聯的。各樣的原動機。各樣的機器。也不能動了。到了太陽沒了。全都會裏頭。也没有水月電燈③。也没有煤氣燈。立刻成了黑闇世界。

　　大家要記的。這樣的大成功。不過是煤礦的勞民。罷工幾天或是幾禮拜的力量。煤礦勞民。既經作過一回。得了好多的閲歷。明白大同盟罷工是件甚麼東西。將來戰鬪的時候。是最可仗恃。礦夫一旦起來罷工。鐵道上的雇工。既是勞民運動的一個要素。他們決不能坐等着煤炭没了。自斃而已。見事體緊要的時候。一直就加在裏邊。是不容疑的。其他各種事業的勞民。必被少數罷工的所擾亂。這是甚麼原故呢。因爲少數人。既罷了工。一定向別的工人。顯出敵對的態度。或公然脅迫他。其勢不得不罷工了。

　　罷工的勢子如果到了麵包店和肉店的眼前。他也罷起工來時候。總同盟罷工的風雲。可算緊急了。那權力階級的人。平日飽食飽喝的。勢到如今。方曉的飢餓的滋味。

　　然而這還不過是開頭。據同志的拉丁人們的意見和向來總同盟罷工的經驗看起來。總同盟罷工這件事件。絶不是像起初所想的。可以平和了結。

　　怎麼樣可以不餓。這個問題。現到勞民面前的時候。這就是他們的運

---

① "斯聞紙"，有誤，應爲"新聞紙"。
② "別爾發斯度Belfast"，即貝爾法斯特，位於北愛爾蘭東北部，自1920年起成爲北愛爾蘭首府。
③ "水月電燈"，一種燃料爲白色電石粉的燈具，點燃時有刺鼻的氣味。

動。達到衝突的時代了。可以不餓的方法。沒有別的。只是尋吃的東西。就是了。倉庫的裏邊。堆着許多的糧食。是自然的。是在西班牙實在看見過的。平民雖可停止生產。並不能停止消費阿。他們到了這個過渡時代。就同權力階級數千年來自由自在的光景一個樣子。"不生產而消費" Consume without producing 這種行為。權力階級做的時候。勞民就說他是"掠取" Exploitation。平民來做的時候。富豪階級雖然罵他是"強奪" Proletarians。社會主義可就贊美叫做"收用" Expropriation 了。

　　無論膽子怎樣小的人。到了頂餓的時候。見了麵麭。沒有不拿來就吃的。就政治上看起。雖極保守的婦人。到了能叫他的小孩子不飢餓的時候。全露出革命性質。跑到麵麭店肉店裏頭去搶。這是古來一切革命及叛亂的時候。所常見的事體。

　　勞民萬不可止丢了工器就算完了。應該更進一步。把生產機關拿到手裏。戰鬥的態度。就比從前更緊要一層。所以說"總同盟罷工"並不止社會革命的開端。實是社會革命的本身。"總同盟罷工"就是將來的社會革命的別號了。

　　這種革命。不可照那千七百八十九年和千八百四十八年紳商所用的舊法子作。防塞 Barricades 勇戰①的時代。已經過去了。從前的街道曲曲灣灣不整齊的。築塞也容易。守也不費事。現今大都會地方。全是修的狠廣大的街道。幾排的軍隊。可以自由進退。防塞就是築起來。也容易被人拆了。在大都市上。築塞的材料。手底下不能就有。街道上從前的石頭。現在已換用木板和阿士哈度 Asphalt②。拿來築防塞。沒有一點用處。所以處在今日。

---

① "防塞 Barricades 勇戰",即街壘戰鬥。1789 年法國資產階級大革命和 1848 年法國二月革命時期,革命者對抗政府的重要作戰方式。
② "阿士哈度 Asphalt",即瀝青。

第一章　總同盟罷工就是社會的戰鬥的武器

還想用防備手段來革命。不能不說他鈍極了。

總同盟罷工的光景。可就不然。開頭的時候。全是合法的。勞民無一點危險。這是頭一層長處。極無意於革命幾千勞民。也可安安穩穩的加在裏面。如若舊式的革命。這些人民一定躲避危險。藏在家裏不出來。革命的氣焰。因此而弱。革命不成也不可知。

在總同盟罷工呢。膽子小的人。就是藏在家裏也好。或是怕罷工者暴行。或是怕後日連累。不出來也是不得已。他們雖然不出來幫助。他已經不作事體了。就他不作事體這一層。也就是有益於總同盟罷工。

還有大多數的勞民。向來也不注意於這種事體。也不預問選舉投票。也不受革命的鼓吹。只是昏昏沌沌。在那狠苦的做工的地方。保他殘喘。這般人。一旦跕在街頭。接到罷工的"來啊不來啊"For or against 的問題時候。本能發現。不得不加在運動裏邊了。大凡勇敢的行為。勿論是狠精悍的個人所做狠熱烈的少數人所為。一定可以打破數千柔弱人的渴睡。數十年的工夫。主張空理。雖不得救他們脫離悲慘的境遇。到了震動天地的聲音。忽然發出來。就是頂怠惰的人。也容易變成猛烈的義戰之士了。

在千九百〇三年二月間的巴色羅那 Barcelona①罷工。四月間的比利時罷工。十月間的比路豹 Bilbao②罷工。這幾種的總同盟罷工。對着將來的真正之大"總同盟罷工"。是豫先練手段的戰鬥。如同法國大革命之先。已經有三百內外的小叛亂。作了幌子。這幾個總同盟罷工裏邊。人民和兵隊。也有多少樣子的衝突。可是戰鬥的光景。和從前的都市平民之叛亂。絕不相同。

形勢雖是狠重大。衝突倒比較的微小。這是為甚麼呢。勞民也明白向

---

① "巴色羅那 Barcelona"，即巴塞羅那。
② "比路豹 Bilbao"，即畢爾巴鄂，位於西班牙北部。

来所用的戰鬥方法。在今日是無用了。是危險了。所以絕不攻擊兵隊。也絕不破壞狠有防備的建築物。只用全幅的力量。把一切的生產和交通。障礙停止了他。

權力階級。見勢不好。一定要拿死力來維持這生產和交通。他的手段也就辣了。一邊把那受脅迫而罷工的。雇來用。一面派兵守那工塲鑛山麵包製造廠。勞力的戰士。到這種時候。不能束手待斃。自然拚死命的。把一切的生產和交通。絕對的停止了他。

一千八百九十三年。比利時的勞民。當罷工的起頭。就想把交通機關斷絕了。叫那軍隊警察。無處報告。籍此可以妨碍軍隊的集聚和軍糧的供給。當半夜裏頭。一齊的把電信電話的線。大半切斷了。在狠僻静的地方。把鐵道的鐵軌掀了。把轉轍器 Snitching① 壞了。打了轉轍燈 Snitchlights② 的玻璃。車掌不能看見信號了。用這種方法。交通的機關。好幾天的功夫不能靈通。

千八百〇二年③。在腦林白耳西 Nueremberg④ 地方。市街鐵道罷工的時候。勞民把軌道的轍叉 Frags⑤ 嵌了些鐵片。交通也就斷絕。

在巴色羅那和比利時罷工。起初不過少數人表同情于總同盟罷工的。等到把工塲的機械毀壞了。一切的工人。勢不得不休業。豫先或者將器械的油壺裏面。裝了金剛砂。或者把螺絲盤弄鬆了弄緊了。或者把大器械弄亂了弄壞了。或者把器械的齒輪。填了些鐵片子。

美國的鑛夫總同盟罷工。和千九百〇三年西班牙比路豹地方的罷工。

---

① "Snitching"，有誤，應爲"Switching"。
② "Snitchlights"，有誤，應爲"Switch Lights"。
③ "千八百〇二年"，有誤，據德文和英文原書，應爲"千九百〇二年"。
④ "腦林白耳西 Nueremberg"，即紐倫堡。"Nueremberg"，有誤，應爲"Nuremberg"。
⑤ "Frags"，有誤，應爲"Frogs"。

第一章　總同盟罷工就是社會的戰鬥的武器　　　　　　　　　　　　173

　　勞民先把鑛裏的柱子推倒。鑛門因此關閉了。

　　在西班牙和美國的鑛夫。手裏都有火和炸藥。可以大鬧起來。炸藥是他們每天用的。要鬧的時候。就可拿來用。和蘭①總同盟罷工的時候。罷工的把船橫在河當中。或者泊在橋底下。水上面往來的船隻。全斷絕了。這種事情。也常作過的。

　　碼頭上的勞民。起了同盟罷工。不給船上起貨。那從外國買來東西。也就沒有用了。據近來的巴色羅那之報告看起來。紳士們想苦工人。預先自己把店關了。叫他的雇工沒有生活。不料罷工的人。藉此反倒多了起來。平民迫于饑寒。大行掠奪。連那賣雜貨的商家。也要用兵丁守門了。

　　在巴色羅那。有個笑話。兵丁替雜貨店守門的時候。富家紳士教下人到麵包舖內買東西。等到買了回來。那些平民已經在那旁邊的胡同。或是他家的門口。等著來了就簡直的奪了去。送到罷工的人家。叫他們吃飽。就不管紳士了。

　　有人想當同盟罷工的時候。應該組織一箇勞民的生產通信講社 Bralduction and Communication Bvotherhood②。供給罷工的飲食衣服。這到底不能實行的。因爲這種戰鬥的時候。權力階級是不顧法律了。爲他自己。爲他的兵丁。一定來搶奪平民的衣食。

其三　總同盟罷工和軍隊

　　據上面的事實看起來。總同盟罷工一旦起來。軍隊的力量。是不容易

---

① "和蘭"，即荷蘭。
② "Bralduction and Communication Bvotherhood"，有誤，應爲"Production and Communication Brotherhood"。

馬　藏　·　第一部　·　第九卷

恢復秩序的。向來的市街戰的叛亂。譬如千八百四十八年的革命。狠容易拿兵力的鎮壓了。因着那個時候。軍隊集在大都市的中心。衝着砲口上聚會的平民。一打就散了。到了總同盟罷工的形勢。像上邊所講的。就大不相同。

　　平民所恨的是政府的各種衙門和那富豪的高樓大廈。在昔日擔護衛的責任的。固然是軍隊。在今日仍然是軍隊。像那警察裁判所牢監國立銀行財務官署。以及一切的中央衙門。那天被人民來搶刼。不一定規。就是那皇帝大統領。平生是最受人民忌恨的。那一天被害。那一天負傷。全不可豫料。軍隊自然也要保護他。軍隊的責任。並不只如此。鐵道也該保護的。到了危險的時候。兵丁也要充當車站驛夫。也要充當車掌機關手。Brakemen suithmen①。爲保護一輛一輛的車子。也要派相當的人數。怕線路和火車上所必要的東西破壞。更當保護轉轍機。信號塔 Signal towers。水槽。勢不得不順着全線路邊上。安置些站兵。線路總有幾百里長。用的兵丁一定是狠多的。

　　再有。爲保護電線電話。爲維持郵政。離了兵丁也不行。其他生產每日所必用的物件的。工塲製造廠瓦斯業麵麭店。離了兵丁也不能保護啊。恐怕罷工的來脅迫那破罷工的（Scabs）。也要用兵丁保護他。罷工的人們。要搶掠的各種製造廠和各種的倉庫。離了兵丁駐紮不行。不只大都會。是這樣而已。就是鄉下的鑛山鎔鑛廠織毛廠。凡是工塲的中心。一定也要同都會一個樣子。安置些兵丁。因爲社會主義傳道之結果。頂偏僻的工業地。收用 Expropriation 的觀念。已經通行了。勞民既經明白了這種學說。不等指揮者的命令許可。他自己看見機會可乘。也就占領那倉庫和那生產機關。

---

① "suithmen"，有誤，應爲"switchmen"。

第一章　總同盟罷工就是社會的戰鬥的武器

不准那紳士富豪長久的掠取了。鄉下農業的地方。要總同盟罷工之成功。也不是空想。譬如在匈牙利俄羅斯西班牙。現在有許多的實例。大農的方法。猖獗的非常。農業的勞民。勢必要大同盟罷工。

世界上的事件。帶那傳染暗示之性質的。那個能比上這叛亂呢。都市既經罷工起來。那鄉下的佃户雇工和貧窮小農夫。（自己有一點田）那個不想。把大地主所有的搶過去了的。一齊奪回來呢。再說近幾年都會的勞民。已經伸手到鄉下去。勸導一村一村的農夫。叫成他自己的幫手。這也是實在事體。他們對着農夫說。"我們的朋友啊。你不要給國家納稅了。你不要給地主的納租了。對着放賬的東西們。不要還他利錢了。像那種證文。一把火燒去就是了。你們的子弟。不要叫他當兵。在家裏教他種田。是頂好的事體啊。像這田地。全是你們勞力的結果。開闢出來的。是你們自己的東西呀。兵隊不必怕了。他在都會街上和鐵道的邊傍。已經事體多極了。那有工夫。來援助地主來害你們呢。"既經如此。那地主的秩序和財產。也就保不住了。

兵隊們保護權力階級的政治威力。已經是狠不容易。再要想保護經濟的威力。是更難的了。

當罷工的時候。政府想把全國的軍隊。聚在一箇地方。在今日是到底不能。叛亂的人只有一二千人。政府想對待他。也要十萬以上的兵丁。因爲要維持全國的安寧秩序。不但工業地。是要兵警戒。就是極僻遠的村落。極長的鐵道沿線一帶。也須護衛了。

兵不夠用的時候。權力者定想召集豫備兵。既召集豫備兵。項[①]危險的機會。也就落在眼前。因爲罷工的勞民裏邊。也有若干的豫備兵。你既是

[①] "項"，有誤，應爲"頂"。

召集了他。豈不是從前沒有武器的。藉此可以得了槍砲麼。被召集的豫備兵。把那不平的思想。傳給現役兵。豈不是政府更害怕的麼。若是不召集呢。越發證明政府沒有能力。原有的兵丁。是到底不夠用的。

大多數的軍隊。雖有最好的武器。受過最良的訓練。當罷工的時候。若叫他保護萬事萬物。是到底做不來的。何以呢。罷工一起。兵是要到處派的。幾千幾萬的大師團。勢必分成無數的少人隊伍。把這少人隊伍。立在多數人民的中間。其形勢已經成了孤立的樣子。軍勢既分散了。駐紮在一定的地方。不能移動了。平民如用那種的方法。叛亂起來。兵丁的力量。不能鎮壓。誰不明白啊。

還有狠重大的心理作用。我們不可看過去。就着多數人類的心理。拿極淺的經驗看起來。也可明白。凡人在多數人團體裏邊。作起勇敢的行爲。意外的不算會事。就是他本來不喜歡的事。如有一種勢力者之少數人。來指揮命令他。他也決不違背。譬如軍隊的規矩。就是個實例。

兵丁在一大軍隊裏邊。聽見軍樂的聲音。就奮發起來。看見軍中的士官。就怕起來。似乎以爲士官就是比自己高一等的人類。把明瞭[①]的感覺失去了。把箇性消滅了。如同被了催眠術的樣子。即如極殘忍極野蠻的命令。也服從得。叫他對着他的父母發砲。他也不以爲不然。

兵丁天天在那嚴重的紀律底下。受那軍法會議和士官鎗劍的威嚇。不得與人民作親切的交接。排起大隊來。征伐人民的時候。是更和人民隔絕了。

可是少數人的隊伍。散在各工塲前邊的時候。兵丁與勞民。就容易交接。勞民可以同他直接講話了。得空就把那些宣言書。給他看。告訴他。

---

① "明瞭",有誤,應爲"明瞭"。

第一章　總同盟罷工就是社會的戰鬥的武器　　　　　　　　　177

在你們的家鄉。別的聯隊的兵。向着你的父兄姊妹。發起砲來。也是意中事啊。兵丁人數既少。有了想事體的工夫。既從極嚴的大隊裏邊放出來。知道惡猛的性質。是人類所不應該有。那醉狂的軍樂和軍歌的聲音。眼下是沒有了。只聽見四處全是反抗壓制者掠奪者之革命歌。一邊聽着。一邊想着。自覺自己也決不是壓制者的一流人物。仍是屬於人民這邊的。不過是被那暴力從人民裏邊迫出來當兵。

　　總同盟罷工。既是工人階級反抗掠奪者的無二法門。明明白白。發表出來了。那用來鎮壓的兵丁。仍是穿軍服的平民。也可以明白了。那政府叫我們來戰鬥。絕不是替神仙替祖國以及替各種高尚理想出力的。他是叫我防備我得弟兄們。弄得我的弟兄們。永久立在被掠奪的地位。今天不過穿兵服就是了。一旦換了平常的衣服。仍然站在被掠奪者的地位啊。

　　這種兵丁立在工塲的前面。自己也覺着如同守家的狗一個樣。是何苦來呢。一個一個的。漸漸的明白。也就想歸到人民這一邊了。再說散在各處的零星兵丁。人數既少。把那軍器奪回來。叫他不能向着人民發砲。有甚麼難處。沒有逃走的勇氣之兵丁。人民奪軍器的時候。表面雖是抵抗。心裏未常不喜歡呢。

　　拉丁諸國的勞民的地位。在這一方面非常布置的好。這幾國勞民協會。近幾年發起非軍備的運動來。補充兵豫備兵不待說了。就在現在的軍隊裏面。反對軍隊的傳道。大有可觀。

　　對着軍隊。想要得頂好的效果。離了非軍備運動。是不行的。法國的勞民協會。下了不屈不撓的精神。傳布非軍備的道理。是最可效法。要知道那們①非軍備的傳道性質。可看那一本報告書。叫做"非軍備主義和總同

---

① "那們"，有誤，應爲"他們"。

盟罷工"Antimllitarism and General Strike①。是寄到達布林 Dublin②勞民協會的。這本報告書。說的狠詳細。譯成德國文的也有。在紐育③的"自由"The Frechest 新聞④和別樣的新聞。全登載出來了。是本書要緊的文字。總而言之。要革現在的社會組織。非軍備主義是附屬于總同盟罷工。絕對不可缺少。

　　社會的革命一開頭。從平和的總同盟罷工起來。是最有益於蔓延的。革命的風潮蔓延起來。就是得大勝的眉目。兵力散漫。就是破壞軍備的原因。軍隊不久的工夫。失了紀律。被人民奪了武器去。自然也就瓦解了。軍隊一旦瓦解。向來藉着兵力。支持的全組織。還有不隨着消滅的麼。也有人說這種革命。外國來干涉的。殊不知毫沒有危險。總同盟罷工。是帶着世界的性質。萬國同時而起。也決不是空想。

　　就着歷史所證明的看阿。千八百四十八年的革命運動起來以後。全歐洲統統的震動了。當時的革命。還帶着國民的特質。並且各國革命黨。大家互相反目。尚能得了那樣的結果。

　　中世紀的農民戰爭。像德意志農民的叛亂。法國牙客黎 Yacgueries 的叛亂⑤。西班牙的"孔麥羅多加士奇拉"Commeros de castilla 叛亂⑥。豈不是同時起來的麼。當時的農夫。並沒想到。我們在這邊運動。隔着狠遠的外國。我們的同行。也和我們一樣的目的。活動起來。

---

① "'非軍備主義和總同盟罷工'Antimllitarism and General Strike",即《反軍備主義和總同盟罷工》（*Anti-militarism and General Strike*），德文版書名為 *Antimilitarismus U. Generalstreik*，1903 年刊登於《真理》（*Wahrheit*）第 11 號副刊上。"Antimllitarism",有誤，應為"Anti-militarism"。
② "達布林 Dublin",即都柏林，位於愛爾蘭島東岸，1841 年成為愛爾蘭首都。
③ "紐育",即紐約（New York）。
④ "'自由'The Frechest 新聞",即《自由》（*Freiheit*）周報，1879—1908 年先後在倫敦、瑞士、紐約用德文出版，由莫斯特創辦。起初代表德國社會民主黨的立場，不久便成為以莫斯特和哈賽爾曼為首的無政府主義者的喉舌。"Frechest",有誤，應為"Freiheit"。
⑤ "牙客黎 Yacgueries 的叛亂",即扎克雷起義（Jacquerie），1358 年法國北部農民的反封建起義。"Yacgueries",有誤，應為"Jacquerie"。"Jacques"是當時法國貴族對農民的蔑稱，後"Jacquerie"在法國成為農民起義的代名詞。
⑥ "'孔麥羅多加士奇拉'Commeros de castilla 叛亂",即卡斯蒂利亞城市公社起義（Commeros de Castilla），1520—1522 年西班牙卡斯蒂利亞各城市公社反對卡洛斯一世專制統治的起義。

第一章　總同盟罷工就是社會的戰鬥的武器　　　　　　　　　　179

　　今日的萬國勞民。已經結起了世界的同盟。不分國境。大家互相握手了。他們對着資本家制度。如要開戰。大家是互相扶助的。他們在多數的勞民協會。和各黨派中間。正在講究戰鬥的方法呢。

　　在這樣情形的下邊。我們說平民革命社會革命的總同盟罷工。是世界的。決不是空話。到革命破裂的時候。雖不能全世界一齊。至少要緊的幾個國。總是同時而起的。素日想干涉人家的國。到了此時在他自己國裏頭。已經照顧不過來。那裏還能伸手到他國去呢。

其四　總同盟罷工的時候平民們所受的危險是怎麼樣

　　勞民運動裏。也有拿一種的催眠術作生意的首領。無論那一國。那一個時候。總是常常出來現醜的。這種東西。得一種巧妙的法子。把人民革命精神。弄到昏睡的樣子。聲張革命的時候。殺人流血的慘狀。受禍害的。全是平民。總叫人不要革命。並且對着"總同盟罷工"的思想。也說些沒影話。來嚇人。

　　總同盟罷工的時候。平民所受的害。比向來的革命。少極了。我們可也不說是沒有一點危險。我們也用不着自己漫[①]自己。罷工起來。和軍隊的小衝突。是到底不能免。我們勞民。一定吃些虧。要承認的。可是那能說。因着些少的犧牲。勞力者氣焰。就全消滅了呢。也絕没有坐等到。米列蘭Millerand[②]或是馬克斯marx[③]降生四千年以後。資本家制度自然滅絕。想界

[①]　"漫"，同"謾"，欺騙。
[②]　"米列蘭 Millerand"，即亞歷山大·埃蒂耶納·米勒蘭（Alexandre Etienne Millerand，1859—1943），法國社會黨和第二國際機會主義代表人物，法國國務活動家。自 1885 年起多次當選議員，後成爲資産階級政府成員。俄國十月革命後是武裝干涉蘇俄的策劃者之一。
[③]　"馬克斯 marx"，即卡爾·馬克思（Karl Marx，1818—1883）。

其四　總同盟罷工的時候平民所受的危險是怎麼樣

慘狀。受禍害的，全是平民，總叫人不要革命。並且對着『總同盟罷工』的思想，也說些沒影話，來嚇人。

總同盟罷工的時候，平民所受的害，比向來的革命，少極了。我們可也不說是沒有一點危險，我們也用不着自己漫自己，罷工起來，和軍隊的小衝突，是到底不能免，我們勞民，一定吃些虧，要承認的。可是那能說，因着些少的犧牲，勞力者氣焰，就全消滅了呢。以後，資本家制度自然滅絕，想界自然變成社會主義的道理阿。我也絕沒有坐等到，米列蘭 Millerand 或是馬克斯 marx 降生四千年，知道勞民，絕沒有這種卑劣的想頭，人為自由，萬事可以丢棄的，就是吃點小虧，勇氣決不會沮喪，那些慣于催眠術的東西們，拿那些革命的時候，性命是危險的，或是丟了手斷了腿的話，來嚇人的。

第一章　總同盟罷工就是社會的戰鬥的武器

自然變成社會主義的道理阿。我知道勞民。絕没有這種卑劣的想頭。人爲自由。萬事可以丟棄的。就是吃點小虧。勇氣決不會沮喪。那些慣于催眠術的東西們。拿那些革命的時候。性命是危險的。或是丟了手斷了跟的話。來嚇人的。太也不想想了。就是不革命的時候。立在那資本家掠奪用的制度底下。時時刻刻。我們勞民的性命。豈不是危險的麽。就法國的統計看看。以現在社會的狀態爲原因。生出來的災害疾病。隨着他死的人。每年有十七萬四千口。豈是少的麽。以外在工場製造場裏邊。生出來的負傷者不具者。更没有數了。政府的統計。可也就不注意。

勞民天天鑽在那頂危險的工場。據道理講。應該把裏邊安置妥當了。來保護他們纔是。那資本家愛錢如命。絕不肯的。所以一年之間。資本家制度所殺害的勞民。比向來各種革命所犧牲的。還多多了。這個"死"字。每一天每一個時辰。總圍在勞民的身邊。或是踏空了脚。從梯子上落下來。或是埋没在礦坑裏邊。或是中了化學的工場之毒。或是碰了電氣。這全是要死的。或是汽罐破裂。一個身子全成了碎片。

這樣還算罷了。勞民失了職業的時候。失望到了極點。或是餓死。或是自殺。死的光景。尤其可怕了。一面不知道甚麽時候。召了去當兵。趕了去戰争。叫他們去殺那無辜同胞。全是爲他們的仇敵爲他們的壓制者謀利益的。像這個樣子。勞民的生命。豈不是比革命更危險幾百倍麽。

戰争一回所殺的人。比一切的革命。合起來。所死的數。還要多呢。譬如雷布紫西 Leipzig 的戰争[①]。死了十四萬三千人。滑鐵盧戰争[②]。死了四

[①] "雷布紫西 Leipzig 的戰争"，即萊比錫戰役（Battle of Leipzig），1813 年 10 月 16—19 日，第六次反法同盟聯軍在萊比錫與拿破侖軍隊會戰，法軍潰敗，拿破侖保護下的"萊茵聯盟"瓦解。
[②] "滑鐵盧戰争"，即滑鐵盧戰役（Battle of Waterloo），1815 年 3 月拿破侖重返法國稱帝後，參加維也納會議的主要國家組成第七次反法聯盟，進攻法國。同年 6 月 18 日，以英國和普魯士爲主力的聯軍在比利時布魯塞爾附近的滑鐵盧與法軍決戰，拿破侖遭到徹底失敗。

萬六千人。郭野尼古士列紫 Koenigsgraetz 戰爭①。死了四萬人。拿破崙戰爭之間。丟了三百萬人以上的性命。就如近來的日俄戰爭②。那結果是怎樣了呢。

從古以來。頂小的進步。科學上頂細的發見。也總要喪失幾千人的性命。化學家。被那新發明的化學作用。所放出來的煤氣。毒害了的還少麼。或是煤氣破裂了。把身體裂亂的還少麼。醫學家。爲人類幸福之故。想除去巴士爾 Bacilli③。而被他殺的還少麼。從今以後發明真理。總須有若干的殉道者。方可成功。絕不能因死了人。真理也就不發明了。古來的偉人烈士和那真理的信徒。或是受了焚刑。或是絞殺。或是凌遲。或是上了斷頭臺。或是死在幽暗的地窖裏邊。或是死在西比利亞④冰雪之中。前朴後繼⑤。已竟算不清楚了。阿！！從古到今的社會。譬如是箇大血洋。革命的時候。所流的血。不過是一滴露濕罷。奇極了。多數的平民。被那壓制者。騙到沙塲上戰爭。没有一個人勸戒他。平民爲他自己的自由和前途的生涯。勇往無前的革命的時候。別人反倒阻止他。天理還有麼。

爲一國的獨立。或是爲得政權。起來的革命。人民常常的拚了性命。一點不怕死。

我們所講的社會革命。要把全世界的人類。從鐵鎖子社會的悲慘裏邊。解放出來。叫他們得究竟的自由。這豈不是萬古不朽的理想麼。爲人生最有價值的這種革命。人人拚了箇性。賭了性命。也值得的。況且拿總同盟

---

① "郭野尼古士列紫 Koenigsgraetz 戰爭"，即柯尼希格雷茨戰役（Battle of Königgrätz），1866 年 7 月 3 日爆發，是普奧戰爭中的關鍵性戰役，普軍取得勝利。
② "日俄戰爭"，日俄戰爭（Russo-Japanese War），1904—1905 年，日本和俄國爲爭奪東亞霸權重新瓜分朝鮮和中國東北的帝國主義戰爭。1905 年 5 月俄國戰敗。
③ "巴士爾 Bacilli"，指病菌。
④ "西比利亞"，即西伯利亞（Siberia）。
⑤ "前朴後繼"，有誤，應爲"前仆後繼"。

罷工的方法。開頭的革命。平民所受的危險是狠少的。既能阻止兵力之集中。不用和兵士衝突。也就了結。想衝突已經衝突不來。犧牲的不過一點點。可成功的機會。和占最後勝利的機會。本是狠多。

其五　經濟的運動。工錢的同盟罷工和總同盟罷工的分別

歷史上不論甚麼時代。每一時代。總有特別的戰爭方法。革命也是如此。在其時代。也有特別的經濟的條件和學術的方法。譬如騎士Knights的時代。是身上纏着鎧甲。用鎗劍戰的。在中古市郡Communes的公民。是組織徒黨戰的。在農民戰爭時代的農民。是拿靴子的模樣。作旗子的表識。用那特有的戰術。法國大革命時代。農民革命黨的客牙黎①。也有特別的革命方法。近時小市民之革命時代。是用防塞戰鬭的。

時運已經到了今天。平民應該用的戰法。也不可後於時勢。經濟發達。勞民協會擴張。兩項所生出來的必然之結果。結局也自然生出新方法新條件出來。天下的氣運。已經集到總同盟罷工的身上了。世界上各處的勞民階級。逼迫到應該戰鬭的機會。假使首領來反對。也要用這種武器。情勢是止不住了。平民團結的精神。依藉着勞民協會。一天鞏固一天。結社的力量和數目。一天比一天多。論理上的結果。同盟罷工的遍數。也就多起來。罷工的局面。一回比一回大。總同盟罷工的觀念。隨勢生出來。豈不是自然之數嗎。

要想同盟罷工成功。總要有越蔓延越大的勢子。即是把同樣的工業所屬之大半數。捲在罷工的風潮裏邊。

---

① "客牙黎"，有誤，應爲"牙客黎"（Jacquerie），指農民起義。

结果就可作成或种工业的总同盟罢工。是曾有过的。在大同盟罢工正闹的时候。属于别种的工业劳民。受了罢工的要求。也肯替他作工业。这种工业。叫做同情的同盟罢工（又名团结的同盟罢工）。Solidarg[①] strike这是从雇主常常用的总停业。General lockcuts[②]生出来的手法。当一种工业或是一个工场。罢工的时候。雇主往往联合一齐。对着不相干的劳民。一边决行停业。一边又强雇罢工的。藉此以破坏他们的团结。

雇主的各样结合。因为抵抗劳民。互相援助。是我们所常看见的。若是各劳民协会。也同盟联合起来。援助罢工者。这种光景。就不仅是特种劳民协会。对于特种资本家之战斗。乃变成全帮劳民对于一切资本家的战斗了。

劳民之间。结合的精神。大到极点。那一种最大最强的同盟罢工。也自然会现出来。这种同盟罢工。就是劳力阶级的全部。对着资本阶级的全部。拒绝劳力的。所以说是社会的总同盟罢工。

据过去的同盟罢工的经验。总同盟罢工说。全部是从劳民协会生出来的。可以把资本家制度。一扫而空。真是近盟[③]最新的战术了。

作社会革命用的总同盟罢工（即社会的总同盟罢工）。有两个重要的点。与别的罢工不相同。就像或种工业的总同盟罢工。只可说他是个工钱的同盟罢工。Wage strike不能说他是社会的总同盟罢工。

第一。各样之工钱的同盟罢工。罢工者一定要预备出罢工间所用的银钱。到了社会的总同盟罢工就不必了。因为这时候。一切的生产是停止的。一切的铺户是关闭了。有了银钱。也没处用。

---

① "Solidarg"，有误，应为"Solidary"。
② "lockcuts"，有误，应为"lockouts"。
③ "近盟"，疑为"同盟"。

第一章　總同盟罷工就是社會的戰鬥的武器

　　第二。各樣工錢的同盟罷工。或是工業全部的總同盟罷工。只是在工塲狠興旺的時候。可以想成。到了社會的總同盟罷工。反在商業衰敗的時候。恐慌的時候。極其有望的。經濟的恐慌①。想大家是知道的了。由于生產過多。貯積的生產物。超過了消費者購買力之上。馬克斯不說麼。無論那箇革命。總在經濟的恐慌後面來。因着那恐慌。能增加多數人民的慘狀。激昂革命的精神②。

　　社會的總同盟罷工開端以後。平民一定受迫于經濟的必要。處置的方法。也可以十分明白了。比方發一句話。向着平民說。"我的朋友們阿。你現在比平常的時候。還要餓的原故。你知道麼。"他們一定說。"這因着倉庫裏邊。所積屯的米麥。比平常還要多呢。"再問一句說。"我的兄弟們阿。這種亂衣服纏在你身上。爲甚麼呢。你們和你們的妻子。爲甚麼連住的地方也沒有。這樣耐凍呢。"他們一定說。"是因爲我們所織的布帛。全存在倉庫裏頭了。房東建造的房子過多了。"既然知道如此。平民應該用的手段。豈有不明白的道理麼。大凡生產過多的恐慌。正可以保證總同盟罷工成功。爲甚麼呢。眼前頭所堆積的生產物。拿來可以作各項的用處。勞民的一邊。一切的聽他自助。Help gourself③一直到改造社會好了之前支持生活。是狠够的。

　　當慣了奴隸的。可以主張自家的權利。脫出壓制的鐵圈子來。向着從前的主人。大大的聲音。明明白白。宣告給他們說。"今後我們不服從你們了。不爲你們背那槍砲了。不爲你們勞働了。不尊重你們的所有權。我們

---

① "經濟的恐慌"，即經濟危機。
② "馬克斯不說麼"至"激昂革命的精神"，見《馬克思致斐迪南·弗萊里格拉特（1851年12月27日）》："據恩格斯對我講……根據最近一些事件，我比任何時候都更相信，沒有商業危機，就不會有重大的革命事件。"（馬克思，恩格斯. 馬克思恩格斯全集：第48卷[M]. 北京：人民出版社，2007：468.）
③ "gourself"，有誤，應爲"yourself"。

第一章 總同盟罷工就是社會的戰鬥的武器

馬克斯不說麼。無論那箇革命。總在經濟的恐慌後面來。因着那恐慌。能增加多數人民的慘狀。激昂革命的精神。

社會的總同盟罷工開端以後。平民一定受迫于經濟的必要。處置的方法。也可以十分明白了。比方發一句話。向着平民說。「我的朋友們阿。你現在比平常的時候。還要餓的原故。你知道麼」他們一定說。「這因着倉庫裏邊。所積屯的米麥。比平常還要多呢」再問一句說。「我的兄弟們阿。這種亂衣服纒在你身上。爲甚麼呢。你們和你們的妻子。爲甚麼連住的地方也沒有。這樣耐凍呢」他們一定說。「是因爲我們所織的布帛。全存在倉庫裏頭了。房東建造的房子過多了」旣然知道如此。平民應該用的手段。豈有不明白的道理麼大凡生產過多的恐慌。正可以保證總同盟罷工成功。爲甚麼呢。眼

四一

第一章　總同盟罷工就是社會的戰鬥的武器

被你們奪去的東西。現在歸我已①自己有了。向來只許我們製造。不許我們用的貨物財寶。今日我們可以一邊自己製造。一邊自己享受了。"這豈不是奴隸叛亂。極自然的。極急進的方法麼。權力階級的權力。從那裏來的呢。不過是因着勞民之柔順服從。權力階級的政治權力。立在甚麼上面呢。不過是我們勞民。自己造了軍器。自己又打自己。以保護那掠奪我們的。我們又替他們擡鎗砲。他們的莊嚴。他們的富貴。是我們拿自己們頭腦頂起他來的。一旦我們宣布不服從他。他們的權力。自然就破碎了。宣布不替們的②當牛馬。他們自己抱着金銀塊子。餓死就是了。所以他們一定是降伏的。

巴西白謝席烈 Percy Bysshe Shelley③有一首狠體面的詩。題叫做"贈英國人" To Englands men④。他的意思。也就是與我們相同的。

Men of England, wherefore plough,
　For the lords who lay you low?
Wherefore weave with toil and care
　The rich robes your tyrants wear?

Wherefore feed, and clothe and save,
　From the cradle to the grave,
Those ungrateful drones who would
　Drain your sweat-nay, drink your blood?

---

① "我已"，有誤，應爲"我們"。
② "們的"，有誤，應爲"他們"。
③ "巴西白謝席烈 Percy Bysshe Shelley"，即珀西·比希·雪萊（1792—1822），英國詩人、哲學家、改革家。
④ "'贈英國人' To Englands men"，雪萊的這首詩作於 1819 年 8 月曼徹斯特彼得盧大屠殺後，原詩共八節。"Englands men"，當爲"England's men"。

Wherefore, bees of England, forge
　　Many a weapon, chain and scourge,
That these stingless drones way① spoil
　　The forced produce ofyourt soil②?

Have ye leisure, comfort, calm?
　　Shelter, food, loves③ gentle balm?
Or what is it ye buy so dear
　　With your pain and wish④ your fear?

The seed ye sow, another reaps,
　　The wealth ye find another keeps;
The robes ye weave, an ther⑤ wears;
　　The arms ye forgo⑥, another bears.

Sow seed-but let no tyrant reap;
　　Find wealth-let no imposter heap;
Weave robes-let no⑦ the idle wear;
　　Forge arms-in your defense to bear.

---

① "way",有誤,應爲"may"。
② "ofyourt soil",有誤,應爲"of your toil"。
③ "loves",當爲"love's"。
④ "wish",有誤,應爲"with"。
⑤ "an ther",有誤,應爲"another"。
⑥ "forgo",有誤,應爲"forge"。
⑦ "no",有誤,應爲"not"。

軍器。自己又打自己 以保護那掠奪我們的 我們又替他們擡鎗砲

他們的莊嚴 他們的富貴 是我們拿自己們頭腦頂起他來的 一旦

我們宣布不服從他 他們的權力 自然就破碎了 宣布不替們的當

牛馬 他們自己抱着金銀塊子 餓死就是了 所以他們一定是降伏

的。

巴西白謝席烈 Percy Bysshe Shelley 有一首狠體面的詩題叫做『贈英

國人』To Englands men 他的意思 也就是與我們相同的。

Men of England, wherefore plough,

For the lords who lay you low？

Wherefore weave with toil and care

The rich robes your tyrants wear？

第一章 總同盟罷工就是社會的戰鬥的武器

四三

其五 經濟的運動工錢的同盟罷工和總同盟罷工的分別

Wherefore feed, and clothe and save,
　From the cradle to the grave,
Those ungrateful drones who would
Drain your sweat- nay, drink your blood ?

Wherefore, bees of England, forge
　Many a weapon, chain and scourge,
That these stingless drones way spoil
　The forced produce ofyourt soil ?

Have ye leisure, comfort, calm ?

第一章　總同盟罷工就是社會的戰鬥的武器

英國人。你的事只是扶犁。
　　相公苦你。你耕種却爲伊。
又恁的仔細辛勤底織。
　　織你暴君著的錦衣。　　之一

你爲何來。哺食給衣。殷勤將惜。
　　從搖籃直到歸墳穴。
留養他。留那忘恩負德的雄蜂。
　　好灑你的汗珠兒。呀！飲你的血。　　之二

你英國的蜂兒。又著甚來由。
　　鑄那鋤鐺筐策。種種戈矛。
郤教他落在没底蜂公手。
　　正好把你的田疇産穫强刦窮揝。　　之三

你可有清静蕭閑。得少些安慰。
　　又可有飽食寧居。款款的温柔滋味。
又不然。無端的。受苦担憂。
　　買得甚麽。郤這般貴。　　之四

你播了種子他人收。
　　你得了財帛他人守。
你織衣裳。只爲別手人[①]。

[①] "別手人"，有誤，應爲"別人手"。

你鑄兵器。也只落他人手。　　之五

　從今後。播種子。郤不許暴君來刈。
　　　得財帛。也不許騙兒積累。
織衣裳不許蕩子穿。
　　　鑄兵器。衛自家。自家佩。　　之六

其六　總説

把總同盟罷工的意思。總束起來。頂要緊的地方。列在下面。

一、"總同盟罷工。"在現在資本家的經濟制度之下。是第一流的革命方法。

二、"總同盟罷工"能把現社會攪成亂泥。因爲生産和消費兩件事體。是現社會的柱子。是現社會的腦髓。一開首就受攻擊了。

三、"總同盟罷工"是平民造反最明白最直接最顯亮的榜樣。是從那近代戰法同盟罷工。發達出來的第一個結果。

四、分功發達的結果。近世的生産機關。非常的複雜了。一箇車輪子不轉。和他有關聯的機械工塲工業。也因着不能活動了。

五、"總同盟罷工"不用銀錢扶助。與其在商業興旺的時候下手。不如在不興旺的時候和恐慌的時候。反倒容易成功。

六、"總同盟罷工"。容易叫最大多數人來加盟。收最大的功效。因爲開頭的時候。全是合於法律的。不要甚麼勇武。不怕有危險。就是藏在屋裏。也是助勢力的。

第一章　總同盟罷工就是社會的戰鬥的武器

七、一切的輸送交通的機關。斷絕之後。那平穩無事的地方。也不能送那物產和糧食來。政治和軍務的當局人。傳消息輸軍隊的能力也就失了。

八、軍隊在大都會和工業的中心地方。不能不保護掠奪者之私有財產。並還要警戒這鐵道線路。不僅是施行法律。就是軍隊自己的糧食。也要自己想法子。爲維持必要的生產。除了兵丁的扶助。也不成功。結果兵丁東散西散。成了自然的解體。軍隊的能力。既經消滅。平民的勝利。也就告成。

第二章

總同盟罷工得勝以後社會改良的狀態

其一　工業

　　上面所講。只是把總同盟罷工。從戰鬥的方面研究的。只是從否定呢[1]方面。認這總同盟罷工。是對着資本家的社會。作破壞用的。若是但如此解釋就完了。也不過一種戰法。那裏有叫他做究竟解決法子的價值呢。那法蘭西西班牙的幾千平民。何必自稱總同盟罷工黨的[2]。法國的 Greve-Gencralistes[3]西班牙的 Huelga Generalistas 這種名號。也就可以消滅了。所以總同盟罷工得勝以後的光景。必定要講求的。

　　理論不能生事實。事實返能生出理論來。這句話在此地是箇證據。細言之。空想那未來的理想。和社會的組織。不能生出戰鬥來。原是因着戰鬥。未來的方法理想。纔隨着出來了。改造社會的理想。就是戰鬥間自然的結晶。

---

[1]　"呢"，有誤，應爲"的"。
[2]　"的"，有誤，應爲"呢"。與上文"呢"字互訛。
[3]　"Greve-Gencralistes"，有誤，應爲"Grève-Généralistes"。

第二章　總同盟罷工得勝以後社會改良的狀態

比方那無政府主義。豈不是因着"萬國勞民同盟①的"總務委員。要行中央集權的統制。有些人不以為然。由那反抗的戰鬥。生出這種主義來的麼。在當時。社會民主同盟②（是當時巴枯寧派自稱之名並非今日德國派之社會民主黨）。與那聯合主義共產主義的自治聯合自由統合主張相同。反對"萬國勞民同盟"裏邊馬克斯的中央集權制度。兩派的戰術和內部組織既不相同。理論的發達也就兩樣了。中央集權派。成了今日的社會民主黨。聯合派成了無政府黨。總同盟罷工的理論和事實。既是從向來各種罷工的事實。結來的果。總同盟罷工得了勝之後。社會萬端。怎麼樣的組織。怎樣的建設。怎樣的解釋。也是從傳道和蔓延的事實。分發出來。

向來的同盟罷工。既是藉勞民協會起來的。總同盟罷工的觀念。藉着勞民協會。去傳布運動。本是自然之勢。總同盟罷工成功以後。擔任生產擔任改造社會的。仍是現成的各樣勞民協會。這是論理的當然。平民得勝以後。就到他們的會所去。到勞民協會去。到產業公所③去。把一切的生產機關。經這些會所協會。拿在他們手裏。這纔合根本的思想。

各種勞民協會。把他所附屬的各樣工業。生產起來。就是從前的生產機關。再運轉起來了。有幾種的工業。一定是要廢去的了。譬如製造軍器的鑄造貨幣的製造寺院裝飾的。還有不必廢止。應該一時停業的。比如奢侈品玩具等。

---

① "萬國勞民同盟"，指國際工人協會（International Workingmen's Association），1864 年 9 月在倫敦成立的國際性工人聯合組織，後被稱為"第一國際"。
② "社會民主同盟"，即社會主義民主同盟（Alliance de la Démocratie socialiste），1868 年 10 月巴枯寧在日內瓦創建的無政府主義國際組織。同年 11 月，巴枯寧向第一國際申請接受該組織作為獨立組織加入，企圖混入并控制第一國際。1872 年第一國際海牙代表大會揭露了巴枯寧及其同盟的分裂破壞活動，并將巴枯寧開除出第一國際。
③ "產業公所"，即產業工會或工會。

把已造成的軍器。銷毀了他。拿那材料。鑄造必要的機械器具。是應該的。但是隣國的平民。還没得自由。暫且拿這軍器。供給他們。叫他做反抗壓制的用器。也是極合道理的。

屬於這幾種廢止工業的勞民。以及向來幾百萬無業的人。還有已經用不着的銀行員、中間人、發賣商、承辦人、和他們的僱人。行商、僧侶、行政官、司法官、警察、和他們的手下人。幾百萬的解放兵丁。革命以後。決不是可以遊手好閒的。幾年裏邊。事體多極了。第一把那平民所住的齷齪房屋。黑死病熱病的巢穴。破壞之後。建造起些合于衛生的住宅。把平民所穿帶的破衣裳。焚燒了他。照那又好看又合式又合時的衣服。預備出來。也是要幾年的工夫。

那砲臺兵營牢獄。全是壓制暴虐的影子。把他全剗除了。也要幾年的功夫。那宮殿寺院。是要留着的。把羅馬時代的死刑臺。（就如十字架）從裏邊打掃出來。弄的乾乾净净。隨着建築規模的大小。技術價值的高低。或是作馬棚。或是作倉庫。或是作公會所。或是作博物舘。是可以作那項用的就歸那一項。一切的標柱。是爲歷史上呼做武士盜 Knight robbers 的中古强盜。和籍著那極殘暴的戰爭得的勝利。作誇張的。應該剗除了。爲那"砲子王"和"鎗彈公" rei pblbombas and Kartaschenprinz① 所建設的紀功牌。也應該破壞了他。將那人道的英雄。和那殉自由的戰士。（其數多極了）把人類從黑暗和壓制裏邊引到光明和自由的地位的那些詩人思想家。全給他立起紀念碑來。

過渡時代過了之後。自由的藝術。是要勃興起來。在今日。真正的藝術。全被資本家制度滅絕了。只剩了些驕奢衒目的下流東西。銷行在世界

---

① "rei pblbombas and Kartaschenprinz"，有誤，應爲 "rei bombas and Kartätschenprinz"。

第二章　總同盟罷工得勝以後社會改良的狀態

上面。

請看中世紀。就是自由市民商工協和時代。那建築上的手藝。是個甚麼樣子。我們只就今日古寺宮殿大學裏邊。所保存的彫刻看起來。意匠的豐富。搆造的細纖①。勢不能不讚美他。各樣的柱子上面。留着各樣頭腦所想的痕跡。各處裝飾的刻畫。留着各種的特別意味。當日的手藝家。全是從自己的所好。自由的發揮技能。縱沒有受"資本家掠奪"之驅使。絕不像今日分功的結果。手藝家成了自動器械一部分的樣子。

過了過渡時代。勞作仍歸成藝術。因爲勞民。全不受他人的强制約束。勞作起來。如同藝術一般。不但沒有苦。反覺有許多的爽快和滿足。製造的快樂。這句話。對着職工和手藝家。是最好的刺激。也是最有力的鼓舞。Inspirer 人的材能嗜好。本是千出百樣。人的需要。也是千出百樣。拿千出百樣的材能嗜好。供給千出百樣的需要。是綽綽有餘的。

可是這種理想。在未到無法律制度自由共產社會之先。還要經過一回過渡時代。那時代的情況和組織。是從勞民協會所結合的勞民的狀態。自然生出來的。

最容易明白的。就是法國。法國勞民協會機關新聞叫民聲 La Voix du Peuple②的。縱拿總同盟罷工作傳道的事業。

以下把法國的勞民協會組織。大概講一講。

在一個都市裏邊。同樣的工業勞民。合起來。組織一個地方會。Local unoin③譬如某市的戒指勞民。全聯屬于該市戒指工地方會。別項的工業。

---

① "細纖"，疑當作"細緻"。
② "民聲 La Voix du Peuple"，今譯爲《人民之聲》報，法國無政府工團主義組織"勞動總聯合會"的出版物，於 1900 年至 1946 年出版（有間斷）。
③ "unoin"，有誤，應爲"union"。

也是如此。一市內的各種工業會。合起來。組織那一市的勞民會所。Bourse du Travail集會、饗應①、訓練、演戲。是常常有的。當作商議共通事務的地方。全市的勞民。藉此統一團結起來。全國各市的勞民會所。再合起來。組成勞民會所全國聯合會。

另從一方面看起。各地方會。就是全國同業會的一分②。譬如戒指的地方會。就是那全法國戒指勞民協會的一分子。各種勞民協會。不僅在勞民會所結合而已。更在全國及各地方。作成與自己相關聯之業務的工業協會。互相聯合起來。譬如戒指工地方協會。成為木工地方協會的一部。木工地方會。又組成法郎西③全國的木工全國會。

這些個工業的全國工業會和全國勞民協會。一面又合那總勞民同盟Confederation Generale du Travail④勞民會所聯合會。Federation des Bourses du Travail提携起來。綱目分明。一絲不亂。活動起來。是狠靈便的。

各種協會。全是有自治權的團體。同等並立。毫無貴賤高下的分別。也沒有甚麼總理。也沒有甚麼評議員的會。止安置幾位掌通信的事務員就罷了。

千九百〇二年六月前後的時候。"民聲"新聞上出了一個問題。大約是説。他年總同盟罷工起的時候。現在的勞民協會。是作甚麼事體。並且對着新建設的社會。勞民協會是用甚麼組織。擔任甚麼職務呢。各勞民協會送來的答案。非常的多。最好的。所答的意思。大概是一致。

各勞民協會所對答的。除了關於全體的意見之外。就着自己特別的地

---

① "饗應",疑當作"響應"。
② "一分",有誤,應為"一分子"。
③ "法郎西",即法蘭西(France)。
④ "總勞民同盟 Confederation Generale du Travail",今譯為勞動總聯合會。1895 年在法國中南部城市利摩日成立,法國無政府工團主義(革命工團主義)的支柱。

第二章　總同盟罷工得勝以後社會改良的狀態

步。論到總同盟罷工前後及將來。所應該定的態度。有一種做奢侈品的地方勞民協會幹事。代表那會對答說。我們會員。當總同盟罷工之後。不能不停業。各自分路去贊助別項有用的工業。我們的勞民協會。就算不存在了。不能拿勞民協會的名義。改造將來的社會了。

別項勞民協會。一齊答道。自己明白應該作的事。戰勝舊社會之後對着自己的責任。全有自覺心。隨着又說。把生產機關奪了來。仍要接續着生產。就着別的問題。各工會也有須多①的答案。說各種工業協會。對着屬于該會的勞民協會。有供給生產原料的職務。勞民會所。掌管那道德性情方面的事。譬如教育講演頑樂。是要着意的。就是會所所在的地方和近隣的地方。日用品能消費多少。也歸他調查。

日用品的統計。由那各地方的勞民會所計算清楚。全國的總勞民協會和勞民會所聯合會。籍此知道全國的生產物和原料。甚麼地方多。甚麼地方少。以有餘補不足。是極方便的。無論甚麼人。把那倉庫所堆積的衣食和各種的日用品。可以盡量取來用。生產是要夠大家用的。不叫他有缺乏。這樣組織。全是從現在的勞民協會自然生出來的。

社會改造後的同胞們。既不受他人的强制勞作。無論甚麼時候。氣象總是爽快的活潑的。決不像今日的光景。作完了工。已經累的不像樣子。就倒在床上去呢。把那綽綽有餘的精神。還可用到別的方面上。各種工藝事業。有和自己的意思相投的。自己也可去發揮自己才力。

當那閑暇的時候。有到科學和藝術協會裏去的。有到衛生協會裏去的。有到開發教育的俱樂部去女②。這些協會集合体。調理的狠周到。人人進去。可以自由的工作。毫沒有中央政府行政府安排之必要。

---

① "須多"，有誤，應爲"許多"。
② "去女"，有誤，應爲"去的"。

其二　農業

　　都市的勞民。既占了勝利。治者的權力。已經沒有了。那些農夫。這最有保守性質的。素日選舉議員的時候。只投票舉僧侶。毫不敢投票舉社會主義的人。到了這個時候。也就不同。一定向着大地主公然用那"收用"expropriation 的手段了。古代鄉村之間。本行過共產制的。那種習慣。尚留在人口上。得了機會。是自然把那共有的森林田地。從大地主手裏奪了回來。現在的農業。仍是用那舊法子。所以生產的東西。還是劣等。等到革命以後。簡直就可用那大農的機器。下手改良。進步的功效。是最容易的。這種機器。是從都市的生產組合。送到鄉間去的。都市的工人。也自然常常的下鄉來了。耕鋤機器。收穫機器。一天比一天多。農夫合都市工人。一天也一天的交接起來。小農法的藩籬。不久的工夫。就全撤去了。

　　田舍之間。村落的共產制。本可以行的。工業中心地的生產的勞民協會。和這種共產村落。立出聯合組織來。都市和田舍。農夫和工人兩者之間。向來所有的各樣差別。全消滅了。渾然成為一體。

　　本章起頭所說的。資本家社會破壞的同時。定生出來幾百萬的失業勞民。他們應該按着自己的才能。向那有用的方面盡力去。除了一部分。去建築近世式樣的房屋的。大部分是轉為農業。生產吃的東西去了。

　　又可定起組織來。到海洋裡面。開拓富源去。既能得莫大的水產。並可用學術去下培養的工夫。

　　各項的工業。利用近世的學術。已經進步到了今日的樣子。惟獨農業。

第二章　總同盟罷工得勝以後社會改良的狀態

在幾個國裡。仍與四千年前的耕種法。一個樣子。革命以後。數干[①]有智識的人民。從都市回到田園裏邊。工業和農業。相聯合起來。科學上化學上的最新計畫。就可以應用了。

從今以後。既不怕有少數人來掠奪。耕種改良的法子。也自然肯用心去做了。

向來的大地主。把許多的田園。指做地主的獵塲。荒廢了不耕種。這種混賬事。將來是沒有的。向來還有人說。某處是瘠地。沒有人肯去耕種。將來就是一毛不生的地方。用人工在上面添上肥土。也就成膏腴之地。灌溉、排水、園藝術、盡力改良起來。溫室也用起來。人工的肥料。也安排起來。田地的生產。比今天總多十倍。就是百倍也能。向來的大革命。所失敗的養生問題。今後用這種方法。必可解決了。一切的人民并得十分榮華起來。

一年裏邊。只有幾箇禮拜。一天裡邊。只有些少的時間。到那野地裏去勞作。並有大機器的幫助。這種事體。都市的工人。不但不覺痛苦。反倒可保養身體。克若泡特金[②]所著的"田野、製造所及工塲" Field, Factory and Workshop[③]解釋這種問題。明白極了。就是現下的諸國。食料的大部分。也有仰給于外國的。如若把他全國的土地盡力去耕種去。足夠供給全國人的食物。那本書上。載着有狠精密的報告和統計。證明得出來。一旦平民取了天下的時候。外國假是斷絕了食物的供給。也不怕有饑餓

[①] "數干"，有誤，應爲"數千"。
[②] "克若泡特金"，即彼得・阿列克謝耶維奇・克魯泡特金（Пётр Алексеевич Кропоткин，1842—1921），俄國民粹主義革命家，無政府主義運動理論家和活動家，地理學家。
[③] "'田野、製造所及工塲' Field, Factory and Workshop"，即克魯泡特金 1898 年所著的《田野、工廠和工塲》（Fields, Factories and Workshops）一書。

的事。

　　就以上所說的。可以明白"總同盟罷工"的觀念。並不止有破壞的否定的勢力。在他本身裡邊。也含着改造社會的要素。所以説他對着現社會。有担起"究竟之解決方法"Weltanschauung 這個名字的價值。

第三章

總同盟罷工觀念之略史

其一　總同盟罷工觀念之由來

和別項偉大的觀念。一個樣子。就着總同盟罷工。也可以發見出來若干。歷史上相類似的事體。和那大詩人大思想家無意識中發出來的預言。

當耶穌紀元前四百九十四年時候。羅馬的平民。Prebians①對着貴族。Patricians要求同等的權利。起了"聖山軍"。Secessio in montem sacrum②這算是最古的總同盟罷工。平民Prebians的同盟罷工的。得全勝的頭一回了。可是事體太遠。從近世看起來。覺得是無意識的。真正的總同盟罷工。最初的使者。我們要推米拉伯。Miradeau③他在千七百八十九年國民議會。

---

① "Prebians"，有誤，應爲"Plebeians"。下同。
② "'聖山軍'。Secessio in montem sacrum"，公元前5世紀，在羅馬與鄰近部落的戰爭中，貴族爲爭取平民參戰，曾頒布法令禁止債務奴役，但戰爭結束後背信棄義。公元前494年，被激怒的平民全副武裝，集體撤離到距羅馬城5千米的聖山上，史稱"撤離運動"，後成爲平民反對貴族的一種重要鬥爭手段。迫於戰爭形勢的壓力，貴族做出妥協，承認平民有權選舉自己的官員，從而產生了保民官制度。該制度在共和國初期平民反對貴族的鬥爭中發揮了積極作用。
③ "米拉伯。Miradeau"，即奧諾萊-加里布埃爾·米拉波（Honore-Gabriel Mirabeau，1749—1791），法國大革命時期君主立憲派領袖。1789年，作爲第三等級代表選入三級會議。大革命初期揭露封建專制制度，宣傳人民主權，參與《人權宣言》的制定。"Miradeau"，有誤，應爲"Mirabeau"。

Convention①對着特權階級頭腦上。同打了霹靂的樣子。有句話說。"大家用心啊。不可叫平民翻了臉。他們是生產萬物的。他們如要諸君恐懼。只是一歇手就够了。"

以後過了五十年。馬克斯士奇奈耳②。Max Stirner 所著的"個人與其所有"。The Only One and His Property③書上面有幾句說。"勞民手裡頭。有極利害的力量。他們果然自覺起來。無論甚麼全可抵抗的。就是把事体一丢手不幹了。把生產的東西拿來自己享受。"同盟罷工和暴動的意思。也不過如此。

秋雞哈威 George Herwegh④有一首有名的歌。

Man of work, alight

 And Know your might

All wheels stand still,

 If your strong arm it will,

勞民來兮。自覺汝力。機輪不轉。縱爾刧獲。

這首詩也是發揮總同盟罷工的力量。英國大詩人維廉摩利士⑤。William morris 在那"烏託邦音信"。News from Nowhere⑥上面。描寫那幸福自由的

---

① "國民議會。Convention",國民議會（Assemblée nationale），1789年6月17日，第三等級代表及少數教士代表通過決議宣布成立"國民議會"。7月9日，"國民議會"改名爲"制憲議會"。
② "馬克斯士奇奈耳"，即麥克斯·施蒂納（Max Stirner，1806—1856），德國哲學家，無政府主義思想家。
③ "'個人與其所有'。The Only One and His Property"，即施蒂納的代表作《唯一者及其所有物》，該書德文名爲 Der Einzige und sein Eigentum。
④ "秋雞哈威 George Herwegh"，即格奧爾格·海爾維格（Georg Herwegh，1817—1875），德國詩人，小資產階級民主主義者；1848年二月革命後，是巴黎德意志民主協會領導人，巴黎德國流亡者志願軍團組織者之一；1848—1849年德國革命的參加者，曾領導過巴登起義。
⑤ "維廉摩利士"，即威廉·莫里斯（William Morris，1834—1896），英國作家，社會主義者。
⑥ "'烏託邦音信'。News from Nowhere"，今譯作《烏有鄉消息》。該書出版於1891年，是莫里斯爲駁斥美國作家、社會改良主義者愛德華·貝拉米（Edward Bellamy，1850—1898）1888年出版的烏托邦小説《回顧》（Looking Backward）中關於人類社會將由資本主義"和平進化"到社會主義的思想而撰寫的。

社會。說這舊社會。經過種種革命的總同盟罷工。不斷的搖動起來。遂着就破壞了。自由的新社會。起來代替了他云。

其二　該觀念之歷史

千八百六十六年。在日內瓦。開萬國勞民同盟大會①的時候。有人說小規模的同盟罷工。到底不能得永久的效果。不可不組織萬國的同盟罷工。拿萬國勞民同盟。作發起人。一時這種思想。甚屬流行。但在當時這種觀念。認作防止戰爭的手段。開戰的時候。拒絕召兵。或是軍隊自身作起同盟罷工來。或是把軍用品的生產中止了。

這種主義。是從法人夏路龍格。Charles Longuet②。比利時塞沙杜白布。Caesar de Paepe③所提議出來的。千八百六十八年所開的萬國勞民同盟大會④。採用了。後來這種總同盟罷工的意見。荷蘭的委員杜美拉紐殷非士。Domela Nieuwenhuis⑤熱心的主張起來。

千八百八十九年在巴里⑥。千八百九十一年在布拉塞耳。Brussels⑦。千八百九十三年在紫里西。Zurich⑧。千八百九十六年在倫敦。千九百年在巴

---

① "千八百六十六年。在日內瓦。開萬國勞民同盟大會"，這次大會召開於 1866 年 9 月 3 日至 8 日，是第一國際的第一次代表大會。
② "夏路龍格。Charles Longuet"，即沙爾·龍格（1839—1903），法國工人運動活動家，蒲魯東主義者，新聞工作者，第一國際總委員會委員（1866—1867、1871—1872），巴黎公社委員（1871）。
③ "塞沙杜白布。Caesar de Paepe"，即塞扎爾·德·巴普（1842—1890），比利時工人運動和社會主義運動活動家，第一國際比利時支部和比利時工人黨創建者之一。
④ "千八百六十八年所開的萬國勞民同盟大會"，這次大會於 1868 年 9 月 6 日至 13 日在布魯塞爾召開，是第一國際的第三次代表大會。
⑤ "杜美拉紐殷非士。Domela Nieuwenhuis"，即斐迪南·多梅拉·紐文胡斯（Ferdinand Domela Nieuwenhuis，1846—1919），荷蘭工人運動活動家，荷蘭社會民主黨創始人之一，1888 年起為議會議員。1889 年、1891 年和 1893 年參加第二國際代表大會，90 年代轉到無政府主義立場。
⑥ "巴里"，即巴黎（Paris）。
⑦ "布拉塞耳。Brussels"，即布魯塞爾。
⑧ "紫里西。Zurich"，即蘇黎世。

里。千九百零四年在阿母士丹。Amsterdom①。所開的萬國勞民各大會②。各種革命黨。認總同盟罷工。是解放平民的武器。提議出來的人。前有荷蘭杜美拉紐殷非士。後有法國的阿利曼奴。Allemene③和覺列士派。Jauresist④的阿里士奇胎布里烟。Aristide Briant⑤總被德意志社會民主黨及其黨羽破壞了。這些黨羽國裏。勞民運動。全是極微弱的。

千八百九十一年布拉塞耳大會⑥。關于非戰爭的決議。起了一個大討論。這是紐殷非士藉着荷蘭英法同志之贊成。提出來的。決議案的結尾有一句說"若是各國宣言開戰的時候。萬國社會黨。也當發布喚起全體人民總同盟罷工的宣言。來對付他"。

以後法國的鼓吹者。Agitators在大會上。爲發揮總同盟罷工的道理。常常有大演說。反對派仗持⑦多數。總是拿一句總"無意味"General Nonsense的話。來冷笑他。到了千九百〇四年。阿母士丹開大會。德意志社會民主黨裡邊。也出了贊成的聲音（譬如飛里度白爾西）。形勢一變。不能阻礙總同盟罷工的討論了。可是採用的決議案。社會民主黨首領的態度。仍是曖昧糊塗的。他們把總同盟罷工。看做狠可怕的事體。止承認爲取得政治上

---

① "阿母士丹。Amsterdom"，即阿姆斯特丹（Amsterdam）。"Amsterdom"，有誤，應爲"Amsterdam"。
② "萬國勞民各大會"，這裏指各國社會主義者代表大會，亦即第二國際召開的代表大會。
③ "阿利曼奴。Allemene"，即尚·阿勒曼（Jean Allemane，1843—1935），法國社會主義者，法國工人黨創始人之一。"Allemene"，有誤，應爲"Allemane"。
④ "覺列士派。Jauresist"，"覺列士"，即讓·饒勒斯（Jean Jaurès，1859—1914），法國社會主義運動和國際社會主義運動的活動家，歷史學家，法國社會黨改良派領導人，主張通過和平的方式消滅資本主義。因反對殖民主義與戰爭，1914年7月31日遭到暗殺。饒勒斯派（Jauresist），是19世紀末20世紀初法國社會主義運動中以饒勒斯爲代表的改良主義政治思想派別。
⑤ "阿里士奇胎布里烟。Aristide Briant"，即阿里斯蒂德·白里安（Aristide Briand，1862—1932），法國政治家，法國社會黨領導人之一，多次出任法國總理（1909—1911、1913、1915—1917、1921—1922、1925—1926、1929）。"Briant"，有誤，應爲"Briand"。
⑥ "千八百九十一年布拉塞耳大會"，即第二國際第二次代表大會，大會於1891年8月16日至22日在布魯塞爾召開。在討論反對軍國主義和戰爭的問題時，紐文胡斯主張反對任何戰爭，提出要用拒絕服兵役和實行國際總罷工的辦法，制止一切戰爭。這一主張遭到威廉·李卜克內西和格·普列漢諾夫等多數代表的駁斥。
⑦ "仗持"，有誤，應爲"仗恃"。

第三章　總同盟罷工觀念之略史　　　　　　　　　207

的權利。最後的手段。用大同盟罷工而已。

法國對于這個觀念。千八百八十八年。在波爾朶。Bordeaux①開勞民協會和協會全國聯合的大會。頭一回提了出來。以後千八百九十二年在馬爾塞。Marseilles②千八百九十三年在巴里。千八百九十四年在南蝶。Namtes③千八百九十五年在里摩惹。Limoges④千八百九十六年在紫路。Tours⑤千八百九十七年在紫路紫。Toulouse⑥千八百九十八年在蘭奴。Lyons⑦千九百年在巴里。千九百〇一年在里昂。千九百〇二年在蒙多貝。Mantpellier⑧千九百〇四年在布爾節。Bourges⑨所開的勞民協會全國大會。總是大多數贊成總同盟罷工。法國社會黨。千八百八十八年在波爾朶。千八百九十一年在紫路。千八百九十二年在桑岡丹。Saint Quintin⑩千八百九十七年在巴里。所開的政治的大會。也常討論這個觀念。千八百九十九年正月在巴里開大會的時候。也決可了。

社會黨裏面。阿列曼派⑪。也常傳布總同盟罷工的。格史度。Guesdists派⑫是反對的。覺列士派中。以布里昂。Briand⑬爲首領的一部分。是主張

---

① "波爾朶。Bordeaux"，即波爾多，法國西南部城市。
② "馬爾塞。Marseilles"，即馬賽，法國南部城市。
③ "南蝶。Namtes"，即南特（Nantes），法國西部城市。"Namtes"，有誤，應爲"Nantes"。
④ "里摩惹。Limoges"，即利摩日，法國中南部城市。
⑤ "紫路。Tours"，即圖爾，法國中西部城市。
⑥ "紫路紫。Toulouse"，即圖盧茲，法國西南部城市。
⑦ "蘭奴。Lyons"，即雷恩（Rennes），法國西北部城市。"Lyons"，有誤，應爲"Rennes"。
⑧ "蒙多貝。Mantpellier"，即蒙彼利埃（Montpellier），法國南部城市。"Mantpellier"，有誤，應爲"Montpellier"。
⑨ "布爾節。Bourges"，即布爾日，法國中部城市。
⑩ "桑岡丹。Saint Quintin"，即聖康坦（Saint-Quentin），法國北部城市。"Quintin"，有誤，應爲"Quentin"。
⑪ "阿列曼派"，即阿勒曼派（Allemanists），法國社會主義派別之一，領導人爲阿勒曼。該派反對可能派通過競選活動實現社會改良的主張，認爲應該訴諸革命手段。該派信奉工運中心主義，宣稱應該由工會組織總罷工推翻現有制度。
⑫ "格史度。Guesdists派"，即蓋德派，19世紀末20世紀初法國工人黨内的政治派別，其領導人是茹爾·蓋德（Jules Guesde，1845—1922）和保羅·拉法格（Paul Lafargue，1842—1911）。
⑬ "布里昂。Briand"，即阿里斯蒂德·白里安。

的。布蘭基黨 Blanquists①也在贊成之列。千九百〇四年在里由。Lille②開的布蘭基和格史度大會。也決可總同盟罷工了。他們宣言說。"若是反對總同盟的罷工。恐怕失了勞民的後援。"西班牙當千九百年十月在馬德里多③開全國大會。代表五萬二千勞民的協會諸團体委員二百十三人。集合齊來。滿場一致。決議總同盟罷工。是勞民協會的目的。解放平民的手段。

德意志關于總同盟罷工的議論。千八百九十年在無政府主義的新聞（索塞里士多④）Socialist 及内士列奔⑤Neues Leben 上面。纔現出來。以後從千九百〇二年和千九百〇三年。一直到今年即千九百〇四年。無政府主義的新聞和倫敦發刊的小本書。一律的接續傳道。

社會民主黨。或是置諸不顧。或是下些誤解。想自然的把這種傳道消滅了。可是到了千九百〇三年。飛里度白爾西提出了這個意見。許多的勞民協會。也可決了。到了不得不討論的勢子。"新時代"Neue Zeit⑥以及各樣的社會主義月刊雜誌。全來議論起來了。黨中的各大家。拿起筆管。下些學術的評論。想把他撲滅。從千九百〇三年的年底到千九百〇四年的開首。"總同盟罷工。"成了一切的新聞雜誌的議論題目了。

單爲傳布總同盟罷工的道理。以及說明他的性質勢力之强大。出版的小本書和新聞雜誌。各國不知有多少了。拉丁諸國。那讚美總同盟罷工的

---

① "布蘭基黨 Blanquists"，即布朗基派，19 世紀 60—70 年代法國工人運動中以布朗基（1805—1881）爲代表的一種空想共産主義思潮和流派。他們認爲私有制是暴力和欺詐所造成的，主張用"協社"的集體所有制代替私有制，并主張由少數革命家組成紀律嚴明的團體，通過密謀活動奪取政權，推翻資産階級統治，實行革命專政。
② "里由。Lille"，即里爾，法國北部城市。
③ "馬德里多"，即馬德里（Madrid），西班牙首都。
④ "索塞里士多"，即《社會主義者》（*Socialist*），德國無政府主義刊物。
⑤ "内士列奔"，即《新生活》（*Neues Leben*），德國無政府主義刊物。
⑥ "'新時代' Neue Zeit"，即《新時代。精神生活和社會生活評論》（*Die Neue Zeit. Revue des geistigen und öffentlichen Lebens*），德國社會民主黨的理論雜誌。1883—1890 年 10 月在斯圖加特出版，每月一期，之後至 1923 年秋每周出一期。1883—1917 年 10 月由卡·考茨基擔任編輯。

第三章　總同盟罷工觀念之略史

幾百首詩歌。一傳十。十傳百。到處聽見唱的聲音。鼓舞人的熱心和那信仰。已經大可觀了。

其三　近年的總同盟罷工

凡有一種大思想。總受幾回鮮血的洗禮。總同盟罷工何獨不然呢。從前已經作過開首的戰鬥。聲勢雖小。也沒有甚麼可恥。

近年第一回的戰鬥。就是千八百七十四年七月初八日在阿爾貴 Alcoy①（西班牙阿里甘多 Alicante②州）開始的總同盟罷工。是由"萬國勞民同盟"西班牙支部所發起的。他的目的并不要求增加工價。是要建設自由社會。實行自由共產制的。"萬國勞民同盟"少數會員（約三千人）。鼓動了十萬③以上的人民。同時罷工。一反掌的勢子。造成總聯合的樣子。一面與警察和武裝的紳商戰鬥起來。勞民得了大勝。把官府的文庫。登記財產權的書簿。全占領了。以後政府派了兵來。勞民被其擊敗。以致未能成就改造的事業。

千八百八十六年。美國勞民。爲要求八點鐘的勞作。不願用那議會政策迂遠手段。決議直接用同盟罷工來達目的。約到五月初一日舉事。全美國有二十六萬勞民。一齊的。把器具丟掉了。裡邊有四萬人。是西加葛 chicago④的勞民。到了五月初四。西加葛的警察。向着勞民的平和行列。用起殘忍的攻擊。把黑馬格度 Haymarket⑤勞民集會。也蹂躪了。勞民對着警

---

① "阿爾貴 Alcoy"，即阿爾科伊。
② "阿里甘多 Alicante"，即阿利坎特，西班牙東南沿海的一個省。
③ "十萬"，有誤，據德文原著和該書英譯本，應爲"一萬"。
④ "西加葛 chicago"，即芝加哥。
⑤ "黑馬格度 Haymarket"，即秣市廣場，芝加哥近西區的商業區，因 1886 年 5 月 4 日在此地發生的抗議和爆炸事件而聞名。

察官的手鎗。放了一個炸彈。總同盟罷工的演說者及傳道者。被捕縛了好幾人。經過很悲慘狠滑稽的裁判。把他們就送上絞首台①。

後人所常稱道的"西加葛殉難者"Chicaco martyro②巴孫士 Parsons③士比士 Spies④以及他們的同志。全爲傳布總同盟罷工的觀念。處了死刑。紳商們認總同盟罷工是極有力的災害。用盡了腐敗脅嚇的手段。出來破壞。

"五月初一日"這一天定爲世界上的勞民示威的日子。豈不是從千八百八十六年五月初一日總同盟罷工生出來的麼。爲得八點鐘的勞作。萬國勞民⑤提議到五月初一日。放工一天。千八百八十九年巴里的萬國社會黨大會。熱心的決可了。這個決議。真是總同盟罷工的好記號了。

千八百九十三年。比利時勞民得來的選舉權。雖然帶着有制限。是不完全的。至於能得到手的原故。也是借同盟罷工的力量。

千八百九十七年。奧大利⑥的勞民。想得選舉權。也是在街頭上叫起來說。"我輩亦當效比利時之所爲。"

千九百〇二年二月巴色羅那平民。宣言總同盟罷工。豫備抵抗警察和軍隊的力量。足可支持一禮拜的工夫。不料西班牙社會民主黨首領巴布洛

---

① "千八百八十六年"至"把他們就送上絞首台",此處講述的是 1886 年芝加哥海馬基特事件的經過。1886 年 5 月 1 日,芝加哥 4 萬多名工人爲爭取 8 小時工作制舉行大罷工,進而發展爲和平的示威游行。5 月 3 日,游行遭警察暴力鎮壓,4 人死亡,多人受傷。爲抗議當局暴行,工人們 5 月 4 日在秣市廣場舉行盛大集會,多位工人領袖發表演説。集會臨近結束時,有無政府主義者向廣場投擲炸彈。警察乘機向群衆開槍,造成 200 多人傷亡。
② "Chicaco martyro",有誤,應爲"Chicago martyrs"。
③ "巴孫士 Parsons",即艾伯特・理查德・帕森斯（Albert Richard Parsons,1848—1887）,美國社會主義先驅,後來成爲無政府主義新聞報紙的編輯、演説家、勞工運動者,因 1886 年芝加哥海馬基特事件被處死。
④ "士比士 Spies",即奧古斯特・斯皮斯（August Spies,1855—1887）,美國激進的勞工活動家,報紙編輯,無政府主義者,因 1886 年芝加哥海馬基特事件被處死。
⑤ "萬國勞民",指第二國際。爲紀念 1886 年 5 月 1 日芝加哥工人的大罷工,1889 年第二國際成立大會決定將每年的 5 月 1 日"作爲永久規定的日子……以便在一切國家和一切城市,工人們都在同一天裏向執政當局提出規定八小時工作日"的要求。這也就是後來所稱"五一國際勞動節"的由來。
⑥ "奧大利",即奧地利（Austria）。

第三章　總同盟罷工觀念之略史

意古列夏。Pablo Iglesias①發布了號令。叫他的徒黨。到處破壞罷工。並且痛斥總同盟罷工之傳道者。甚至某地方的社會民主黨。在總同盟罷工正鬧的時候。派委員到政府那邊去。表明自己的忠誠。自己是法治國的公民。絕不加袒"叛亂"revolt 云云。

對着意古列夏的行爲。各國的社會黨新聞。一齊的攻擊起來。意古列夏發出一種傲慢的宣言。大意說。"總同盟罷工的時候。我們社會民主黨。若是加在裏面。一定是成功了。自己妨害他的緣故。因爲今日的人民。還不到解放的時候呢。"

巴色羅那的同志。雖算失敗。總同盟罷工勢力的強大。由此也就證明出來。失敗的主因。因爲只在巴色羅那鬧。別的地方。全是太平的。西班牙全國的軍隊。可以集在鬧事地方。政府並且決定召集豫備兵呢。在當時一切的新聞紙。拿這"巴色羅那罷工"Strike in Barcelona 的記事。都填滿了。假如西班牙全國罷工起來。能夠容易捕滅麼。

千九百〇二年四月。比利時爲要求平等的普通選舉權。又宣言總同盟罷工。三十五萬平民。一時罷工起來。這個罷工。開頭的時候。是極有望的。後來也因着社會民主黨首領們反覆無常。又失敗了。起初該黨的機關紙"人民"Le Peuple 公然出了廣告。叫做爲"總同盟罷工"。for the General Srrike②拿每一隻值六法郎的手鎗。來作賞格。勸人罷工。到了形勢迫切。見了死傷人的時候。温達維兒多 Vandervelde③安西爾

---

① "巴布洛意古列夏。Pablo Iglesias",即巴勃羅·伊格萊西亞斯（1850—1925），西班牙社會主義勞工黨領袖，被視爲西班牙社會主義之父，領導建立了西班牙社會主義工人黨（1879）和西班牙工人聯合會（1888）。
② "Srrike",有誤，應爲"Strike"。
③ "温達維兒多 Vandervelde",即艾米爾·王德威爾得（Émile Vandervelde, 1866—1938），比利時工人黨創建人和領袖之一，改良主義者，第二國際右翼首領之一，1900 年起任第二國際常設機構社會黨國際局主席。

Anseele①首領們。一直的就退避了。恐怕事體鬧大了。責任背在他們身上。丟掉了自由派的投票。是不合算的。自由派願意罷工從速了結。並且有力量左右社會民主黨的投票。

奇極了。給手鎗於人的那些士人們。和那宣言手段盡了當奮鬥到最底的。那些先生們。後來全變了卦了。反倒罵起自己授以手鎗的那些勞民們。這是"無賴漢""煽動者"。甚至聳動勞民說。趕快把罷工的捕縛起來。你想前後是矛盾不是矛盾。

溫達維兒多有時在一個大會上宣言說。"吾等社會黨。不可不尊敬'汝勿殺'Thou Shalt not kill 之訓戒。"今天這些紳士們。又對着將被自己射擊的人民。大呼"汝勿殺"。豈不是奇怪極了麼。

同年（千九百〇二年）在日內瓦。也起了總同盟罷工。是對着市街鐵道勞民的罷工。表同情而宣言的。無政府黨作起指揮來。也同民兵衝突了。這些民兵。你想怎麼來的。豈不是社會主義大臣齊鮑 Thiebout②所派出來。鎮壓勞民的麼。齊鮑因爲當時的軍務大臣不在眼前。自己代他盡力了。結局把些發起罷工的多數同志。全處了禁錮的刑罰。就中白耳朵尼 Bertoni③也受了禁錮一年的宣告。

千九百〇二年三月。瑞典的勞民。起了總同盟罷工。是爲獲取選舉權的。

千九百〇三年的開首。和蘭也起了總同盟罷工。正月間。阿母士丹的

---

① "安西爾 Anseele"，即愛德華·安塞爾（Eduard Anseele，1856—1938），比利時工人黨創建人和領袖之一，改良主義者、比利時合作社運動的活動家。1910 年出席哥本哈根國際社會黨代表大會，任大會合作委員會主席。曾任第二國際社會黨國際局執行委員會委員。1918—1921 年任比利時工程大臣，1925—1927 年任交通大臣。
② "齊鮑 Thiebout"，即弗里茨·蒂埃博（Fritz Thiebaut，1842—1908），瑞士社會黨人，曾入內閣，組織鎮壓過 1902 年日內瓦工人罷工。"Thiebout"，有誤，應爲"Thiebaut"。
③ "白耳朵尼 Bertoni"，即路易吉·貝爾托尼（Luigi Bertoni，1872—1947），出生於意大利的無政府主義作家和印刷工，瑞士無政府工團主義運動的領袖，多次因無政府主義宣傳活動被瑞士當局逮捕。

第三章　總同盟罷工觀念之略史　　　　　　　　　　　213

船夫。先罷工了。全國的鐵道雇工。為援助自己弟兄的要求。隨着罷工起來。因此團結一致的結果。所要求的全部。不得不認可了。政府看見他們成功。就怕起來。為管制鐵道的雇工。把極醜的法律案。提到議會來了。按此法律。罷工的。處以六個月的禁錮。煽動的。處以四年禁錮。勞民不能忍受。對着這種暴虐的行為。就宣言總同盟罷工了。

社會民主黨。起初熱心的贊成了（或是裝假面孔作勞民之友。他們的首領朶羅士多拉。Troelstra①。後日在社會民主黨大會的席上。常說。"從工黨的方面看起來。我們的地位。是狠危險的。"）可是戰鬥情況到了吃緊的時候。他們的機關新聞"人民"Het Volk 上面。就警告人民。說我們當反對"無政府黨的冒險"Anarchistic adventures 等到戰鬥的範圍。蔓延廣了。他們的態度。全然一變。公然作起奸細來。或是作出宣言貼在各處。說同盟罷工。已經了結了。或是作出假報告來。說某處罷工招了不利益了。籍此勞民之間。生出種種的疑懼來。罷工的進行。也受了許多的妨害。不能蔓延到全國。結果遂歸于失敗。

社會民主黨。作這種醜劣的行為。毫不知恥。他是甚麼意思呢。故意的叫勞民們屢次失敗。證明總同盟罷工。不是好方策。轉過來。叫勞民們。希望議會的力量。投票于自己黨的議員候補者。自己黨就多幾個議員了。他們在"新時代"Neue Zeit 紙上。公然登出論文。帶着嘲笑的意思。先把罷工的失敗。歸罪于無政府黨。並說這種失敗。從另一方面看起。也是有益的。總同盟罷工的信仰。從今就可衰微了。"無政府主義好亂者"Anarchistic trouble-makers 的聲音。不久當消滅了云。他不想想。和蘭勞民所父事的老

---

① "朶羅士多拉。Troelstra"，即彼得・耶勒斯・特魯爾斯特拉（Pieter Jelles Troelstra，1860—1930），荷蘭工人運動活動家，社會黨右翼首領之一。

偉人紐殷非士。豈是一個好亂者 Traublemaker①麼。

可是這也不足怪。他們籍口于勞民運動。實在不過想得政治上的地位。拿社會主義。當做得財富和權勢的一條手段。這些黨徒們（最妥當的名子就叫社會的寄生虫。Social Parasites）常反對革命運動。因這革命運動。于他自己的政治地位。是極危險。少不小心。自己的一身。也就受傷害了。

千九百〇三年十月。比路豹的革命的總同盟罷工。又惹起世人之注意。起初二萬五千礦夫。爲要求廢去手票制度 Truck system②和改良礦坑裏邊衛生的設置。罷起工來。過了兩個禮拜。鑛主看見罷工前途。甚是猖獗。一直的對着罷工者。從他住的地方。下逐客之令了。他項工業的六萬五千勞民。和礦夫表同情。也宣言罷工。成了一個總同盟罷工。帶出真正的革命性質來了。勞民闖入倉庫。奪了日用品。拿炸藥和綿花藥。破壞起鐵道來。坑內受了莫大的損害。過了三天。別的都市。也加盟應援。鑛夫大有把全鑛破壞勢子。鑛主怕起來。聽從了他們要求的全部。這個同盟罷工。有兩層的價值。對着鑛主有價值是不用說了。對着社會民主黨。也有價值的。因爲比路豹。是西班牙社會民主黨。最占優勢的都市。他們常對着鑛夫說。手票制度。除了議會決議。是無從廢止的。你們總當多選舉社會黨候補者。社會黨議員一定替你們出力的。等到罷工成了功。纔把社會黨的嘴杜住了。

千九百〇四年四月。匈牙利鐵道雇工。起了總同盟罷工。這種破壞。真是出人意外。把世界的耳目。全聳動了。他們沒有一點組織。五萬人員。同時罷起工來了。以半夜十二點鐘爲期。把一切的火車。在半路上忽然停止了。作驛長的。雖有許多的豫備士官。一人也不剩。全加盟了。政府馬上就召集豫備兵。罷工的有一萬一千人是豫備兵。政府强制他們。以兵丁

---

① "Traublemaker"，有誤，應爲 "trouble-maker"。
② "手票制度 Truck system"，今譯爲 "實物工資制"，以實物而非貨幣形式來支付工人工資的制度。

第三章　總同盟罷工觀念之略史

的身分。從事鐵道的事務。據此項看起。總同盟罷工的鼓吹。和非軍備主義的運動。是不可不並行的。

千九百〇四年九月。意大利起了總同盟罷工。是因爲政府常常用軍隊和鎗砲。來干涉勞力問題的騷擾。暴發起來的。只兩天的功夫。一百個都市。全鬧起來了。起初並沒有甚麼組織。不顧社會民主黨的意思。聽從了無政府黨的統率。先在米蘭milan宣言。接續着一切的大都會和工業中心地。熱烈的響應起來。

他們的要求。全貫澈了。罷工起了三四天。內閣總理基倭列器。Gioletti[①]在國會席上。公言今後如有同盟罷工之暴動和擾亂。兵丁不准對着勞民用鎗炮。並且把這個公言。通告一切的電信局新聞紙。

總起以上的各樣總同盟罷工看起來。實際上不過是些小戰鬭。對着將來。究竟的總同盟罷工。是練習准備的工夫。猶如法蘭西大革命以前。有三百個農民的小叛亂。Jaqueries作那大革命勝利的前驅。萬國的平民。在現在的時候。想得政治上的權利。尚且反背了他們首領的意思。把本性現出來。拿新武器來鬭的。勞民到了將來。毫不要政治的首領的援助。仗着社會的總同盟罷工。貫澈他的要求時候。他們自然明白。議會政策。是最迂遠無用的。

---

① "基倭列器。Gioletti"，即喬瓦尼·喬利蒂（Giovanni Giolitti，1842—1928），意大利政治家，1892年至1921年5次擔任意大利首相。在任期間，意大利工會取得合法地位，工人有了罷工權。"Gioletti"，有誤，應爲"Giolitti"。

第四章

結論

以上所述的總同盟罷工的觀念。不外乎下列的三方面。

一　戰鬥的武器

二　改造社會的根本要素

三　歷史

以下就着哲理一方面。稍微的講一講。

總同盟罷工。與馬克斯主義。社會民主主義一個樣。也有一定的哲理。他的哲理（即建設此現念①之論理組織）。比較馬克斯派。是狠簡單。不複雜的。有想尋常事体的腦筋的人。無論那個。也容易明白。馬克斯派的道理。全本諸演繹的論理。立足在辨證法上邊。演繹法是拿一個一個的根本主義作主。論斷別的一切。就是拿一個原理。把一切的境域全占領了。這是詩人的慣技。從一個幻想。又生出一個幻想來。向來的專制政治和神學。也就依賴着這種論理維持到今日的。今日的世界。就不能這樣。近世的科學。全是歸納的。把一個個的觀察。堆積起來。探求原理。從經驗和事實裡邊。建立出學說來。

---

① "現念"，當爲"觀念"。

第四章　結論

　　馬克斯派的辨證法就是演繹的論理。這種最妙於首尾相擊[①]的論法。轉來轉去。沒有歸結的所在。譬如說。一般的安寧幸福。是從人民悲慘極了自然生出來的。又說惡就是善的原因。這種說法。就是辨證法的特質。

　　照馬克斯派的學說講來。如若破壞現在的國家。應該先將國家的權力拿到手。一面反對現在的國家。一面又要熱心於國有專賣事業。與其叫工人立在私有的制度之下。不如叫他受非常的壓制掠奪。這種論理。實在可笑。

　　馬克斯派的戰鬥法和他的政治運動法。全同他的學說演說辨證法。首尾一致。他說人民不可把生產機關。直接拿來。自己經營。總當先拿了國家的權力。把生產機關集聚到國家的手裡。如同上天下雨的樣子。人民再受國家恩澤。古來的政治革命的理想。全是演繹的。總想大英雄大人物。拿了政權之後。再給人民的自由。

　　可是總同盟罷工的觀念。就大大的不同了。從肯定的方面看起來。理路一貫。毫不相矛盾。全是拿近世科學的論理。作地盤的。總同盟罷工。決不用那辨證法的迂迴方法。所以他的論理。前後並不跳脫。不借政治的代理來助援。只是按照規矩。直接的向那目的做去就完了。

　　因此他的戰鬥方法。與那想借政權。曲曲灣灣。來達目的的政治的方法。全是反對的。一言以蔽之。革命的方法。只要勞民直接行動。上邊不講過麼。總同盟罷工。就是許多的小同盟罷工的自然結果。是平民裡邊團結的感情。所發出來的最強的現象。

　　勞民協會的組織和總同盟罷工的準備。除了爭奪政權之外。改造社會的根本要素。也就包在裡邊了。

---

① "首尾相擊"，有誤，應為"首尾相繫"。

第四章 結論

麼樣。就可簡直回答他說。全是歸納的論理 最新的科學研究法」大凡有一種新經濟狀態 必有一種新政治的現象作伴 在經濟的封建制和農奴制的時候 就有專制政治作伴 在資本家制度和工價奴隸時代 就有議會政治作伴 將來到了 沒有階級 沒有壓制 沒有掠奪 自由社會 自由協同社會時代 就要把政府撤去 無政府主義來作伴了

非利多里煙改兒士。Friedrich Engel,s 所著的「家族、私有財產及國家之起原」Origin of the Family Private Property and the state 書上有幾句有名的話說「他們（指著各種階級）是和國家一齊消滅的 拿生產者的自由平等團體作基礎 組織起生產社會來 國家機關 總要移在一個妥當的地方去 把他擱在博物館裡邊 和那紡絲車青銅斧放

第四章　結論

　　一切的生產機關。勞民協會要直接奪了來。這種精神。也就包在總同盟罷工裡頭。這種教人的主義。Direct 本是從平民裡邊生出來的公共的想頭。像那獲取政權的教人主義。不過是自家想得權勢。自己占主治的地位。猶如舊日的"萬國勞民同盟"。是那專橫極了的野心家所想出來的。

　　未來之社會。組織的方法。全是從下邊向上發達的。是從勞民協會拚命戰爭出來的。現在的勞民協會既是依着歸納的方法生存。將來的社會。也是依着這勞民協會發達。若有人問總同盟罷工的理論是怎麼樣。就可簡直回答他說。全是歸納的論理。最新的科學研究法。

　　大凡有一種新經濟狀態。必有一種新政治的現象作伴。在經濟的封建制和農奴制的時候。就有專制政治作伴。在資本家制度和工價奴隸時代。就有議會政治作伴。將來到了。沒有階級。沒有壓制。沒有掠奪。自由社會。自由協同社會時代。就要把政府撤去。無政府主義來作伴了。

　　非利多里煙改兒士。Friedrich Engel，s①所著的"家族、私有財產及國家之起原"②Origin of the Family Private Property and the state 書上有幾句有名的話說。"他們（指着各種階級）是和國家一齊消滅的。拿生產者的自由平等團體作基礎。組織起生產社會來。國家機關。總要移在一個妥當的地方去。把他擱在博物館裡邊。和那紡絲車青銅斧放在一處。是妥當的罷③。"這種無國家的社會主義狀態。就叫無政府的共產主義。Anarchist Communism.

---

① "非利多里煙改兒士。Friedrich Engel，s"，即弗里德里希·恩格斯（Friedrich Engels，1820—1895）。"Engel，s"，有誤，應爲"Engels"。
② "家族、私有財產及國家之起原"，即恩格斯的著作《家庭、私有制和國家的起源》（*The Origin of the Family，Private Property and the State*）。
③ "他們是和國家一齊消滅的"至"是妥當的罷"，這段話出自恩格斯《家庭、私有制和國家的起源》第九部分，今譯爲："階級不可避免地要消失，正如它們從前不可避免地產生一樣。隨着階級的消失，國家也不可避免地要消失。在生產者自由平等的聯合體的基礎上按新方式來組織生產的社會，將把全部國家機器放到它應該去的地方，即放到古物陳列館去，同紡車和青銅斧陳列在一起。"參見馬克思，恩格斯. 馬克思恩格斯選集：第 4 卷[M]. 北京：人民出版社，2012：190.

單從革命方法講起。無論甚麼方法。總順着經濟狀態結果。常常變化的。惹起嘉哥賓黨 Jacobeinic① 革命的經濟狀態。在今日是没有了。自然不必拿議會政策。來解決今日的經濟的爭鬪。說議會政策。能撲滅資本家之制度。是無人信的了。

　　總同盟罷工。就是今日的經濟爭鬪所發達的結果。要想解決現在的狀態。除了拿他來作革命的第一個方法。再没有好手段了。

　　既然如此。總同盟罷工的觀念。就是經濟的爭鬪。所發展的反照。是平民造反極近世的極明亮的極顯露的表像了。

　　總同盟罷工。是從多數的同盟罷工集合起來的結果。現今的大工業。用了培養的力量。資本家制度。下了鍜鍊②的工夫。到後來。資本家制度。反藉此自殺了的。

　　工價的同盟罷工。無論得多少的勝利。勞民永遠不能脱離工價奴隸的境遇。近世的勞民。雖不是終身立在一個資本家底下。一生東逃西走。總不免作全資本家階級的奴隸。現社會一天不破。一天也脱不出來。

　　大凡勞民協會。不可單向着資本家。哀求他不壓制。就算滿意。總當拿自己當做武器。把壓制的東西從根本上除去。使勞民脱離了工價奴隸制度的鎖練子。纔合道理。公然把這種宗旨。豎起旗子來。事業就大可觀了。會的責任。還不止此。生産機關。將來要拿到手裡。不單是教育及戰鬪的要素。資本家制度滅亡之後。生産財富和建造社會的原動力。全在勞民協會手裡。這樣看起來。若是抱定這樣大目的。宣義戰於天下的時候。勇往無前的幾千勞民。一定是要加盟到他們裡邊。同謀大業阿。

---

① "嘉哥賓黨 Jacobeinic"，即雅各賓派（Jacobins），法國大革命時期參加雅各賓俱樂部的激進派政治團體，1789 年成立。"Jacobeinic"，有誤，應爲"Jacobins"。
② "鍜鍊"，有誤，應爲"鍛鍊"。

第四章　結論

　　勞民一旦有了總同盟罷工的觀念。只這一點。他的勢力也已經是不可毀了。連覺列士也曾這樣説過。可見總同盟罷工。對着權力階級。是個不斷的恐嚇聲音。也可牽制權力階級。叫他不得壓制到極點。事實上也常見過的。現今德意志平民。毫不明白這個道理。除了選舉投票之外。一點武器也沒有。所以權力階級。對着人民。任意無所不爲。

　　"怎麼樣"（即是怎麼樣纔可把貴族資本家的權力滅絶呢）這句話。沒有一個人回答。在這狠黑暗的世上。發出"怎麼樣"一句話來。沒有人明明白白的告訴他們。人民的信用和希望。也就成了不治的肺病了。當着這種時候。那總同盟罷工的觀念真是頂有效。頂確實的治法。用這治法。資本家纔可除去。萬民纔可得自由安寧之福呢。

　　當總同盟罷工的時候。那些想得權力的野心家策士。到底不能達目的的。因爲總同盟罷工。是要把一切的權力。全滅絶了。不管他是賢君暴君。總不再交給他了。把一切的財貨。全收用 expropriation 起來。生産機關。根本上歸爲共有。那反對的革命。永遠也就不能起來。社會的總同盟罷工。辨到這到①地步。平民這纔真正的解放。

總同盟罷工_{完了}

---

① "辨到這到"，有誤，應爲"辨到這個"。

第四章 結論

人明明白白的告訴他們。人民的信用和希望，也就成了不治的肺病了。當着這種時候，那總同盟罷工的觀念真是頂有效，頂確實的治法。用這治法，資本家纔可除去，萬民纔可得自由安寧之福。當總同盟罷工的時候，那些想得權力的野心家策士，全滅絕了，到底不能達目的的。因為總同盟罷工是要把一切的權力，不管他是賢君暴君，總不再交給他了。把一切的財貨，全收用 expropriation 起來。生產機關，根本上歸為共有。那反對的革命，永遠也就不能起來。社會的總同盟罷工，辦到這到地步，平民這纔真正的解放

總同盟罷工 完了

任人翻印

新世紀第七年
十一月廿八日
出 版

《總同盟罷工》版權頁

《總同盟罷工》編者説明

王倩 編校

1. 底本描述

羅列著、張繼譯《總同盟罷工》一書，今據上海圖書館館藏本録排。該書繁體直排右翻，書高19厘米，寬13厘米。封面最上方是英文書名"THE SOCIAL GENERAL STRIKE"，下面依次爲中文書名"總同盟罷工"、原作者"無政府黨員羅列"，以及中譯本的轉譯依據"秋水原譯"（圖1）。封底版權頁注明"新世紀第七年十一月廿八日出版"（"新世紀第七年"即1907年），未標注出版者，且聲明"任人翻印"。内文包括序文三則（作者分別爲章炳麟、劉光漢、黄侃，從序文中可知譯者爲張繼）、"無政府社會主義綱目"和正文，正文分爲四章。

《總同盟罷工》的原著是無政府主義者羅列1905年的德文版《社會總同盟罷工》（*Der sociale Generalstreik*，圖2）。[①]中譯本是張繼依據幸德秋水的日譯本《經濟組織的未來》[②]轉譯而來。日譯本則轉譯自1905年的英譯本（圖3）。[③]

[①] Arnold Roller. *Der sociale Generalstreik*[M]. New Jersey：Elizabeth，1905. 需要指出，1905年，柏林出版了一份德文版本：Arnold Roller. *Der soziale Generalstreik*[M]. Berlin：Verlag von Gustave Gladasch，1905. 經對照，從結構、文字、段落安排來看，英文版應該是根據美國新澤西出版的德文版翻譯的，與柏林版有一些差異。
[②] 幸德秋水全集編集委員會. 幸德秋水全集：第7卷[M]. 東京：（株式會社）明治文獻，1971：3-72.
[③] Arnold Roller. *The Social General Strike*[M]. Chicago：The Debating Club No.1，1905.

图1　中譯本封面　　　圖2　德文原著封面　　　圖3　英譯本封面

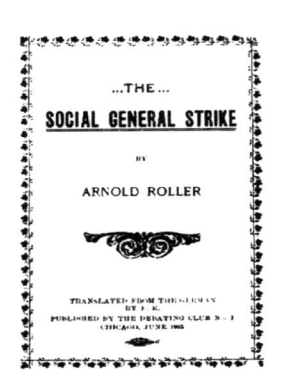

2. 羅列

羅列，即阿諾爾德·羅勒（Arnold Roller，1878—1956），奧地利無政府主義者，原名西格弗里德·納赫特（Siegfried Nacht），1878年1月17日出生在維也納一個猶太人家庭。[①]受父親的影響，青少年時就對社會主義產生興趣，學習了有關社會主義的理論，大量閱讀了馬克思主義作品，參加了社會民主運動。[②]然而，維也納社會民主黨的民族主義、議會主義和反猶主義，令納赫特日益厭惡，他逐漸拉開與社會民主黨的距離。1898年末，納赫特來到柏林，開始接觸社會主義和無政府主義團體，參加無政府主義集會。從1899年起，納赫特開始研究無政府主義，特別是麥克斯·施蒂納（Max Stirner，1806—1856）的作品。1900年9月，他參加了第二國際巴黎代表大會。其間對工團主義及其戰鬥手段產生興趣，他的無政府主義哲學開始與工團主義結合在一起。在巴黎期間，納赫特與法國無政府主義者

---

① Werner Portmann. *Die wilden Schafe：Max und Siegfried Nacht；zwei radikale，jüdische Existenzen* [M]. Münster：Unrast Verlag，2008：11.
② Werner Portmann. *Die wilden Schafe：Max und Siegfried Nacht；zwei radikale，jüdische Existenzen* [M]. Münster：Unrast Verlag，2008：23.

埃米爾·普熱（Émile Pouget，1860—1931）有密切交往，後者是將無政府主義與工團主義相結合的先驅。①

1901年秋，納赫特前往倫敦，開始以阿諾爾德·羅勒爲筆名定期爲無政府主義報紙寫文章，并成爲德語共産主義工人教育協會成員。1902年初，納赫特撰寫了第一個小册子《總同盟罷工和社會革命》（*Der Generalstreik und die Soziale Revolution*）②，將"總同盟罷工"視爲一種萬能手段，旨在通過新的工團主義指明社會革命的手段。工團主義認爲工人階級只要依靠工會，采取罷工、示威、怠工等直接行動，就能保證工人階級的勝利。這個小册子引起了很大反響，以17種語言發行了30版，在德國一些工會中引起激烈討論，迫使社會民主黨做出反應。1902年夏，納赫特前往西班牙觀察"總同盟罷工"形勢和無政府主義運動時，結識了西班牙無政府主義者。③ 1905年4月，納赫特以羅勒爲筆名在柏林出版了新的小册子《社會總同盟罷工》，再次引起巨大反響。《社會總同盟罷工》在16天内就售完了第一版的5000册，第二版再印了10 000册。到1909年，這本小册子共被譯爲12種語言。④

3. 幸德秋水

幸德秋水（1871—1911），原名傳次郎，日本高知縣人，明治時期著名的思想家、社會主義者、無政府主義者，自由民權運動的領導人，激進政

---

① Werner Portmann. *Die wilden Schafe：Max und Siegfried Nacht；zwei radikale，jüdische Existenzen* [M]. Münster：Unrast Verlag，2008：33-34，44-47.
② Siegfried Nacht. *Der Generalstreik und die Soziale Revolution*[M]. London：Société d'édition d'oeuvres sociologiques，1902.
③ Werner Portmann. *Die wilden Schafe：Max und Siegfried Nacht；zwei radikale，jüdische Existenzen* [M]. Münster：Unrast Verlag，2008：50-54.
④ Werner Portmann. *Die wilden Schafe：Max und Siegfried Nacht；zwei radikale，jüdische Existenzen* [M]. Münster：Unrast Verlag，2008：71.

治活動的倡導者之一。1887年前往東京，但同年末政府根據新頒布的《保安條例》將其驅逐出去。1888年作爲中江兆民的學僕住在東京，并任《中央新聞》《萬朝報》的記者。在此期間，他逐漸傾向於社會主義。1898年參加社會主義研究會。1901年又與片山潛、西川光次郎、安部磯雄等共同創立日本最早的社會主義政黨——社會民主黨，旋即遭到禁止。1903年因反對日俄戰爭，與堺利彦一起退出《萬朝報》，共同創辦了社會主義社團——平民社，出版《平民新聞》周刊，宣傳反戰和社會主義思想。平民社和《平民新聞》成爲戰爭期間日本大多數社會主義者的活動陣地。1904年，幸德秋水在《平民新聞》上發表他和堺利彦合譯的《共產黨宣言》。1905年《平民新聞》因反對日俄戰爭而被查封，幸德秋水也因此入獄5個月。①在獄中，幸德秋水開始重新思考日本無產階級的革命策略問題，對議會道路產生動搖，閱讀了俄國無政府主義者克魯泡特金的著作後，開始轉向無政府主義。幸德秋水曾表示："實際上，我入巢鴨監獄時是個馬克思主義的社會主義者，但出獄時却成爲激進的無政府主義者了。"②

1905年7月28日，幸德秋水刑滿出獄，11月前往美國。在美期間，幸德秋水同阿爾伯特·約翰遜等無政府主義者密切交往，并與當時流亡到英國的俄國無政府主義者克魯泡特金通信聯繫。1906年6月1日，在奧克蘭，留美的日本社會主義者約50人集會，成立了"社會革命黨"，黨綱由幸德秋水起草。1906年6月底，幸德秋水帶着無政府主義思想歸國，6月28日，在日本社會黨講演會上，幸德秋水做了題爲"世界革命運動的潮流"的講演，

---

① 參見美國不列顛百科全書公司，中國大百科全書出版社不列顛百科全書國際中文版編輯部. 不列顛百科全書：第9卷：修訂版[M]. 北京：中國大百科全書出版社，2007：365；竹内理三，等. 日本歷史辭典[M]. 沈仁安，馬斌，等譯. 天津：天津人民出版社，1988：348；吳傑. 日本史辭典[M]. 上海：復旦大學出版社，1992：503.
② 幸德秋水. 致詹森函[J]. 大地，1905（6）：182. 轉引自張陟遥. 播火者的使命：幸德秋水的社會主義思想及其對中國的影響[M]. 北京：社會科學文獻出版社，2013：122.

初次闡明自己的政治態度，批判議會政策，認爲通過總同盟罷工來直接行動是今後世界革命的方向。1907年2月5日，幸德秋水在《平民新聞》上發表了《我的思想變化》一文，更加明確地提出"直接行動論"，否定了普遍選舉和議會政策，認爲要靠勞動者的直接行動來實現社會革命。2月17日，在日本社會黨第二次代表大會上，形成了以幸德秋水爲首的"直接行動派"和以田添鐵二爲首的"議會政策派"。① 此後，幸德秋水致力於翻譯羅列的《社會總同盟罷工》、克魯泡特金的《麵包的征服》。5月8日，幸德秋水譯完《社會總同盟罷工》，并將其改名爲《經濟組織的未來》秘密出版。② 1910年日本政府炮製了"大逆事件"，幸德秋水等數十名社會主義者和無政府主義者因被指控參與謀殺天皇而遭逮捕，1911年被處死。

4. 張繼

張繼（1882—1947），原名溥，字溥泉，別號自然生（亦作筆名），人稱三將軍，筆名還有燕客、管、黃帝之子孫之多數人、姜白等。直隸（今河北）滄縣人。1899年留學日本，入東京善鄰書院。1900年入早稻田大學，學習政治經濟學。1902年與秦毓鎏等發起組織東京青年會，開始革命活動，得識孫中山。1903年，因與鄒容等剪去留日學生監督姚文甫的髮辮，被逐歸國，在上海與章炳麟、鄒容等交往，任《蘇報》參議。《蘇報》被封後，與章士釗等創辦《國民日日報》。1904年到長沙，任明德學堂歷史教習，與黃興等創立華興會，謀劃於11月發動武裝起義，事機敗露後，潛至上海。

---

① 張陟遥. 播火者的使命：幸德秋水的社會主義思想及其對中國的影響[M]. 北京：社會科學文獻出版社，2013：43-46.
② 張陟遥. 播火者的使命：幸德秋水的社會主義思想及其對中國的影響[M]. 北京：社會科學文獻出版社，2013：33-34.

不久因受萬福華刺王之春案牽連，與黃興等被拘於上海捕房，獲釋後赴日本，被推爲留日學生總會幹事。1905 年 8 月在東京加入同盟會，任本部司法部判事、直隸主盟人，兼《民報》發行人和編輯。1907 年與同盟會會員闖入"政聞社"成立會，轟走梁啓超；與劉師培創辦社會主義講習會。1908 年，受"赤旗事件"牽連，逃往法國，與李石曾等創辦《新世紀》雜誌。1911 年歸國，先後任同盟會交際部主任兼河北支部長、國民黨參議員。1913 年國會成立時，被選爲第一屆參議院議長，後參加"二次革命"與護法運動。1922 年受孫中山委派去北京，與蘇俄代表越飛會談。旋對聯俄、聯共政策表示冷淡。1924 年國民黨改組，當選爲中央監察委員。不久，公開反對孫中山的三大革命政策，與鄧澤如、謝持提出"彈劾共產黨案"，遭到孫中山申斥。1925 年起積極支持西山會議派，投靠蔣介石，反對國共合作。歷任國民政府立法院副院長、國民黨黨史委員會主任及國史館館長等職。1947 年 12 月病逝。①張繼的著述在臺灣已被彙集出版。②

張繼是中國最早系統宣傳無政府主義思想的人之一。1903 年 6 月，張繼在《蘇報》上發表的文章，多使用"自然生"的筆名，內容中已有無政府主義成分。"蘇報案"後，張繼在上海綜合當時日本的無政府主義資料，編譯了《無政府主義》③的小冊子。1907 年 6 月，張繼介紹章炳麟、劉師培等與日本的幸德秋水等建立聯繫，又與劉師培發起成立中國第一個無政府主義組織"社會主義講習會"。同年 8 月 31 日，在東京牛込赤城元町清風亭召開社會主義講習會第一次集會，邀請幸德秋水演講無政府主義。張繼在

---

① 陳旭麓，方詩銘，魏建猷. 中國近代史詞典[M]. 上海：上海辭書出版社，1982：395-396.
② 張溥泉. 張溥泉先生全集[M]. 臺北："中央文物供應社"，1951；張溥泉. 張溥泉先生全集：補編[M]. 臺北："中央文物供應社"，1952；張溥泉. 張溥泉先生全集：續編[M]. 臺北：文海出版社有限公司，1982.
③ 張繼編譯的《無政府主義》，已經收入《馬藏》第一部第六卷（科學出版社，2020 年）出版。

會上報告："此次開會，在於詮明無政府主義。"①同年，張繼還將幸德秋水翻譯的無政府主義者羅列的《總同盟罷工》轉譯爲中文。1908年初，張繼前往英國倫敦、法國巴黎，考察英、法等國無政府主義運動的情況，向日本的同人傳送經驗，并參與編輯《新世紀》，還特意到法國西北部森林中的鷹山共產主義試驗村體驗。有學者認爲，張繼在這一時期"名副其實地成了中國第一個共產主義烏托邦的實踐者"②。不久之後，張繼"細究其（指共產主義——編者注）措施行事，久而悟其爲空想，不切民事，有志者固不宜以國家民族作兒戲，於是一歸之於三民主義"③。

5. 該書內容和翻譯狀況簡介

該書主要論述了"總同盟罷工"的現實作用、歷史淵源、實踐歷程及哲理倫理意義。具體而言，第一章探討了"總同盟罷工"對資本主義社會的破壞性意義，是一種替代議會主義的更好的戰鬥武器。與以往的戰鬥方式不同，"總同盟罷工"致力於攻擊生產和消費兩大社會支柱，盡可能避免與軍隊的衝突。第二章轉向建設性層面，展望了"總同盟罷工"勝利以後的社會新結構。在工業方面，由工人聯合會掌握生產資料，重組社會生產，恢復人文藝術的活力；在農業方面，恢復原始農村公社的共產制原則，從大地主那裏收回土地和公共森林，用新技術和大型農業機器改善農業生產，引入知識分子和新科技理念，提高土地產量，消除城鄉、工農差異。第三章梳理了"總同盟罷工"在理念和實踐上的發展歷史，追溯了這種觀念的

---

① 公權. 社會主義講習會第一次開會記事[M]//萬仕國，劉禾. 天義·衡報：上册. 北京：中國人民大學出版社，2016：309.
② 楊奎松，董士偉. 海市蜃樓與大漠綠洲——中國近代社會主義思潮研究[M]. 上海：上海人民出版社，1991：53.
③ 張溥泉. 張溥泉先生全集[M]. 臺北："中央文物供應社"，1951：447.

由來及其在第一國際和第二國際歷次大會上的發展，介紹了當時西班牙、美國、比利時、奧地利、瑞典、荷蘭、匈牙利、意大利等國總同盟罷工的情況。第四章歸納了"總同盟罷工"的哲理基礎，特别是它與馬克思主義在邏輯理路和政治觀上的差異。

　　該書正文内容來自德文原著，是其全譯本。該書雖然經歷了從德文原著到英譯本，從英譯本到日譯本，再從日譯本到中譯本的轉譯過程，但經過比較，各譯本仍然是忠實於德文原著的，内容上並未出現顯著更改，只是在結構安排上略有差異：德文原著只有正文，無序言；英譯本正文前有一篇署名爲"馬克斯（Max B.）"的序言，介紹了翻譯的目的，希望美國工人能够熟悉歐洲工人階級的方法和目標，積極吸取"總同盟罷工"的鬥争方式；日譯本只有正文，無序言；中譯本有章炳麟、劉師培和黄侃的三篇序言，序言和正文之間還有一份"無政府社會主義綱目"，概述了無政府主義在經濟、政治、社會道德方面的基本主張和革命方法，由此引出了作爲平民直接行動的社會總罷工的重要性。在正文的章節劃分上，各譯本亦稍有差異：德文原著分4章，各章節有小標題；英譯本分3章，將德文原著第4章作爲第3章的第4小節，各章節亦有小標題[1]；日譯本改變了德文原著和英譯本的書名，以《經濟組織的未來》[2]爲題秘密出版，恢復了德文原著的4章結構，但是没有章節標題；中譯本遵循了日譯本的章節劃分，但是標注了章節標題，且標題表述與英譯本保持一致。另外，中譯本還標注了一些專有名詞的英文，采用了英譯本中的某些表達（這在日譯本中是没有的），由此可知，張繼在以日譯本爲底本轉譯時，也參照了英譯本。

---

[1] Arnold Roller. *The Social General Strike*[M]. Chicago：The Debating Club No.1，1905：3-4.
[2] 幸德秋水全集編集委員會. 幸德秋水全集：第7卷[M]. 東京：（株式會社）明治文獻，1971：3-72.

該書正文之前有三篇序言，從不同層面詮釋了張繼翻譯此書的目的。

章炳麟的序言強調了西方"總同盟罷工"的新策略具有不同於小罷工的優勢，可以解決中國當時的問題。中國不同於西方，中國工商業未興，人們想要立憲，只能求助於古代的制度和禮儀；清政府淪爲西方列強的附庸，與西方人勾結起來欺凌同胞。面對清政府和列強的雙重壓迫，中國民衆雖然一直有組織小規模罷市，但這是不夠的。章炳麟呼籲實行"總同盟罷工"，以一創之痛，成就大名，實現平等。

劉師培的序言強調了勞力之民在中國歷史變革中的首創功勞，當下工商業的發展使勞力之民的處境更加嚴峻，不斷出現抗稅罷市現象。在這種情況下，不能僅靠以往的綠林好漢起義了，需要新的辦法。西方新出現的"總同盟罷工"策略很少被國人關注，劉師培希望通過張繼的譯本來在中國推廣此種新策略。

黃侃的序言傳達了通過"總同盟罷工"來改造中國會黨、向西方"勞民協會"看齊的願望。張繼在囑托黃侃作序時表示，"吾逆測他日之效，意將使中國之會黨，化而爲拉丁人之勞民協會。會黨之事業，亦當舍其奪攘矯虔、無所聊賴者，化而爲堂皇周備、克有成績者。吾意若是，子其爲我闡之"。黃侃指出，會黨之所以興起，在於民之困窮而無所歸，人民除了加入會黨以求生，再無所依托。那麼，要讓會黨克服以往起義爲獲取糧食錢財或洩憤復仇、缺乏政治大志的局限性，就要改造會黨，辦法就是抗稅罷工，進行無政府主義社會革命，"抗稅罷工等之革命接之，而貧困之患，於以長戢。吾知會黨克聞是言，必有踴躍歡呼以受之者，則張君之譯此書，豈惟大有造於會黨也"。

6. 該書關於社會主義的內容評析

該書有五處直接提及馬克思和恩格斯的名字、著作或學説。

第一處：第一章第四節在討論"總同盟罷工"中平民面臨的危險時，提及馬克思（譯作"馬克斯"），將馬克思視作提出社會主義理想的代表人物，呼籲人們爲社會主義理想勇敢奮鬥，不要懼怕罷工中與軍隊產生的小衝突："罷工起來，和軍隊的小衝突，是到底不能免。我們勞民，一定吃些虧，要承認的。可是那能説，因着些少的犧牲，勞力者氣焰就全消滅了呢？也絕没有坐等到米列蘭 Millerand 或是馬克斯 Marx 降生四千年以後，資本家制度自然滅絶，想界自然變成社會主義的道理阿！"

第二處：第一章第五節在分析"總同盟罷工"與其他罷工的不同時，援引了馬克思的經濟危機理論（譯作"經濟的恐慌"），以馬克思關於經濟危機與社會革命的關係論述爲基礎，揭示"總同盟罷工"在經濟危機的社會環境下反而更有望成功："各樣工錢的同盟罷工，或是工業全部的總同盟罷工，只是在工塲狠興旺的時候，可以想成。到了社會的總同盟罷工，反在商業衰敗的時候、恐慌的時候，極其有望的。經濟的恐慌，想大家是知道的了。由于生產過多，貯積的生產物，超過了消費者購買力之上。馬克斯不説麽，無論那箇革命，總在經濟的恐慌後面來，因着那恐慌，能增加多數人民的慘狀，激昂革命的精神。"然而，馬克思主張的經濟危機下的社會革命手段，顯然不同於無政府工團主義倡導的"總同盟罷工"。

第三處：第二章第一節在追溯社會民主黨和無政府主義者在第一國際中的淵源時提及了馬克思，并且比較了二者在理論和組織上的分歧，站在無政府主義的立場上反對馬克思主義派，攻擊馬克思倡導的"中央集權制"：

"比方那無政府主義，豈不是因着'萬國勞民同盟'的總務委員，要行中央集權的統制，有些人不以爲然，由那反抗的戰鬥生出這種主義來的麼？在當時，社會民主同盟（是當時巴枯寧派自稱之名，並非今日德國派之社會民主黨），與那聯合主義、共產主義的自治聯合、自由統合主張相同，反對'萬國勞民同盟'裏邊馬克斯的中央集權制度。兩派的戰術和內部組織既不相同，理論的發達也就兩樣了。中央集權派成了今日的社會民主黨，聯合派成了無政府黨。"

第四處：第四章在對比馬克思主義和"總同盟罷工"理念的哲理基礎時，將馬克思主義的哲理邏輯界定爲演繹法和辯證法，對馬克思的辯證法進行了歪曲、貶低和否定，攻擊"馬克斯派的辨證法就是演繹的論理。這種最妙於首尾相繫的論法，轉來轉去，沒有歸結的所在"，并從哲理依據延伸到政治原則，以此爲基礎來攻擊馬克思主義的鬥爭策略和國家觀，"照馬克斯派的學說講來，如若破壞現在的國家，應該先將國家的權力拿到手。一面反對現在的國家，一面又要熱心於國有專賣事業。與其叫工人立在私有的制度之下，不如叫他受非常的壓制掠奪，這種論理，實在可笑"。該書認爲馬克思派的戰鬥法和國家觀就是從演繹邏輯發展而來的，站在無政府主義的立場上，污蔑馬克思的國家觀是一種迂迴的自相矛盾的理論。

這種對馬克思主義的歪曲和污蔑，是爲了對比論證無政府主義的哲學邏輯及其"總同盟罷工"策略的優越性。該書大力宣揚實證主義的歸納法，"近世的科學，全是歸納的。把一個個的觀察，堆積起來，探求原理；從經驗和事實裡邊，建立出學說來"。該書聲稱"總同盟罷工"及"勞民協會"關於未來社會的組織方法，即是這種"最新的科學研究法"，"未來之社會，組織的方法，全是從下邊向上發達的，是從勞民協會拚命戰爭出來的。現在的勞民協會既是依着歸納的方法生存，將來的社會，也是依着這勞民協會發達"。

第五處：第四章討論"勞民協會"在罷工勝利後進行社會改造時，直接援引了恩格斯（譯作"非利多里煙改兒士"）《家庭、私有制和國家的起源》中的一段話，以此來論證無政府主義消除國家政權的思想："非利多里煙改兒士Friedrich Engels所著的《家族、私有財產及國家之起原》書上有幾句有名的話説：'他們（指着各種階級）是和國家一齊消滅的，拿生產者的自由平等團體作基礎，組織起生產社會來。國家機關，總要移在一個妥當的地方去。把他擱在博物館裡邊，和那紡絲車青銅斧放在一處，是妥當的罷。'這種無國家的社會主義狀態，就叫無政府的共產主義（Anarchist Communism）。"

這裏在引用恩格斯的著作時雖然內容基本準確，但是把恩格斯的主張强行納入無政府主義邏輯下，利用恩格斯的話語來爲無政府共產主義做論證，這是一種對馬克思主義的曲解。1883年4月18日，恩格斯在致菲利浦·范派頓的信中，澄清了馬克思和自己關於國家消亡和無產階級專政的觀點，一方面指出，"未來無產階級革命的最終結果之一，將是稱爲國家的政治組織逐步解體直到最後消失。這個組織的主要目的，從來就是依靠武裝力量保證富有的少數人對勞動者多數的經濟壓迫。隨着富有的少數人的消失，武裝壓迫力量或國家權力的必要性也就消失"。但是，另一方面恩格斯也指出，"同時我們始終認爲，爲了達到未來社會革命的這一目的以及其他更重要得多的目的，工人階級應當首先掌握有組織的國家政權并依靠這個政權鎮壓資本家階級的反抗和按新的方式組織社會"[1]。

在此基礎上，恩格斯批判了無政府主義顛倒邏輯、在無產階級革命一

---

[1] 馬克思，恩格斯. 馬克思恩格斯文集：第10卷[M]. 北京：人民出版社，2009：506.

開始就要求破壞國家的錯誤觀念："無政府主義者把事情顛倒過來了。他們宣稱，無產階級革命應當從廢除國家這種政治組織開始。但是，無產階級在取得勝利以後遇到的唯一現成的組織正是國家。這個國家或許需要作一些改變，才能完成自己的新職能。但是在這種時刻破壞它，就是破壞勝利了的無產階級能用來行使自己剛剛奪取的政權、鎮壓自己的資本家敵人和實行社會經濟革命的唯一機構，而不進行這種革命，整個勝利最後就一定歸於失敗，工人就會大批遭到屠殺，巴黎公社以後的情形就是這樣。"①

簡言之，《總同盟罷工》談及馬克思主義是為了宣傳無政府工團主義，對馬克思主義明顯存在一些偏見甚至是歪曲。該書對待馬克思主義的態度，乃是一種從無政府主義立場出發的宣傳、改造和利用，是借用馬克思主義的知識來反對馬克思主義，在一系列關鍵問題上與馬克思主義有着根本區別。例如，無政府工團主義，反對無產階級革命政黨的領導，鼓吹"工會"高於一切，認為工會是領導、組織和團結工人的唯一組織形式；由反對"議會主義"進而反對包括議會鬥爭在內的一切政治鬥爭；反對無產階級革命，認為通過"直接行動"的總同盟罷工等手段，就可以把生產資料轉到工會手中；反對無產階級專政，認為把生產資料轉到工會手中，是工人運動的最終目的。

但是，必須承認，在20世紀初的中國，《總同盟罷工》的翻譯出版仍然對中國早期社會主義傳播發揮了一定的積極作用。該書深刻批判了資本主義，客觀上觸及了資產階級與工人階級的剝削與被剝削關係；反對議會主義的合法鬥爭策略，提供了一種與資本主義鬥爭的新手段；展望了未來無政府的共產主義社會的新要素，對促進工人階級的階級意識、發動工人鬥

---

① 馬克思，恩格斯. 馬克思恩格斯文集：第10卷[M]. 北京：人民出版社，2009：506-507.

争和工人運動，有一定的積極意義。中國早期的無政府主義者一度企圖用無政府主義來研究中國勞動問題和勞動運動。他們接受了無政府工團主義的影響，主張通過"勞民協會"將農民和工人組織起來。但是，這種鬥爭策略反對革命政黨的領導作用，將"總同盟罷工"宣傳爲一種萬能手段、唯一的鬥爭策略，企圖依靠這種手段來實現無產階級的最終解放，否定了無產階級采取武裝鬥争奪取政權的鬥争策略。儘管如此，無政府主義者已開始注意工人運動，并企圖將幼稚的工人運動納入工團主義的道路。他們將各境、各業之團體互相聯合的原則深入工農群衆中去的方法，對後來從事工人運動的人，也有一定的啓迪作用。①

7. 該書的傳播影響

在《總同盟罷工》中譯本出版之前，1904年上海的《大陸》雜誌上就出現了傳播歐美無政府主義"總同盟罷工"理念的文章《社會革命與總同盟罷工》。②這篇文章指出，要消滅資本主義制度，需要一次社會大革命，而"總同盟罷工"就是成就革命的手段，"唯此革命如何而成就乎？將以如何之手段爲最有力乎？是爲現今之一大問題。近時歐洲大陸諸國之志士，皆以總同盟罷工，爲唯一之方法。其勢力日漸推廣。是所當注意之事實也"③。不過，這篇文章對"總同盟罷工"的評價還比較保守，仍將議會選舉作爲實現社會主義的策略和目標，"總同盟罷工之説，固爲無政府黨所主持，比、法各國之急進派社會主義者中，贊之者亦甚多。……夫吾人之視總同盟罷工，固不遑論其是非，惟深願勞動者得有選擧議員之權利，而能參與立法，

---

① 劉明逵，唐玉良. 中國工人運動史：第1卷[M]. 廣州：廣東人民出版社，1998：546-548.
② 佚名. 社會革命與總同盟罷工[J]. 大陸，1904（9）：4-5.
③ 佚名. 社會革命與總同盟罷工[J]. 大陸，1904（9）：4.

则社會主義者，可從此發達矣"①。

到1907年《總同盟罷工》出版時，國人的態度發生了轉變。章炳麟、劉師培和黄侃爲該書作的三篇序言，也表達了對"總同盟罷工"的積極接受態度，希望通過該書在中國推廣此種新策略。其中，劉師培接受"總同盟罷工"思想後，對"農民革命"的具體方法的認知發生了變化。在接受"總同盟罷工"思想以前，他基本上還是主張農民進行武裝起義鬥爭。但數月後，在寫《總同盟罷工》序文時就改變了看法，他認爲"若謂矯除寇虐，僅恃綠林之豪，則罔恤民勞，冀興大計，固未之前聞也"。到1908年6月，劉師培在《衡報》上發表的《無政府革命與農民革命》一文中，明確提出所謂"農民革命"以"抗税"和"劫穀"爲主要内容。

在實踐中，1907年底，當江浙兩省收回滬杭甬路權的鬥爭影響波及東京時，張繼就與劉師培等一起竭力主張罷工罷市，企圖將這次鬥爭引向"總同盟罷工"的軌道上。②1908年，漢口發生商攤騷動及商民罷市事件，5月28日，《衡報》第四號刊登了一篇《漢口暴動論》，認爲漢口暴動具有不同於中國以往罷市的進步之處，是一場由勞民直接發端的成效顯著的暴動。該文多次援引《總同盟罷工》的相關内容，來論證漢口暴動符合"總同盟罷工"的特徵，是中國勞民進行社會革命的開端，"要而論之，漢口者，中國適中之地也。總同盟罷工者，無政府革命之惟一方法也。漢口實行總同盟罷工，則無政府共産之社會可由漢口而推行於全國。惟欲達此目的，必自組織勞民協會始，此則吾黨之所期望者也"③。

張繼使用白話文來翻譯該書，也有助於該書的傳播。據統計，到1916

---

① 佚名. 社會革命與總同盟罷工[J]. 大陸，1904（9）：5.
② 蔣俊，李興芝. 中國近代的無政府主義思潮[M]. 濟南：山東人民出版社，1991：51-52.
③ 葛懋春，蔣俊，李興芝. 無政府主義思想資料選：上冊[M]. 北京：北京大學出版社，1984：150-151.

年，民聲社又重印了700冊《總同盟罷工》。①

8. 研究綜述

學界目前對於中譯本《總同盟罷工》只有零星的關注和研究。蔣俊、李興芝的《中國近代的無政府主義思潮》，關注了該書對中國早期無政府主義者張繼和劉師培產生的影響，認爲張繼試圖借翻譯此書來將"總同盟罷工"策略移植到中國革命中，這種主張得到了社會主義講習會主要成員的贊同，其中劉師培尤爲熱心，他試圖將當時的暴動鬥爭引入"總同盟罷工"的軌道；還揭示了劉師培接受"總同盟罷工"思想對其關於進行"農民革命"的方法認知產生的影響。②還有一些學者注意到，中國早期無政府主義者採納"總同盟罷工"理念後，以此來研究中國勞動問題和勞動運動，在中國率先提倡工人運動，對於發動中國工人鬥爭有積極的激勵作用。③此外，張陟遙的《播火者的使命：幸德秋水的社會主義思想及其對中國的影響》，在討論幸德秋水從社會主義轉向無政府主義的思想軌迹時，提及《總同盟罷工》。④在談到幸德秋水與中國革命黨人的交往時，提及張繼是在幸德秋水的直接影響下傾向於社會主義的，并將幸德秋水翻譯的《總同盟罷工》轉譯成中文。⑤儘管有上述零星的介紹和研究，關於《總同盟罷工》在中國的傳播、接受和影響，仍需深入挖掘。

---

① 轉引自陳金龍. 近代中國社會思潮與馬克思主義中國化[M]. 北京：人民出版社，2013：181.
② 蔣俊，李興芝. 中國近代的無政府主義思潮[M]. 濟南：山東人民出版社，1991：51-54.
③ 劉明逵，唐玉良. 中國工人運動史：第1卷[M]. 廣州：廣東人民出版社，1998：544-548；陳金龍. 近代中國社會思潮與馬克思主義中國化[M]. 北京：人民出版社，2013：176.
④ 張陟遙. 播火者的使命：幸德秋水的社會主義思想及其對中國的影響[M]. 北京：社會科學文獻出版社，2013：33-34.
⑤ 張陟遙. 播火者的使命：幸德秋水的社會主義思想及其對中國的影響[M]. 北京：社會科學文獻出版社，2013：196-197，203.

新世紀叢書

巴黎新世紀社

目録

革命 247

思審自由 263

告少年 277

秩序 295

世界七個無政府主義家 307

無政府主義與共產主義 323

LA RÉVOLUTION
革命

真民 / 著

LA RÉVOLUTION

革命

(一) 千九百七年真民著

(壹) "新世紀"叢書

Par TSENMIN

《革命》封面

體操比力具

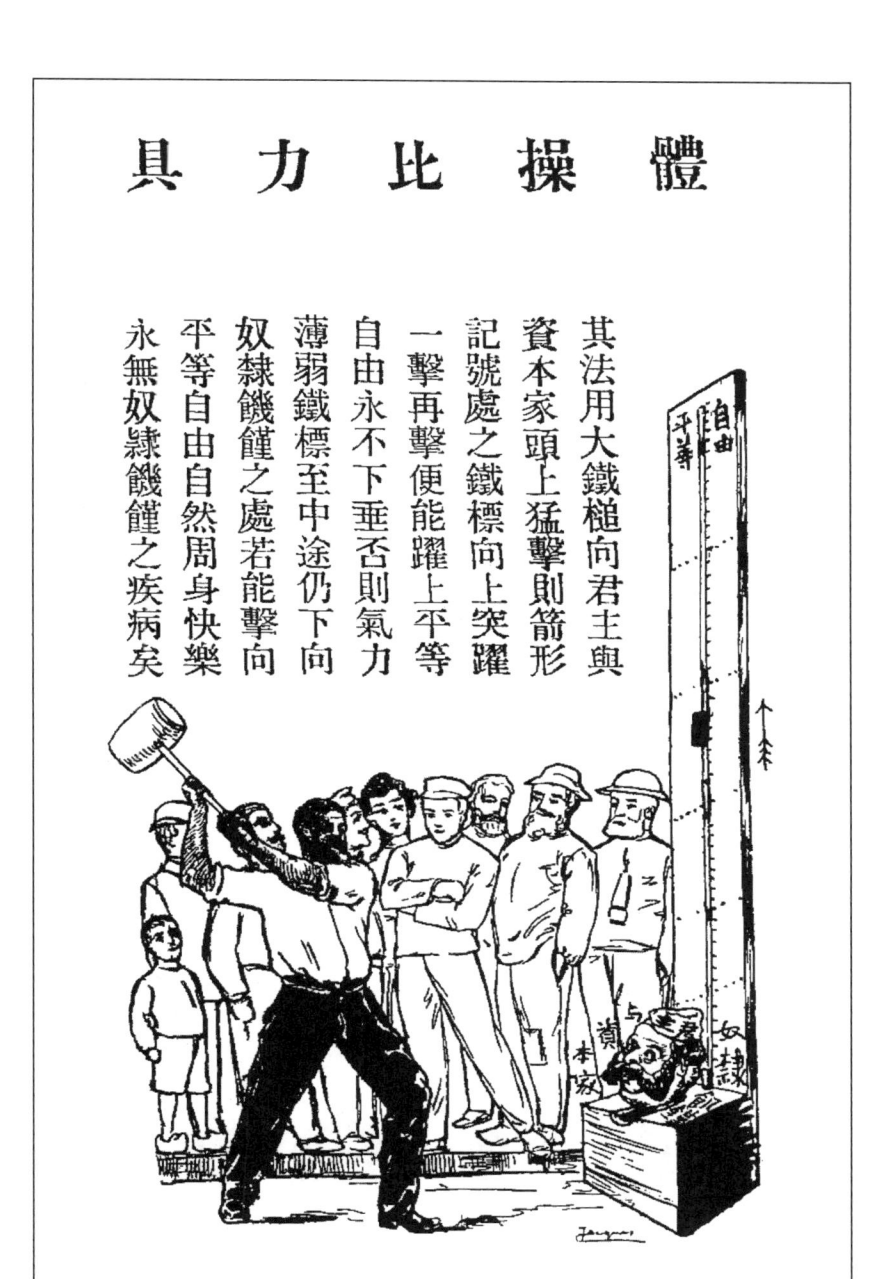

其法用大鐵槌向君主與
資本家頭上猛擊則箭形
記號處之鐵標向上突躍
一擊再擊便能躍上平等
自由永不下垂否則氣力
薄弱鐵標至中途仍下向
奴隸饑饉之處若能擊向
平等自由自然周身快樂
永無奴隸饑饉之疾病矣

《革命》封二

《革命》扉頁

革命

何爲革命？何故革命？何法革命？

（一）政治革命爲權輿社會革命爲究竟〇革命之名詞來自西文。其字作Revolution。Re猶言更也重也。evolution猶言進化也。故革命猶重進化也。地球行滿一周而復始謂之爲Revolution。引伸之誼則凡事更新皆爲Revolution。

今之釋革命曰誅不屑[①]政府。亦更新之意耳。今中國之政府誰耶。滿州人也。故人恆以排滿與革命爲一事。**排滿**誠革命之一端。而不足以盡革命。

更思吾輩之革命因其爲滿而排之耶。抑因其爲皇而排之耶？若因其爲滿而排之。設皇帝非滿人即不排之耶。若因其爲皇而排之。則凡皇皆排之也。故與其言排滿不若言**排皇**。

然則排皇遂足以盡革命耶？排皇不過政治革命。猶不足以盡革命。至**社會革命**始爲完全之革命。即平尊卑也。均貧富也。一言以畢之。使大衆享平等幸福。去一切不公之事。然社會革命必自傾覆强權始。傾覆强權必自傾覆皇帝始。故曰

政治革命爲權輿。社會革命爲究竟。

（二）非難者謂中人無革命之資格〇難者曰。"中人無民主國民之資格。雖革命無益。徒召亂耳。"

中人無此資格誠是也。然此資格如何而致之耶？抑以專制之教育而養

[①] "不屑"，有誤，應爲"不肖"。

革命

何為革命？ 何故革命？ 何法革命？

(一) 政治革命為權輿 社會革命為究竟。革命之名詞來自西文其字作 Revolution。Revolution 猶言更也重也。故革命猶重進化也。地球行滿一周而復始謂之為 Revolution。evolution 猶言進化也。今之釋革命曰誅不屑政府亦更新之意耳今中國之政府誰耶滿州人也故人恆以排滿与革命為一事排滿誠革命之一端而不足以盡革命。

更思吾輩之革命因其為滿而排之耶抑因其為皇而排之耶？若因其為滿而排之則凡滿皆排之耶抑因其為皇而排之耶？若因其為皇而排之則凡皇皆排之也。故與其言排滿不若言排皇。

然則排皇遂足以盡革命耶？排皇不過政治革命猶不足以盡革命至社會革命始為完全之革命即平尊卑也均貧富也一言以畢之使大眾享平等幸福去一切不公之事然社會革命必自傾覆強權始傾覆強權必自傾覆皇帝始故曰

政治革命為權輿 社會革命為究竟。

成之耶？抑以自由之教育而養成之耶？專制与自由爲强敵。欲以專制政府造成自由之民。何異以方形之範。製圓形之物哉？——難者之意其欲以此説以緩革命之風潮耶？抑懷革命熱心真畏人格之不及耶？——如前之意。則吾勸其直反對革命。猶覺爽直。如後之意。則吾推誠而告之曰。養成自由國民之資格。必自革命始。

（三）非難者畏革命致瓜分〇難者又曰："今强鄰窺視。合國人之力尚不足以支特[①]。若再行革命。是授列强以瓜分之機會。此中國之禍也。"

革命之事何爲耶？是否（一）爲社會除害。爲衆生求平等之幸福？抑置此于不問。所望者惟（二）欲爲大國之國民。大朝廷之官吏哉？——若爲（一）公益計。則必革命。即使果有瓜分之事。亦必革命。因今政府之害民尤甚于瓜分之禍故也！吾何畏瓜分乎？畏失吾自由与平等而已。請觀他國与吾政府之專制孰爲甚耶？——若因（二）欲爲大國國民而革命。設今之政府有英傑之手段。內足以制其民。外足以拒其敵。則吾即甘俯首下心而爲政府之奴隸乎？倘如是。則革命乃因我政府之無能而爲。而非因其**不合公理**而爲。此豈革命之大義哉？倘非如是。則吾只求傾覆政府以伸公理而已。何畏于瓜分乎？且使中人果有革命之精神能力。列强又焉得以屬地主義施之于我。若我無此精神能力。**此時即是奴隸**。又何待瓜分之後乎？畏瓜分而阻革命者。猶語于受煤氣[②]將死者（L'Asphyxié par le cheminée）曰："勿透空氣。恐汝受寒。"豈不愚哉？

（四）社會革命爲二十世紀之革命爲全世界之革命〇社會主義与國家主義不能并立者也。——國家主義主自利。——社會主義主至公。盖國家主義其根性来自帝王。而社會主義来自平民。帝王与國家主義尚專制。尚自

[①] "支特"，有誤，應爲"支持"。
[②] "煤氣"，底本頁眉注："CO_2 炭氣。"

私。平民與社會主義尚自由。尚平等。故帝王之言曰。保國。國家主義亦曰保國。由是而知此二者之性質同。辨者曰。帝王名曰保國。其實自保。國家主義實保全國。研究其實。帝王獨據大權。吸衆人之膏血以利己。名之曰對于國之義務。（稅）趨億兆生民鬭死以衛己。亦名之曰對于國之義務。（兵）此帝王之狡計。衆人所知者也。至國家雖非帝王。而猶少數之人獨據大權。名之曰政府。吸衆人之膏血以利少數之人。名之曰對于國之義務。趨億兆生民鬭死以衛少數之人。名之曰對于國之義務。此國家主義之狡計。衆人尚未全知者也。故帝王主義与國家主義二者名異而实同。至社會主義。一言以畢之曰。自由、平等、博愛、大同。欲致此。必去强權。（無政府）必去國界。（去兵）此之謂**社會革命**。此**二十世紀之革命**。此**全世界之革命**。質言之。國家主義保少數人之利益。社會主義保衆人之幸福。革命者此二宗旨不可不擇。吾其爲少數人之利益而革命乎。吾其爲衆人之幸福而革命乎？

　　（五）非難者謂中國無行社會主義之資格○難者曰："事不可躐等。如登樓以梯。社會主義雖美。吾民程度不及。不得行也。"

　　觀已往歷史。先有王後有立憲。又後有共和。若以此成式爲法。則未有如立憲合于吾國之程度者矣。然今立憲之腐談已爲知道者所拼棄[①]。不待辨矣。若言者于立憲一關尚未打破。則吾不復与言。否則必爲吾之同志。即主張革命者是也。爲有革命者而以階級爲念者哉？

　　顧有脊生物实由微小生物累世更化而成。賴其**演成**与**遺傳**二性致之。此生物進化之公例。（臘馬克[②]、達爾文[③]學説）工藝之改良即人智之進化。（由石器

---

① "拼棄"，有誤，應爲"摒棄"。
② "臘馬克"，即讓-巴蒂斯特·拉馬克（Jean-Baptiste Lamarck，1744—1829），法國博物學家，生物學奠基人之一，最先提出生物進化學説，著有《動物學哲學》（*Philosophie zoologique*）。
③ "達爾文"，即查爾斯·羅伯特·達爾文（Charles Robert Darwin，1809—1882），英國生物學家，著有《物種起源》《人類的由來》等。馬君武將《物種起源》一書譯爲《物種由來》，對中國近代知識分子有重要影響。

世界進至金器世界）社會進化与生物及人智進化同理。（斯賓塞^①謂社會進化如生物進化）無非**二性**致之。于生物界由微小生物累世更變爲有脊生物。猶于光燭製造中、由松香進而爲油、臘、煤油、煤氣、電灯、日精。猶于社會中由專制。而自由。由自私而大同。微累世之**演成**性烏得有此。然則今之人生而爲人。不必由他物變來。灯直可用電不必復試用松香……故社會亦可由專制立進于自由。不必歷經各種階級。此賴**移**^②**傳**性而然也。今之謂社會進化不可躐等者。是知有演成性而忽于移傳性也。

（六）非難者恐社會主義有不利于本國〇難者曰。"社會主義興。則不講國際。不講國際。則無復仇雪恥之心。則吾國永無强盛之日矣。"

國之强盛與平民之幸福無關。其效果爲君長之榮。富者之利而已。如有兩國交戰。勝者得賠款、土地。而敗者失之。軍人之死。兩國均有。請思賠款出自何人？出自小民。死傷者何人？小民。表面觀之。某國勝某國敗。其实則不過君勝民敗。由是而知國家主義無他。即助君長富者賊殺小民而已。世界不公之事。孰甚于斯。欲破此。惟有合世界衆人之力。推倒一切强權。人人立于平等之地。同作同食。無主無奴。無仇無怨。是時也。戰争息。國界無。此之謂大同世界。豈不遠勝于今之强國哉？

難者又云。"此理雖善。無奈人心不同。若我無國際心。而他人有之。則我受其害矣。"

答者曰。吾輩惟認定以上之宗旨是否可也。不必問他人之如何。今之論排皇者亦云。"革命誠要舉。無奈衆心不同。故不足以成事。"其知道者如甲。則不慮事之成敗。不問己身之安危。毅然從事于革命。求伸公理而

---

① "斯賓塞"，即赫伯特・斯賓塞（Herbert Spencer，1820—1903），英國社會學家。他把達爾文的進化學説引入社會學領域，所著《社會學研究》（*The Study of Sociology*）由嚴復譯爲《群學肆言》，對中國近代知識分子有重要影響。
② "移"，底本頁眉注："'遺'誤作'移'。"下"移傳"同。

己。其自私者如乙。則畏難苟安。因循觀望。甚至与革命爲敵。以爲圖私利之計。若人人皆甲。則革命立成。若乙。愈多。則革命愈緩。然今之革命者。皆欲變乙之良心未死者而爲甲。或將其良心已死者革殺之。然未有因有乙在而反不作甲者也。一國之革命且如是。何社會之革命反不然。至若彼輩致力國際（外交狡計）強權（政府、尚武主義、屬地主義等等）主義。用之以害公道者。無論何國之人皆在除殺之列。當由各國之革命黨盡力行之。此仍一世界革命之問題。而非一國際問題也。由此"社會主義有不利于本國"之疑難。當可解決。若言者非主張革命者則已。否則伊終必爲萬國革命黨無疑矣。

　　二十世紀之革命。實万國之革命也。同聲相應。同氣相求。此非一理論而已。請以实事徵之。近年社會主義無政府主義方興。革命風潮普及。于是萬國聯結之舉。不一而足。如每年陽曆五月一号各國工黨皆罷工視威①。一也。萬國社會黨。無政府黨。結會之組織。二也。社會黨之運動。無政府黨之暗殺。各地皆有。三也。由此類推。世界革命之風潮可見一班矣。

　　（七）革命之大義〇總之革命之意何爲耶？——一時之憤乎？非也。——復仇乎？非也。——奪他人之特權特利而己代之乎？更非也。——革命之大義所在。曰

　　　　曰**自由**故去強權　　……　　曰**平等**故共利益

　　　　曰**博愛**故愛衆人　　……　　曰**大同**故無國界

　　　　曰**公道**故不求己利　……　　曰**真理**故不畏人言

---

① "每年陽曆五月一号各國工黨皆罷工視威"，"視威"，有誤，應爲"示威"。此處指 1889 年 7 月，爲紀念美國芝加哥工人在 1886 年 5 月 1 日舉行的大罷工，并支援美國工人預定在 1890 年 5 月 1 日舉行的總罷工，巴黎國際社會主義工人代表大會（即第二國際成立大會）決定，將每年的 5 月 1 日"作爲永久規定的日子"，在這一天，"組織大規模的國際性游行示威，以便在一切國家和一切城市，工人們都在同一天裏向執政當局提出規定八小時工作日和實施巴黎國際代表大會其他決議的要求"。

曰**改良**故不拘成式　　……　　曰**進化**故更革無窮

此乃**正當的革命**。其**義理之光明**當爲知道者所同認。

（八）**革命之作用**〇然則何法以革命耶？

曰**書說**（書報演說）以感人　　……　　曰**抵抗**（抗稅、抗役、罷工、罷市）以警誡

曰**結會**以合羣施畫　　……　　曰**暗殺**（炸丸手槍）去暴以伸公理

曰**衆人起事**（革命）以圖大改革

此乃現在**革命者之作用**。可由同志隨事、隨時、隨地、隨勢、研求之。取用之。

完

(八) **革命之作用** 〇 然則何法以革命耶？

曰 **書說** 書報演說以感人‥‥‥‥‥

曰 **結會** 以合群施畫‥‥‥‥‥

曰 **眾人起事** 革命以圖大改革

此乃現在 **革命者之作用** 可由同志隨事隨時隨地隨勢研求之取用之

曰 **抵抗** 抗稅・抗役 罷工・罷市 以警誡

曰 **暗殺** 炸丸 手槍 去暴以伸公理

完

那大廈壁壘作一國。
那些朱門紫閣營作那貪庸的政府。

第一圖
這班人飽食無為。她日夢那升官發財的事業，他們是那政府的走狗百姓的毒蛇！

《革命》插圖一

第二圖

那不三不四講西洋的人，自以為是知時的俊傑，那守舊的以自誇美他薦的文物衣冠這兩人全空費了精神，爭用那西式中式的鑰匙啟發那永不得開化的門戶。況已是那立憲黨黑鷹黨中出色色的人物了！

《革命》插圖二

第三圖

這班人自是戰前兩班人們明白了許多。他們如那們是不能經驗只將他打破舊換一個新式的門與余這新門雖是較舊門方便還是不如無門。想建立新政府的朋友熟思之！

《革命》插圖三

第四圖

一個大炸彈爆烈。世界所有的問題全無。那所有的痛苦。國旗、軍火、政府、聖經、神佛、金幣、契約。全然破壞這是那万國革命黨的目的。這是那正當的人生大同的世界。

《革命》插圖四

LIBRE EXAMEN
思審自由

巴若夫 / 著
真民 / 譯

《思審自由》封面

害世堂良方

造官靈方

懶蟲　滑鬼　狠心　狗肺

尖頭　巧嘴　狐媚　虎威

各十分

金銀禮物無限

洋務皮毛牛分

革命**黨頭**顧數枚

引

目錄

進化……人人力
上帝……人人
祖國……大同
政治……正當
權權……自由
強權……無政府
產業……共產
結婚……自由配合
理想……實行
成見……思審自由

結論

《思審自由》目錄

思審自由

進化

地球由累世更化而成。（一）吾人現于可得生活之日。而滅于不得生活之時。（二）人之時代以後。大地仍繼行更化之天演。此等進化非人力之所能爲也。

何爲歷史？歷史者吾人作爲之結果耳。如此人力甲向則成甲史。乙向則成乙史。故社會之進化與地球之進化不同。蓋社會進化。不出于人力之範圍也。（三）

若人永無作爲。則社會永無進化之日。竟終不得一見正當乾坤。与確切公理。

改良社會所需之作爲。乃決意力行。非因循觀望。因社會進化。所賴者惟人力耳。

（一）地球進化[地球由日之外層脱解而來。賴日与他星球之吸力。地能轉運于空中。而有兩轉動之法。一中軸自轉。一繞日而行。此"宇宙机力"之理。爲法天文家 Laplace[①]所發明者也。地球脱解後。熱力散于空中。然後由汽質化爲流質。由流質化爲堅質。此即地球之外層也。其中心仍有極高之熱度。〇至地球之進化。可由地層考之。顯然易見。可分爲二

---

① "Laplace"，即皮埃爾-西蒙·拉普拉斯（Pierre-Simon Laplace，1749—1827），法國數學家、物理學家、天文學家，法國科學院院士。天體力學的主要奠基人、天體演化學的創立者之一。著有《天體力學》《宇宙體系論》等。下文稱"拉氏"。

進化

地球由累世更化而成。(一)吾人現于可得生活之日。而滅于不得生活之時。(二)人之時代以後大地仍繼行更化之天演此等進化非人力之所能為也。何為歷史？歷史者吾人作為之結果耳。如此人力甲向則成甲史乙向則成乙史。故社會之進化与地球之進化不同蓋社會進化不出于人力之範圍也。若人永無作為則社會永無進化之日竟終不得一見正當乾坤与確切公理。政良社會所需之作為乃決意力行非因循觀望因社會進化所賴者惟人力耳。(三)

(一) 地球進化

地球由日之外層脫解而來。賴日与他星之吸力。地能轉運于空中而有兩轉動之法。一繞日而行。一繞自轉此外軸自轉。熱力散于空中然後由汽質凝解為流質此即地球之外層也。其中心仍有極高之熱度。由流質為堅質由地球之進化可分為工節。(二)地先為鎔質熱度極高。(二)地質凝結成之形成于石中。(三)地層累疊于海底夫其世結之時即有生物育于其間諸物皆可于地質史中考之。歷史更易明而地層考之。歷史更難明。地質史分為四代每代皆可分為四時。第一時僅有微小之生物。第二時有鳥蛇此吾之第三時則有範蛇之學記此諸物有生于昔而滅于今者有生于今而缺于昔者蓋其消長之道非偶然耳實有確切原因使之然也。

(二) 生物進化

動物第四代之動物。此連尔文史記未現于他種動物。

節。(一)地先爲鎔質。熱度極高。無何。地質凝滯。既無層叠。亦無顆粒之形成于石中。(二)地層累叠于海底。累世結成。此地層之歷史。分爲四代。每代地層之更易与夫其時之生物育乎其間者。皆可于地文史中考之。]

(二)生物進化（地層四代之動物。囸①吾生物育于斯土之歷史。第一時僅有微小動物。第二時則有龜蛇。第三時更有鳥獸。第四時乃有人。故曰人来自他種動物。此達尔文 Darwin②之學説也。夫此諸物有生于昔而滅于今者。有現于今而缺于昔者。蓋其消長之道非偶然耳。實有確切原因使之然也。如氣候与食物之類是矣。何人不現于第一時。必有不能之故。故作者曰"吾人現之于可生活之時"。因往而知来。見一而反三。故曰"滅之于不能生活之時"。◎地球与生物之更化真理。爲古哲之所不明。凡遇不可釋之理皆謂之爲天工妙用。此宗教迷信之所由来也。近百餘年来。經諸賢哲發明科學。真理乃張。愚謬之説不能圖存于今。此不但科學之問題耳。實亦社會學与哲學中之一最要關鍵乎。故于此篇之末附注及之。）

(三)社會進化（由榛柸③之世。一變而有酋長。人力爲之也。由酋長變而爲封建。人力爲之也。由封建、變而爲統一專制。人力爲之也。由統一專制、變而爲君主立憲。人力爲之也。由君主立憲、變而爲共和人力爲之也。由共和再變必至無政府。亦人力爲之也。披閱中西歷史。見征伐之記錄、君相之傳書。殆居十之八九。而十九世紀以降。科學發達。真理乃張。自由平等之説興。革命自立之風起。此帝王之末日。而民政之權輿。數年以来。社會之風潮方盛。國家之主義將衰。由專制而向于自由。由自私而至于大同。此即社會進化將来之結果。不亦皆人力爲之乎。）

上帝

玄妙無據之談皆臆想之妄説也。拉氏 Laplace 謂上帝爲無理之意想。

---

① "囸"，此不成字，"示"字加框當表示該字書寫錯誤後被删去。
② "達尔文 Darwin"，即查爾斯·羅伯特·達爾文。
③ "榛柸"，有誤，應爲"榛狉"。

（一）吾更謂之爲妄謬可笑之言。

　　此等玄妙之想、皆由于不知吾之種原（二）所致。人恆謂"地不能自成。必有高等物造之也。"吾爲一問曰。"造高等物者誰耶？"言者必窮而遁矣。

　　如就科學之理推求之。本于拉瓦氏之公例。Loi de Lavoisier[①]（三）凡物皆變化無窮。而無能創造之者。故力與質（三）亦皆永存之物。而無創之始也。然勿以上帝之名。假之力質。因力質乃物理之實學而非宗教之虛談也。自有科學意想。則所研求者不外真實。即宇宙與人而已。

　　（一）拉氏 Laplace（法天文名家。發明"宇宙機力"之理。此説一明。則往日幽幽冥冥之上帝無立足處矣。）

　　（二）種源（達爾文曰。"萬物皆由變化之道。来自唯一根源。"故吾人亦由他種動物變更而成。非由上帝之創造也。至宗教家言。則謂人爲萬物之靈。爲上帝所特與。總之達氏學説以科學爲本。盡可徵實。故真理賴以發明。而人道歸于正當。宗教則專尚迷信。以禍福爲作用之術。鑄成愚惑畏懼之性。若欲吾人知道明理。必破宗教之説。欲破宗教之説。必先明吾種源。欲明吾種源。必自研求科學。故巴氏云。"玄妙之想由不知種源所致。"又曰。"科學意想不外真实。"）

　　（三）拉氏公例 La Loi de Lavoisier（拉氏法名化學家也。其例謂"物質永存。無始無終。"物理學中有与對待之公例曰"物力永存"[②]。爲德物理學家所發明者也。因此兩例。"質力存畄"[③]之例出。此例足以解明宇宙所由成也〇就化學觀之。于某物中加甲質則爲

---

① "拉瓦氏之公例。Loi de Lavoisier"，即質量守恒定律（又稱拉瓦錫定律）。"拉瓦氏"，即安托萬-洛朗・德・拉瓦錫（Antoine-Laurent de Lavoisier，1743—1794），法國著名化學家、生物學家，現代化學之父。
② "物力永存"，即能量守恒定律（又稱熱力學第一定律），1842年由德國物理學家尤利烏斯・羅伯特・邁爾（Julius Robert Mayer，1814—1878）提出。
③ "質力存畄"，質量守恒和能量守恒兩條定律的合稱。

紅。加乙質則爲藍。然其色之更易也、非有捐①于某物。惟變化而已。就物理學觀之。以甲物磨乙物則發熱。然磨之力並非損。而熱力並非增。不過由磨力而變爲熱力耳。總之科學公例皆可徵實。非如宗教之虛談也。）

祖國

祖國者同居此土同守此法之人羣也。凡遇兩國。或有同利。或無同利。有同利、則爲和平之局。而懷薄意向于他國向于外人。若無同利、則有仇外之事。有保護國人之舉。有軍備。有戰事。有和局。此皆阻人道進化者也。

由是而知祖國主義者、即薄意以遇外人也。甚至仇恨之也。恨其向不相識之羣。冒險受制（冒己身之險。受政府之制。冒貧賤者之險。受富貴者之制。）往殺不相識之人。或爲不相識之人所殺。可謂迷謬矣。故懷祖國与國家主義者、真喪心病狂之人也。

凡以大衆和平爲念者、應盡去祖國与國家主義。大衆公益、助人進步者也。此之謂**人道大同**。

  伸論[今世界之通例。富貴者獨享安寧。貧賤者獨受困難。愛國者尚武者必曰保吾祖國。問其何故。則曰此所以保吾人安榮也。殊不知吾人非盡安榮。惟富貴者安榮耳。故保祖國即保富貴者之安榮之別稱也。戰死者何人也。平民也。出戰費者何人也。平民也。戰勝後享權利者何人。富貴者也。（割地、罰款、修路、開礦、等皆政府与資本家之利）由是而知祖國主義、即是用平民之財命以致富貴者之安寧而已。噫吾何取乎愛國。吾輩欲去祖國者、即去世間所有之富貴者也。以"大衆和平爲念者"、即圖世間所有平民之安寧也。此之謂人道。此之謂萬國主義。或大同主義。亦即反對祖國之主義也。　真民]

---

① "有捐"，有誤，應爲"有損"。

政治

欲一理論爲科學界所認可（一）須使其所述有確切之証據。（二）須使此証據屢試屢實。若一有可疑議或識其不實。即擯之于科學之外。

欲一理論爲政治界所認可（一）須經入選之員之投票認可。（二）以力强行之。無論是否則法律終法律也。（此西人政治也。在中國欲一事爲政界認可。一紙上論足矣。作者更當云何。）

不合公理之法術。必不能有合公理之效果。政治即非正當之具。（背于科學）焉能以之定正當之規則哉。若欲不由**正當**而得規則者妄矣。

權

權者作爲之權也。或法律也。所謂自有權者即人本有之權也。所謂制定權者即法律所定者也。故自有權定之以公理。而制定權則憑作者之所欲爲。故制定權非真權。既非真權則吾不欲有之。知非真權而認之實謬妄矣。設公理爲有道。非公理必爲無道。故人之免于制定權之日。即是有道之時。一日不享自有權。即一日不免于誤謬也。

止吾之能力使不能作公理所準之行爲。此直毀吾之能力也。至强吾能力使不能踐公理所不禁之行爲。是侵我之**自由**也。

强權

自古及今凡社會皆以强權爲法者也。是委大權于數人。而棄衆人之權也。故同此社會之人、或爲具特利者。或爲制人者。或爲奴人者。或爲制于人奴于人者。

然則無甘受制于人者。亦無能制人者。故知理之人、必至于**共產与自由主義**（一）而後已。

難者曰。"無理之人相爭鬭。此**無政府**之危險也。"答曰。"有理人之被制者、与無理人之制人者与被制者之相鬭。此有政府之危險也。"

人云欲無政府。必須人人皆有公德。答者曰。欲有政府。須政府永有公德。由是可見良政府与無政府同。因公德在乎人。若人皆無公德。則爲無公德之社會。有政府無政府一也。若人皆有公德。則政府全然無用矣。故**無政府**公德之所致也。

（一）共產与自由（政府操最高之強權者也。然其不足以盡強權。因其外尚有他強權在。資本家是矣。排斥政府、爲政治革命。排斥資本家、爲經濟革命。此二者必同施而不能獨行。蓋無經濟革命、則貧富不能均。而強權不能免。故共產与自由主義實相表裏者也。）

（二）共產主義与無政府主義（詳"無政府主義与共產公義[①]"中。）

產業

"人權布告"[②]（一）謂產爲人之自有權。不可侵犯。然則何故不人人爲業主哉？既明語于眾曰"產業爲爾同有之權"。何故多數之人反不得爲業主哉？且有生而爲業主者。有生而不爲業主者。又何說乎？（二）

謂產業爲不可侵之權者、蓋謂人有保其所有之權耳。至其或有或無固

---

① "共產公義"，有誤，應爲"共產主義"。
② "人權布告"，指1789年8月26日法國制憲會議通過的《人權宣言》，是18世紀法國資產階級革命的綱領性文件，後來成爲法國1791年憲法的序言。

未有定也。此則不得謂爲産權。如産業果爲自有之權。則無時無人不當有産業矣。

總之無人能爲業主。凡産盡屬公共。此**共産主義**。（三）

（一）人權布告（法國革命後之布告定于千七百八十九年〇彼時民族主義初興。而真理尚屬幼稚。盖彼時乃政治革命。而非經濟革命。其所保護産業乃純然政治上之一問題。今之所圖者乃社會革命。即經濟革命也。是篇之抵此條非注意在保護産權与否。乃重在盡去私産。若私産去而公産成。凡人皆有分矣、則無所用其競争。亦無所用其侵犯。自無所用其保護。）

（二）嗣産（生而有産、生而無産、其故無他。惟幸不幸耳。此即"運氣"之説也。"運氣"者迷信也。迷信者即反背科學者也。故嗣産即背真理者也。）

（三）共産主義（詳"無政府主義与共産主義"中。）

結婚（一）

于舉行婚儀之所（法國在郡長所）當衆宣告結婚。而社會乃認定其配偶与家庭成立之權。法律保護之。社會敬禮之。而二妻外夫不爲法令所準。正式配偶所生爲嫡子。享有特權。如不舉行婚儀當衆宣告而自行結婚者。視如背法。而爲社會所擯斥。私生子爲衆所輕辱。不得享嫡子特權。故結婚之意即兩人之結合。經法令所裁定者也。此愛情不足以成家室。必賴法令迫之之意耳。以法令之力以結家室也。何異于強權專制哉。欲成有道之家室。必持之于偽狡与束縛之外。（一）獨本于志願而已。**自由配合**其始點也。

（一）結婚（昔人視婚姻之事爲道德上之關係。故曰"男女有別"。于是設束縛于男女之間。斾偽狡①于家庭之内。而真愛情從此失矣。又以強弱不敵。于是男貴女卑。故曰"女

---

① "斾偽狡"，有誤，應爲"飾偽狡"。

子無才爲德"①。蓋男之視女、如己玩物而已。忿怨積久。而情意捍格。更迫于故俗。曲求節義之榮。强避離婚之恥。于是寡妻孤度、夫婦相仇者不可勝計。此真家庭之醜態。社會之怪狀也。)

(若以科學查之。婚姻則純是生理上之問題。而絕無道德上之關係。自當專以愛情爲主。愛情者、兩人之事。無一他人可得而干涉之。故自由配合之大義、其正當家室之權輿乎。)

(家庭僞義亦宗教迷信之一端。成之狡者之手。以爲羈御之術。此狡者即今之所謂聖賢也。)

理想

理想西文作utopie。来自希臘。猶言"無有之境界也"。今所謂utopie即空談也。

人恆以"理想"二字圖所以減退以成正當社會爲志者之熱心。殊不知不能以"空談"之意解理想。蓋理想導于實行。或實行導于理想。二者永相關涉者也。

在科學中無憑據者無價值。無據之理想始爲空談。傳力、傳響、傳光、無線電、照像術。皆昨日之理想。而今日之實行。故今日社會之理想非可視爲無**實行**也。

成見

成見者未經思審已成之意見也。亦即"先入爲主"之意耳。父師教其子弟以某意某意。(宗教也、祖國也、等等)及其長而崇信之。盖凡崇信之誠。(一)

---

① "女子無才爲德",語出明末張岱《公祭祁夫人文》:"眉公曰:'丈夫有德便是才,女子無才便是德。'此語殊爲未確。"

非成之于利己心。即成之于無識。若輩更以其所崇信者轉相遺遞。累世相襲。聽家長之自由。行強權之教育。此与壓力欺廹稚弱者何異哉。一日人無應有之知識与審察之能力。則此壓力一日不息。然一日壓力不息。則一日不能有此知識能力。因強權教育從而阻之故也。

至自由教育則不然。其所授先以普通知識人人之所同者。以助其審察能力之發達。繼以特別之意見人所不同者于其聰明已開之後。使其憑理自定是非。如是則真理庶可發明。而人道方能進步。欲如是則不可先懷成見。瞻徇舊說。而須無黨無偏。以求真理爲主。（二）此之謂**思審自由**。

（一）崇信（何爲崇信。敬之也。畏之也。何以使人敬畏。毀譽之也。禍福之也。凡崇信皆不外乎此。宗教之作用、以崇信爲利器也。儒教不言鬼神。而言善惡。崇信之者、爲毀譽所動者也。耶教言善惡。而兼言賞罰。崇信者、爲禍福所動者也。尊君愛國主義之作用、亦以崇信爲利器也。故尊君愛國者亦爲毀譽禍福所動也。宗教家創毀譽禍福之說爲覊制之具。君貴因而實行之。以爲利己之方。故崇信者、即受制之人。即無識之人也。而教人崇信者、即制人之人。即自利之人也。由是而知崇信即奸而強者用以戕賊愚而弱者之具也。噫成見之害可勝言哉。〇宗教君國成見之甚者也。其他亦可憑理類推。）

（二）真理（真理与崇信相反。蓋崇信本于利害。而真理本于是非。欲辯是非則必賴思審自由。是書名以"思審自由"即求真理之意也。其大意蓋抑上帝、祖國、私產、強權、專制。而尚人道、自由、共產、與無政府主義。此等學理發明最晚。不憚冒險犯難。盡掃成見。思審自由之名。可謂當矣。）

AUX JEUNES GENS

告少年

克若泡特金 / 著
真民 / 譯

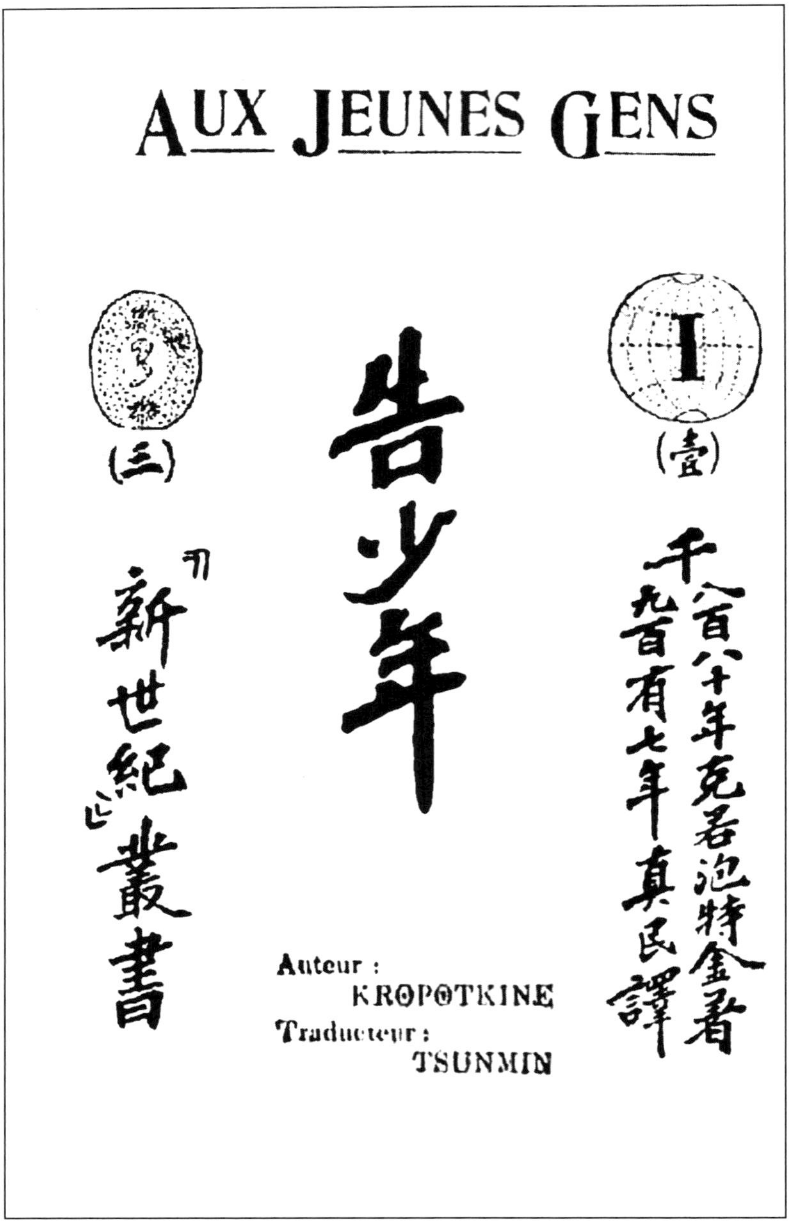

AUX JEUNES GENS

告少年

（三）　　　　　　　（壹）

"新世紀"叢書　　千八百八十年克若泡特金著
　　　　　　　　千九百有七年真民譯

Auteur :
　　KROPOTKINE
Traducteur :
　　TSUNMIN

《告少年》封面

帝王延壽湯

禍民堂良方

忠君愛國　守法感恩
安分守己　尊敬長長
高官厚祿　罰過獎功

各十分

告少年①

　　今天我要同他説的那班少年。我想他們是有思想的。有教育的。所以我也不必再用那書本勞他們的眼力。講些無關緊要的閒文。我同你們暢談一番罷。

　　我譬如你們是在十八歲二十歲的光景。你們在學堂畢業。我想你們是已經破了那迷信的關頭。也不怕什麼鬼神。也不去聽什麼教士的演説。你們自然是不同那班敗類的見識似的。除了盼望自己享福莫有別的念頭。我想你們正同這箇相反。你們懷著一片的善心。因此我所以要同你們説這番心腹話。

　　我知道你們自己的頭一箇問題就是"我去作什麼事呢"。凡是年輕聰明的人他都曉得爲學這一種學問。費了許多的時光。費了社會上的許多學費。（作學生的聽者。那學費也不是什麼自費。也不是什麼官費。那全是這社會上的東西！）不是爲的作成一箇營私自利的器具。所要的是好好的打算。好好的安排。永遠把那聰明才力。用在那幫助困窮無識人。改良的事上。這是不是你們的念頭？我們去研求研求。怎麼樣可以使你們的意想變成了實事。

---

① "告少年"，譯自克魯泡特金《一個反抗者的話》第六章 "告青年"。彼得·阿列克謝耶維奇·克魯泡特金（Пётр Алексеевич Кропоткин，1842—1921），俄國革命家和地理學家，"無政府共產主義" 創始人。本卷《世界七個無政府主義家》中有其傳略。

講醫學的聽者！！！

我不知你們的光景何如。或者你們的機會好。你們受了些教育。講了些學問。我先譬如你作一箇醫學博士。

明天一箇窮人來請你去給一箇女人看病。他把你領到一箇小街裏。那里這人差不多是滿了。空氣也不透。日光也莫有。（空气与日光是衛生最要緊的。因爲空气裏頭養气①可以去血裏頭的炭气②。至于那日光他殺滅那空中的微生物。〇諸君請看那空气日光。本是人人有分的。然而有些窮人還是得他不著。這可以算不平等不公道極點了。）你進到一間黑暗的房裏。又髒又冷。那病人睡在牀上。盖著一張破被。他的幾箇小孩子面黃肌瘦。在旁凍得打戰。他男人尋常時一天給人作工。現在正在那田裏莫有事的時候。從前每逢這時、那女人就去給人洗洗衣裳。作作零活。一天弄上幾箇錢。貼補貼鋪③。現在他又病倒已經兩箇月了。他自然是越發苦了。

先生你如何給他治病呢？你想他是箇血虧的病。那原故是由于缺少吃食。作工時候太多。又缺少了空氣。你不過要勸他吃點保養的東西。出去散散心。住一間敞亮的房子。不要太辛苦就是了。你的主義④是一點也莫有錯。但是他要能彀如此、他就早已作了。也用著⑤請教你了。

如果你是一箇善心人。透出點憐惜他的意思。他有許多話告訴⑥你了。"什麼東隣一箇有癆病的人咳嗽的聲音割他的心。什麼西隣那些孩子常常發燒。又是什麼那洗衣裳的人眼看要死。不能過冬。……"

先生你是怎樣說呢對著這些病人？無非還是那前頭一番話就是了。但是你這話又不忍說出口來。

---

① "養气"，即氧氣。
② "炭气"，即二氧化碳。
③ "貼鋪"，有誤，應爲"貼補"。
④ "主義"，即主意。
⑤ "用著"，有誤，應爲"用不著"。
⑥ "告訴"，有誤，應爲"告訴"。

第二天你遇見你一箇同學。告訴你昨天有一箇家人用馬車接他到一箇大宅子裏去。給他的太太看病。這婦人是缺睡的病。他一生專講究出門打辦①。聽戲跳舞。你的朋友就勸他少吃有火的東西。多透透空氣。沈沈心。活動活動筋骨。

　　前頭那女人死了。是因爲飢勞所致。後頭這女人是歇病了。因爲他永遠不曾作工。如果你是箇有心人、你要說了。"這世界上的事太不公道。他不應如此的苟且過去。不要先講什麼治病。所要坊備②的是那得病的原因。如果人要是少爲③舒服些。少爲有點知識。天下病人要減少了一大半。……噯噯……好空氣！好吃食！不過于辛苦！是要從這裏作起。什麼醫生那一半全是騙人的事！"

　　到這天你曉得那社會主義了！你要看看這公理不是④空話。這社會學是不是要緊。恐怕你不由得也要告奮勇。同我們一齊主張那**社會大革命**了。

　　講科學的聽者！！！

　　你或者要說了。"如這天文家、物理學家、化學家等等。我們講的是那純科學。這總要給我們社會上結一箇良果的。"

　　我們先要研求研求什麼是那科學。這事還是爲的自己一人的享用呢。或是因爲他是一種極有趣的可以助我的歡心呢？倘若如此。我要問問那才人的樂學与那醉漢的嗜酒有什麼分別？樂學自然是遠勝那嗜酒。然而他兩人爲自己受用的心卻是一樣。

　　你卻非如此。並非要獨自亨受⑤。実在要致力科學以圖公益。如此那眞

---

① "打辦"，有誤，應爲"打扮"。
② "坊備"，同"防備"。
③ "少爲"，同"稍微"。下"少爲有點知識"同。
④ "不是"，有誤，應爲"是不是"。
⑤ "亨受"，有誤，應爲"享受"。

好了！你若真有這公心。有這高想。大約你可以看出來。現在社會上這學問不過是一箇好看的東西。混飯的器具便了。（作八股、入學堂、出洋留學、也全是這一箇宗旨。是不是？）至于那仁人的高念相去還遠呢。

你看那科學興盛已經一世紀了。有幾箇真真算得那有科學思想的。許多人還是守迷信奉宗教的。他還在何等的野蠻地位。

你看那科學他講得什麼物理道德衛生。真是確切不易的道理。他教導我們如何保護我們的精神。如何享受那智育德育的幸福。無奈這還不是那紙上空談麼？這是什麼原故呢？因爲今天的學問還是一箇自私自利的東西。因爲現在社會分爲那窮富兩班。不公道的事全從那裏生出。所以看這正當社會的道理全成玩話了！

現在暫且不用說什麼發明那科學新理。先要把那已有的學問實在用去。如此那科學纔不是一箇玩物。他就成了大家性命的根源。這纔是公道。若是一天社會上莫有真公道。真是非。科學就是莫有真進步。如果你懂了這理。你便曉得要大大的改革那阻礙科學真理的事。你看那多數人還如同前五前十世紀的樣子。受那奴隸的苦。作那機器作的事。那公理誰曾理會？（參觀"無政府主義与共產主義"。）

你一天曉得了這真理。你就要因那喜愛科學的熱心。懂了那**社會學**的要義。那時你也要來与我們表同情。去爲大衆圖**公益**。發你的熱心。用你的實力！一天那真理實行于世那科學的猛進千百倍于今日。那時享受那科學幸福不是那少數私有。乃是那衆人的公利。

講法律的聽者!!!

如果你的法律學畢了業。你也想有一番作爲。我譬如你是箇熱心人。你要憑你的才能。憑你的性命。掃除那世界上不平的事。這是何等的好志向！你于是就志高氣揚的作去了！

偶然一天打開一本册案。你就看見了這社會。一箇業主請趨逐他的佃户。因他莫有交足了地租。就法律看起。莫有別的話可說、惟有令他走路。如果你細細的思量。你見那有產業的人永遠是安樂。那鄉下人永遠作工受苦。業主永不自己耕種他的田地。這田較前五十年收穫加了三陪①。或是因爲交通的便利。或是因爲灌溉開墾的改良。這種種事那不是這鄉下人血汗弄成的。一天不幸。因些事故不能給租。便要受那法律的罸。這法律是永遠偏護業主。那業主永遠理長。你的良心未死。你將如何作去？若照法律作是趨逐鄉人。照公理作要酬報鄉人出的苦力。所以這法律與公理不能相容並立的。你到底照那樣去作？

　　如果工人罷工未曾預先知照主人。你是助誰呢？若照例辦、即須助資本家。可是寧肯背了法律助工人呢？那工人一天作工。弄得兩箇半錢。他的女人孩子都要凍餓了。你是助那飽的强的。還助那餓的弱的？

　　一天在巴黎一箇窮人到肉鋪搶了一塊肉去。有人闌住問他。他說他是一箇工人莫有工作。他同他家裏人已經餓了四天。有人勸賣肉的放了這人。他一定不肯。就拉他去打官司。罸他作了七箇月的監。這種案子總是天天有的。

　　再說一箇人自幼莫有受過教育。到大了又莫有聽見一句正經話。一天他殺了他的隣舍。搶了一塊錢去。你是要照律罸他。監禁他二十年。但是你曉得那喪心病狂的罪過比他犯的罪還難過呢。總而言之。一箇人犯的罪。是社會上衆人給他作成的。（大半犯法的全因無教育的原故。不能受教育常因爲莫有錢的原故。莫有錢何曾是他的過。因爲他分内應有的利被別人佔去了。）

　　如果你細細思量那法律。總是那强權得勝。弱小的吃虧。從此你便要

---

① "陪"，有誤，應爲"倍"。

不滿意起這法律來了。你曉得。守法的人就是莫有良心的人。這時你要同我們來改正那錢財上政治上一切社會上不平的事了。如此你便成了**社會黨革命黨**了。

講工藝的聽者！！！

你是箇工程師。你想用你的學問改良那實業与那工人的景況！你于是施展你的才能。築一條鉄路。穿山越澗。爲兩地的交通。一日你見那黑暗地道裏工匠成羣。飢勞病苦。不曉死了幾多。你又看見別的工人帶囬去有限的幾箇銅錢。恐怕還不敵那瘆病蟲的數目呢！你又看見那死屍縱橫。在道皆是。待這路修好了。他便成了那運砲的通衢。又添了一箇殺人的利器。

你費了你的青年發明了一種學問。又費了若干的心力、施之于實行。然而這所有的工人全在那裏受苦。如機器一般。惟有那有數的幾箇資本家發了財。在那裏閉著①吃香蘋②酒！這果然是你當初的期望麼？

如果你留心那工藝的進步。你見那工人並不曾受益。那裁縫何曾得了那自縫機的益處。諸如此類不盡説了。如果你用這種的意思、論那社會的問題。再引到那專門學裏去。你就可以斷定在那私産與傭工制度之下。凡有一箇新發明。不過使那作工的愈加勞苦。還是那已經得法的人獨享厚利罷了。(參觀"無政府主義與共産主義"。)

有了以上這箇斷語。你當如何去作？還是藏起良心斷絕了那少年的夢想。且爲自己圖一時的受用呢？還是説這不是那講發明新理的時候。先要行社會改革的事呢？如果那私産莫有了。那工藝的進步就成了衆人的利益。(參觀"無政府主義与共産主義"。)這人全去鍊習。那時的工藝与專門學如何精進。是今天夢想所難及的了！

---

① "閉著"，有誤，應爲"閉著門"。
② "香蘋"，champagne 的音譯，即香檳。

作教習的聽者！！！

我同那作教習的説些什麽？我不要同那以教書的事爲可厭的説話。我要對他説話的是那有熱心的。他專心要啓發那童子的知識。喚醒他腦中的人道大義。

有時見你不甚高興。因爲你學生的古文莫有什麽長進。但是他的心卻是不壞。看他讀古人的詩書。到那可憤的時候。他恨不得要刺殺那君長。他囘到家裏。因他失敬了一箇牧師。他的父母同他喊叫。又是什麽"尊尊"。又是什麽"長長"。（這是丙午①考留學生的題目。）昨天你還説起有人説你的學生全不成器。什麽這箇滿腦子裏無非那頂翎的思想。（這是尋常看作有志氣的。）什麽那侵吞了工人的薪水。你時常盼望這學生有些成就。從此全成夢想了！我看再過兩年。你再經些瑳磨。你要説了。"那詩書誠然有趣。但他永遠是些空話。既無裨于人生日用的實事。又無所用他在那上司查校的時光。……"倘若不是如此。你便要從那寬大處著想。教些人道的大義。但是在現在這社會上不能直然攻擊那富貴的。若是得罪了他、不但那教習的位子不保。還怕有點别的亂子。因此你要打定主義。辭了這不自由的職。同我們社會黨一同致力求那全社會的改革。求那自由平等相愛的大義。

總説

你們想必要説了。"你説那**科學**是箇嗜好。**醫學**是箇假事。**法律**是不公道。**工藝**是爲資本家營私致富之具。……如此説來。作什麽事纔好呢？"

作什麽事？那應作的要緊極了。光明極了。待我去告訴你。

你們是如何設想？可是"只要我自己可以享福就是了。一天可以由我作我就作到底。"可還是入了那社會黨。同著他們去改革這腐敗的社會呢？

---

① "丙午"，指光緒三十二年（1906）。

這第二層是我們前面說過好多他的原因了。這也就是那聰明人必有的定論。一有這箇定論。那"作什麼事"的問題便容易決了。

那自命爲上等人的都説。"民人不過一堆笨貨。"如果你要由這上等地方出來向那窮人羣裹去。你問題的囬答就自然有了。你看在英國、在法國、在德國、總而言之不論在什麼地方。你總遇見那財主与那貧民。那班工人總是受苦。永遠逃不脫爲富貴的奴隸。再説這社會上的事那不是窮人去作。受苦也是他。犯難也是他。在這困苦之中。難得他不要問問麽。"那里去了這羣少年人？他用我們的錢教養他。在他讀書的時候我們給他吃。我們給他穿。（這吃穿那不是工人作的。）我們彎腰餓肚也是爲得他們。我們修學堂造博物院也是爲得他們。我們印刷這好書。我們連自己看都看不著。也是爲得他們！那里去了這班教習？他説他教那有益于人道的學問。他們開口就是自由。他們不但不保護我們自由。並且還要蹂躪他。那些文人名士也時常説什麼民困。他何曾幫助我們一些？"

説到這里。你們心急起来。又要問了。"就是那羣少年全要盡心竭力幫助這平民。究竟怎樣作去呢？"

你們講科學的 如果真懂了這社會主義与那革命的關系。你還看不出科學也是要改革的麽。應該如何令他符合了那新理？——你莫有看見那歷史麽總是頌揚那帝王的高貴。將相的功勳。這全不是要從新改過的麽？——社會上那資本家營利的方法不也要推翻的麽？——以至那人種學社會學与博物學應革舊更新的也不少。——諸如此類……不是可以作的事麽？——作去作去！用你的聰明在那好處。用力破那多少世紀的成見。幫助那好的組織。最要緊的是教我們那真確的學識。去用我們的智勇。再作給我們一箇樣子看看。令我們曉得如何用那性命去勝得那真理！（講科學的懂了莫有。那科學不是箇升官發財自私自利的器具！）

你作醫生的　經了許多的閱歷。懂了那社主義①的要緊。你自然時時刻刻要説了。"如這人照現在的樣子活過去。他有滅亡的時候。——今天這九十九分的人全不能講衛生。正与那科學之理相反。我的醫術也無從治那病。所以那致病的原因。（貧富不均。）是首先要去的。"既然如此。来同我們説説那人生正當的生活。人人所應有人人所能有的！

　　你講工藝的　来直言告訴我們那是你那新發明的結果。使人曉得曉得那將来應行的新法。説説那是那工藝最好的境界。那是那人力所能得的出產。總而言之。與其作那營私取利人的奴隸。你来盡心竭力用你的才能幫那平民不好麼。（觀共産主義②。）

　　你們文人才子　如果知道你們實在的義務所在。你便用你那管筆幫助那革命。用那文章詩畫。開那愚民的知識。反對那壓制的强權。鼓吹那少年的熱心。感動那婦女社會的情意。描寫那人羣的確狀。述説那正當的民生。（讀書的懂了麼。那詩文不是頌揚朝廷、竊取功名用的！你們作那"尊尊……長長……"試題的、清夜自思慚愧不慚愧。）

　　總之你們凡有學問凡有才能的人你們要把他用在那好處。但要知道你来不是作那長上。乃是作那朋友。不是作那制人教人的人。乃是爲的使人醒晤③。如此勤勤懇懇作去。這就是大衆的一箇正當的生路。

　　我們所作的全是爲求**真理**求**公道**求**平等**。人生一世。那還能尋得比這箇再好的是④麼？

　　我已經説了以上這許多的話爲得表明那世情。如果這班少年是有勇氣有熱心的。他一定要同我們社會黨謀那社會革命的事了。但是對那班染過

---

① "社主義"，有誤，應爲 "社會主義"。
② "觀共産主義"，有誤，應爲 "參觀《無政府主義與共産主義》"。
③ "醒晤"，同 "醒悟"。
④ "是"，有誤，應爲 "事"。

富貴習氣的説話。須先要打破他的詭論。掃除他的成見。洗去他的利己心。

至于那平民子弟這事就容易説了。凡是那少有①勇氣少有思想的他身經的那磨難。自然就把他變成社會黨了。所以這新的社會主義。就是從民間出來的。這萬國社會主義不是一直出自那工人的組織麼？就是那幾箇有思想的鼓吹那革命風潮。也是爲那工人抱不平。若是自民間来再莫有那社會主義的熱心。真是不知是非放棄義務了。

工人聽者！！！

你還記得不記得你小的時候。有一天在那小街裏玩耍。那冷打透你的薄衣。那泥充滿了你的破鞋。你看闊家的孩子穿得衣服狠好。他望着你這苦樣子。他自己反到有一番得意的氣象。其實這班孩子他的聰明。他的意見。他的氣力。全不及你們。但是遲一遲你們爲貧所廹。須要到工廠作工。由早至晚。十二點鐘不歇。守著那盤機器。你們自己也同機器一般。過一年又一年。這時候、那闊的他到各種學堂去從從容容的讀書。所以他們經管②不如你們聰明。變得比較你們知道的事多了。于是就作了你們的首領。去享那各種的幸福。受用那文明的利益。看看你們自己？你們等候的是什麼？

你們作完了工。囬到一間小屋子裏。又黑又濕。你的娘因爲家貧愁苦得狠。他給你弄一點粗菜淡飯。吃完了喝一口灰色的涼水。天天總是這一箇刻板的規矩。並且還要打算明天如何付那米麪帳。後天如何付那房錢！

你們這班少年也要接續你們的父母永遠過這苦日子麼？就看在那一塊麪包的面上便世世代代給那幾箇闊人作牛馬不成！你或者還要説呢。"多少代以來。全同我們受得罪是一樣。我們有什麼法子能改變他呢？我也只好

---

① "少有"，同"稍有"。下"少有思想"同。
② "經管"，有誤，應爲"儘管"。

往下受就是了！所以除作工勉强活命莫有別的法子。"

原來如此呀！不要忙。你的苦命自然漸漸的叫你明白了。一天那風潮起來。各處的工業全受了困難。那成千累萬的工人失家喪命。不知幾多。你們的老婆孩子親戚朋友。因缺食失養漸漸的凋零。至于那班"飽食終日"的人。反歡歡樂樂！到那時你就明白了這箇社會。你想起那人羣困苦的憂慮。你就曉得那社會黨要改革這社會是不錯了。

再一天如果你們的東家又設法減你們的工錢。你們若是不肯。他就説了。"如果你們不肯照這箇價錢。你就滾去吃艸罷了。"你曉得了你們的東家直把你們作禽獸看待。你們還是放棄了那人格。低首下心的去作奴隸呢。可還是一聽這言立刻心血上沖。恍然大悟了那社會黨的理呢？他勸你的就是"反對那奴隸經濟的主義。因爲這是一切奴隸主義的原因。"如此你便入了社會黨。幫同他們打破那經濟政治社會上一切奴隸主義。

女人聽者！！！

你們女人家難道就不關心這件事麽？你每逢看見這些兒女你不爲他愁那日後的苦命麽？你願意你的兒子如同你的老子一般除了吃飯（原作麪包。）莫有別的事想。除了酒館（中國的煙館！）莫有別的樂趣麽？你願意你的丈夫兒子永遠作那富家的奴隸。作那擋砲的肉牌。作那富翁田中的糞土麽？我替你説不不不！一千箇不……因爲我知道你們的心思。所以我曉得你們女人家也一定要与我們社會黨表同情了。（作娘的教他兒女成社會黨就是他第一義務。）

總説

你們一切的少年。或是男。或是女。或是農工。或是兵丁。你們全曉得你們的權利。你當要來與我們同心竭力作那革命的事。惟有這法可以勝那奴隸主義。破除一切舊習。開通那條新路。成了那社會上的**真平等真自由**。衆人合力去工作。衆人同享幸福。這纔是那正當的人生呢！

莫要説我們的力薄不足以達這目的。仔細想想。我們受了多少不公平的氣！那**農人**爲別人作工。自己吃那粗米糟糠。留那好的給他的主人。單算這農人就有多少萬。豈有反怕他們少數人的道理。——那**工人**織綢織緞。自己卻穿那破衣。——那**兵丁**投身在那槍林砲雨之中。爲些將官求得那功名富貴。若是那兵丁醒悟過來。小小的有點動作。那帶兵的也就要面無人色了。

　　總而言之。我們這班多數的苦人如同一箇大海似的。無論什麼東西全可以被他沈滅。只要我們有一點志氣。一刻的工夫可以作出那**公道**来。

　　　　克氏 Kropotkine[①]此文語語足以動人。不待智者而後知也。由此可畧窺見真正社會主義矣。克氏乃無政府黨。然其箸述中多用社會主義之名詞。盖"無政府主義即真正社會主義"。此克氏之言也。惟不肖之徒恆竊美名以趨時利己。故共和黨与社會黨中恆有此輩。由是真正社會黨遂變而爲無政府黨。名定而義隨之。則不肖者不得因之以謀權位矣。今世人尚多不悉無政府主義之真價值。識此以表見之。總之無政府主義即極純正之**人道**也。

真民識

---

① "克氏 Kropotkine"，即彼得·阿列克謝耶維奇·克魯泡特金。

女人家也一定要与我們社會黨表同情了！作娘的教他兒女成社會黨就是他第一義務。

你們一切的少年或是男或是女或是農工或是兵丁。你們全曉得你們的權利你當要來與我們同心協力作那革命的事惟有這法可以勝那奴隸主義。破除一切舊習開通那條新路成了那社會上的**真平等真自由**眾人合力去工作眾人同享幸福這縂是那正當的人生呢！

總說 莫要說我們的力薄不足以達這目的仔細想：我們受了多少不公平的氣！

那農人 為別人作工。自己吃那粗米糟糠留那好的給他的主人單算這農人就有多少萬豈有反怕他們少數人的道理─那**工人**織綢織緞自己卻穿那破衣─

那兵丁 投身在那槍林砲雨之中為那將官求得那功名富貴若是那兵丁醒悟過來小小的有點動作那帶兵的也就要面無人色了。

總而言之我們這班多數的苦人如同一箇大海似的無論什麽東西全可以被他沈滅只要我們有一點志氣一刻的工夫可以作出那**公道**來。

克氏 Kropotkine 此文語。足以動人。不待智者而後知也。由此可畧窺見真正社會主義矣。克氏爲無政府黨。然其著述中多用社會主義之名詞蓋無政府主義即頗正社會主義。此克氏之言也。惟不肖者竊美名以趨時利己。故共和黨与社會黨中恆有此輩。由是真正社會黨遞變而爲無政府黨名定而義隨之。則不肖者不得困之以謀權位矣。今世人尚多不悉無政府主義之真價值識此以眘見之。總之無政府主義即極純正之人道也

真民識

L'ORDRE

秩序

克若泡特金 / 著
真民 / 譯

L'ORDRE

秩序

「新世紀」叢書 (壹)

(四)

千八百八十年克若泡特金著
千九百有七年真民譯

Auteur : KROPOTKINE
Traducteur : TSUNMIN

《秩序》封面

《秩序》封二

秩序①

人恆譏無政府黨曰。"爾黨之意恆美善。爾黨之名殊惡劣。因無政府字意猶無秩序也。猶紛亂也。嗚呼。奈何其以此教世人致傷和平耶？"

言者其以吾黨名反對秩序主持紛亂爲誤耶？吾願與伸論之。所謂秩序者何秩序耶？伊之所謂和平抑如吾黨之所思者耶？吾黨之所謂和平乃銷除等級。互不相欺。六合一家。五洲一人。各圖衆人之公益。衆圖箇人之安寧。言者之所謂和平豈若是乎？吾知其必不然也。

以破壞秩序譏吾黨者不論日後之眞和平。而言今日社會之劣秩序。請觀吾黨所欲破壞之秩序爲何。

今之所謂秩序者。以多數之人勤勞工作。以求怠惰者之幸福。以供怠惰者之淫慾。

今之所謂秩序者。失棄多數人體育智育之要。養其愚頑之性。使不得一嘗科學美術之幸福。

今之所謂秩序者。多數人之困苦也。饑饉也。如愛尓蘭人死于飢。俄羅斯人死于疫。意大利人投身于險。求糊口于四方。（吾爲作者增一語曰。中國人兼此三者。）變民田爲牧塲。以供富者之肉食。寧畱荒田以待墾。坐視耕者之流離。

---

① "秩序"，譯自克魯泡特金《一個反抗者的話》第九章。

今之所謂秩序者。婦女售身以哺其子。稚兒入廠爲苦工。工人操作以代機器。工人死于資本家之門。百姓斃于政府之手。

今之所謂秩序者。出于政府之製作。以求多數人之利己。教其子孫以繼其職。用奸計强權以營其利。

今之所謂秩序者。競争相繼而無窮。人与人戰。等級与等級戰。行業与行業戰。國与國戰。砲聲不絶于歐洲。小民世死于戰塲。歲耗鄉民累世勤勞血汗之資。

今之所謂秩序者。奴隸之服從統屬之意旨。虐殘人類。以鞭撻爲制御之術。礦工轉死于溝壑。其屍歲積成堆。違命則以鎗砲相擊。故困死而莫敢訴。

今之所謂秩序者如争戰之際。血流漂杵。屍骨縱橫。如俄民幼子度生于獄中。無辜雪葬于西伯里亞①。（作者俄人也。故舉俄事言。若其爲中人。更當云何？）其忠誠（忠字勿誤解爲忠君之忠字。）之民。酷死嚴刑之下者不勝道矣。此之謂秩序！此之謂和平！

今之所謂擾亂秩序者。民人起事、以攻庸劣之秩序是也。越其防束、以求安生是也。殊不知此正人道史中之最光明者也。

今之所謂擾亂秩序者。思想之革新也。破壞前世之舊説也。（宗教革命是也。今其時矣。望吾國學者勿再以腐儒僞道流毒我學界矣。）此正新理之發明。科學之效果也。

今之所謂擾亂秩序者。奴隸之圖釋免。郡邑之謀自立也。

今之所謂擾亂秩序者。人民攻擊牧師与貴族也。如法國之拔除王位以警殿西②也。

---

① "西伯里亞"，即西伯利亞（Siberia），沙俄時期政治犯流放地。
② "殿西"，有誤，應爲"歐西"。

今之所謂擾亂秩序者。如千八百四十八年（法國革命）之震驚君主。宣布勞働者之權。如巴黎之民以死易道①。用示人道以自由。以爲來日社會革命之先導。

今之所謂擾亂秩序者。其時也。累世相襲、繼行抵抗。不畏強暴。圖致人道之安寧。其時也。人傑興勝。民力發達。數年之中竟有大進。若無此、則人將久于奴隸之位。而終于困難之域矣。

今之所謂擾亂秩序者。乃最光美之激發。最偉大之熱誠。而崇愛人道之時代也。

總之。無政府之名誼反對以上所謂之秩序。以求人生最光美之佳時。是名也。豈不善哉。

譯者曰。秩序者尊卑貧富之分也。尊卑貧富者不平等之徵也。不平等者不公之至也。由是而知秩序与不公二而一也。

和平者非保少數人獨據之權利。乃与衆人以平等之幸福。和平之意非以強制使人不得暴動。實使人人得享和平幸福無須暴動也。故欲使人人得享和平、必先使人人得所。欲使人人得所、必先去尊卑貧富之分。欲去尊卑貧富之分。必先傾覆秩序。由是而知。秩序与和平適成反比例。有秩序則無和平。有和平則無秩序。

秩序者尊者之利也。如君是矣。和平者多數人之福也。如民是矣。故君与民如冰炭水火之不能相容。不能並立。十九世紀以往溯古而求之。君之時代也。故其時民不堪命。十九世紀以降民之時代也。故君位以危。此顯然可見者也。

---

① "巴黎之民以死易道"，指 1871 年 3—5 月的法國巴黎公社起義。

秩序

丙午秋間僞爲預備立憲之詔①曰。"尊崇秩序以保和平。"就此本文解之。猶尊君權以保民權也。就政府之私心解之。蓋統御其民使無傷秩序。以保彼輩所獨有之和平也。不料此詔之後欣躍者有之。祝賀者有之。噫！吾爲之笑。又爲之悲。吾敢高聲告吾同文同國者曰。"欲保吾民之真和平。必先傾覆尊卑之秩序。克氏 KROPOTKINE 之意偉哉。"更爲之歌曰。

（一）君長食萬錢。小民食粗餅。君長一日餐。小民百日廩。君長銀錢何自来。来自小民血汗飢勞与疾病。奮奮奮。勇勇勇。輟鏟鋤。去革命。

（二）君長居大廈。小民居破屋。水患災疫臨。小民獨受毒。君長何得獨安寧。得自小民血汗飢勞与困苦。鼓鼓鼓。舞舞舞。革命軍。張旗鼓。

（三）君長永尊榮。小民世爲奴。君長發威嚴。小民死無訴。君長橫暴孰使然。過在小民甘心俯首受殘酷。憤憤憤。怒怒怒。革命軍。張旗鼓。

（四）君長拱深宮。小民戰邊境。小民如羣羊。甘受屠人令。槍林砲雨小民當。重賦繁科小民病。夢夢夢。醒醒醒。倒吾戈。去革命。

真民

---

① "丙午秋間僞爲預備立憲之詔"，"丙午"，即光緒三十二年（1906）。迫於革命派不斷組織反清起義、改良派要求君主立憲的壓力，同時爲緩和國内矛盾，維持專制統治，1906 年 9 月 1 日，清政府頒布《宣示預備立憲諭》，立憲的原則是"大權統於朝廷，庶政公諸輿論"，"俟數年後規模粗具，查看情形，參用各國成法，妥議立憲實行期限，再行宣布天下，視進步之遲速，定期限之遠近"，預備立憲的内容爲"將各項法律詳慎釐訂，而又廣興教育，清理財務，整飭武備，普設巡警，使紳民悉明國政，以預備立憲基礎"。

悲吾敢高聲告吾同文同國者曰"欲保吾民之真和平必先傾覆尊卑之秩序"克氏 KAUPOITKINE 之意偉哉更為之歌曰。

（一）君長食萬錢。小民食糠餅。君長一日餐。小民百日廉。君長銀錢何自來。來自小民血汗飢勞與疾病。奮奮奮。勇勇勇。輯鏵鋤。去革命。

（二）君長居大廈。小民居破屋。水患災疫臨。小民獨受毒。君長何得獨安寧。得自小民血汗飢勞與困苦。鼓鼓鼓。舞舞舞。革命軍。張旗鼓。

（三）君長永尊榮。小民世為奴。君長發威嚴。小民元無訴。君長橫暴孰使然。過在小民甘心俯首受殘酷。憤憤憤。怨怨怨。革命軍。張旗鼓。

君長掘深營。小民戰逃境。小民如犀牛。甘受屠人令。槍林炮雨小民當

（四）重賦繁科小民病。夢夢夢。醒醒醒。倒吾戈。去革命。

真民

《秩序》插图一

富貴貧賤之秩序咄!!!

《秩序》插圖二

《秩序》插圖三

L'ANARCHISME
世界七個無政府主義家

愛露斯 / 著
真民 / 節譯

L'ANARCHISME

世界七個無政府主義家

「新世紀」叢書 （壹）

（五）千九百八十九年愛爾露斯著 千九百有七年真民卿譯

Auteur FLTZBACHER
Traducteur TSUNMIN

《世界七個無政府主義家》封面

世界七個無政府主義家①

無政府主義

　　主無政府之説者衆矣。然其意見互有不同。故欲知此學派之確狀。非一單簡注解所能達也。必集諸人學説察其同異。逐一推求。庶可得其領要而無失焉。今無政府主義有七派。高德文 godwin② 蒲魯東 Proudhon③ 司梯尔 Stirner④ 巴枯寧 Bakounine⑤ 克若泡特金 Kropotkine 梯于格 Tucker⑥ 道司道 Tolstoj⑦ 是也。

　　在此學中宜研求者有三。曰政府（政府者一司法上之交際也。有一高上强權樹于斯土。）曰法律（法律者司法上之規則也。規則者以衆人監督衆人之行爲者也。）曰產業（產業者一司法上之交際也。從而一人爲某物某物之主。）

---

① "世界七個無政府主義家"，節譯自德國人保羅·埃爾茨巴赫（Paul Eltzbacher，1868—1928）《無政府主義》（Der Anarchismus，1889）一書的法文譯本（L'Anarchisme，1902，O. Karmin 譯）。以下"無政府主義"一節，乃是對保羅·埃爾茨巴赫原著《無政府主義》的簡介，屬譯者前言。
② "高德文 godwin"，即威廉·葛德文（William Godwin，1756—1836），英國作家、哲學家和政論家，邊沁的信徒，理性主義者，無政府主義的創始人之一。
③ "蒲魯東 Proudhon"，即皮埃爾-約瑟夫·蒲魯東（Pierre-Joseph Proudhon，1809—1865），法國政論家、經濟學家和社會學家，小資產階級思想家，無政府主義理論的創始人，第二共和國時期是制憲議會議員（1848）。
④ "司梯尔 Stirner"，即麥克斯·施蒂納（Max Stirner，1806—1856），原名約翰·卡斯帕爾·施米特（Johann Kaspar Schmidt），德國哲學家，青年黑格爾派，無政府主義思想家，著有《唯一者及其所有物》（Der Einzige und sein Eigentum）等。
⑤ "巴枯寧 Bakounine"，即米哈伊爾·亞歷山大羅維奇·巴枯寧（Михаил Александрович Бакунин，1814—1876），俄國無政府主義和民粹主義創始人和理論家。
⑥ "梯于格 Tucker"，即本傑明·塔克（Benjamin Tucker，1854—1939），美國人，個人無政府主義思想家。
⑦ "道司道 Tolstoj"，即列夫·尼古拉耶維奇·托爾斯泰（Лев Николаевич Толстой，1828—1910），俄國批判現實主義作家、思想家、哲學家。

無政府主義

主無政府之說者眾矣然其意見互有不同故欲知此學派之確狀非一單簡注解所能達也必集諸人學說察其同異逐一推求庶可得其領要而無失焉。

今無政府主義有七派。高德文 Godwin 蒲魯東 Proudhon 司梯東 Stirner 巴枯寧 Bakounine 克若泡特金 Kropotkine 梯于格 Tucker 道司道 Tolsto. 是也。

在此學中宜研求者有三。一曰政府。政府者一司法上之交際也。有一高上強權樹于斯土之規則也規則者以眾人之行為者也。二曰產業。產業者一司法上之交際也監督眾人之行為者也。產業從而一人為某物某物之主者有是逐端研求于無政府學說之歷史可見一班。請者可由平心思求參以他家公論（如本叢書名譯者不加評論然一班是為欲去無政府學說歷史至各家短長之得之

者有欲去政府而愛法律產業者若是逐端研求于無政府學說之歷史可見者有抵抗之術也有主激烈者用凶猛之日也有欲並政府法律產業同去之諸家之作用与期望之結果亦不同有主和平者用言語之感化也有主強勁

無政府歷史書影矣其最精詳者當推德法律博士愛樂斯巴氏 ELTZBACHER 之作。名曰 "無政府主義" "l'Anarchisme" 今先譯是書中七家畧史与其學說簡明表。

《世界七個無政府主義家》譯者前言

諸家之作用与期望之結果亦不同。有主和平者用言語之感化也。有主強勁者行抵抗之術也。有主激烈者用凶猛之力也。有欲並政府法律產業同去之者。有欲去政府而變法律產業者。若是逐端研求于無政府學說之歷史可見一班。〔是篇爲攷無政府學說歷史。至各家短長。譯者不加評論。然讀者可由平心思求。参以他家公論（如本叢書2—6①）得之。〕

無政府歷史書夥矣。其最精詳者當推德法律博士<u>愛樂斯巴氏</u> ELTZBCHER② 之作。名曰"無政府主義"。L'Anarchisme。今先譯是書中七家畧史。与其學說簡明表。

高得文③

高得文英經濟家也。生于千七百五十六年。十七歲乃從事于神學。二十二歲爲講教員。逾四載去職。之倫敦。從事著述。卒于千八百三十六年。

高氏不以無政府主義名其學説。然亦不畏忌此名。其爲言曰："無政府主義雖危險。而專制主義尤甚。如無政府之殺人也以百計。則專制之殺人也以萬計。至其效果則不過使社會久于愚陋、無德、与困難而已。故無政府主義不過一時之可畏也。而專制之害則無窮。如任人民之自由。奮怒行險以求伸公理。其勢如江河之決流。固可畏矣。然其勢愈凶而其效愈著。"

高氏所著哲學社會學經濟學等書甚富。其對于政府、法律、產業諸説。詳見于"政治中之公道与其對于衆人之道德与幸福之權力④。"（1）

---

① "本叢書2—6"，指《新世紀叢書》中的《思審自由》、《告少年》、《秩序》、《世界七個無政府主義家》和《無政府主義與共產主義》。
② "愛樂斯巴氏 ELTZBCHER"，"ELTZBCHER"，有誤，應爲 "ELTZBACHER"。"愛樂斯巴氏"，即保羅·埃爾茨巴赫。
③ "高得文"，即威廉·葛德文。
④ "政治中之公道与其對于衆人之道德与幸福之權力"，即 *An Enquiry Concerning Political Justice, and Its Influence on General Virtue and Happiness*，今譯作《政治正義論》。

高得文

高得文英經濟家也。生于千七百五十六年十七歲乃從事于神學二十二歲為講教員逾四載去職之倫敦從事著述。卒于千八百三十六年。

高氏不以無政府主義名其學說然而不畏忌此名其為言曰無政府主義雖危險而專制主義尤甚如無政府之殺人也以百計則專制之殺人也以萬計至其效果則不過使社會久乎愚陋。無德。与困難而已故無政府主義不過一時之可畏也而專制之害則無窮如任人民之自由奮怒行險以求伸公理其勢如江河之汝流固可畏矣然其勢愈凶而其效愈著

高氏所著哲學社會學經濟學等書甚富其對于政府，法律，產業諸說詳見于
"政治中之公道与其對于眾人之道德与幸福之權力。"(1)

蒲魯東

　　蒲魯東法人也。生于千八百有九年。初從事于印刷業。復爲學于巴黎。自千八百四十八年至千八百五十年。出報章多種。無何。因出板事入獄三載。然未嘗休于箸述也。千八百五十二年得免。居于巴黎。復因出板事監禁三載。乃逃居于比京①。時千八百五十八年也。越二歲。得免。乃歸巴黎。卒于千八百六十五年。蒲氏極有力于革命風潮。主張社會与經濟革命。以產業爲盜②云。

　　蒲氏名其學說爲無政府主義。其爲言曰。"何式之政府吾取之耶？如設此問題。今之少年必應之曰共和。——然則此字未能明盡。共和猶公共之事耳。無論何人与何政體。凡理公共之事者皆可謂共和黨。若是則帝王亦共和黨也。——爾爲民政黨乎？——否。——爾爲君政黨乎？——否。——爾爲立憲黨乎？——否。——然則爾爲何黨？——吾爲無政府黨。"

　　蒲氏所著政法經濟諸書甚富。其最要者列下。（1）何爲產業？③（2）經濟讜言④（3）一革命黨之篤信⑤（4）十九世紀革命大義⑥（5）革命公道⑦（6）哲學新理⑧（7）結會要旨⑨。

---

① "比京"，即比利時首都布魯塞爾。
② "以產業爲盜"，指1840年普魯東在《什麼是所有權或對權利和政治的原理的研究》中所提出的"財產就是盜竊"的觀點。
③ "何爲產業？"，即 *Qu'est-ce que la propriété? ou recherches sur le principe du droit et du gouvernement*，今譯作《什麼是所有權或對權利和政治的原理的研究》。
④ "經濟讜言"，即 *Système des contradictions économiques, ou philosophie de la misère*，今譯作《經濟矛盾的體系，或貧困的哲學》，簡作《貧困的哲學》。
⑤ "一革命黨之篤信"，即 *Les Confessions d'un révolutionnaire*，今譯作《一個革命家的自白》。
⑥ "十九世紀革命大義"，即 *Idée générale de la révolution au XIXe siècle*，今譯作《十九世紀革命的總觀念》。
⑦ "革命公道"，即 *Idées révolutionnaires*。
⑧ "哲學新理"，即 *De la justice dans la révolution et dans l'Église*。
⑨ "結會要旨"，即 *Du principe fédératif et de la nécessité de reconstituer le parti de la révolution*。

梯于格

梯于格美無政府黨也。生于千八百五十四年。十八歲習專門蓺學于某邑。Boston①越二載。作英法意之遊。千八百七十七年。襄作某報于某邑。Princeton②明年作"變法叢報"于某邑。New Bedford③千八百八十一年又爲叢報。名曰"自由"④于Boston。于此与葛氏Globe交遊六載。千八百九十二年之紐約。繼出"自由"七日報。

梯氏直名其學說爲"無政府"。其爲言曰。"使吾爲無政府黨有多故。無政府非僅反對政界之魁首也。並反對最上權、制權、政府、號令、強權、以及帝國、王國、政府之作用、管理法。盖無政府字（anarchie）有多種講解。其要義則反對強權。政府。故以之爲名。盖恐他意非盡確。有溷含誤會之弊也。"

梯氏對于政府、法律、產業諸說多見于"自由報"中。編集成書。名曰"一書。一忙者之僅作。無政府哲理叢編⑤"。（1）

道司道

道斯道⑥俄之貴族也。生于千八百二十八年。少孤。從一法人爲學。十四歲時讀福禄特、盧搔⑦諸書。稍長破除宗教迷信。卒成爲道德家。哲學家。

---

① "Boston"，即波士頓，位於美國東北部，馬薩諸塞州首府。
② "Princeton"，即普林斯頓，位於美國新澤西州，普林斯頓大學所在地。本傑明·塔克在普林斯頓大學辦有以出售宣傳個人無政府主義作品爲主的塔克書店。
③ "New Bedford"，即新貝德福德，馬薩諸塞州東南部港口城市。
④ "自由"，即 Liberty，本傑明·塔克主編的宣傳個人無政府主義的雜誌，斷斷續續存在了約20年。
⑤ "一書。一忙者之僅作。無政府哲理叢編"，即 Instead of a Book, by a Man too Busy to Write One: A Fragmentary Exposition of Philosophical Anarchism。
⑥ "道斯道"，即 "道司道"，指列夫·尼古拉耶維奇·托爾斯泰。
⑦ "福禄特、盧搔"，"福禄特"，即伏爾泰（Voltaire, 1694—1778），法國自然神論哲學家、歷史學家和作家，18世紀啓蒙運動的主要代表人物，反對專制制度和天主教。"盧搔"，即讓-雅克·盧梭（Jean-Jacques Rousseau, 1712—1778），法國啓蒙運動主要代表人物，民主主義者，小資產階級思想家，哲學家。托爾斯泰在喀山大學學習期間，閱讀了伏爾泰、盧梭等的著作，其中尤其喜愛盧梭的學說及爲人。

及小説家。年十九歲去大學。圖行有益于鄉民之事。然未能遂其志也。千八百十年①入營伍。無何。爲軍官。越四年辭職。留森彼得堡②。千八百五十七年。爲德法意瑞士之遊。歸居于墨斯哥③。逾二載復爲德法意比之遊。乃識蒲魯東于比都。自千八百六十年道氏鄉居。從事于農業、箸述及鄉民教育。

道氏不名其學説爲無政府主義。伊以爲"無政府乃自由無束之社會。用勁力以達其目的者也"。道氏對于政府、法律、產業三者之説見于以下諸書。其他箸作甚富。不及備錄矣。

（1）誠信④（2）耶經短評⑤（3）吾之崇信⑥（4）何爲⑦（5）生命⑧。

司梯尔

司梯尔德哲學家也。生于千八百有六年。二十歲習文學神學。逾九載去學。往遊德國各地。後重爲學柏林。千八百三十九年。爲女子小學教習。居此職十一年之久。千八百五十六年。卒于柏林。

司氏不以無政府主義名其學説。司氏之説乃純然哲理也。司氏排"應爲"。其言曰。"人之應爲即人之能爲！何爲應爲？不能過其能爲！何爲能爲？不能過其力也！人無能使令者也。不能責以應爲也。如動植物然。若其有力。則其力必生動而現于外。因物如不死。無時不生動發揚。如其停守無爲。則非生矣！人可高聲呼曰用力！此仍應爲之意耳。此語何益？人

---

① "千八百十年"，有誤，應爲"千八百五十一年"。1851 年 4 月，托爾斯泰隨同服軍役的長兄尼古拉赴高加索，以志願兵的身份參加襲擊山民的戰役，後作爲四等炮兵下士在高加索部隊中服役兩年半，晋升爲準尉。
② "森彼得堡"，即聖彼得堡。
③ "墨斯哥"，即莫斯科。
④ "誠信"，即 *Confession*，今譯爲《懺悔錄》。
⑤ "耶經短評"，即 *Courte dissertation sur l'Evangile*。
⑥ "吾之崇信"，即 *Ma croyance*。
⑦ "何爲"，即 *Que faire*，今譯爲《到底怎麼辦》。
⑧ "生命"，即 *De la vie*，今譯爲《復活》。

如有力則無時不動作。"……（應爲今譯作義務）

司氏著作數種。多系哲學。其對于政府、法律、産業諸説。見"獨一與獨一之性質①"。

巴枯寧

巴枯寧俄革命黨也。生于千八百十四年。二十歲入森彼得堡陸軍校②。次年爲軍官。無何退職。遊學柏林。從此奔走四方。在巴黎與蒲魯東輩遊。歸俄不堪政府壓制。重来法。從事報章。千八百四十七年。于演説中痛抵③俄廷。因此見逐。明年于革命後重返巴黎。更于歐洲諸方。運動革命之舉。鼓吹社會主義甚力。先後被囚于普。奧。俄。西伯里④。千八百六十五年從西伯里假道日本。北美。逃于英。爲某報主筆。後居瑞士。千八百六十九年爲"萬國勞働會"⑤員。因欲行其意旨。致与馬克司 Marx⑥有隙⑦。無何。創立"萬國社會黨"⑧。以平等級。平男女。共地産財物。去政府。覆強權。爲宗旨。千八百七十年。巴氏与其友謀共産革命于里昂。未就。越二年。會于荷京⑨与馬氏分離⑩。巴氏創 Jurassienne

---

① "獨一與獨一之性質"，即《唯一者及其所有物》。
② "二十歲入森彼得堡陸軍校"，此説有誤。巴枯寧 1829 年十五歲時入聖彼得堡炮兵學校學習，1833 年畢業，獲得準尉軍銜，被派往立陶宛服役。
③ "痛抵"，有誤，應爲"痛詆"。
④ "西伯里"，即西伯利亞。
⑤ "萬國勞働會"，即國際工人協會（International Workingmen's Association），後稱第一國際。
⑥ "馬克司 Marx"，即卡爾·馬克思（Karl Marx，1818—1883）。
⑦ "致与馬克司 Marx 有隙"，1869 年第一國際巴塞爾大會上，巴枯寧要求把廢除財産繼承權問題列入會議議程，受到了馬克思主義者的批判。
⑧ "萬國社會黨"，即國際社會主義民主同盟，1868 年 10 月在日内瓦建立，該組織的核心是巴枯寧直接控制的秘密團體"國際兄弟會"，同盟宣布把無神論、階級平等和取消國家作爲自己的活動綱領，得到意大利、瑞士和其他當時工業不發達國家的部分工人的支持。
⑨ "荷京"，有誤，1872 年第一國際第五次代表大會的召開地海牙是荷蘭中央政府所在地，但不是首都。
⑩ "會于荷京与馬氏分離"，1872 年第一國際海牙大會期間，巴枯寧及其黨羽繼續從事分裂活動，被開除出第一國際。

會①。此無政府黨發達之始也。千八百七十六年巴氏卒于瑞京②。（巴氏乃共產口義③家。而表中列其爲集產主義家。盖彼時共產主義名爲集產主義。此一歷史沿革之問題耳。）

　　巴氏名其學説爲無政府主義。其爲言曰。"吾輩拒絕一切法律。及一切強權。不能因保少數人之私利而害大衆之公益。此吾輩所以爲無政府黨之意也。"

　　巴氏所箸最要者爲（1）上和平自由會之意見書④（2）萬國社會黨會約⑤（3）上帝與國家⑥。

克若泡特金

　　克氏俄之革命黨也。生于千八百四十二年。其家俄之古貴族也。克氏幼時肄學于森彼得堡。長爲西伯里軍官。有年。于波蘭之役⑦去職。而從事科學。更爲地理學會書記⑧。千八百七十二年。有瑞士德意志之遊。遂入"萬國勞働會"。Association internationale des travailleurs 返國後。遂以鼓吹革命爲事。千八百七十四年被逮。後逃于英。由英之瑞士。遂逐法無政府黨之

---

① "Jurassienne 會"，即汝拉聯盟（Fédération jurassienne），第一國際期間巴枯寧主義者在汝拉山區建立的聯邦主義和無政府主義制度實驗區。
② "瑞京"，指伯爾尼（Bern），瑞士首都。
③ "口義"，"義"前空缺一字，當作"主義"。
④ "上和平自由會之意見書"，即 *Fédéralisme, socialisme et antithéologisme.Proposition motivée au Comité central de la Ligue de la paix et de la liberté*. 今譯作《聯邦主義、社會主義和反神學主義。向和平和自由同盟中央委員會提出的説明理由的建議》。
⑤ "萬國社會黨會約"，即 *L'Alliance de la démocratie socialiste et l'Association internationale des travailleurs*。
⑥ "上帝與國家"，即 *Dieu et l'Etat*。
⑦ "波蘭之役"，指1863年初爆發的波蘭人民反對沙俄民族壓迫和封建專制的民族民主革命。主要領導者爲代表小資產階級和小貴族利益的"紅黨"，主要領導人有東布羅夫斯基、巴德列夫斯基等。次年夏被沙俄鎮壓。
⑧ "更爲地理學會書記"，克魯泡特金擔任的是俄國地理學會自然地理分會秘書。後來俄國地理學會任命他爲秘書時，被其拒絕。

風潮。作"革命報"①。極箸于倫敦之該黨大會。後被逐于瑞士。乃之法。因里昂暗殺案株連。罸入監五載。後居英。

克氏名其學說爲無政府主義。伊反對强權。故先即以四字爲名。盖因無政府有擾亂不經之意。故避之。後乃認此名而釋其古誼。曰"乃無强權也。非擾亂也。"無何乃直受其名。曰"無政府之名誼反對今世之劣秩序。以求人生最光美之佳時。是名也豈不美哉。"克氏箸作甚富。擇要錄之。（1）無政府共產主義②（2）麪包畧取③（3）無政府的道德④（4）無政府主義在社會主義進化中⑤（5）無政府主義。其哲理。其意想⑥（6）監獄⑦（7）新世紀⑧（8）革者之言⑨（9）革命研求⑩（10）將來之世紀⑪。[克氏對于政府。法律產業。意見多見（2）（8）]

---

① "革命報"，指 1879 年克魯泡特金在瑞士日内瓦創辦的法文報紙《反抗者》。他 1879—1882 年在該報發表的文章，後來結集爲《一個反抗者的話》。
② "無政府共產主義"，即 Anarchist Communism。
③ "麪包畧取"，即 La Conquête du pain，今譯作《麵包的征服》或《麵包與自由》。
④ "無政府的道德"，即 La Morale anarchiste。
⑤ "無政府主義在社會主義進化中"，即 L'Anarchie dans l'évolution socialiste。
⑥ "無政府主義。其哲理。其意想"，即 L'Anarchie. Sa philosophie —son idéal。
⑦ "監獄"，即 Les Prisons。
⑧ "新世紀"，即 Les Temps nouveaux。
⑨ "革者之言"，有誤，應爲"革命者之言"，即 Paroles d'un révolté，今譯作《一個反抗者的話》。
⑩ "革命研求"，即 Revolutionary Studies。
⑪ "將來之世紀"，即 Un siècle d'attente. 1789—1889。

GODWIN
高得文

1. An enquiry concening[①] political justice and its influence on general virtue and happines[②].

PROUDHON
蒲魯東

1. Qu'est-ce que la Propriété.

2. Contradictions économiques.

3. Confessions d'un révolutionnaire.

4. Idée générale de la Révolution au XIXe Siècle.

5. De la Justice dans la Révolution et dans l'Eglise[③].

6. Du principe fédératif et de la nécessité de constituer[④] le parti de la Revolution.

TUCKER
梯于格

1. Instead of a book by a man tov[⑤] busy to write one. A fragmentary

---

① "concening"，有誤，應爲"concerning"。
② "happines"，有誤，應爲"happiness"。
③ "l'Eglise"，當爲"l'Église"。
④ "constituer"，有誤，應爲"reconstituer"。
⑤ "tov"，有誤，應爲"too"。

exposition of philosophical anarchim[①].

TOLSTOJ
道司道

1. Confessions.

2. Courte dissertation sur l'Evangile.

3. Ma croyance.

4. Que faire.

5. De la vie.

STIRNER
司梯爾

1. Der Einzige und sien Eigenthum[②].

BAKOUNINE
巴枯寧

1. Fédéralisme, socialisme et antithéologisme dans Michel Bakounine.

2. L'Alliance de la démocratie socialiste et l'association internationale des travailleurs.

---

① "anarchim",有誤,應爲"anarchism"。
② "sien Eigenthum",有誤,應爲"sein Eigentum"。

3. L'empire Knontagermanique et la revolution sociale.①

Dieu et Etat.②

KROPOTKINE
克若泡特金

1. Anarchist communim③.

2. La conquête du pain.

3. La morale anarchiste.

4. L'anarchie dans l'éyolution④ socialiste.

5. L'anarchie. Sa philosophie—son idéal.

6. Les prisons.

7. Les temps nouveaux.

8. Paroles d'un révolté.

9. Revolutionary studies.

10. Un siècle d'attente.

---

① "L'empire Knontagermanique et la revolution sociale"，有誤，應爲"L'empire Knonto-germanique et la révolution sociale"。
② "Dieu et Etat"，有誤，應爲"Dieu et l'Etat"，即《上帝與國家》。此處應當單獨編序號。
③ "communim"，有誤，應爲"communism"。
④ "l'éyolution"，有誤，應爲"l'évolution"。

ANARCHIE & COMMUNISME

無政府主義與共產主義

克非業 / 著
真民 / 譯

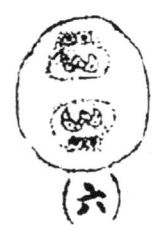

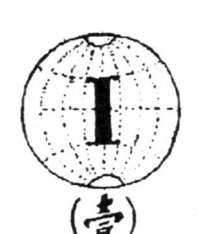

《無政府主義與共產主義》封面

無政府主義與共產主義

自由平等二者爲**革命**之要點。今昔革命黨之意見均不外此。雖然此二佳詞恆爲狡者假之而爲利用之器。遂有真贗不符。故吾輩于二者之旁更附二詞以定其確切價值。使無溷含之弊。"**自由**即**無政府**也。**平等**即**共產**也。"

（一）在今日之社會。**無政府**爲破壞強權者也。在來日之社會。則爲阻重建強權者也。亦爲保護箇人之自由也。凡箇人之生長。隨其所需。從其所欲。凡人之聯結隨各人之自由推合而及于一方。由一方而及于一境。由此類推。以至于推諸境而及于一國。推諸國而爲大同。

（二）在今日之社會。**共產主義**亦與衆挑戰者也。然不在破壞強權。而在取全球之富源置諸公共。在來日之社會。則共產爲衆人之享受。即"各盡其所能。各取其所需"。

凡世間之富源爲衆人所同有。共致之而共享之。甲地之人公用甲地之土地器械房屋。如有乙地之人至于斯土。其享用與衆同。如甲地之人至于乙地。亦若是。

或問曰共產主義果可行乎？吾能有物品足以供衆之取求。而無懶惰之虞乎？吾答曰。"各取其所需"之意必可行。因來日之社會。物產豐盈。無須限制取求。亦無工作不及之慮。有三故以証明之。

物產將來之豐盈、賴各種事務發達之協助一也。賴新機器之發明二也。

賴減少有損無益之製品以節省機力、器械、工作、物料三也。

"一人之損他人之利。"此競爭之原理。而資本家以爲攻擊之要術也。由是國与國競。一方与一方競。人与人競。此人得之則他人失之。甲之工業興。則乙之工業敗矣。

資本主義乃"各謀己利。排擊他人"。社會主義則"各圖公益。衆濟箇人"。若去資本主義而代之以社會主義。是不相爭而反相助。不相仇而反相友。其時物產之澎漲。猶可預料乎？

今吾輩以爲極發達之機器。与將來之社會較猶微乎其微。今机器之所以不能大興。爲資本家之利心所致。故恆有若干机器因工家無力購取。遂使棄置于無用。蓋資本家寧使其空閒無以利己。而不甘使其有益于人。乃惟利是圖。而不憐同類工作之苦。顧煤礦公司有圖工人之便利。不惜重價而購最良之入井机者乎？顧城董局有因工人之勞而用破石之机者乎？（鋪路之石）更有許多有益人生之新發明不見施諸實用者。亦無非因其不適于資本家之經濟問題而已！（參觀告少年講工藝的聽者。○今日所謂文明進步。藝術發達。其實還是爲得謀利。那有益人生的事反到忽畧。若曉得這事愚謬。便懂了這共產主義的完美。与那社會革命是不可緩的事了。）

總之机力、器械、物料、三者之浪費今其極矣。因人以之造無用之物。甚至造殺人之物。今此三者費之于軍備者幾何。如戰艦也。砲台也。軍械也？費之于奢華無益之物又幾何？若移此三者盡用之于人生正當之工藝。其物產之澎漲。不可知乎？

由此可見共產主義能施諸實行者也。可聽其各取所需。因所產必足供衆也。亦無勞問工作者之惰否。因無貧困之可慮也。賴物產之豐盈。工作之輕易。則勞働之苦惱變而爲游藝之幸福矣。

吾非僅謂共產爲可行。且謂其爲必須行。若已將物產与器械置諸公共。

無政府主義與共產主義

而仍準箇人之購取。則錢不能癈。錢不費①則有營富不均②之事出。而平等從此失。盖富者勢力高過他人。非在平行之地故也。承此而嗣産之事又見。或謂嗣産遺傳不足爲患。吾輩深謂不然。因箇人之積蓄非徒起人之不平等。而且工作之不平等。于是工作乃有高卑貴賤之分。高貴者富者享之。卑賤者貧者負之。此則不能從其志願所欲爲。而以其謀生之難廹之從事于某業某業。〔克氏曰。"婦女售身以哺其子。稚兒入廠爲苦工。"（秩序）此豈其志願所欲。不得已耳。而他人仍罵之曰"下流！"〕而强者爲利所誘。設法而攫取之。于是有勤惰、功過、善惡之分。而賞罰從其後。于是有法律、有司法人、有監獄、此皆致亂之由。不公之至也。（君長無非民賊。而人民稱其德。史傳記其功。小民困死無訴。或爲盜以延其生。事覺則立正典刑。名辱身死。世事不公之如此類者不可勝道矣。）

昔吾輩自稱集産主義。盖以別于箇人主義。与共産專制主義而言也。究其實吾輩爲共産自由主義也。吾之所謂集産。盖謂將物産均歸公共。無分彼己。非如今人之所謂集産也。

有名爲社會黨者其爲言曰。"有日用之物。有生財之物。日用之物爲箇人之所需。如衣食房屋之類。至生財之物爲人用之以生財者也。如工廠、机器田地之類。又謂日用之物爲箇人所需。故應授于箇人。至生財之物則應歸集有。"此集産主義。

吾不能不爲之問曰。"何故以燃機鑪之煤、膏機器之油、爲集有物。而不以食我之肉、調菜之油、爲集有物乎？何故以養牛馬之牧塲棚厩爲集有物。而不以居人之園屋爲集有物乎？其眞理何在？"（物産散則得利難。集則得利易。故集産主義勝于个人主義。乃營私經濟之問題。而非社會公道之問題也。——以多小産集而爲大産。産仍属于多人。誠稍勝于少數人獨有大産。然無産者仍不得而有之。此仍補救之方。而非清

---

① "不費"，有誤，應爲"不癈"。
② "營富不均"，有誤，應爲"貧富不均"。

源之作。——惟共産全歸公有。各盡所能。各取所需。其光明自非他主義所能比也。）

爲是言者亦非望其實行。無非爲主張物産授于箇人者之助耳。無非欲以緩革命之熱心耳。殊不知正以此説喚醒我也。是猶勸我毅然爲共産黨也。

總之**共産主義**之必行殆無可疑。第難者又云。"出産不足供各人之所需。必須有限制。有分給之法。分給當準于各人之工作。"

吾應之曰。即使須有限制。亦用共産主義。然此限制不本其功績。而本其所需。姑以一家譬之。一家者即一小共産也。雖其爲專制共産。而非自由共産。然于此其理無異。

譬如一家之父日獲五圓。長子三圓。次子二圓。幼子一圓。所獲皆授於母。母供其食。父子兄弟之所獲不同。至用餐則隨其食量而爲多寡。無有限制。且幼子作工雖少。食量恆佳。老母終日無爲。反享美食。由此而知分授不論功績。取用本其所需之已實行。来日世界一家。何有異于此乎？

于此問題中可論述者多矣。其詳已經若克吕①克若泡特金諸同志言之。兹不復及。總之**無政府**与**共産**二者不可須臾離也。**無政府**即**真自由**。**共産**即**真平等**。此二者皆**革命**之要點也。

---

① "若克吕"，即埃利澤・雷克吕斯（Elisée Reclus，1830—1905），法國無政府主義者，與其兄米歇爾・雷克吕斯（Michel Reclus，1827—1904）發起"公道合作社"，出版《聯合－法國内外合作社機關報》(L'Association, Bulletin des Coopératives Françaises et Étrangères) 月刊，主張平民互助，曾爲克魯泡特金《麵包的征服》法文版作序，著有《人與地》。

《新世紀叢書》巴黎本編者說明

萬仕國　編校

1. 底本描述

《新世紀叢書》是1907年由巴黎新世紀社編輯出版的一套宣傳無政府主義理論的叢書，原擬出版7個小冊子作爲第一集[1]，但在印出6個小冊子後，因爲清政府的查禁，被迫中斷。已經出版的6册，包括《革命》《思審自由》《告少年》《秩序》《世界七個無政府主義家》《無政府主義與共産主義》。除《革命》外，其餘5册均爲譯作，譯者均爲"真民"（TsunMin，即李石曾）。現將上海圖書館館藏巴黎本《新世紀叢書》介紹如下。

《革命》一册，封面正中題書名，上端題法文"LA RÉVOLUTION"，下端署"Par：TSUNMIN"；右側標"Ⅰ（壹）'新世紀'叢書"，左側標"1（一）千九百七年真民著"。封二爲《體操比力具》漫畫及文字説明，次爲扉頁，再次爲叢書序號頁，書"1"字。正文8頁，爲毛筆手抄製版印刷。正文標題下有"何爲革命？何故革命？何法革命？"一行，揭示全書大綱。書末另有漫畫4幅，單獨計頁。

《思審自由》一册，封面正中題書名，上端題法文"LIBRE EXAMEN"，下端署"Auteur：PARAF JAVAL"和"Traducteur：TSUNMIN"；右側標"Ⅰ（壹）'新世紀'叢書"，左側標"2（二）千九百一年巴若夫著，千九百有

---

[1] 巴黎本《新世紀叢書》每册封面均標有"Ⅰ（壹）'新世紀'叢書"，説明其均爲《新世紀叢書》的第一集。

七年真民譯"。封二排印諷刺文字，上橫書"害世堂良方"，下則自右至左書："造官靈方"，"懶蟲　滑鬼　狼心　狗肺"和"尖頭　巧嘴　狐媚　虎威"，"各十分"；"金銀禮物無限""洋務皮毛半分""革命黨頭顱數枚"，下大書"引"字。次爲扉頁，再次爲叢書序號頁，書"2"字。正文14頁（含目錄1頁），各章單獨成頁，不接排。正文均爲毛筆手抄製版印刷。

《告少年》一册，封面正中題書名，上端題法文"AUX JEUNES GENS"，下端署"Auteur：KROPOTKINE"和"Traducteur：TSUNMIN"；右側標"Ⅰ（壹）千八百八十年克若泡特金著，千九百有七年真民譯"，左側標"3（三）'新世紀'叢書"，左右側所標內容與其他各册相反，當是誤書。封二排印諷刺文字，上橫書"禍民堂良方"，下自右至左書"帝王延壽湯"，"忠君　愛國　守法　感恩"，"安分　守己　尊尊　長長"，"高官　厚祿　罰過　獎功"，"各十分"。次爲扉頁，再次爲叢書序號頁，書"3"字。正文18頁，毛筆手抄製版印刷。

《秩序》一册，封面正中題書名，上端題法文"L'ORDRE"，下端署"Auteur：KROPOTKINE"和"Traducteur：TSUNMIN"；右側標"Ⅰ（壹）'新世紀'叢書"，左側標"4（四）千八百八十年克若泡特金著，千九百有七年真民譯"。封二爲諷刺漫畫《請看大演藝》。次爲扉頁，再次爲叢書序號頁，書"4"字。正文5頁，毛筆手抄製版印刷，後附《富貴貧賤之秩序咄！！！》漫畫3幅。

《世界七個無政府主義家》一册，封面正中題書名，上端題法文"L'ANARCHISME"，下端署"Auteur：ELTZBACHER"和"Traducteur：TSUNMIN"；右側標"Ⅰ（壹）'新世紀'叢書"，左側標"（五）千八百八十九年愛露斯著，千九百有七年真民節譯"。封二排印諷刺文字，內容及版式與《思審自由》封二同。次爲扉頁，上幷排題"無政府""共產"，下大

書 "主義" 二字，與封面不合，而與《新世紀叢書》第六種《無政府主義與共產主義》扉頁相同，疑是誤裝。再次爲叢書序號頁，書 "5" 字。其次爲譯者前言，介紹保羅·埃爾茨巴赫所著的《無政府主義》，無頁碼；其次爲正文7頁，爲毛筆手抄製版印刷。末排印七家主要著作目錄（計2頁，無頁碼），與正文所舉各家著作基本相對應。譯者前言所稱 "學説簡明表"，晦鳴學舍排印本有，而上海圖書館藏巴黎本無，疑此藏本有缺頁。

《無政府主義與共產主義》一册，封面正中題書名，"無政府"與"共產"并列，下書"主義"二字，爲 "無政府主義與共產主義" 的簡略寫法，扉頁同。封面上端題法文 "ANARCHIE & COMMUNISME"，下端署 "Auteur：CAFIERO" 和 "Traducteur：TSUNMIN"；右側標 "Ⅰ（壹）'新世紀'叢書"，左側標 "（六）千八百九十九年克非業著，千九百有七年真民譯"。封二爲漫畫，内容及版式與《革命》封二同。次爲扉頁，再次爲叢書序號頁，書 "6"。其次爲正文，計6頁，正文標題爲全稱 "無政府主義與共產主義"，毛筆手抄製版印刷。

此叢書的抄寫者爲李石曾。據褚民誼回憶："猶憶千九百零七年，中國印書局草創之際，印字機尚未布置就緒，石曾先生爲急於出版其所譯之《告少年》《思審自由》《一革命者之言》等刊物，不惜親自繕寫，焚膏繼晷，宵分不寐，製成鋅版，付之石印。時巴黎正值隆冬，寒氣極重，石曾先生之手指，全生凍瘡，腫大如萊菔，而曾不少惜。"[①]

2. 新世紀社及其主要參與者

新世紀社由張静江出資、李石曾等開辦於巴黎，1907年6月22日創辦

---

① 褚民誼. 歐游追憶録[M]. 上海：中國旅行社，1932：62.

《新世紀》周刊[①]，以傳播巴枯寧、克魯泡特金的無政府主義學說爲重點，宣傳自由、平等、博愛、大同、公道、真理、改良、進化，社址設在巴黎布羅卡街4號（4，Rue Broca，Paris），與法國無政府主義者讓·格拉佛所發行的機關報《新世紀》（*Les Temps Nouveaux*）在同一處。該社在編輯出版《新世紀》周刊的同時，還編輯出版了《新世紀叢書》和《新世紀雜刊》[②]等。其主要成員有張靜江、李石曾、吳稚暉、褚民誼等。

張靜江（1877—1950），原名人傑，祖籍安徽，出生於浙江吳興富商家庭。幼時，其父張廷甫爲其捐二品候補道台銜，1901年赴北京補實缺，結識李石曾。1902年，孫寶琦出任清政府駐法公使，張靜江、李石曾以隨員身份赴法。張靜江充任使館商務隨員，同時經營其父出資創辦的通運公司，在上海、巴黎間經營古玩、茶葉、絲綢等貿易，并在紐約開辦分公司。旅法期間，結識歐洲無政府黨學者，接觸到蒲魯東、巴枯寧、克魯泡特金等的學說。1905年，在倫敦結識吳稚暉。冬，吳稚暉來巴黎。1906年，張靜江與李石曾、吳稚暉等組織世界社，專門從事社會革命與政治革命研究，與法國無政府主義者關係密切。同時，在巴黎設立印字局，印刷無政府主義小册子。1906年，又結識孫中山。此後，張靜江爲同盟會活動提供經費，得到孫中山的信任，多次經管中華革命黨、國民黨的經濟事務。1915年後，與戴季陶、蔣介石等在上海創辦證券物品交易所，亦政亦商。1924年中國國民黨第一次全國代表大會期間，張靜江是主席團成員，後又被選爲中央監察委員。孫中山逝世後，積極參與策劃一系列反對中國共產黨的活動。

[①] 《新世紀》周刊第1—52號爲單張4版報紙形式，自1908年6月27日第53號開始改爲書册形式。該刊自稱"本報"，今統稱爲"周刊"。
[②] 《新世紀雜刊》共五卷，第一卷《萍鄉革命軍與馬福益》，第二卷《中國炸裂彈與吳樾》，第三卷《上海國事犯與鄒容》，第四卷《廣東撫台衙門與史堅如》，第五卷《湖南學生與禹之謨》，編著者爲陸沈。

1930年後，因四肢癱瘓，逐漸脫離政界。抗日戰爭全面爆發後，經香港赴歐洲，後移居紐約，1950年病逝。

李石曾（1881—1973），名煜瀛，以字行，河北高陽人。父親李鴻藻曾任清政府吏部尚書、禮部尚書、總理各國事務衙門大臣等職，反對洋務運動，曾名重京師。李石曾1902年由其父介紹，以隨員身份隨駐法公使孫寶琦赴法，1903—1906年在蒙達頓莪農業實驗學校學習，畢業後又入巴斯德學院、巴黎大學從事生物學研究。他從保羅·雷克呂斯（Paul Reclus，1858—1941，米歇爾·雷克呂斯之子）那裏了解到克魯泡特金的互助論、拉馬克（Jean-Baptiste Lamarck，1744—1829）的生物互助并存論、居約（Jean-Marie Guyau，1854—1888）的自然道德論等學説，并很感興趣。1905年冬，邀請吴稚暉（李鴻藻的門生）來巴黎。1906年，與張靜江、吴稚暉創辦世界社，次年成立新世紀社，發行《新世紀》周刊，編輯《新世紀叢書》等，并以"真民""真"等筆名撰文，介紹西方無政府主義理論，批判封建倫理思想，關注女性解放。1907年，李石曾在巴黎開設遠東生物學研究會，附設研究室，研究大豆食品；1908年又在巴黎郊區的白鴿城（Colombes）開設豆腐工廠，改進并推廣豆製品製造，嘗試勤工儉學。1912年，與汪精衛、張靜江、吴稚暉、褚民誼等發起成立"留法儉學會"，與蔡元培等建立進德會，與唐紹儀、宋教仁等創辦社會改良會。中華民國時期，參加國民黨政治活動，在報刊發文，宣傳無政府主義與三民主義相合，主張無政府主義者與國民黨人聯合反對共產黨。1949年後赴瑞士，1956年定居臺北，直至病逝。

吴稚暉（1865—1953），名敬恒，以字行，江蘇武進人。1901年春留學日本，同年冬回國，至廣東籌備廣東大學堂。1902年再赴日本，暑假期間因領導留學生運動，被日本警察驅逐出境，由蔡元培護送回上海，參與創辦愛國學社。1903年"蘇報案"發，因被懷疑向清政府告密，出走香港，後至倫敦，接觸到無政府主義學説，并積累了一些勤工儉學的經驗。1905年冬，由曹亞伯介紹，加入同盟會，并接受李石曾邀請赴法，共同籌畫發展勤工儉學計畫。1907年創刊《新世紀》後，吴稚暉負責排字、印刷等工作，并以"燃""燃料""夷"等筆名撰寫文章，致力於宣傳科學主義、世界語，注重對清政府的批判，筆調辛辣。1924年，吴稚暉出席中國國民黨第一次全國代表大會，當選爲中央監察委員。孫中山逝世後，積極參與反對中國共產黨的活動。1953年病逝於臺北。

　　褚民誼（1884—1946），原名明遺，字重行，浙江吴興人。1903年，赴日本留學。1905年前後，隨張静江赴法國，參加李石曾創辦的豆腐工廠勤工儉學活動，開始接受無政府主義學説。1907年創辦《新世紀》時，參加編輯、排字、印刷、出版等工作，并以"千夜"等筆名撰寫文章，提倡社會革命，貶低政治革命，反對國粹主義。辛亥革命後，主要從事政治活動，不再宣傳無政府主義。全民族抗戰初期，與汪精衛一道叛逃，1946年在蘇州被處死。

3.《新世紀叢書》巴黎本作者簡介

　　《新世紀叢書》巴黎本第一册《革命》的作者李石曾，其簡介已見前。

　　《思審自由》的原著者"巴若夫"，即帕羅夫-賈瓦爾（Paraf-Javal），是喬治·馬蒂亞斯（Georges Mathias，1858—1941）的别名，法國個人無政府主義者，自然科學教授，版畫藝術家，作家。早年堅持組織"大衆演講"，1901年出版《思審自由》（*Libre Examen*）。1902年12月參與發起反軍備主義聯盟，1904年6月在阿姆斯特丹成立國際反軍備主義協會（Association

Internationale Antimilitariste，AIA）時辭職。1905年創辦《無政府主義》（*L'Anarchie*）周刊。後來參加法國共濟會活動。

《告少年》和《秩序》的原著者"克若泡特金"，即彼得·阿列克謝耶維奇·克魯泡特金（Пётр Алексеевич Кропоткин，1842—1921），俄國革命家、文學家和地理學家，"無政府共產主義"創始人。出生於俄國貴族家庭，父親世襲親王。15歲時，入聖彼得堡士官生學校。1862年，參加西伯利亞的"黑龍江哥薩克騎兵隊"，深入黑龍江、松花江流域，擔任地圖繪製工作，獲俄國地理學會金質獎章。1867年，入聖彼得堡大學學習。1869年當選俄國地理學會委員，次年任自然地理部秘書。1872年，赴西歐旅行，接受無政府主義影響，回國後參加柴可夫斯基小組，1874年被捕入獄。1876年，在友人的幫助下順利出逃，流亡歐洲，逐步形成以互助論爲基礎的"無政府共產主義"。1917年6月回國，專心寫作。1921年病逝。

《世界七個無政府主義家》的原著者"愛露斯"，即保羅·埃爾茨巴赫（Paul Eltzbacher，1868—1928），猶太裔德國人，無政府主義者。1889年，出版《無政府主義》（*Der Anarchismus*，1902年由O. Karmin譯爲法文*L'Anarchisme*）。1890—1895年，在科隆和法蘭克福地區法院任初級律師。1895年獲得博士學位，1906年任柏林商學院法學教授。第一次世界大戰後，擁護布爾什維克主義，1919年發表《布爾什維克主義與德國的未來》（*Der Bolschewismus und die deutsche Zukunft*），認爲采用布爾什維克主義最符合德國利益，被《德國日報》（*Deutsche Tageszeitung*）稱爲"民族布爾什維克主義者"。

《無政府主義與共產主義》的原著者爲"克非業"，即卡洛·卡菲埃羅（Carlo Cafiero，1846—1892），意大利工人運動的參加者。1870年在倫敦結識馬克思和恩格斯，參加第一國際。1871年5月回到意大利，恢復國際那不勒斯支部，執行總委員會的路綫，并同恩格斯通信。自1872年起轉向無政府主義立場，與巴枯寧建立個人聯繫，成爲意大利無政府主義組織的領導人之一，參加1874年在伊莫拉、1877年在本尼凡托的無政府主義者武裝行動組織工作。19世紀70年代末，又逐步抛弃無政府主義。1879年用意大利文出版了《資本論》第一卷節寫本，受到馬克思的好評。1882年被捕，在監禁期間患上了精神病。

4.《新世紀叢書》巴黎本的主要内容

《革命》是李石曾的自著，該文從無政府主義立場出發，針對當時社會關注的重點問題，圍繞"何爲革命"、"何故革命"和"何法革命"三個大的方面，分別論述了八個方面的具體問題：①政治革命爲權輿，社會革命爲究竟；②非難者謂中人無革命之資格；③非難者畏革命致瓜分；④社會革命爲二十世紀之革命，爲全世界之革命；⑤非難者謂中國無行社會主義之資格；⑥非難者恐社會主義有不利於本國；⑦革命之大義；⑧革命之作用。作者認爲，"革命"是一個不斷進化的過程，就當前而言，革命就是誅專制政府，"平尊卑，均貧富"，"使大衆享平等幸福，去一切不公之事"。因此，政治革命與社會革命是革命的兩個不同階段，政治革命是革命的起點（"權輿"），社會革命才是革命的目標（"究竟"），是新世紀的革命，是全世界的革命。國家是帝王借謀自私的一個幌子，政府是少數人獨據大權的一種手段。所以，革命的目標是"自由（去强權）、平等（共利益）、博愛（愛衆人）、大同（無國界）、公道（不求己利）、真理（不畏人言）、改良（不拘成式）、進化（更革無窮）"，其手段則是"書説（以感人）、抵抗（以警誡）、結會（以合群施畫）、暗殺（去暴以伸公理）、衆人起事（以圖

《新世紀叢書》巴黎本編者説明

大改革)"。關於革命與"排滿"、政治革命與社會革命,作者指出:"排滿誠革命之一端,而不足以盡革命。""與其言排滿,不若言排皇。""排皇不過政治革命,猶不足以盡革命。至社會革命,始爲完全之革命。"因此,"社會革命必自傾覆強權始,傾覆強權必自傾覆皇帝始",而要"養成自由國民之資格,必自革命始"。針對革命招致瓜分的憂慮,作者指出:"吾只求傾覆政府以伸公理而已,何畏于瓜分乎?""即使果有瓜分之事,亦必革命。因今政府之害民,尤甚于瓜分之禍故也!"如果没有革命的精神,"此時即是奴隸,又何待瓜分之後乎?"

《思審自由》譯自帕羅夫-賈瓦爾1901年所著的 *Libre Examen*,内容包括:①進化,②上帝,③祖國,④政治,⑤權,⑥強權,⑦產業,⑧結婚,⑨理想,⑩成見。譯者認爲,本册"名以'思審自由',即求真理之意也",其要旨在於"抑上帝、祖國、私產、強權、專制,而尚人道、自由、共產與無政府主義"。譯者以注釋和"伸論"的形式進一步闡發"去宗教""去祖國""去政府""去強權""去私產""去婚姻"等觀點,認爲:人類是社會進化的主體和動力,"由專制而向于自由,由自私而至于大同",最終實現無政府社會,這是社會進化的必然結果。宗教"專尚迷信,以禍福爲作用之術,鑄成愚惑畏懼之性",所以,要實行社會革命,"必破宗教之説","研求科學"。在有政府的社會,"祖國主義即是用平民之財命以致富貴者之安寧而已","保祖國即保富貴者之安榮之别稱"。只有"以大衆和平爲念","圖世間所有平民之安寧",實行"反對祖國"主義,才符合人道。譯者強調"排斥資本家"的共產主義與"排斥政府"的自由主義相表裏,"二者必同施而不能獨行"。譯者把"經濟革命"與"社會革命"視爲同一概念,認爲只要實行了無政府共產主義,"私產去而公產成,凡人皆有分矣,則無所用其競争,亦無所用其侵犯,自無所用其保護"。婚姻"純是生理上之問題,而絕無道德上之關係",所以"自當專以愛情爲主",實行"自由配合",他人無權干涉。宗教"以崇信爲利器","尊君愛國主義之作用,亦以崇信爲利器",都是"奸而強者用以戕賊愚而弱者之具"。所以,凡事必須以真理辨是非。

《告少年》和《秩序》節譯自克魯泡特金《一個反抗者的話》第六章和第九章。兩次翻譯同一作者的作品,這在《新世紀叢書》中是個特例,表現出新世紀社同人對克魯泡特金學說的特別關注。在《告少年》中,針對貧民住宅"空氣也不透,日光也莫有"的現狀,譯者指出:"空气、日光本是人人有分的,然而有些窮人還是得他不著,這可以算不平等、不公道極點了。"針對貧民犯罪的原因,譯者認爲,貧窮是犯罪的根源,而剝削又是貧窮的根源,"因爲他分内應有的利,被别人佔去了"。譯者認爲,"無政府主義即極純正之人道也"。他把克魯泡特金的無政府共產主義稱爲"真正社會主義",把包括科學社會主義在内的"共和黨與社會黨"稱作是竊取社會主義美名"以趨時利己"的"不肖之徒"。在《秩序》中,譯者認爲"宗教革命"正當其時,"望吾國學者勿再以腐儒僞道流毒我學界矣"。譯者強調:"秩序與不公,二而一也。""秩序與和平,適成反比例。有秩序則無和平,有和平則無秩序。""秩序者,尊者之利也……和平者,多數人之福也。"因此,"欲保吾民之真和平,必先傾覆尊卑之秩序"。

《世界七個無政府主義家》源於保羅·埃爾茨巴赫關於無政府主義思想史的德文著作 *Der Anarchismus*,由 O. Karmin 譯爲法文 *L'Anarchisme*。李石曾據法文譯本,節譯了威廉·葛德文、蒲魯東、本傑明·塔克、列夫·托爾斯泰、施蒂納、巴枯寧、克魯泡特金七位無政府主義代表性人物的生平和主要著作,認爲關注這七家關於政府、法律、財產三個方面的不同主張,區分其無政府主義目標及其實現手段,可以了解無政府主義的大致歷史。

至於各家的優缺點，"譯者不加評論"，由讀者自己體悟。

　　《無政府主義與共產主義》節譯自卡洛·卡菲埃羅的 *Anarchie et communisme*。這篇文章最初是卡菲埃羅於 1880 年在拉紹德封（La Chaux-de-Fonds）第一國際汝拉聯合會代表大會上所作的報告，同年首次發表於日內瓦的無政府主義報紙《起義者》（*Le Révolté*）上。他的核心觀點是：無政府主義與共產主義并行不悖，"無政府即真自由，共產即真平等，此二者皆革命之要點也"。譯者對其觀點是認同的，指出：在資本主義制度下，物質條件的改善，科學技術的進步，不可能給平民帶來任何好處。貧民成爲娼妓、童工，并非出於自願，而是被剝削的結果。"小民困死無訴，或爲盜以延其生。事覺，則立正典刑，名辱身死。世事不公之如此類者，不可勝道矣。"譯者贊同集產主義，認爲"物產散則得利難，集則得利易，故集產主義勝于个人主義"。但同時認爲，"以多小產集而爲大產，產仍屬于多人，誠稍勝于少數人獨有大產，然無產者仍不得而有之。此仍補救之方，而非清源之作"。他所追求的是生產資料全社會共有、"各盡所能，各取所需"的無政府共產主義，認爲"惟共產全歸公有，各盡所能，各取所需，其光明自非他主義所能比也"。如果民衆明白了這些，"便懂了這共產主義的完美与那社會革命是不可緩的事了"。

　　應當指出的是，與當時的許多無政府主義者一樣，《新世紀叢書》從宣傳無政府主義的立場出發，儘管也使用"社會主義""共產主義"與"資本主義""無政府主義"等概念，也提及了馬克思的名字，但是，他們對這些概念的定義與馬克思主義者不同。按照卡洛·卡菲埃羅在《無政府主義與共產主義》中的理解，"無政府与共產，二者不可須臾離也"。無政府主義主張自由，當前的任務是"破壞强權"，未來的任務是"阻重建强權"，"保護個人之自由"，使之"隨其所需，從其所欲"；而共產主義主張平等，目前的任務是"取全球之富源，置諸公共"，未來的任務是"各盡其所能，各取其所需"。資本主義是"各謀己利，排擊他人"，社會主義則是"各圖公益，衆濟箇人"，所以以社會主義代替資本主義，"是不相爭而反相助，不相仇而反相友"。在《革命》一文中，李石曾一方面對"社會主義"與"國家主義"加以區別，認爲兩者不能并立："國家主義主自利""社會主義主至公"。因爲帝王獨據大權，通過稅收，吸衆人之膏血以利己，通過組織軍隊，讓平民保衛自己；而國家主義雖然以少數人代替了帝王，但同樣是"助君長、富者賊殺小民"，所以"帝王主義與國家主義，二者名異而實同"。他所謂的"社會主義"，核心是"自由、平等、博愛、大同"，就是要"去強權（無政府）"和"去國界（去兵）"，"人人立于平等之地，同作同食，無主無奴，無仇無怨"。顯然，這裏所謂的"社會主義"，本質上是無政府、無國家、實行"各盡所能，按需分配"的無政府主義的代名詞，與馬克思主義的科學社會主義不是一回事。另一方面，在《革命》中，李石曾又把"社會主義"與"無政府主義"并列使用，把堅持馬克思主義的科學社會主義者稱爲"社會黨"，與提倡無政府主義的"無政府黨"相區別，認爲："近年社會主義、無政府主義方興，革命風潮普及，于是萬國聯結之舉不一而足。如每年陽曆五月一号各國工黨皆罷工示威，一也；萬國社會黨、無政府黨結會之組織，二也；社會黨之運動、無政府黨之暗殺各地皆有，三也。"在《告少年》文末的按語中，李石曾也承認："克氏乃無政府黨，然其箸述中多用'社會主義'之名詞。蓋'無政府主義即真正社會主義'，此克氏之言也。惟不肖之徒恆竊美名以趨時利己，故共和黨与社會黨中恆有此輩。由是，真正社會黨遂變而爲無政府黨，名定而義隨之，則不肖者不得因之以謀權位矣。"

在"政治革命"與"經濟革命"的概念上，李石曾認爲"排斥政府爲政治革命，排斥資本家爲經濟革命"，強調"無經濟革命，則貧富不能均，而強權不能免，故共産与自由主義實相表裏者也"（見《思審自由》關於"人權布告""共産與自由"的注釋）。

這種概念的混淆，反映了他們并没有掌握馬克思主義理論的核心要義，還分不清馬克思主義與無政府主義理論的本質差異。在《世界七個無政府主義家》關於巴枯寧的介紹中，李石曾把馬克思與巴枯寧的鬥争和第一國際的最終分裂，簡單地説成是"因欲行其意旨，致与馬克司 Marx 有隙"，"越二年，會于荷京，与馬氏分離。巴氏創 Jurassienne 會"，并不清楚這場鬥争的意義所在。

5.《新世紀叢書》巴黎本的傳播及影響

《新世紀叢書》巴黎本的出版時間略早於《新世紀》創刊。爲了擴大《新世紀叢書》的影響，《新世紀》周刊的一些文章曾直接引用《新世紀叢書》中的内容，如《新世紀》第5號（1907年7月20日）中的《駁〈新世紀叢書・革命〉附答》稱引《新世紀叢書・無政府七家學説比較表》，第7號（1907年8月3日）中的《蒲魯東（附像）》即標明"節録《新世紀叢書》"，第9號（1907年8月17日）中的《巴枯寧學説》、第12號（1907年9月7日）中的《克若泡特金學説》也注明"其行略已刻入《新世紀叢書》"。通過報紙的引述，引發人們對《新世紀叢書》的關注，顯然是新世紀社擴大無政府主義宣傳的策略之一。

在《新世紀》周刊組織的多場論戰中，較早的一場論戰也是圍繞《新世紀叢書》展開的。1907年7月20日《新世紀》第5號上發表了署名"真"（李石曾）的《駁〈新世紀叢書・革命〉附答》一文，就"非社會黨來稿"

提出的異議，逐條予以反駁，重申《革命》中的政治主張。圍繞"社會革命乃平尊卑、均貧富"，反對者認爲："欲平尊卑，必使世界之人有同一之行爲而後可。""欲均貧富，先請貴社會黨聚世界所有之錢財貨物，再聚世界所有之人類而均分之。恐貴社會黨魄力雖大還辦不到，算學雖佳也算不清。"李石曾重申：所謂平尊卑，并不是指簡單地平均享受物質。"吾之所願行者，力求去其不平。能至何等地步，即至何等地步。若人人懷此志願，則必日進於平等，而平等之程度日見增加，無有窮盡。此即進化之公例。""吾輩主張自由與公理，欲人人自信其道而爲之，絕不曾夢思以吾輩少數人，聚世界所有之財而分之。能行經濟革命者，賴世界之衆人耳。"圍繞"革命爲社會除害，爲衆生求平等之幸福。革命求傾覆政府，以伸公理，不畏瓜分。無革命之能力、精神，此時即是奴隸，不待瓜分之後"，反對者認爲："別國只爲本國人民之利，不管衆生平等之幸福；只爲本國社會除害，不顧他國社會之害與不害。"因此，必然乘革命之機，實行瓜分中國的政策。"社會黨欲爲衆生求幸福，而先貽國人以禍；欲爲社會除害，而反貽國人以害。本國社會之害先不能除，本國人民之幸福先不可得，尚有世界，尚有衆生？""至革命之能力，貴社會黨今日斷無之。"李石曾則指出，無政府黨、社會黨的前提是破除國界、種界，"不論何國、何種之人，皆力求公理，反抗一切強權。惟各人限於地勢與能力，故須各就其所能者爲之"。"革命之精神、能力，乃屬於衆人，賴人自信其道以成正當之社會，故無所用其強者以率行之，如所謂政府也。"圍繞"欲致自由、平等、博愛、大同，必去國界、去兵。大衆起事，用手槍、炸丸以伸公理"，反對者認爲，這兩個觀點"前後衝突，是社會黨亦不能去兵"。李石曾則反駁道："兵者指軍國主義 MIILITARISME，手鎗炸彈指革命之暗殺。軍國主義，乃強者犧牲他人之性命、財力，以保己之權利，不公之至，故求去之。革命暗殺，乃犧牲個人性命，以除人道之敵，以伸世界之公理。"二者截然不同。"吾輩之反對兵，非因激烈而去之，實因其不合公理也；故吾之主張革命暗殺，不因激烈而避之，因其有益於公理而用之也。"圍繞"同作同食，無主無奴，無仇無怨，各取所需，各盡所能"的大同世界，反對者認爲，如果有人不按照這個"大同世界"的原則去實行，"社會有妙法以齊一之乎？"李石曾則強調，反對者把實現大同當作社會黨人的私事，而社會黨則以此爲"衆人之公德"，所以人人都要"各盡所能"。因此，社會黨的首要任務就是"傳布公理，使其普及"，以提高衆人之公德。圍繞"博愛、大同、公道、真理、改良、進化"這些"革命黨之大義"，反對者認爲："大同者無不博愛，博愛者無不大同；公道者無不真理，真理者無不公道；改良者無不進化，進化者無不改良。"況且，"改良、進化，原是作事方法，不得錯認爲作事主義"。李石曾則認爲："文字之用，爲達其思想，故不憚多言以明之。""改良、進化，乃主義而非辦法。主義乃不易之宗旨，無論對於何事皆然；辦法乃對於目前某事某事之作用。"李石曾把雙方的辯論歸結爲："我輩所論者是非，是則行之，非則革之，推而至於不計難易也；君所論者難易，難則置之，易則行之，推而至於不計是非也。""每一革命之舉動，視爲大革命中之一分子可耳。合諸分子，以成革命之全體。全體者，即吾之所謂主義；分子者，即吾之所謂作用。願吾同志合盡其分子能力可也。"

作爲《新世紀》的同期無政府主義刊物，何震創辦於日本東京的《天義》在第5卷"附錄·新刊介紹"中，曾介紹了《新世紀》週刊及《新世紀叢書》，稱："此報爲歐洲留學界所刊，報社設於法京巴黎侶濮街4. Rue Broca。每星期出報一紙。其宗旨在於破除國界，掃蕩特權，不設政府。其主張廢兵廢財，尤與本報宗旨相合。另刊印《新世紀叢書》，所譯之稿，均西人無政府主義之書；復能以淺俗之筆，達精微之理，誠中國報界中之第一杰作也。代派所：東京市牛込區新小川町二丁目八番地民報社。"①

《新世紀》周刊創辦後，清政府非常恐慌。1907年8月13日（七月初五），清政府外務部致電駐法大臣劉式訓稱，"駐德代辦函稱，巴黎華人創設新世紀報館倡言革命，由印字館刷行等語。查刊布逆説報紙，妨害公安亦爲西律所當禁。該報館爲何人所設，希查明密商外部轉飭印字館勿代刊刷，并禁止售賣，一面曉諭中國學生、商人等毋被煽惑"②。8月17日（七月初九）劉式訓復電稱，"該報係亂黨私托法報館出名代印，散布邪説，煽惑人心，情殊可惡。法係言論自由之國，於妨礙他國治安報律亦無禁阻明文，容婉商外部密籌辦法，并當隨時誡諭留學生，冀弗爲所惑"③。年底，外務部據山西護撫、京師大學堂總教習之請，致各督撫將軍咨文，要求"無論何人何處，概不准購閱、代售。如有寄送到境，即呈由各該地方官收取焚毁"④。10月5日，《新世紀》第16號《真不拿人當人》一文，公開引述《中國日報》《中外日報》《時報》披露清政府查禁《新世紀》周刊和《新世紀叢書》的消息，并加以譏訕。1908年10月25日（十月初一），清政府又電諭沿江、沿海各督撫，嚴禁行銷《新世紀》周刊。⑤甚至到了1920年，北洋政府仍然將《新世紀》周刊列入"宣傳過激主義書目"⑥。1929年，國民政府對無政

---

① 萬仕國，劉禾. 天義・衡報：上册[M]. 北京：中國人民大學出版社，2016：554.
② 中國第一歷史檔案館藏《清代電報檔》，卷宗號 2-05-12-033-0567，轉引自武昌辛亥革命研究中心組. 辛亥革命史事長編：第 5 册[M]. 武漢：武漢出版社，2011：245.
③ 中國第一歷史檔案館藏《清代電報檔》，卷宗號 2-05-12-033-0611，轉引自武昌辛亥革命研究中心組. 辛亥革命史事長編：第 5 册[M]. 武漢：武漢出版社，2011：245. 然《辛亥革命史事長編》第 6 册第 80 頁亦收此電，蓋誤爲 1908 年事。
④ 中國第一歷史檔案館. 辛亥革命前清政府對革命書刊的封禁[J]. 歷史檔案，1982（2）：45-46.
⑤ 中國第一歷史檔案館藏《清代電報檔》，卷宗號 1-01-12-034-0158，轉引自武昌辛亥革命研究中心組. 辛亥革命史事長編：第 6 册[M]. 武漢：武漢出版社，2011：113.
⑥ 《國務院致內務部公函》第二百五十六號（1920 年 2 月 2 日），中國第二歷史檔案館. 中華民國史檔案資料彙編：第 3 輯文化[M]. 南京：江蘇古籍出版社，1991：527-528.

府主義思想的查禁也未改變。①

師復對巴黎新世紀社有着非常高的評價，認爲："《新世紀》繼續出版者三年，編輯李君（指李石曾——編者注）不但熱心，且精研學理，多與法、比黨人游，凡克魯泡特金 P. Kropotkine 及其他諸大家之著述，時時譯爲華文，復別刊傳播小册子多種。雖當時滿州政府文綱蒸密，郵禁殊嚴，《新世紀》絶不能輸入内地，然中國無政府主義之種子，實由此報播之矣。"② 1912 年 5 月，師復等在廣州組織晦鳴學舍，以《新世紀叢書》巴黎本爲底本，將 6 册合并爲一册，重新鉛字排印，免費贈閲。民國期間的其他排印本，基本上都是以晦鳴本爲淵源。③關於晦鳴學舍翻印本的情况，另見"《新世紀叢書》晦鳴本編者說明"。

6. 研究綜述

對《新世紀叢書》巴黎本的介紹，在一些資料彙編類的書籍中出現得比較早。1947 年，陸丹林的《革命史話》由大東書局出版，其中的《四十年前的〈新世紀〉》一篇，在介紹《新世紀》周刊的同時，還重點介紹了《新世紀

---

① 1929 年 1 月 10 日國民黨第二届中央執委會第一百九十次常務會議通過的《宣傳品審查條例》規定，有下列性質的宣傳品爲反動宣傳品："一、宣傳共産主義及階級鬥争者；二、宣傳國家主義、無政府主義及其他主義，而攻擊本黨主義、政綱、政策及決議案者；三、反對或違背本黨主義、政綱、政策及決議案者；四、挑撥離間分化本黨者；五、妄造謡言以淆亂視聽者。"參見中國第二歷史檔案館. 中華民國史檔案資料彙編：第 5 輯第一編：文化[M]. 南京：江蘇古籍出版社，1994：74-76.
② 師復. 致無政府黨萬國大會書[J]. 民聲，1914（16）：5.
③ 李喜所在《論辛亥革命時期的社會主義思潮》（武昌辛亥革命研究中心. 辛亥革命與近代中國：1980—1989 年論文選[M]. 武漢：湖北人民出版社，1991：437.）的注釋中曾介紹過《新世紀叢書》，稱："《新世紀叢書》以七小册爲一集。第一集的七本小書是：1.《革命》（中心講社會主義革命有利於中國）；2.《思審自由》（内容分進化、上帝、祖國、政治、權、强權、業産、結婚、理想、成見各部分）；3.《告少年》；4.《秩序》；5.《七個無政府主義家》；6.《無政府共産主義》（主要講無政府式的共産主義，附録有無政府主義三家象、自由民樂圖和共産殖民地圖）；7.《萬國革命暗殺團》。"這一描述，與巴黎本及晦鳴學舍本均不同，其稱《無政府共産主義》（即《無政府主義與共産主義》）是宣傳"無政府式的共産主義"，明顯不合原文，未詳所據爲何本。

叢書》第一集的内容，稱："第一集的目次，分爲七篇：（一）革命，（二）思審自由，（三）告少年，（四）秩序，（五）世界七個無政府主義家，（六）無政府共産主義，（七）萬國革命暗殺團。這些文稿，都是出於署名'真民'的著譯；换一句説，可以説是'真民'一個人所用的心血腦力精神而成就的刊物。真民，就是李石曾（煜瀛）從事無政府主義運動時期的筆名。"①陸丹林逐一介紹了《新世紀叢書》第一集前六篇的内容，其中《革命》篇介紹了文中八個標題，指明書後"附革命滑稽畫四幅"，并引用了第一段的原文；《思審自由》篇，則指明其"目録與結論，排成對照表"的特徵；《告少年》篇，指出其"因着各階級而發揮對話"；《秩序》篇，引用了"真民除將克氏原文譯登之外，末段再就中國當時的現狀而補充的"一段；《世界七個無政府主義家》篇，列明所介紹七家的名稱；《無政府共産主義》篇（實即《無政府主義與共産主義》），説明"他解釋無政府主義與共産主義，是説'自由平等，二者爲革命之要點，今昔革命黨之意見，均不外此。雖然，此二佳詞恒爲狡者假之而爲利用之器，遂有真贋不符，故吾輩於二者之旁更附二詞以定其確切價值，使無溷含之弊，自由即無政府也，平等即共産也'"。介紹"無政府共産主義試驗的圖片"時，引用了《馬塲路自由民樂園》和《鷹山村共産殖民地》的圖片進行説明，最後介紹了"書中還附有幾段非常醒目而又非常幽默的補白小文字"，并摘録了"民毒絶種丸""造官靈方""帝王延壽湯"三段文字。②這是目前所知最早完整、準確介紹《新世紀叢書》第一集的文字。從陸氏的介紹看，他所見的應是巴黎本。雖然提及該書有第7册《萬國革命暗殺團》，但并無隻字介紹，則陸氏應未見到該册實物。

---

① 陸丹林. 革命史話[M]. 上海：大東書局，1947：129.
② 陸丹林. 革命史話[M]. 上海：大東書局，1947：129-135.

《新世紀叢書》巴黎本編者説明

  1963年出版的張枬、王忍之編《辛亥革命前十年間時論選集》第2卷，選録了《新世紀叢書》中的《革命》一種[①]；1984年出版的葛懋春等編《無政府主義思想資料選》，也選録了《新世紀叢書》中的《革命》[②]。章開沅的《實齋筆記》，有專文介紹其在前《紅旗》雜誌社資料室見過巴黎新世紀書報局刊行的《新世紀叢書》第一集[③]。但也有人在介紹時，將"新世紀叢書"誤稱爲"新世紀叢刊"[④]。還有不少人由於對雙行并列標題的形式不了解，把第6册的《無政府主義與共産主義》誤讀爲"無政府共産主義"[⑤]。

  無論是清政府時期，還是北洋政府、南京國民政府時期，無政府主義思想在中國一直處於受官方壓制的狀態，相關報紙、出版物屢被查禁，提及《新世紀叢書》和《新世紀》周刊的早期無政府主義資料比較稀少，因而學界對《新世紀叢書》巴黎本的研究，整體處於一種描述性的狀態，通常在介紹巴黎新世紀社或《新世紀》周刊時，泛泛地提及新世紀社曾經出版過《新世紀叢書》。有些學者在介紹巴黎派的無政府主義政治主張時，雖對《新世紀叢書》的内容有所引述，但主要是利用《辛亥革命前十年間時論選集》和《無政府主義思想資料選》所附録的李石曾《革命》一篇。如胡慶雲《中國無政府主義思想史》在介紹"巴黎派宣傳無政府主義思想"時，提及："1907年，張静江、吴稚暉、李石曾等在巴黎創辦新世紀社，曾

[①] 張枬，王忍之. 辛亥革命前十年間時論選集：第2卷：下册[M]. 北京：生活·讀書·新知三聯書店，1963：998-1003.
[②] 葛懋春，蔣俊，李興芝. 無政府主義思想資料選：上册[M]. 北京：北京大學出版社，1984：167-171.
[③] 章開沅. 實齋筆記[M]. 上海：東方出版中心，1998：247-248.
[④] 如胡慶雲. 中國無政府主義思想史[M]. 北京：國防大學出版社，1994：58，63；肖堂炎，等. 古代烏托邦與近代社會主義思潮：上册[M]. 成都：成都出版社，1995：517.
[⑤] 如，陸丹林. 革命史話[M]. 上海：大東書局，1947：129；吴雁南，馮祖貽，蘇中立. 清末社會思潮[M]. 福州：福建人民出版社，1990：460；肖堂炎，等. 古代烏托邦與近代社會主義思潮：上册[M]. 成都：成都出版社，1995：517；曹世鉉. 清末民初無政府派的文化思想[M]. 北京：社會科學文獻出版社，2003：66；蔣鋭，魯法芹. 社會主義思潮與中國文化的相遇[M]. 濟南：山東人民出版社，2016：106. 等.

以新世紀報局的名義，印行《新世紀雜刊》、《新世紀叢書》等小冊子，宣傳無政府主義思想。"①他分析了《新世紀叢書》中的《革命》篇，指出：關於如何達到無政府"至公"的社會問題，李石曾提出了五種手段。②肖堂炎等在介紹"《新世紀》派"譯介西方無政府主義者的著作時，也列舉了《新世紀叢書》中的五種小冊子：《告少年》、《秩序》、《世界七個無政府主義家》、《思審自由》和《無政府共產主義》（即《無政府主義與共產主義》）；在介紹重要的自撰文章時，列舉了《革命》。③韓國學者曹世鉉指出：《新世紀叢書》第一集中，除《革命》一文爲李石曾撰寫外，其餘五篇都是李石曾翻譯的外國無政府主義的論著。他分析了《革命》一文中的"政治革命爲權輿，社會革命爲究竟"，認爲通過這種區分，設定了同盟會的政治革命和他們主張的社會革命之間的關係，以排皇革命作爲無政府革命的出發點，認爲社會革命是唯一的真正革命。"即使果有瓜分之事，亦必革命，因今政府之害民，尤甚於瓜分之禍故也。"④他認爲，李石曾把 Revolution（革命）解釋爲 Re-Evolution（進化的連續），理解爲永遠進化的自然界的一種現象，把改良作爲漸變和進化而將革命當作突變的進化，這是受了法國無政府主義者埃利澤·雷克呂斯的進化革命論的影響。⑤談敏也重點分析了《革命》一文，認爲此文認爲"排除滿清皇族政權只是政治革命，'猶不足以盡革命'，而'平尊卑'、'均貧富'的社會革命'始爲完全之革命'，'使大衆享平等幸福，去一切不公之事'"，從而駁斥諸如中國人無革命之資格、無實行社會主義之資格、害怕革命導致瓜分、唯恐社會主義不利於本國等對於中國革命的

---

① 胡慶雲. 中國無政府主義思想史[M]. 北京：國防大學出版社，1994：57.
② 胡慶雲. 中國無政府主義思想史[M]. 北京：國防大學出版社，1994：62.
③ 肖堂炎，等. 古代烏托邦與近代社會主義思潮：上冊[M]. 成都：成都出版社，1995：517-519.
④ 曹世鉉. 清末民初無政府派的文化思想[M]. 北京：社會科學文獻出版社，2003：66.
⑤ 曹世鉉. 清末民初無政府派的文化思想[M]. 北京：社會科學文獻出版社，2003：124-125.

各種非難。談敏認爲，此文"對於各種非難革命或社會主義言論的駁斥，簡直就是論戰內容的簡單翻版，只不過添加了一些無政府主義的佐料而已"①。

學者對於《新世紀叢書》的另一個關注點，是其中的《世界七個無政府主義家》。齊衛平、鍾家棟在《向着"無何有之鄉"——無政府主義思潮研究》中，介紹《新世紀》宣傳無政府主義的特點時指出："《新世紀叢書》第一集第五冊譯載了《世界七個無政府主義家》一文，介紹了葛德文、普魯東、梯于格、托爾斯泰、施蒂納、巴枯寧、克魯泡特金等人的簡歷、主要論點及其主要著作的名稱。"認爲："《新世紀》這樣大量和較系統地介紹著名無政府主義人物和思想，不僅前所未有，而且也爲他們之後的無政府主義宣傳所不及。民國建立後，中國無政府主義者的理論資本主要憑藉於《新世紀》的介紹。"②蔣銳、魯法芹關注了《世界七個無政府主義家》和《無政府主義與共產主義》，指出《世界七個無政府主義家》譯自埃利澤·雷克呂斯的《無政府主義》，側重介紹其生平及主要思想；第6冊收錄的《無政府主義與共產主義》一文則着重闡述了無政府主義與共產主義的異同，并以巴枯寧、克魯泡特金、雷克呂斯的觀點爲據，強調"自由即無政府"，主要是從批判資本主義代議民主制的角度出發，目的在於消滅"少數執政者"；強調"平等即共產"，則主要是從"經濟革命"的角度出發，目的在於實現"各盡所能，各取所需"的世界大同。他們所謂的"社會革命"或"社會主義革命"，絕非指馬克思主義意義上的無產階級革命，而是指無政府共產主義的革命。③

---

① 談敏. 回溯歷史——馬克思主義經濟學在中國的傳播前史：下冊[M]. 上海：上海財經大學出版社，2008：785-786.
② 高瑞泉. 中國近代社會思潮[M]. 上海：華東師範大學出版社，1996：332-333.
③ 蔣銳，魯法芹. 社會主義思潮與中國文化的相遇[M]. 濟南：山東人民出版社，2016：106-107. 該書將《無政府主義與共產主義》誤稱爲"無政府共產主義"。

新世紀叢書

晦鳴學舍

新世紀叢書

非賣品

晦鳴學舍印贈

《新世紀叢書》晦鳴本封面

目録

（一）革命　　359

　　一　政治革命爲權輿社會革命爲究竟
　　二　社會革命爲廿世紀之革命爲全世界之革命
　　三　非難者謂中國無行社會主義之資格
　　四　非難者恐社會主義有不利于本國
　　五　革命之大義
　　六　革命之作用

（二）思審自由　　364

　　一　進化
　　二　上帝
　　三　祖國
　　四　政治
　　五　權
　　六　强權
　　七　業産[①]
　　八　結婚
　　九　理想
　　十　成見

---

① "業産"，有誤，應爲"産業"。

（三）告少年　　374

告醫士
告法律士
告學者
告工藝家
告教習
告婦女
告百工

（四）秩序　　386

今之所謂秩序
今之所謂擾亂秩序

（五）世界七個無政府主義家　　389

高得文
蒲魯東
司梯爾①
梯于格
道司道
巴枯甯
克若泡特金

（六）無政府主義與共產主義　　403

附自由民樂園與共產殖民地圖畫②

---

① "司梯爾"，位置有誤，據正文應位於"道司道"之後。
② "附自由民樂園與共產殖民地圖書"，正文中分爲兩個小標題"馬塲路自由民樂園"與"鷹山村共產殖民地"，並附帶插圖。

新世紀叢書目錄

(一) 革命
　一 政治革命為權輿社會革命為究竟　二 社會革命為廿世紀之革命為全世界之革命　三 中國無行社會主義之革命之資格　四 非難者恐社會主義有不利于本國　五 革命之大義　六 革命之作用

(二) 思審自由
　一 進化　二 上帝　三 祖國　四 政治　五 權　六 強權　七 業產　八 結婚　九 理想　十 成見
　告醫士　告法律士　告學者　告工藝家　告教習　告婦女　告百工

(三) 秩序　今之所謂秩序　今之所謂優亂秩序

(四) 告少年

(五) 世界七個無政府主義家
　高得文　蒲魯東　司梯爾　梯于格　道司道　巴枯寗　克若泡特金

(六) 無政府共產主義
　附自由民樂園與共產殖民地圖畫

《新世紀叢書》晦鳴本目錄

革命①

一千九百七年真民②著

（一）③**政治革命爲權輿社會革命爲究竟**○革命之名詞來自西文。其字作 Revolution。Re 猶言更也重也。evolution 猶言進化也。故革命猶重進化也。地球行滿一周而復始謂之爲 Revolution。引伸之誼則凡事更新皆爲 Revolution。

今之釋革命曰誅專制政府。亦更新之意耳。

然誅專制政府遂足以盡革命耶。誅專制政府不過政治革命。猶不足以盡革命。至**社會革命**始爲完全之革命。即平尊卑也。均貧富也。一言以蔽之。使大衆享平等幸福。去一切不公之事。然社會革命必自傾覆强權始。傾覆强權必自傾覆專制政府始。故曰

政治革命爲權輿。社會革命爲究竟。

---

① 目錄爲"（一）革命"，有序號。下"思審自由""告少年""秩序""世界七個無政府主義家""無政府主義與共產主義"在目錄中都有序號，同此，不復注。
② "真民"，即李石曾（1881—1973），名煜瀛，字石曾，筆名真民、真、石僧，晚號擴武，河北高陽人。1902 年隨駐法大使孫寶琦赴法國，入蒙達頓我農業實驗學校學習，1906 年 8 月畢業。同年加入同盟會，與張靜江等在法國巴黎發起成立世界社，1907 年 6 月參與創辦《新世紀》周刊，出版《新世紀叢書》，宣傳無政府主義思想。1911 年回國，創辦留法儉學會；1915 年在法國設立勤工儉學會。民國期間，創辦中法大學，曾任北平大學校長、國立北平研究院院長、國民黨中央監察委員、中央評議委員、國民黨總統府資政等職。
③ 目錄中該序號外面無圓括號，下各節標題同，不復注。

（二）社會革命爲二十世紀之革命爲全世界之革命①○社會主義與國家主義不能并立者也。國家主義主自利。社會主義主至公。蓋國家主義其根性來自帝王。而社會主義來自平民。帝王與國家主義尚專制。尚自私。平民與社會主義尚自由。尚平等。故帝王之言曰。保國。國家主義亦曰保國。由是而知此二者之性質同。辨者曰。帝王名曰保國。其實自保。國家主義實保全國。研究其實。帝王獨據大權。吸衆人之膏血以利己。名之曰對于國之義務。（稅）驅億兆生民鬭死以衛己。亦名之曰對于國之義務。（兵）此帝王之狡計衆人所知者也。至國家雖非帝王。而猶少數之人獨據大權。名之曰政府。吸衆人之膏血以利少數之人。名之曰對于國之義務。驅億兆生民鬭死以衛少數之人。名之曰對于國之義務。此國家主義之狡計。衆人尚未全知者也。故帝王主義與國家主義二者名異而實同。至社會主義。一言以蔽之曰自由。平等。博愛大同。欲致此。必去强權。（無政府）必去國界。（去兵）此之謂**社會革命**。此**二十世紀之革命**。此**全世界之革命**。質言之。國家主義保少數人之利益。社會主義保衆人之幸福。革命者此二宗旨不可不擇。吾其爲少數人之利益而革命乎。吾其爲衆人之幸福而革命乎。

（三）非難者謂中國無行社會主義之資格○難者曰"事不可躐等。如登樓以梯。社會主義雖美。吾民程度不及。不得行也"。

　　觀已往歷史。先有王。後有立憲。又後有共和。若以此成式爲法。則未有如立憲合于吾國之程度者矣。然今立憲之腐談。已爲知道者所拼棄②。不待辨矣。若言者于立憲一關尚未打破。則吾不復與言。否則必爲吾之同志。即主張革命者是也。焉有革命者而以階級爲念者哉。

　　顧有脊生物實由微小生物累世更化而成。賴其**演成**與**遺傳**二性致之。

---

① 目錄爲"社會革命爲廿世紀之革命爲全世界之革命"。
② "拼棄"，有誤，應爲"摒棄"。

此生物進化之公例。（臘馬克①、達爾文②學説）工藝之改良即人智之進化。（由石器世界進至金器世界）社會進化與生物及人智進化同理。（斯賓塞③謂社會進化如生物進化）無非二**性**致之。于生物界由微小生物累世更變爲有脊生物。猶于光燭製造中。由松香進而爲油膩。煤油。煤氣。電燈。日精。猶于社會中由專制。而自由。由自私而大同。微累世之**演成**性烏得有此。然則今之人生而爲人。不必由他物變來。燈直可用電不必復試用松香等等。故社會亦可由專制立進于自由。不必歷經各種階級。此賴遺傳性而然也。今之謂社會進化不可躐等者。是知有演成性。而忽于遺傳性也。

（四）非難者恐社會主義有不利于本國〇難者曰。"社會主義興。則不講國際。不講國際。則無復仇雪恥之心。則吾國永無强盛之日矣。"國之强盛與平民之幸福無關。其效果爲君長之榮。富者之利而已。如有兩國交戰。勝者得賠款。土地。而敗者失之。軍人之死。兩國均有。請思賠款出自何人乎。出自小民耳。死傷者何人乎。小民耳。表面觀之。某國勝某國敗。其實則不過君勝民敗。由是而知國家主義無他。即助君長富者賊殺小民而已。世界不公之事。孰甚于斯。欲破此。惟有合世界衆人之力。推倒一切强權。人人立于平等之地。同作同食。無主無奴。無仇無怨。是時也。戰爭息。國界無。此之謂大同世界。豈不遠勝于今之强國哉。

難者又云。"此理雖善。無奈人心不同。若我無國際心。而他人有之。則我受其害矣。"答者曰。吾輩惟認定以上之宗旨是否可也。不必問他人之

---

① "臘馬克"，即讓-巴蒂斯特·拉馬克（Jean-Baptiste Lamarck，1744—1829），法國博物學家，生物學奠基人之一，最先提出生物進化學説，著有《動物學哲學》（*Philosophie zoologique*）。
② "達爾文"，即查爾斯·羅伯特·達爾文（Charles Robert Darwin，1809—1882），英國生物學家，著有《物種起源》《人類的由來》等。馬君武將《物種起源》一書譯爲《物種由來》，對中國近代知識分子有重要影響。
③ "斯賓塞"，即赫伯特·斯賓塞（Herbert Spencer，1820—1903），英國社會學家。他把達爾文進化學説引入社會學領域，所著《社會學研究》（*The Study of Sociology*）由嚴復譯爲《群學肄言》，在中國近代知識分子中有重要影響。

如何。今之論排皇者亦云。"革命誠要舉。無奈衆心不同。故不足以成事。"其知道者如甲。則不慮事之成敗。不問己身之安危。毅然從事于革命。求伸公理而已。其自私者如乙。則畏難苟安。因循觀望。甚至與革命爲敵。以爲圖私利之計。若人人皆甲。則革命立成。若乙愈多。則革命愈緩。然今之革命者。皆欲變乙之良心未死者而爲甲。或將其良心已死者革殺之。然未有因有乙在而反不作甲者也。一國之革命且如是。何社會之革命反不然。至若彼輩。致力國際（外交狡計）強權（政府。尚武主義。屬地主義等等）主義。用之以害公道者。無論何國之人皆在除殺之列。當由各國之革命當盡力行之。此仍一世界革命之問題。而非一國際問題也。由此"社會主義有不利于本國"之疑難。當可解決。若言者非主張革命者則已。否則彼終必爲萬國革命黨無疑矣。

二十世紀之革命。實萬國之革命也。同聲相應。同氣相求。此非一理論而已。請以實事徵之。近年社會主義無政府主義方興。革命風潮普及。于是萬國聯結之舉。不一而足。如每年陽歷五月一號各國工黨皆罷工示威①。一也。萬國社會黨。無政府黨。結會之組織二也。社會黨之運動。無政府黨之暗殺。各地皆有。三也。由此類推。世界革命之風潮可見一班矣。

（五）革命之大義○總之革命之意何爲耶。一時之憤乎。非也。復仇乎。非也。奪他人之特權特利而己伐②之乎。更非也。革命之大義所在。

　　　曰**自由**故去強權……………曰**平等**故共利益

　　　曰**博愛**故愛衆人……………曰**大同**故無國界

---

① "每年陽歷五月一號各國工黨皆罷工示威"，1889 年 7 月，爲紀念美國芝加哥工人在 1886 年 5 月 1 日舉行的大罷工，并支援美國工人預定在 1890 年 5 月 1 日舉行的總罷工，巴黎國際社會主義工人代表大會（即第二國際成立大會）決定，將每年的 5 月 1 日 "作爲永久規定的日子"，在這一天，"組織大規模的國際性游行示威，以便在一切國家和一切城市，工人們都在同一天裏向執政當局提出規定八小時工作日和實施巴黎國際代表大會其他決議的要求"。
② "伐"，有誤，《新世紀叢書》所附校勘表（以下簡稱"校勘表"）改作"代"。巴黎本亦作"代"。

曰**公道**故不求己利…………曰**真理**故不畏人言

曰**改良**故不拘成式…………曰**進化**故更革無窮

此乃**正當的革命**。其**義理之光明**。當爲知道者所同認。

（六）**革命之作用**〇然則何法以革命耶。

曰**書說**（書報演說）以感人………曰**抵抗**（抗稅。抗役。罷工。罷市）以警誡

曰**結會**以合羣施畫…………曰**暗殺**（炸丸手槍）去暴以伸公理

曰**衆人起事**（革命）以圖大改革

此乃現在**革命者之作用**。可由同志隨事。隨時。隨地。隨勢。研求之。取用之。

思審自由

一千九百一年巴若夫①著　一千九百七年真民譯

進化②

地球由累世更化而成。（一）吾人現于可得生活之日。而滅于不得生活之時。（二）人之時代以後。大地仍繼行更化之天演。此等進化非人力之所能爲也。

何爲歷史？歷史者吾人作爲之結果耳。如此人力甲向則成甲史。乙向則成乙史。故社會之進化與地球之進化不同。蓋社會進化。不出于人力之範圍也。（三）

若人永無作爲。則社會永無進化之日。竟終不得一見正當乾坤。與確切公理。

改良社會所需之作爲。乃決意力行。非因循觀望。因社會進化。所賴者惟人力耳。

---

① "巴若夫"，即帕羅夫-賈瓦爾（Paraf-Javal），是喬治·馬蒂亞斯（Georges Mathias，1858—1941）的別名，法國個人無政府主義者，自然科學教授，作家。《思審自由》（*Libre Examen*）是其1901年的著作。今以《新世紀叢書》巴黎本校。
② 目録爲"一　進化"，有序號。下各節標題在目録中都有序號，同此，不復注。

（一）**地球進化**［地球由日之外層脱解而來。賴日與他星球之吸力。地能轉運於空中。而有兩轉動之法—中軸自轉。一繞日而行。此"宇宙机力"之理。爲法天文家 Laplace[①]所發明者也。地球脱解後。熱力散於空中。然後由汽質化爲流質。由流質化爲堅質。此即地球之外層也。其中心仍有極高之熱度。○至地球之進化。可由地層考之。顯然易見。可分爲二節。（一）地先爲鎔質。熱度極高。無何。地質凝滯。既無層叠。亦無顆粒之形成於石中。（二）地層累叠於海底。累世結成。此地層之歷史。分爲四代。每代地層之更易與夫其時之生物育乎其間者。皆可於地文史中考之。］

（二）**生物進化**［地層四代之動物。（示）[②]吾生物育於斯土之歷史。第一時僅有微小動物。第二時則有龜蛇。第三時更有鳥獸。第四時乃有人。故曰人來自他種動物。此達爾文。Darwin 之學説也。夫此諸物有生于昔而滅于今者。有現於今而缺於昔者。蓋其消長之道非偶然耳。實有確切原因使之然也。如氣候與食物之類是矣。何人不現於第一時。必有不能之故。故作者曰"吾人現之於可生活之時。"因往而知來。見一而反三。故曰"滅之于不能生活之時。"◎地球與生物之更化真理。爲古哲之所不明。凡遇不可釋之理皆謂之爲天工妙用。此宗教迷信之所由來也。近百餘年來。經諸賢哲發明科學。真理乃張。愚謬之説不能圖存於今。此不但科學之問題耳。實亦社會學與哲學中之一最要關鍵乎。故於此篇之末附注及之。］

（三）**社會進化**（由榛杯[③]之世、一變而有酋長。人力爲之也。由酋長變而爲封建。人力爲之也。由封建、變而爲統一專制。人力爲之也。由統一專制、變而爲君主立憲。人力爲之也。由君主立憲、變而爲共和人力爲之也。由共和再變必至無政府。亦人力爲之也。披閱中西歷史。見征伐之記録、君相之傳書、殆居十之八九。而十九世紀以降。科學發達。真

---

① "Laplace"，即皮埃爾-西蒙·拉普拉斯（Pierre-Simon Laplace，1749—1827），法國數學家、物理學家，天文學家，法國科學院院士。天體力學的主要奠基人、天體演化學的創立者之一。著有《天體力學》《宇宙體系論》等。下文稱"拉氏"。
② "（示）"，校勘表改作"示"，亦誤，應爲衍字。
③ "榛杯"，有誤，應爲"榛狉"。

理乃張。自由平等之説興。革命自立之風起。此帝王之末日。而民政之權輿。數年以來。社會之風潮方盛。國家之主義將衰。由專制而向於自由。由自私而至於大同。此即社會進化。將來之結果。不亦皆人力爲之乎。）

上帝

玄妙無據之談皆臆想之妄説也。拉氏 Laplace 謂上帝爲無理之意想。（一）吾更謂之爲妄謬可笑之言。

此等玄妙之想、皆由於不知吾之種原（二）所致。人恆謂"地不能自成。必有高等物造之也。"吾爲一問曰。"造高等物者誰耶。"言者必窮而遁矣。

如就科學之理推求之。本于拉瓦氏之公例。Loi de Lavoisier[①]（三）凡物皆變化無窮。而無能創造之者。故力與質（三）亦皆永存之物。而無創之始也。然勿以上帝之名。假之力質。因力質乃物理之實學而非宗教之虛談也。自有科學意想。則所研求者不外真實。即宇宙與人而已。

（一）拉氏 Laplace（法天文、名家。發明"宇宙機力"之理。此説一明。則往日幽幽冥冥之上帝無立足處矣。）

（二）種源（達爾文曰"萬物皆由變化之道。來自唯一根源。故吾人亦由他種動物變更而成。非由上帝之創造也。至宗教家言。則謂人爲萬物之靈。爲上帝所特與。總之達氏學説以科學爲本。盡可徵實。故真理賴以發明。而人道歸於正當。宗教則專尚迷信。以禍福爲作用之術。鑄成愚惑畏懼之性。至欲吾人知道明理。必破宗教之説。欲破宗教之説。必先明

---

① "拉瓦氏之公例。Loi de Lavoisier"，即質量守恒定律（又稱拉瓦錫定律）。"拉瓦氏"，即安托萬-洛朗・德・拉瓦錫（Antoine-Laurent de Lavoisier，1743—1794）法國著名化學家、生物學家，現代化學之父。

吾種源。欲明吾種源。必自研求科學。故巴氏云"玄妙之想由不知種源所致。"又曰"科學意想不外真實。"）

（三）拉瓦氏公例 La Loi de Lavoisier（拉氏法名化學家也。其例謂"物質永存。無始無終。"物理學中有與對待之公例曰"物力永存"①。爲德物理學家所發明者也。因此兩例"質力存留"②之例出。此例足以解明宇宙所由成也〇就化學觀之。于某物中加甲質則爲紅。加乙質則爲藍。然其色之更易也、非有損于某物。惟變化而已。就物理學觀之。以甲物磨乙物則發熱。然磨之力並非損。而熱力並非增。不過由磨力而變爲熱力耳。總之科學公例皆可徵實。非如宗教之虛談也。）

祖國

祖國者同居此土同守此法之人羣也。凡遇兩國。或有同利。或無同利。有同利、則爲和平之局。而懷薄意向于他國向于外人。若無同利、則有仇外之事。有保護國人之舉。有軍備。有戰事。有和局。此皆阻人道進化者也。

由是而知祖國主義者即薄意以遇外人也。甚至仇恨之也。恨其向不相識之羣。冒險受制。（冒己身之險。受政府之制。冒貧賤者之險。受富貴者之制。）往殺不相識之人。或爲不相識之人所殺。可謂迷謬矣。故懷祖國與國家主義者真喪心病狂之人也。

凡以大衆和平爲念者應盡去祖國與國家主義。大衆公益、助人進步者也。此之謂人道大同。

---

① "物力永存"，即能量守恒定律（又稱熱力學第一定律），1842年由德國物理學家尤利烏斯·羅伯特·邁爾（Julius Robert Mayer，1814—1878）提出。
② "質力存留"，質量守恒和能量守恒兩條定律的合稱。

伸論[今世界之通例。富貴者獨享安寧。貧賤者獨受困難。愛國者尚武者必曰保吾祖國。問其何故。則曰此所以保吾人安榮也。殊不知吾人韭①盡安榮。惟富貴者安榮耳。故保祖國即保富貴者之安榮之別稱也。戰死者何人也。平民也。出戰費者何人也。平民也。戰勝後享權利者何人。富貴者也。（割地、罰款、修路、開礦、等皆政府與資本家之利）由是而知祖國主義、即是用平民之財命以致富貴者之安寧而已。噫吾何取乎愛國。吾輩欲去祖國者、即去世間所有之富貴者也。以"大衆和平爲念者、即圖世間所有平民之安寧也。此之謂人道。此之謂萬國主義。或大同主義。"亦即反對祖國之主義也。　真民]

政治

欲一理論爲科學界所認可（一）須使其所述有確切之証據。（二）須使此証據屢試屢實。若一有可疑議或識其不實。即擯之于科學之外。

欲一理論爲政治界所認可（一）須經入選之員之投票認可。（二）以力強行之。無論是否則法律終法律也。

不合公理之法術。必不能有合公理之效果。政治即非正當之具。（背於科學）焉能以之定正當之規則哉。若欲不由正當而得規則者妄矣。

權

權者作爲之權也。或法律也。所謂自有權者即人本有之權也。所謂制定權者即法律所定者也。故自有權定之以公理。而制定權則憑作者之所欲爲。故制定權非真權。既非真權則吾不欲有之。知非真權而認之實謬妄矣。

---

① "韭"，有誤，校勘表改作"非"。巴黎本亦作"非"。

設公理爲有道。非公理必爲無道。故人之免于制定權之日。即是有道之時。一日不享自有權。即一日不免于誤謬也。

止吾之能力使不能作公理所準之行爲。此直毀吾之能力也。至強吾能力使不能踐公理所不禁之行爲。是侵我之自由也。

強權

自古及今凡社會皆以強權爲法者也。是委大權于數人。而棄衆人之權也。故同此社會之人、或爲具特利者。或爲制人者。或爲奴人者。或爲制于人奴于人者。

然則無甘受制于人者。亦無能制人者。故知理之人、必至于共產與自由主義（一）而後已。

難者曰"無理之人相爭鬭。此無政府之危險也"。答曰"有理人之被制者與無理人之制人者與被制者之相鬭。此有政府之危險也"。

人云欲無政府。必須人人皆有公德。答者曰欲有政府。須政府永有公德。由是可見良政府與無政府同。因公德在乎人。若人皆無公德。則爲無公德之社會。有政府無政府一也。若人皆有公德。則政府全然無用矣。故無政府公德之所致也。

（一）共產與自由（政府操最高之強權者也。然其不足以盡強權。因其外尚有他強權在。資本家是矣。排斥政府爲政府革命①。排斥資本家爲經濟革命。此二者必同施而不能獨行。蓋無經濟革命則貧富不能均。而強權不能免。故共產與自由主義實相表裏者也。）

---

① "政府革命"，有誤，巴黎本作"政治革命"。

産業

"人權布告"①（一）謂産業爲人之自有權。不可侵犯。然則何故不人人爲業主哉。既明語于衆曰"産業爲爾同有之權"。何故多數之人反不得爲業主哉。且有生而爲業主者。有生而不爲業主者。又何説乎。

謂産業爲不可侵之權者蓋謂人有保其所有之權耳。至其或有或無固未有定也。此則不得謂爲産權。如産業果爲自有之權。則無時無人不當有産業矣。

總之無人能爲業主。凡産盡屬公共。此共産主義。

（一）人權布告（法國革命後之布告定於千七百八十九年〇彼時民族主義初興。而真理尚屬幼稚。盖彼時乃政治革命。而非經濟革命。其所保護産業乃純然政治上之一問題。今之所圖者乃社會革命。即經濟革命也。是篇之抵②此條非注意在保護産權與否。乃重在盡去私産。若私産去而公産成。凡人皆有分矣。則無所用其競争。亦燕所③用其侵犯。自無所用其保護。）

結婚

于舉行婚儀之所當衆宣告結婚。而社會乃認定其配偶與家庭成立之權。法律保護之。社會敬禮之。而二妻外夫不爲法令所準。正式配偶所生爲嫡子。享有特權。如不舉行婚儀當衆宣告而自行結婚者。視如背法。而爲社

---

① "人權布告"，指1789年8月26日法國制憲會議通過的《人權宣言》，是18世紀法國資產階級革命的綱領性文件，後來成爲法國1791年憲法的序言。
② "抵"，有誤，校勘表改作"詆"。
③ "燕所"，有誤，巴黎本作"無所"。

會所擯斥。私生子爲衆所輕辱。不得享嫡子特權。故結婚之意即兩人之結合。經法令所裁定者也。此愛情不足以成家室。必賴法令迫之之意耳。以法令之力以結家室也。何異于強權專制哉。欲成有道之家室。必持之于僞狡與束縛①之外。（一）獨本于志願而已。自由配合其始點也。

（一）結婚（昔人視婚姻之事爲道德上之關係故曰男女有別。於是設縛②於男女之閒。飾僞狡子③家庭之力。而真愛情從此失矣。又以強弱不敵。於是男貴女卑。故曰女子無才爲德④。蓋男之視女。如己玩物而已。怨怨積久。而情意捍格。更迫於故俗。曲求節義之榮。強避離婚⑤之恥。於是寡妻孤度。夫婦相仇者不可勝計。此真家庭之醜態。社會之怪狀也。）

（若以科學查之。婿姻⑥則純是生理上之問題。而絕無道德上之關係。自當專以愛情爲主。愛情者兩人之事。無一他人可得而干涉之。故自由配合之大義其正當家室之權輿乎。）

（家庭僞義亦宗教迷信之一端。成之狡者之手。以爲羈御之術。此狡者即今之所謂聖賢也。）

理想

理想西文作 Utopie。來自希臘。猶言"無有之境界也"。今所謂 Utopie 即空談也。

人恆以"理想"二字圖所以減退以成正當社會爲志者之熱心。殊不知不能以"空談"之意解理想。蓋理想導于實行。或實行導于理想。二者永相關涉者也。

---

① "束縳"，有誤，應爲"束縛"。
② "縛"，有誤，校勘表云："縛字上脱束字。"
③ "子"，有誤，校勘表改作"于"。
④ "女子無才爲德"，語出明末張岱《公祭祁夫人文》："眉公曰：'丈夫有德便是才，女子無才便是德。'此語殊爲未確。"
⑤ "離婚"，有誤，巴黎本作"離婚"。
⑥ "婿姻"，有誤，巴黎本作"婚姻"。

在科學中無憑據者無價值。無據之理想始爲空談。傳力傳響傳光無線電照像術皆昨日之理想。而今日之實行。故今日社會之理想非可視爲無實行也。

成見

　　成見者未經思審已成之意見也。"亦即先入爲主之意耳。"父師教其子弟以某意某意。（宗教也祖國也等等）及其長而崇信之。盖凡崇信之誠。（一）非成之于利己心。即成之于無識。若輩更以其所崇信者轉相遺遞。累世相襲。聽家長之自由。行强權之教育。此與壓力欺迫稚弱者何異哉。一日人無應有之知識與審察之能力。則此壓力一日不息。然一日壓力不息。則一日不能有此知識能力。因强權教育從而阻之故也。

　　至自由教育則不然。其所授先以普通知識人人之所同者。以助其審察能力之發達。繼以特別之意見人所不同者。于其聰明已開之後。使其憑理自定是非。如是則真理庶可發明。而人道方能進步。欲如是則不可先懷成見。瞻徇舊說。而須無黨無偏。以求真理爲主。（二）此之謂思審自由。

　　（一）崇信（何爲崇信。敬之也。畏之也。何以使人敬畏。毁譽之也。禍福之也。凡崇信皆不外乎此。宗教之作用。以崇信爲利器也。儒教不言鬼神。而言善惡。崇信之者。爲毁譽所動者也。耶教言善惡。而兼言賞罰。崇信者爲禍福所動者也。尊君愛國主義之作用亦以崇信爲利器也。故尊君愛國者亦爲毁譽福福[1]所動也。宗教家創毁譽禍福之說爲覊制之具。君貴因而實行之。以爲利己之方。故崇信者即受制之人。即無識之人也。而教人崇信者即制人之人。即自利之人也。由是而知崇信即奸而强者用以戕賊愚而弱者之具也。噫成見之害可

---

[1] "福福"，有誤，巴黎本作"禍福"。

勝言哉。〇宗教君國成見之甚者也。其他亦可憑理類推。）

（二）**真理**（真理與崇信相反。蓋崇信本於利害。而真理本於是非。欲辨是非則必賴思審自由。是書名以思審自由即求真理之意也。其大意蓋抑上帝。祖國。私產。強權。專制。而尚人道。自由。共產。與無政府主義。此等學理發明最晚。不憚冒險犯難。盡掃成見。思審自由之名。可謂當矣。）

告少年①

一千八百八十年克若泡特金著　一千九百七年真民譯

今天我要同他說的那班少年。我想他們是有思想的。有教育的。所以我也不必再用那書本勞他們的眼力。講些無關緊要的閒文。我同你們暢談一番罷。

我譬如你們是在十八歲二十歲的光景。你們在學堂畢業。我想你們是已經破了那迷信的關頭。也不怕什麼鬼神。也不去聽什麼教士的演說。你們自然是不同那班敗類的見識似的。除了盼望自己享福莫有別的念頭。我想你們正同這箇相反。你們懷著一片的善心。因此我所以要同你們說這番心腹話。

我知道你們自己的頭一箇問題就是"我去作什麼事呢"。凡是年輕聰明的人他都曉得為學這一種學問。費了許多的時光。費了社會上的許多學費。不是為的作成一箇營私自利的器具。所要的是好好的打算。好好的安排。永遠把那聰明才力。用在那幫助困窮無識人改良的事上。這是不是你們的

---

① "告少年"，譯自克魯泡特金《一個反抗者的話》第六章"告青年"。又收入《無政府主義名著叢刻》（以下簡稱《叢刻》本），署名"克若泡特金著，真民譯"。"克若泡特金"，即彼得·阿列克謝耶維奇·克魯泡特金（Пётр Алексеевич Кропоткин，1842—1921），俄國革命家和地理學家，"無政府共產主義"創始人。本卷《世界七個無政府主義家》中有其傳略。本篇"告訴對象"的先後次序及寫法，與目錄中存在差異，底本如此，不作改動。

念頭。我們去研求研求。怎麼樣可以使你們的意想變成了實事。

講醫學的聽者 我不知你們的光景何如。或者你們的機會好。你們受了些教育。講了些學問。我先譬如你作一箇醫學博士。

明天一箇窮人來請你去給一箇女人看病。他把你領到一箇小街裏。那里這人差不多是滿了。空氣也不透。日光也莫有。（諸君請看那空氣日光。本是人人有分的。然而有些窮人還是得他不著。這可以算不平等不公道極點了。）你進到一間黑暗的房裏。又髒又冷。那病人睡在牀上。盖著一張破被。他的幾箇小孩子面黃肌瘦。在旁凍得打戰。他男人尋常時一天給人作工。現在正在那田裏。莫有事的時候。從前每逢這時。那女人就去給人洗洗衣裳。作作零活。一天弄上幾箇錢。貼補貼鋪①。現在他又病倒已經兩箇月了。他自然是越發苦了。

先生你如何給他治病呢。你想他是箇血虧的病。那原故是由于缺少吃食。作工時候太多。又缺少了空氣。你不過要勸他吃點保養的東西。出去散散心。住一間厰亮的房子。不要太辛苦就是了。你的主意是一點也莫有錯。但是他要能夠如此、他就早已做了。也用不著請教你了。

如果你是一箇善心人。透出點憐惜他的意思。他有許多話告訴你了。"什麼東隣一箇有癆病的人咳嗽的聲音割他的心。什麼西隣那些孩子常常發燒。又是什麼那洗衣裳的人眼看要死。不能過冬。……"

先生對著這些病人。你是怎樣說呢。無非還是那前頭一番話就是了。但是你這話又不忍說出口來。

第二天你遇見你一箇同學。告訴你。昨天有一箇家人用馬車接他到一箇大宅子裏去。給他的太太看病。這婦人是缺睡的病。他一生專講究出門打辦②。聽戲跳舞。你的朋友就勸他少吃有火的東西。多透透空氣。沈沈心。

---

① "貼鋪"，有誤，應爲"貼補"。
② "打辦"，有誤，應爲"打扮"。

活動活動筋骨。

　　前頭那女人死了。是因爲飢勞所致。後頭這女人是歇病了。因爲他永遠不曾作工。如果你是箇有心人、你要說了。"這世界上的事太不公道。他不應如此的苟且過去。不要先講計①麽治病。所要防備的是那得病的原因。如果人要是少爲②舒服些。少爲有點知識。天下病人要減少了一大半。……嗳嗳……好空氣——好吃食——不過于辛苦——是要從這裏作起。什麽醫生那一半全是騙人的事。"

　　到這天你曉得那社會主義了。你要看看這公理是不是空話。這社會學是不是要緊。恐怕你不由得也要告奮勇。同我們一齊主張那社會大革命了。

　　講科學的聽者　你或者要說了"如這天文家物理學家化學家等等。我們講的是那純正③科學。這總要給我們社會上結一箇良果的。"

　　我們先要研求研求什麽是那科學。這事還是爲的自己一人的享用呢。或是因爲他是一種極有趣的可以助我的歡心呢。倘若如此。我要問問那才人的樂學與那醉漢的嗜酒有什麼分別。樂學自然是遠勝那嗜酒。然而他兩人爲自己受用的心郤④是一樣。

　　你郤非如此。並非要獨自享受。實在要致力科學以圖公益。如此那真好了。你若真有這公心。有這高想。大約你可以看出來。現在社會上這學問不過是一箇好看的東西。混飯的器具便了。至於那仁人的高念相去還遠呢。

　　你看那科學興盛已經一世紀了。有幾箇真真算得那有科學思想的。許多人還是守迷信奉宗教的。他還在何等的野蠻地位。

---

① "計"，有誤，校勘表中改作"什"。
② "少爲"，同"稍微"。下"少爲有點知識"同。
③ "純正"，巴黎本作"純"。
④ "郤"，有誤，巴黎本作"卻"。下同。

你看那科學他講得什麼物理道德衛生。真是確切不易的道理。他教導我們如何保護我們的精神。如何享受那智育德育的幸福。無奈這還不是那紙上空談麼。這是什麼原故呢。因爲今天的學問還是一箇自私自利的東西。因爲現在社會分爲那窮富兩班。不公道的事全從那裏生出。所以看這正當社會的道理全成玩話了。

　　現在暫且不用說什麼發明那科學新理。先要把那已有的學問實在用去。如此那科學纔不是一箇玩物。他就成了大家性命的根源。這纔是公道。若是一天社會上莫有真公道。真是非。科學就是莫有真進步。如果你懂了這理。你便曉得要大大的改革那阻礙科學真理的事。你看那多數人還如同前五前十世紀的樣子。受那奴隸的苦。作那機器作的事。那公理誰曾理會呢。

　　你一天曉得了這真理。你就要因那喜愛科學的熱心、懂了那社①學的要義。那時你也要來與我們表同情。去爲大衆圖公益。發你的熱心。用你的實力。一天那真理實行于世那科學的猛進千百倍于今日。那時享受科學幸福不是那少數私有。乃是那衆人的公利。

講法律的聽者　　如果你的法律學畢了業。你也想有一番作爲。我譬如你是箇熱心人。你要憑你的才能。憑你的性命。掃除那世界上不平的事。這是何等的好志向。你於是就志高氣揚的作去了。

　　偶然一天打開一本冊案。你就看見了這社會。一箇業主請驅逐他的佃户。因他莫有交足了地租。就法律看起、莫有別的話可說。惟有令他走路。如果你細細的思量。你見那有產業的人永遠是安樂。那鄉下人永遠作工受苦。業主永不自己耕種他的田地。這田較前五十年收穫加了三倍。或是因爲交通的便利。或是因爲灌溉開墾的改良。這種種事那不是這鄉下人血汗

---

① "社"，有誤，校勘表云："'社'字下脱'會'字。"

弄成的。一天不幸。因些事故不能給租。便要受那法律的罰。這法律是永遠偏護業主。那業主永遠理長。你的良心未死。你將如何做去。若照法律做。是驅逐鄉人。照公理做。要酬報鄉人出的苦力。所以這法律與公理不能相容並立的。你到底照那樣去做。

如果工人罷工未曾預先知照主人。你是助誰呢。若照例辦、即須助資本家。可是寧肯了背①法律助工人呢。那工人一天作工。弄得兩箇半錢。他的女人孩子都要凍餒了。你是助那飽的強的。還是助那餓的弱的。

一天在巴黎一箇窮人到肉舖搶了一塊肉去。有人闌住問他。他說也②是一箇工人莫有工作。他同他家裏人已經餓了四天。有人勸賣肉的放了這人。他一定不肯。就拉他去打官司。罸他作了七箇月的監。這種案子總是天天有的。

再說一箇人自幼莫有受過教育。到大了又莫有聽見一句正經話。一天他殺了他的隣舍。搶了一塊錢去。你是要照律罸他。監禁他二十年。但是你曉得那喪心病狂的罪過比他犯的罪還難過呢。總而言之。一箇人犯的罪。是社會上眾人給他作成的。（大半犯法的全因無教育的原故。不能受教育常因爲莫有錢的原故。莫有錢何曾是他的過。因爲他分內應有的利被別人佔去了。）

如果你細細思量那法律。總是那強權得勝。弱小的吃虧。從此你便要不滿意起這法律來了。你曉得守法的人就是莫有良心的人。這時你要同我們來改正那錢財上政治上一切社會上不平的事了。如此你便成了社會黨革命黨了。

講工藝的聽者 你是箇工程師。你想用你的學問改良那實業與那工人的景況。你於是施展你的才能。築一條鐵路。穿山越澗。爲兩地的交通。

---

① "了背"，有誤，校勘表改作"背了"。
② "也"，有誤，巴黎本作"他"。

一日你見那黑暗地道裏工匠成羣。飢勞病苦。不曉死了幾多。你又看見別的工人帶囘去有限的幾箇銅錢。恐怕還不敵那癆病蟲的數目呢。你又看見那死屍縱橫。在道皆是。待這路修好了。他便成了那運砲的通衢。又添了一箇殺人的利器。

你費了你的青年發明了一種學問。又費了若干的心力、施之於實行。然而這所有的工人全在那裏受苦。如機器一般。惟有那有數的幾箇資本家發了財。在那裏閉著①吃香蘋②酒。這果然是你當初的期望麼。

如果你留心那工藝的進步。你見那工人並不曾受益。那裁縫何曾得了那自縫機的益處。諸如此類不盡說了。如果你用這種的意思、論那社會的問題。再引到那專門學裏去。你就可以斷定在那私產與傭工制度之下。凡有一箇新發明。不過使那作工的愈加勞苦。還是那已經得法的人獨享厚利罷了。

有了以上這箇斷語。你當如何去做。還是藏起良心斷絕了那少年的夢想。且爲自己圖一時的受用呢。還是說這不是那講發明新理的時候。先要行社會改革的事呢。如果那私產莫有了。那工藝的進步就成了衆人的利益。這人全去鍊習。那時的工藝與專門學如何精進。是今天夢想所難及的了。

作教習的聽者　我同那作教習的說些什麼。我不要同那以教書的事爲可厭的說話。我要對他說話的是那有熱心的。他專心要啓發那童子的知識。喚醒他腦中的人道大義。

有時見你不甚高興。因爲你學生的古文莫有什麼長進。但是他的心卻是不壞。看他讀古人的詩書。到那可憤的時候。他恨不得要刺殺那君長。

---

① "閉著"，有誤，校勘表云："'著'字下脫'門'字。"《叢刻》本有"門"字。
② "香蘋"，champagne 的音譯，即香檳。

他囘到家裏。因他失敬了一箇牧帥①。他的父母同他喊叫。又是什麼"尊尊"。又是什麼"長長"。昨天你還說起有人說你的學生全不成器。什麼這箇滿腦子裏無非那做官②的思想。什麼那侵吞了工人的薪水。你時常盼望這學生有些成就。從此全成夢想了。我看再過兩年。你再經些磋磨。你要說了。"那詩書誠然有趣。但他永遠是些空話。既無裨于人生日用的實事。又無所用他在那上司查校的時光。……"倘若不是如此。你便要從那寬大處著想。教些人道的大義。但是在現在這社會上不能直然攻擊那富貴的。若是得罪了他。不但那教習的位子不保。還怕有點別的亂子。因此你要打定主義辭了這不自由的職。同我們社會黨一同致力求那全社會的改革。求那自由平等相愛的大義。

總說 你們想必要說了"你說那**科學**是箇嗜好。**醫學**是箇假事。**法律**是不公道。**工藝**是爲資本家營私致富之具。……如此說來。作什麼事纔好呢"。

作什麼事。那應作的要緊極了。光明極了。待我去告訴你。

你們是如何設想。可是"只要我自己可以享福就是了。一天可以由我作我就作到底"。可還是入了那社會黨。同著他們去改革這腐敗的社會呢。這第二層是我們前面說過好多他的原因了。這也就是那聰明人必有的定論。一有這箇定論。那"作什麼事"的問題便容易決了。

那自命爲上等人的都說"民人不過一堆笨貨"。如果你要由這上等地方出來向那窮人羣裏去。你問題的囘答就自然有了。你看在英國、在法國、在德國、總而言之不論在什麼地方。你總遇見那財主與那貧民。那班工人總是受苦。永遠逃不脫爲富貴的奴隸。再說這社會上的事那不是窮人去作。

---

① "牧帥",有誤,巴黎本、《叢刻》本作"牧師"。
② "做官",巴黎本作"頂翎"。

受苦也是他。犯難也是他。在這困苦之中。難得他不要問問麼。這羣少年人"那里去了。他用我們的錢教養他。在他讀書的時候。我們給他吃。我們給他穿。（這吃穿那不是工人作的）我們彎腰餓肚也是爲得他們。我們修學堂造博物院也是爲得他們。我們印刷這好書。我們連自己都看不著。也是爲得他們。這班教習那里去了。他說他教那有益于人道的學問。他們開口就是自由。他們不但不保護我們自由。並且還要蹴蹋他。那些文人名士也時常說什麼民困。他何曾幫助我們一些"。

說到這里。你們心急起來。又要問了。"就是那羣少年全要盡心竭力幫助這平民。究竟怎樣作去呢。"

你們**講科學的** 如果真懂了這社會主義與那革命的關係。你還看不出科學也是要改革的麼。應該如何令他符合了。那新理。你莫有看見那歷史麼。總是頌揚那帝王的高貴。將相的功勳。這全不是要從新改過的麼。社會上那資本家營利的方法。不也要推翻的麼。以至那人種學社會學與博物學應革舊更新的也不少諸如此類。不是可以作的事麼。作去作去。用你的聰明在那好處。用力破那多少世紀的成見。幫助那好的組織。最要緊的是教我們那真確的學識。去用我們的智勇。再作給我們一箇樣子看看。令我們曉得如何用那性命去勝得那真理。

你作**醫生的** 經了許多的閱歲①。懂了那社會主義的要緊。你自然時時刻刻要說了。"如這人照現在的樣子活過去。他有滅亡的時候。今天這九十九分的人全不能講衛生。正與那科學之理相反。我的醫術也無從治那病。所以那致病的原因。（貧富不均）是首先要去的。"既然如此。來同我們說說那人生正當的生活。人人所應有人人所能有的。

---

① "閱歲"，有誤，校勘表改作"閱歷"。

你講工藝的　　來直言告訴我們那是你那新發明的結果。使人曉得曉得那將來應行的新法。說說那是那工藝最好的境界。那是那人力所能得的出產。總而言之。與其作那營私取利人的奴隸。你來盡心竭力用你的才能幫那平民不好麼。

　　你們文人才子　　如果知道你們實在的義務所在。你便用你那管筆。幫助那革命。用那文章詩畫。開那愚民的知識。反對那壓制的強權。鼓吹那少年的熱心。感動那婦女社會的情意。描寫那人羣的確狀。述說那正當的民生。

　　總之你們凡有學問凡有才能的人。你們要把他用在那好處。但要知道你來不是作那長上。乃是作那朋友。不是作那制人教人的人。乃是為的使人醒晤①。如此勤勤懇懇作去。這就是大衆的一箇正當的生路。

　　我們所作的全是為求真理求公道求平等。人生一世。那還能尋得比這箇再好的是②麼。

　　我已經說了以上這許多的話。為得表明那世情。如果這班少年是有勇氣有熱心的。他一定要同我們社會黨謀那社會革命的事了。但是對那班染過富貴習氣的說話。須先要打破他的詭論。掃除他的成見。洗去他的利己心。

　　至於那平民子弟這事就容易說了。凡是那少有③勇氣少有思想的。他身經的那磨難。自然就把他變成社會黨了。所以這新的社會主義。就是從民間出來的。這萬國社會主義。不是一直出自那工人的組織麼。就是那幾箇有思想的。鼓吹那革命風潮。也是為那工人抱不平。若是自民間來再莫有

―――――――――――
① "醒晤"，同"醒悟"。
② "是"，有誤，應為"事"。
③ "少有"，同"稍有"。下"少有思想"同。

那社會主義的熱心。真是不知是非放棄義務了。

工人聽者 你還記得不記得你小的時候。有一天在那小街裏玩耍。那冷打透你的薄衣。那泥充滿了你的破鞋。你看濶家的孩子穿得衣服狠好。他望着你這苦樣子。他自己反到有一番得意的氣象。其實這班孩子。他的聰明。他的意見。他的氣力。全不及你們。但是遲一遲你們爲貧所迫。須要到工廠作工。由早至晚。十二點鐘不歇。守著那盤機器。你們自己也同機器一般。過一年又一年。這時候、那濶的他到各種學堂去從從容容的讀書。所以他們經管①不如你們聰明。變得比較你們知道的事多了。于是就作了你們的首領。去享那各種的幸福。受用那文明的利益。看看你們自己。你們等候的是什麼。

你們作完了工。囘到一間小屋子裏。又黑又濕。你的娘因爲家貧愁苦得狠。他給你弄一點粗菜淡飯。吃完了喝一口灰色的涼水。天天總是這一箇刻板的規矩。並且還要打算明天如何付那米麵帳。後天如何付那房錢。

你們這班少年也要接續你們的父母永遠過這苦日子麼。就看在那一塊麵包的面上便世世代代給那幾箇濶人作牛馬不成。你或者還要說呢"多少代以來。全同我們受得罪是一樣。我們有什麼法子能改變他呢。我也只好往下受就是了。所以除作工勉强活命莫有別的法子。"

原來如此呀。不要忙。你的苦命自然漸漸的叫你明白了。一天那風潮起來。各處的工業全受了困難。那成千累萬的工人失家喪命。不知幾多。你們的老婆孩子親戚朋友。因缺食失養漸漸的凋零。至於那班"飽食終日"的人。反歡歡樂樂。到那時你就明白了這箇社會。你想起那人羣困苦的憂慮。你就曉得那社會黨要改革這社會是不錯了。

---

① "經管",有誤,應爲"儘管"。

再一天如果你們的東家又設法減你們的工錢。你們若是不肯。他就說了"如果你們不肯照這箇價錢。你就滾去吃艸罷了"。你曉得了你們的東家直把你們作禽獸看待。你們還是放棄了那人格。低首下心的去作奴隸呢。可還是一聽這言立刻心血上沖。恍然大悟了那社會黨的理呢。他勸你的就是"反對那奴隸經濟的主義。因為這是一切奴隸主義的原因"。如此你便入了社會黨帮同他們打破那經濟政治社會上一切口隸①主義。

女人聽者 你們女人家難道就不關心這件事麼。你每逢看見這些兒女你不為他愁那日後的苦命麼。你願意你的兒子如同你的老子一般。除了吃飯莫有別的事想。除了酒館。莫有別的樂趣麼。你願意你的丈夫兒子永遠作那富家的奴隸。作那擋砲的肉牌。作那富翁田中的糞土麼。我替你說不不不。一千箇不。因為我知道你們的心思。所以我曉得你們女人家也一定要與我們社會黨表同情了。

總說 你們一切的少年。或是男。或是女。或是農工。或是兵丁。你們全曉得你們的權利。你當要來與我們同心竭力作那革命的事。惟有這法可以勝那奴隸主義。破除一切舊習。開通那條新路。成了那社會上的**真平等真自由**。眾人合力去工作。眾人同享幸福。這纔是那正當的人生呢。

莫要說我們力薄不足以達這目的。仔細想想。我們受了多少不公平的氣。那**農人**為別人作工。自己吃那粗米糟糠。留那好的給他的主人。單算這農人就有多少萬。豈有反怕他們少數人的道理。那**工人**織綢織緞②。自己卻穿那破衣。那兵丁投身在那槍林砲雨之中。為些將官求得那功名富貴。若是那兵丁醒悟過來。小小的有點動作。那帶兵的也就要面無人色了。

總而言之。我們這班多數的苦人。如同一箇大海似的。無論什麼東西。

---

① "口隸","隸"前空缺一字,巴黎本、《叢刻》本作"奴"字。
② "織緞",有誤,巴黎本作"織緞"。

全可以被他沈没①。只要我們有一點志氣。一刻的工夫可以作出那**公道**來。

克氏Kropotkine②此文。語語足以動人。不待智者而後知也。由此可畧窺見真正社會主義矣。克氏乃無政府黨。然其箸述中多用社會主義之名詞。蓋"無政府主義即真正社會主義"。此克氏之言也。惟不肖之徒恒竊美名以趨時利己。故共和黨與社會黨中恒有此輩。由是真正社會黨遂變而爲無政府黨。名定而義隨之。則不肖者不得因之以謀權位矣。今世人尚多不悉無政府主義之真價值。識此以表見之。總之無政府主義即極純正之**人道**也。

真民識

---

① "沈没"，巴黎本作"沈滅"。
② "克氏Kropotkine"，即彼得·阿列克謝耶維奇·克魯泡特金。

秩序①

千八百八十年克若泡特金著　千九百七年真民譯

人恆譏無政府黨曰。"爾黨之意恆美善。爾黨之名殊惡劣。因無政府字意猶無秩序也。猶紛亂也。嗚呼。奈何其以此教世人致傷和平耶。"

言者其以吾黨名反對秩序主持紛亂爲誤耶。吾願與伸論之。所謂秩序者何秩序耶。彼②之所謂和平抑如吾黨之所思者耶。吾黨之所謂和平。乃銷除等級。互不相欺。六合一家。五洲一人。各圖衆人之公益。衆圖箇人之安寧。言者之所謂和平豈若是乎。吾知其必不然也。

以破壞秩序譏吾黨者。不論日後之真和平。而言今日社會之劣秩序。請觀吾黨所欲破壞之秩序爲何。

今之所謂秩序者。以多數之人勤勞工作。以求怠惰者之幸福。以供怠惰者之淫慾。今之所謂秩序者。失棄多數人體育智育之要。養其愚頑之性。使不得一嘗科學美術之幸福。

今之所謂秩序者。多數人之困苦也。饑饉也。如受爾蘭③人死于飢。俄

---

① "秩序"，譯自克魯泡特金著《一個反抗者的話》第九章。又收入《無政府主義名著叢刻》，署名"克若泡特金著，真民譯"。目錄中本篇下有兩個小標題"今之所謂秩序""今之所謂擾亂秩序"，表示正文講述的兩個方面，但正文中未明確列出這兩個標題。
② "彼"，巴黎本作"伊"。
③ "受爾蘭"，有誤，校勘表改作"愛爾蘭"。

羅斯人死于疫。意大利人投身于險。求糊口于四方。（吾國①作者增一語曰。中國人兼此三者。）變民田爲牧塲。以供富者之食肉。寧留荒田以待墾。坐視耕者之流離。

今之所謂秩序者。婦女售身以哺其子。稚兒入廠爲苦工。工人操作以代機器。工人死于資本家之門。百姓斃于政府之手。

今之所謂秩序者。出于政府之製作。以求多數人之利己。教其子孫以繼其職。用奸計强權以營其利。

今之所謂秩序者。競争相繼而無窮。人與人戰。等級與等級戰。行業與行業戰。國與國戰。砲聲不絶于歐洲。小民世死于戰塲。歲耗鄉民累世勤勞血汗之資。

今之所謂秩序者。奴隸之服從統属之意旨。虐殘人類。以鞭撻爲制御之術。礦工轉死于溝壑。其屍歲積成堆。違命則以鎗砲相擊。故困死而莫敢訴。

今之所謂秩序者。如争戰之際。血流漂杵。屍骨縱橫。如俄民幼子度生于獄中。無辜雪蟄于西伯里亞②。（作者俄人也故舉俄事言。若其爲中人更當云何）其忠誠之民。酷死嚴刑之下者不勝道矣。此之謂秩序。此之謂和平。

今之所謂擾亂秩序者。民人起事、以攻庸劣之秩序是也。越其防束、以求安生是也。殊不知此正人道史中之最光明者也。

今之所謂擾亂秩序者。思想之革新也。破壞前世之舊説也。（宗教革命是也。今其時矣。望吾國學者勿再以腐儒僞道流毒我學界矣。）此正新理之發明。科學之效果也。

---

① "吾國"，有誤，校勘表改作"吾爲"。
② "西伯里亞"，即西伯利亞（Siberia）。

今之所謂擾亂秩序者。奴隸之圖釋免。郡邑之謀自立也。

今之所謂擾亂秩序者。人民攻擊牧師與貴族也。如法國之拔除王位以警歐西也。

今之所謂擾亂秩序者。如千八百四十八年（法國革命）之震驚君主。宣布勞働者之權。如巴黎之民以死易道①。用示人道以自由。以爲來日社會革命之先導。

今之所謂擾亂秩序者。其時也。累世相襲、繼行抵抗。不畏強暴、圖致人道之安寧。其時也。人傑興勝。民力發達。數年之中竟有大進。若無此。則人將久于奴隸之位。而終于困離②之域矣。

今之所謂擾亂秩者序③。乃最光美之激發。最偉大之熱誠。而崇愛人道之時代也。

總之無政府之名誼反對以上所謂之秩序。以求人生最光美之佳時④。是名也。豈不善哉。譯者曰⑤、秩序者尊卑貧富之分也。尊卑貧富者不平等之徵也。不平等者不公之至也。由是而知秩序與不公二而一也。

和平者非保少數人獨據之權利。乃與衆人以平等之幸福。和平之意非以強制使人不得暴動。實使人人得享和平幸福無須暴動也。故欲使人人得享和平、必先使人人得所。欲使人人得所、必先去尊卑貧富之分。欲去尊卑貧富之分。必先傾覆秩序。由是而知秩序與和平適成反比例。有秩序則無和平。有和平則無秩序。

---

① "巴黎之民以死易道"，指1871年3—5月的法國巴黎公社起義。
② "困離"，有誤，校勘表改作"困難"。
③ "秩者序"，有誤，應爲"秩序者"。
④ "佳時"，有誤，應爲"佳時"。
⑤ "譯者曰"，校勘表云："以下別作一行。"

無政府主義①

千八百八十九年愛露斯著　千九百七年真民譯

　　主無政府之説者衆矣。然其意見互有不同。故欲知此學派之確狀。非一單簡注解所能達也。必集諸人學説察其同異。逐一推求。庶可得其領要而無失焉。今無政府主義有七派。高德文②Godwin 蒲老東③Proudhon 司梯爾④Stirner 巴枯寧⑤Bakounine 克苦泡特金⑥Kropotkine 梯于格⑦Tucker 道司道⑧Tolstoj 是也。

　　在此學中宜研求者有三。曰政府（政府者一司法上之交際也。有一高上強權樹于斯

---

① "無政府主義"，巴黎本同，據目錄應爲"世界七個無政府主義家"。本册節譯自德國人保羅·埃爾茨巴赫（Paul Eltzbacher, 1868—1928）《無政府主義》（*Der Anarchismus*, 1889）一書的法文譯本（*L'Anarchisme*, 1902, O.Karmin 譯）。以下首節文字，乃是對保羅·埃爾茨巴赫原著《無政府主義》的簡介，屬譯者前言。
② "高德文"，即威廉·葛德文（William Godwin, 1756—1836），英國作家、哲學家和政論家，邊沁的信徒，理性主義者，無政府主義的創始人之一。
③ "蒲老東"，巴黎本及本書目錄作"蒲魯東"，與後文所譯合。皮埃爾-約瑟夫·蒲魯東（Pierre-Joseph Proudhon, 1809—1865），法國政論家、經濟學家和社會學家，小資産階級思想家，無政府主義理論的創始人，第二共和國時期是制憲議會議員（1848）。
④ "司梯爾"，即麥克斯·施蒂納（Max Stirner, 1806—1856），原名約翰·卡斯帕爾·施米特（Johann Kaspar Schmidt），德國哲學家，青年黑格爾派，無政府主義思想家，著有《唯一者及其所有物》（*Der Einzige und sein Eigentum*）等。
⑤ "巴枯寧"，即米哈伊爾·亞歷山大羅維奇·巴枯寧（Михаил Александрович Бакунин, 1814—1876），俄國無政府主義和民粹主義創始人和理論家。
⑥ "克苦泡特金"，有誤，《校勘表》改作"克若泡特金"。
⑦ "梯于格"，即本傑明·塔克（Benjamin Tucker, 1854—1939），美國人，個人無政府主義思想家。
⑧ "道司道"，即列夫·尼古拉耶維奇·托爾斯泰（Лев Николаевич Толстой, 1828—1910），俄國批判現實主義作家、思想家、哲學家。

土。）曰法律（法律者司法上之規則也。規則者以衆人監督衆人之行爲者也。）曰産業（産業者一司法上之交際也。從而一人爲某物某物之主。）

諸家之作用與期望之結果亦不同。有主和平者用言語之感化也。有主強勁者行抵抗之術也。有主激烈者用凶猛之力也。有欲並政府法律産業同去之者。有欲去政府而變法律産業者。若是逐端研求于無政府學說之歷史可見一班。〔是篇爲攷無政府學說歷史。至各家短長譯者不加評論。然讀者可由平心思求。參以他家公論（如本叢書2—6①）得之〕

無政府歷史書夥矣。其最精詳者當推德法律博士愛樂斯巴氏 Eltzbcher② 之作。"名曰無政府主義。""L'Ananchisme③" 今先譯是書中七家畧史。與其學說簡明表。

高得文④

高得文英經濟家也。生于千七百五十六年。十七歲乃從事于神學。二十二歲爲講教員。逾四載去職。之倫敦。從事著述。卒于千八百三十六年。

高氏不以無政府主義名其學說。然亦不畏忌此名。其爲言曰。"無政府主義雖危險。而專制主義尤甚。如無政府之殺人也。以百計。則專制之殺人也以萬計。至其效果則不過使社會久于愚陋、無德、與困難而已。故無政府主義不過一時之可畏也。而專制之害則無窮。如任人民之自由奮怒行險以求伸公理。其勢如江河之決流。固可畏矣。然其勢愈凶而其效愈著。

---

① "本叢書2—6"，指《新世紀叢書》中的《思審自由》、《告少年》、《秩序》、《世界七個無政府主義家》和《無政府主義與共產主義》。
② "愛樂斯巴氏 Eltzbcher"，"Eltzbcher"，有誤，應爲 "Eltzbacher"。"愛樂斯巴氏"，即保羅·埃爾茨巴赫。
③ "L'Ananchisme"，有誤，校勘表改作 "L'Anarchisme"。
④ "高得文"，即威廉·葛德文。

高氏所著哲學社會學經濟學等書甚富。其對于政府、法律、產業諸說。詳見于"政治中之公道與其對于衆人之道德與幸福之權力①。"（1）

蒲魯東

蒲魯東法人也。生于千八百有九年。初從事于印刷業。復爲學于巴黎。自千八百四十八年至千八百五十年。出報章多種。無何。因出板事入獄三載。然未嘗休于箸述也。千八百五十二年得免。居于巴黎。復因出板事監禁三載。乃逃居于比京②。時千八百五十八年也。越二歲。得免。乃歸巴黎。卒于千八百六十五年。蒲氏極有力于革命風潮。主張社會與經濟革命以產業爲盜③云。

蒲氏名其學説爲無政府主義。其爲言曰。"何式之政府吾取之耶。如設此問題。今之少年必應之曰共和。然則此字未能明盡。共和猶公共之事耳。無論何人與何政體。凡理公共之事者皆可謂共和黨。若是則帝王亦共和黨也。爾爲民政黨乎。否。爾爲君政黨乎。否。爾爲立憲黨乎。否。然則爾爲何黨。吾爲無政府黨。"

蒲氏所著政法經濟諸書甚富。其最要者列下。（1）何爲產業④（2）經濟讜言⑤（3）一革命黨之篤信⑥（4）十九世紀革命大義⑦（5）革命公道⑧

---

① "政治中之公道與其對于衆人之道德與幸福之權力"，即 An Enquiry Concerning Political Justice, and Its Influence on General Virtue and Happiness，今譯作《政治正義論》。
② "比京"，即比利時首都布魯塞爾。
③ "以產業爲盜"，指 1840 年普魯東在《什麼是所有權或對權利和政治的原理的研究》（本書譯作《何爲產業》）中所提出的"財產就是盜竊"的觀點。
④ "何爲產業"，即 Qu'est-ce que la propriété? ou recherches sur le principe du droit et du gouvernement，今譯作《什麼是所有權或對權利和政治的原理的研究》。
⑤ "經濟讜言"，即 Système des contradictions économiques, ou philosophie de la misère，今譯作《經濟矛盾的體系，或貧困的哲學》，簡作《貧困的哲學》。
⑥ "一革命黨之篤信"，即 Les Confessions d'un révolutionnaire，今譯作《一個革命家的自白》。
⑦ "十九世紀革命大義"，即 Idée générale de la révolution au XIXe siècle，今譯作《十九世紀革命的總觀念》。
⑧ "革命公道"，即 Idées révolutionnaires。

（6）哲學新理①（7）結會要旨②。

梯于格

　　梯于格美無政府黨也。生于千八百五十四年。十八歲習專門藝學于某邑。Boston③越二載。作英法意之遊。千八百七十七年。襄作某報于某邑。Princton④明年作"變法叢報"于某邑。New Bedford⑤千八百八十一年又爲叢報。名曰"自由"⑥于Boston于此與葛氏Globe交遊六載。千八百九十二年之紐約。繼出"自由"七日報。

　　梯氏直名其學說爲"無政府"。其爲言曰。"使吾爲無政府黨有多故。無政府非僅反對政界之魁首也。並反對最上權、制權、政府、號令、強權、以及帝國、王國、政府之作用、管理法。蓋無政府字（anarclue⑦）有多種講解。其要義則反對強權政府。故以之爲名。蓋恐他意非盡確。有溷含誤會之弊也。"

　　梯氏對于政府、法律、產業諸說多見于"自由報"中。編集成書。名曰"一書。一忙者之僅作。無政府哲理叢編⑧。"（1）

道司道

　　道斯道⑨俄之貴族也。生于千八百二十八年。少孤。從一法人爲學。十

---

① "哲學新理"，即 *De la justice dans la révolution et dans l'Église*。
② "結會要旨"，即 *Du principe fédératif et de la nécessité de constituer le parti de la révolution*。
③ "Boston"，即波士頓，位於美國東北部，馬薩諸塞州首府。
④ "Princton"，有誤，應爲"Princeton"，即普林斯頓，位於美國新澤西州，普林斯頓大學所在地。本傑明·塔克在普林斯頓大學辦有以出售宣傳個人無政府主義作品爲主的塔克書店。
⑤ "New Bedford"，即新貝德福德，馬薩諸塞州東南部港口城市。
⑥ "自由"，即 *Liberty*，本傑明·塔克主編的宣傳個人無政府主義的雜誌，斷斷續續存在了約20年。
⑦ "anarclue"，有誤，校勘表改作"anarchie"。
⑧ "一書。一忙者之僅作。無政府哲理叢編"，即 *Instead of a Book, by a Man too Busy to Write One: A Fragmentary Exposition of Philosophical Anarchism*。
⑨ "道斯道"，即"道司道"，指列夫·尼古拉耶維奇·托爾斯泰。

四歲時讀福禄特、盧搔①諸書。稍長破除宗教迷信。卒成爲道德家。哲學家。及小説家。年十九歲去大學。圖行有益于鄉民之事。然未能遂其志也。千八百十年②入營伍。無何。爲軍官。越四年辭職。留森彼得堡③。千八百五十七年。爲德法意瑞士之遊。歸居于墨斯哥④。逾二載復爲德法意比之遊。乃識蒲魯東于比都。自千八百六十年道氏鄉居。從事于農業、箸述及鄉民教育。

道氏不名其學説爲無政府主義。彼以爲"無政府乃自由無束之社會。用勁力以達其目的者也。"道氏對于政府、法律、産業三者之説見于以下諸書。其他箸作甚富。不及備録矣。

（1）誠信⑤（2）耶經短評⑥（3）吾之崇信⑦（4）何爲⑧（5）生命⑨。

司梯你⑩

司梯爾德哲學家也。生于千八百有六年。二十歲習文學神學。逾九載去學。往遊德國各地。後重爲學柏林。千八百三十九年。爲女子小學教習。居此職十一年之久。千八百五十六年。卒于柏林。

---

① "福禄特、盧搔"，"福禄特"，即伏爾泰（Voltaire，1694—1778），法國自然神論哲學家、歷史學家和作家，18世紀啓蒙運動的主要代表人物，反對專制制度和天主教。"盧搔"，即讓-雅克•盧梭（Jean-Jacques Rousseau，1712—1778），法國啓蒙運動主要代表人物，民主主義者，小資産階級思想家，哲學家。托爾斯泰在喀山大學學習期間，閱讀了伏爾泰、盧梭等的著作，其中尤其喜愛盧梭的學説及爲人。
② "千八百十年"，有誤，應爲"千八百五十一年"。1851年4月，托爾斯泰隨同服軍役的長兄尼古拉赴高加索，以志願兵的身份參加襲擊山民的戰役，後作爲四等炮兵下士在高加索部隊中服役兩年半，晋升爲準尉。
③ "森彼得堡"，即聖彼得堡。
④ "墨斯哥"，即莫斯科。
⑤ "誠信"，即 Confession，今譯爲《懺悔録》。
⑥ "耶經短評"，即 Courte dissertation sur l'Evangile。
⑦ "吾之崇信"，即 Ma croyance。
⑧ "何爲"，即 Que faire，今譯爲《到底怎麼辦》。
⑨ "生命"，即 De la vie，今譯爲《復活》。
⑩ "司梯你"，有誤，應爲"司梯爾"，即麥克斯•施蒂納。

司氏不以無政府主義名其學説。司氏之説乃純然哲理也。司氏排"應爲"。其言曰"人之應爲。即人之能爲。何爲應爲。不能過其能爲。何爲能爲。不能過其力也。人無能使令者也。不能責以應爲也。如動植物然。若其有力。則其力必生動而現于外。因物如不死。無時不生動發揚。如其停守無爲。則非生矣。人高可①聲呼曰用力。此仍應爲之意耳。此語何益。人如有力。則無時不動作"。……（應爲今譯作義務）

　　司氏箸作數種。多系哲學。其對於政府、法律、産業諸説。見"獨一與獨一之性質"②。

巴枯寧③

　　巴枯寧俄革命黨也。生于千八百十四年。二十歲入森彼得堡陸軍學校④。次年爲軍官。無何退職。遊學柏林。從此奔走四方。在巴黎與蒲魯東輩遊。歸俄不堪政府壓制。重來法。從事報章。千八百四十七年。于演説中痛抵⑤俄廷。因此見逐。明年于革命後重返巴黎。更于歐洲諸方。運動革命之舉。鼓吹社會主義甚力。先後被囚于普奧俄西伯里⑥。千八百六十五年從西伯里假道日本。北美。逃于英。爲某報主筆。後居瑞士。千八百六十九年爲"萬國勞働會"⑦員。因欲行其意旨。致與馬克司 Marx⑧有隙⑨。無何。創立"萬

---

① "高可"，有誤，校勘表改作"可高"。
② "獨一與獨一之性質"，即《唯一者及其所有物》。
③ 目録爲"巴枯甯"。
④ "二十歲入森彼得堡陸軍學校"，此説有誤。巴枯寧1829年十五歲時入聖彼得堡炮兵學校學習，1833年畢業，獲得準尉軍銜，被派往立陶宛服役。
⑤ "痛抵"，有誤，應爲"痛詆"。
⑥ "西伯里"，即西伯利亞。
⑦ "萬國勞働會"，即國際工人協會（International Workingmen's Association），後稱第一國際。
⑧ "馬克司 Marx"，即卡爾·馬克思（Karl Marx，1818—1883）。
⑨ "致與馬克司 Marx 有隙"，1869年第一國際巴塞爾大會上，巴枯寧要求把廢除財産繼承權問題列入會議議程，受到了馬克思主義者的批判。

國社會黨"①。以平等級。平男女。共地產財物。去政府。覆強權。爲宗旨。千八百七十年。巴氏與其友謀共產革命于里昂。未就。越二年。會于荷京②。與馬氏分離③。巴氏創 Jurassienne 會④。此無政府黨發達之始也。千八百七十六年巴氏卒于瑞京⑤。（巴氏乃共產主義家。而表中列其爲集產主義家。蓋彼時共產主義名爲集產主義。此一歷史沿革之問題耳。）

巴氏名其學說爲無政府主議⑥。其爲言曰。吾輩拒絕一切法律。及一切強權。不能因保少數人之私利而害大衆之公益。此吾輩所以爲無政府黨之意也。

巴氏所箸最要者爲（1）上和平自由會之意見書⑦（2）萬國社會黨會約⑧（3）上帝與國家⑨。

克泡特金⑩

克氏俄之革命黨也。生于千八百四十二年。其家俄之古貴族也。克氏⑪

---

① "萬國社會黨"，即國際社會主義民主同盟，1868年10月在日內瓦建立，該組織的核心是巴枯寧直接控制的秘密團體"國際兄弟會"，同盟宣布把無神論、階級平等和取消國家作爲自己的活動綱領，得到意大利、瑞士和其他當時工業不發達國家的部分工人的支持。
② "荷京"，有誤，1872年第一國際第五次代表大會的召開地海牙是荷蘭中央政府所在地，但不是首都。
③ "與馬氏分離"，1872年第一國際海牙大會期間，巴枯寧及其黨羽繼續從事分裂活動，被開除出第一國際。
④ "Jurassienne 會"，即汝拉聯盟（Fédération jurassienne），第一國際期間巴枯寧主義者在汝拉山區建立的聯邦主義和無政府主義制度實驗區。
⑤ "瑞京"，指伯爾尼（Bern），瑞士首都。
⑥ "主議"，有誤，應爲"主義"。下同。
⑦ "上和平自由會之意見書"，即 *Fédéralisme, socialisme et antithéologisme. Proposition motivée au Comité central de la Ligue de la paix et de la liberté*。今譯作《聯邦主義、社會主義和反神學主義。向和平和自由同盟中央委員會提出的說明理由的建議》。
⑧ "萬國社會黨會約"，即 *L'Alliance de la démocratie socialiste et l'Association internationale des travailleurs*。
⑨ "上帝與國家"，即 *Dieu et l'Etat*。
⑩ "克泡特金"，有誤，應爲"克若泡特金"。目錄亦爲"克若泡特金"。
⑪ "克氏"，有誤，應爲"克氏"。

幼時肄學于森彼得堡。長爲西伯里軍官。有年。于波蘭之役①去職。而從事科學。更爲地理學會書記②。千八百七十二年。有瑞士德意志之遊。遂入"萬國勞働會"。Association internationale des travailleurs 返國後。遂以鼓吹革命爲事。千八百七十四年被逮。後逃于英。由英之瑞士。遂逐法無政府黨之風潮。作"革命報"③。極箸於倫敦之該黨大會。後被逐於瑞士。乃之法。因里昂暗殺案株連。罰入監五載。後居英。

　　克氏初時不名其學説爲無政府主議。盖因無政府有擾亂不經之意。故避之。後乃認此名而釋其古誼。曰"無政府乃無強權也。非擾亂也。"無何乃直受其名。曰"無政府之名誼反對今世之劣秩序。以求人生最光美之佳時。是名也豈不美哉。"克氏箸作甚富。擇要錄之。（1）無政府共產主義④（2）麵包畧取⑤（3）無政府的道德⑥（4）無政府主義在社會主義進化中⑦（5）無政府主義。其哲理。其意想⑧（6）監獄⑨（7）新世紀⑩（8）革者之言⑪（9）革命研求⑫（10）將來之世紀⑬。〔克氏對于政府。法律產業。意見多見（2）（8）〕

---

① "波蘭之役"，指 1863 年初爆發的波蘭人民反對沙俄民族壓迫和封建專制的民族民主革命。主要領導者爲代表小資產階級和小貴族利益的"紅黨"，主要領導人有東布羅夫斯基、巴德列夫斯基等。次年夏被沙俄鎮壓。
② "更爲地理學會書記"，克魯泡特金擔任的是俄國地理學會自然地理分會秘書，1871 年俄國地理學會任命他爲秘書時，被其拒絕。
③ "革命報"，指 1879 年克魯泡特金在瑞士日内瓦創辦的法文報紙《反抗者》。他 1879—1882 年在該報發表的文章，後來結集爲《一個反抗者的話》。
④ "無政府共產主義"，即 *Anarchist Communism*。
⑤ "麵包畧取"，即 *La Conquête du pain*，今譯作《麵包的征服》或《麵包與自由》。
⑥ "無政府的道德"，即 *La Morale anarchiste*。
⑦ "無政府主義在社會主義進化中"，即 *L'Anarchie dans l'évolution socialiste*。
⑧ "無政府主義。其哲理。其意想"，即 *L'Anarchie. Sa philosophie —son idéal*。
⑨ "監獄"，即 *Les Prisons*。
⑩ "新世紀"，即 *Les Temps nouveaux*。
⑪ "革者之言"，有誤，應爲"革命者之言"，即 *Paroles d'un révolté*，今譯作《一個反抗者的話》。
⑫ "革命研求"，即 *Revolutionary Studies*。
⑬ "將來之世紀"，即 *Un siècle d'attente. 1789—1889*。

無政府主義七家學總比較表[①]

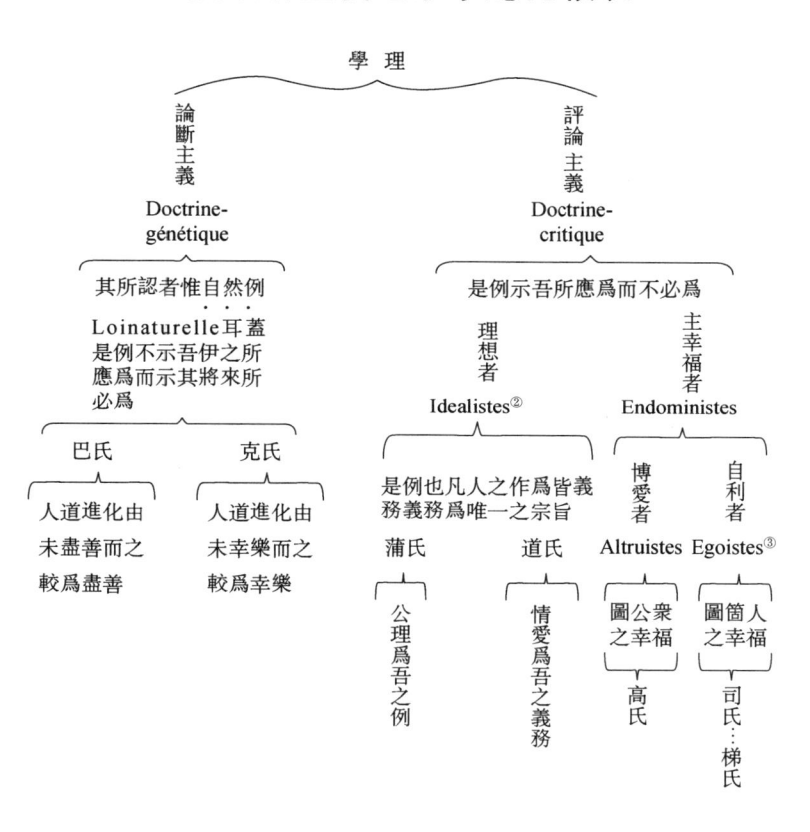

```
                        學理
         ┌───────────────┴───────────────┐
      論斷主義                        評論主義
   Doctrine-génétique              Doctrine-critique
   其所認者惟自然例              是例示吾所應爲而不必爲
   Loinaturelle耳蓋         ┌──────────┴──────────┐
   是例不示吾伊之所        理想者                主幸福者
   應爲而示其將來所       Idealistes[②]          Endoministes
   必爲
   ┌────┴────┐      是例也凡人之作爲皆義    ┌──────┴──────┐
  巴氏      克氏     務義務爲唯一之宗旨      博愛者      自利者
  人道進化由  人道進化由   ┌────┴────┐      Altruistes   Egoistes[③]
  未盡善而之  未幸樂而之  蒲氏      道氏         │           │
  較爲盡善   較爲幸樂   公理爲吾   情愛爲吾    圖公衆      圖箇人
                       之例      之義務     之幸福      之幸福
                                              │           │
                                             高氏        司氏‥
                                                          梯氏
```

---

① "無政府主義七家學總比較表", "學總", 有誤, 校勘表改作 "學説"。"無政府主義七家學説比較表", 目録無此標題, 巴黎本亦無此標題及内容。
② "Idealistes", 有誤, 應爲 "Idéalistes"。
③ "Egoistes", 有誤, 應爲 "Égoïstes"。

無政府主義七家學總比較表

無政府主義七家學說比校表

學理
├─ 論斷主義 Doctrine-génétique
│   其所認者惟自然耳蓋例
│   Loinaturelle
│   ├─ 例是示吾所應為 ── 巴氏｛人道進化由未盡善而之較為盡善｝
│   └─ 例不示其將來所必應為 ── 克氏｛人道進化由未幸樂而之較為幸樂｝
│
└─ 評論主義 Doctrine-critique
    ├─ 理想者 Idealistes
    │   ├─ 是例也凡人之作皆義務義務為唯一之宗旨 ── 蒲氏｛公理為吾之例｝
    │   └─ ── 道氏｛情愛為吾之義務｝
    └─ 主幸福者 Endoministes
        ├─ 博愛者 Altruistes ── 高氏｛圖公衆之幸福｝
        └─ 自利者 Egoïstes ── 司氏‥梯氏｛圖箇人之幸福｝

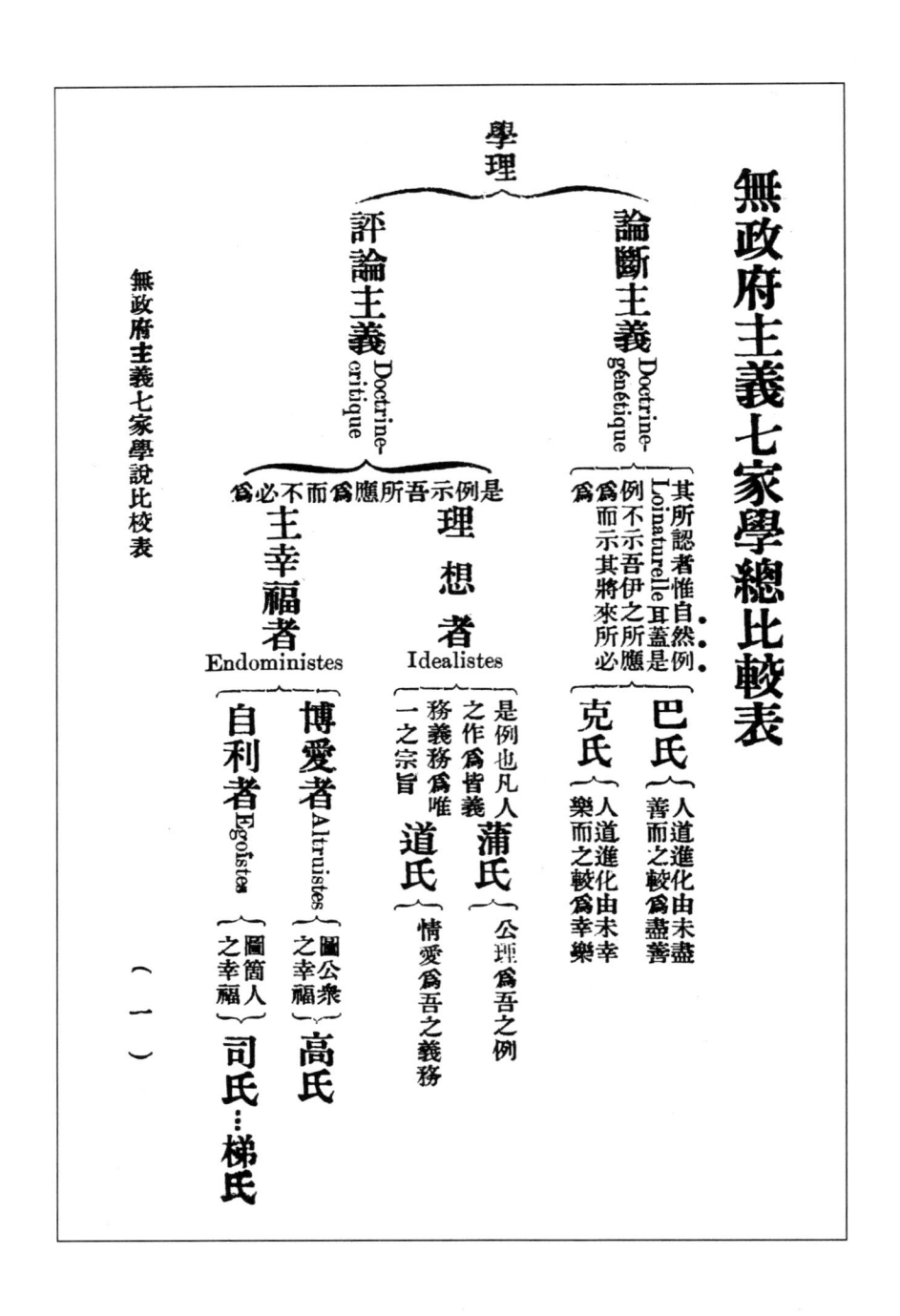

（一）

無政府主義七家學說比較表一

無政府主義

無政府之大意諸家所同

- 克氏：人道進化由未幸樂而之較為幸樂故知政府將來必去
- 巴氏：人道進化由未盡善而之較為盡善故知政府將來必去

　　⎬ 預見人道進化必無政府

- 道氏：因其有害情愛故去之若非有害於永久則有害於當時

　　將來文明之民必無政府

- 梯氏：因其永害箇人幸福故必去之
- 司氏：因其永害箇人幸福故必去之
- 蒲氏：因其反背公理故去之
- 高氏：因其有害衆人幸福故必去之

　　決定文明之民必無政府

無政府之體式

- 有契約主義 Tideralistes
  - 將來社會成為有契約之交涉
    - 蒲氏…巴氏…克氏…梯氏

- 無契約主義 Spontanetestes①
  - 將來社會成為無契約之交涉
    - 高氏：以衆人之幸福為各人之例
    - 司氏：以箇人之幸福為各人之例
    - 道氏：以情愛為各人之例
  - 以社會易政府

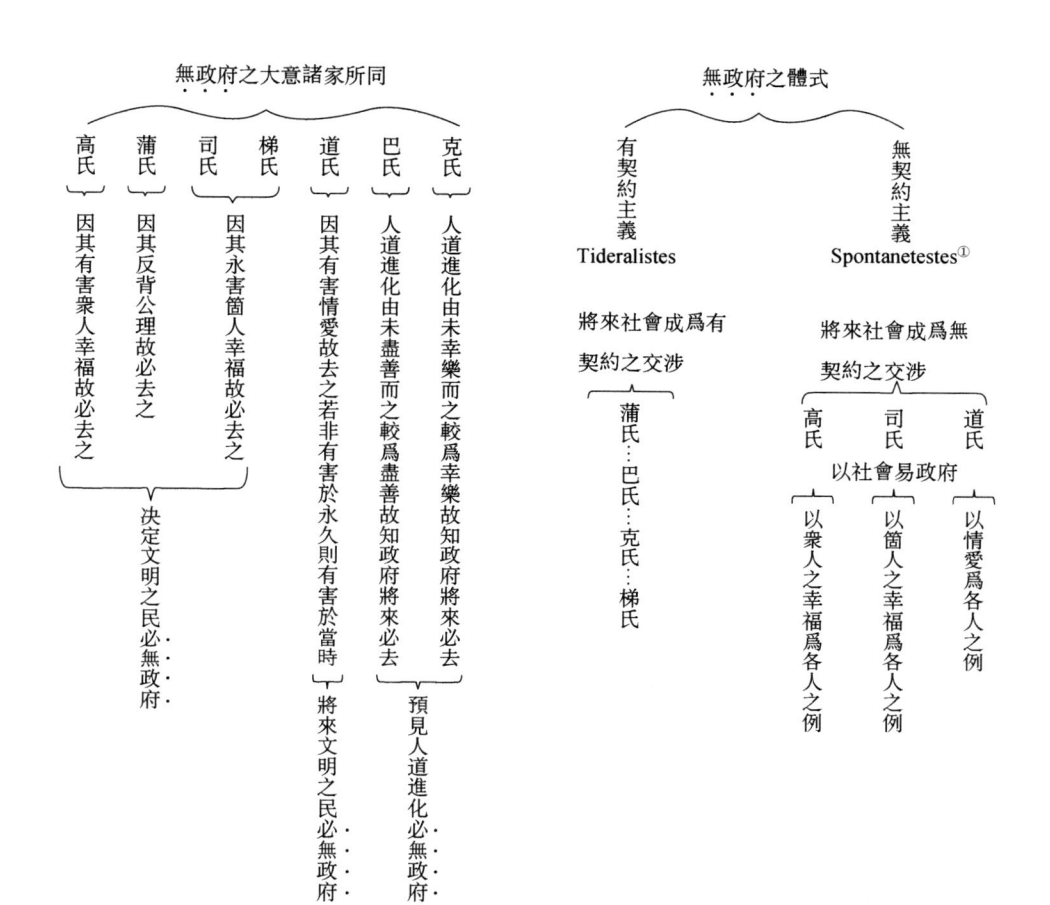

① "Spontanetestes"，有誤，校勘表改作"Sponlanetistes"。

無政府主義七家學說比較表

無政府之諸家	無政府之大意所同	
高氏	因其有害衆人幸福故必去之	決定文明之民必無政府
蒲氏	因其反背公理故必去之	
司氏		
梯氏	因其永害簡人幸福故必去之	預見人道進化必無政府
巴氏	因其有害情愛故去之若非有害於永久則有害於當時	將來文明之民必無政府
道氏	人道進化由未盡善而之較爲善故知政府將來必去之	
克氏	人道進化由未幸樂而之較爲幸樂故知政府將來必去之	

無政府之體式		
有契約主義 Tideralistes	將來社會成爲有契約之交涉	蒲氏‥巴氏‥克氏‥梯氏
無契約主義 Ipontanetestes	將來社會成爲無契約之交涉	高氏 — 以衆人之幸福爲各人之例 司氏 — 以簡人之幸福爲各人之例 道氏 — 以情愛爲各人之例

(二)

無政府主義七家學說比較表二

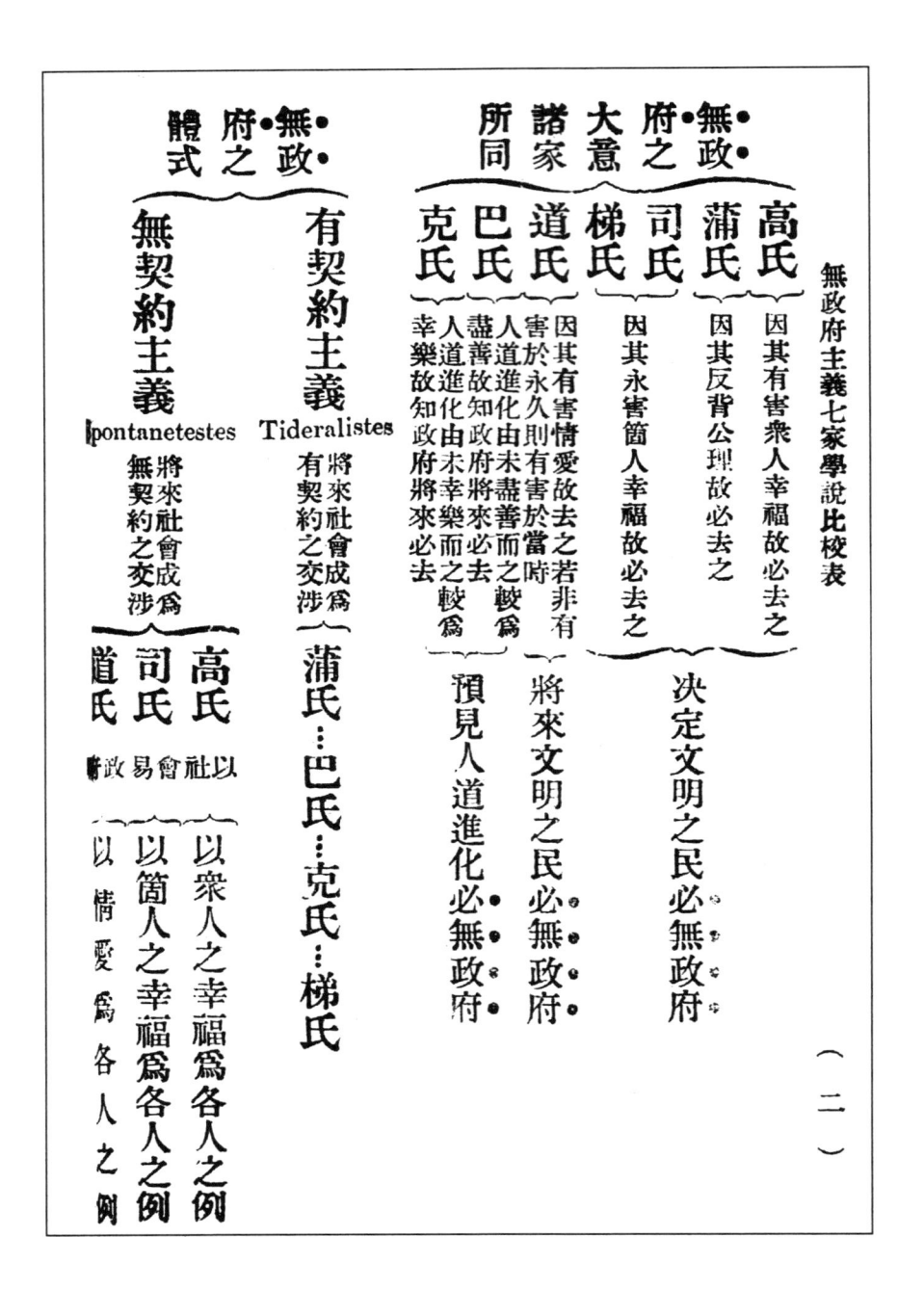

無政府主義

```
                        其作用與結局
                   ┌─────────────┴─────────────┐
                 主變者                       主革者
             Reformistes①                Revolutionnaires②
             不用強勁手段欲由              用強勁手段
             變更以致其結果
          ┌──────┴──────┐              ┌──────┴──────┐
         高氏          蒲氏            抵抗主義       擾動主義
      先知覺後知示以  先知覺後知圖以公    Renitentes   Insurectionnelles③
      之更改要○國法  理勝○國與產去而   ┌────┴────┐   ┌────┴────┐
      產皆無          法變              梯氏      道氏    司氏……    克氏
                                      如抗稅○去 如抗稅與抗  巴氏     強烈手段用
                                      國變法產   兵役○以情          之於常時以
                                                愛感人使其  強烈手段用 之爲傳布及
                                                承去法產以  之于革新過 預備之方
                                                建新社會   渡時代
                                                           └────┬────┘
                                                            國去而法產變
```

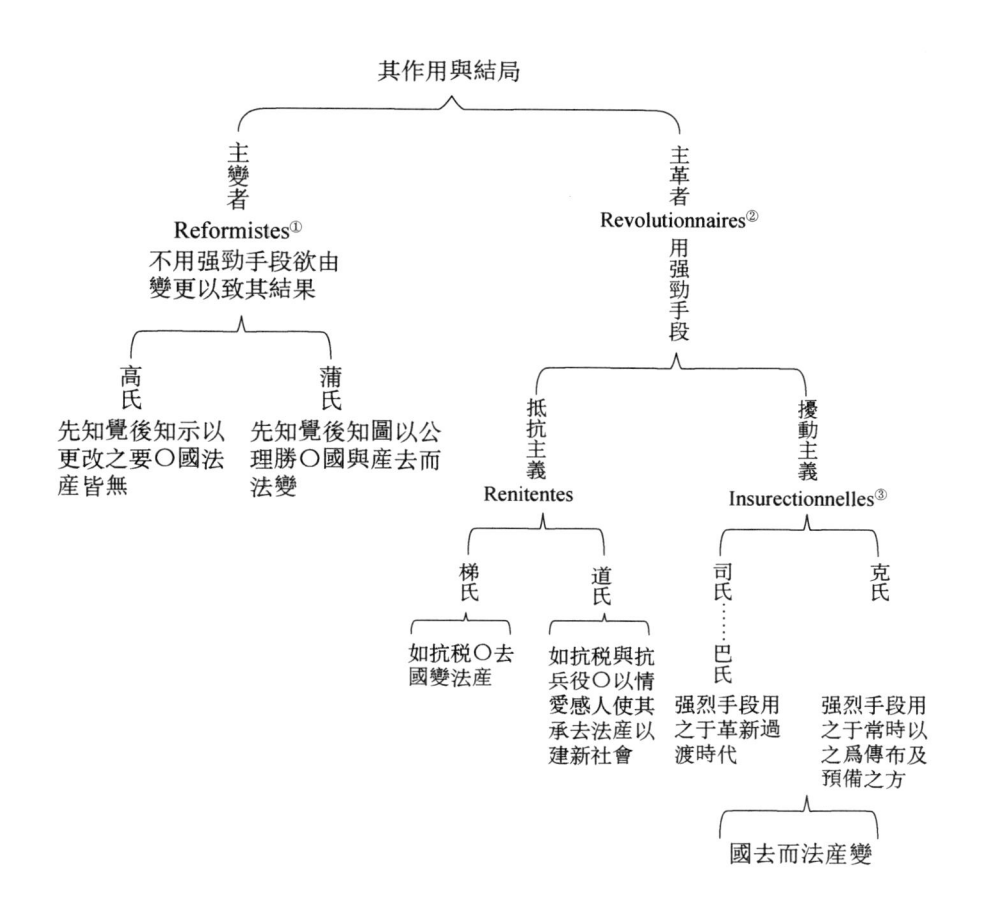

① "Reformistes",有誤,應爲"Réformistes"。
② "Revolutionnaires",有誤,應爲"Révolutionnaires"。
③ "Insurectionnelles",有誤,應爲"Insurrectionnelles"。

```
                    法律                                              產業
            ┌────────┴────────┐                        ┌──────────────┴──────────────┐
         排法律者            尚法律者                  排產業者                     尚產業者
        Anoministes         Noministes               Indoministes                  Doministes
     ┌──────┬──┬──┐      ┌──┬──┬──┐               ┌──┬──┬──┐          ┌──────────┼──────────┐
     高   司  道  巴      梯  蒲  巴               高  蒲  司  道        獨產主義    集產主義    共產主義
     氏   氏  氏  氏      氏  氏  氏               氏  氏  氏  氏       Individualistes① Collectivistes Communistes
                                                                        梯氏        巴氏        克氏
```

眾人幸福爲人之例　　箇人幸福爲人之例　　情愛爲人之例　　法律不背公理　　法律無礙人之幸福　　克氏……人道進化法律存而其今日之現狀易

決然廢之固其有礙衆人幸福　　因其反背公理　　因其礙箇人幸福　　非決然廢之然廢之於日後文明之民倘非永久爲害則必爲害于今日

產業無礙箇人之幸福　　人道進化產業存而易其今日之狀

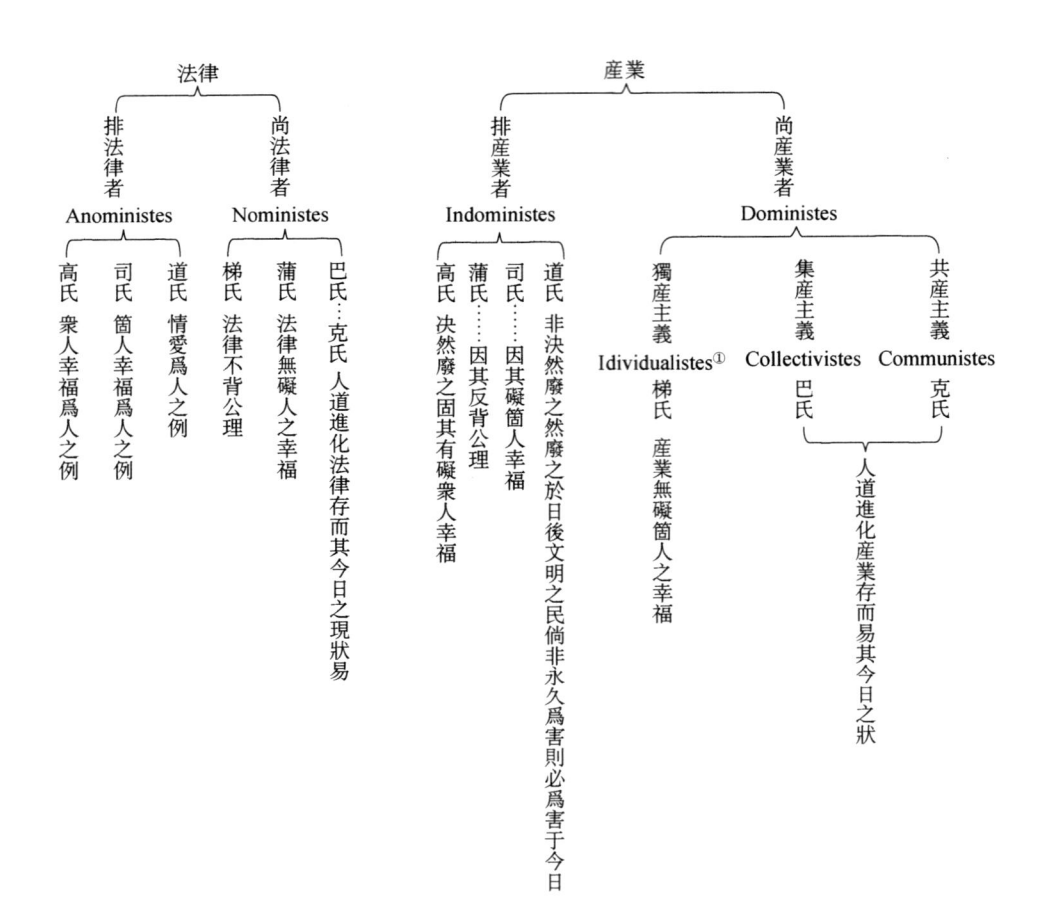

① "Idividualistes"，有誤，應爲"Individualistes"。

無政府主義與共產主義①

一千八百九十九年克非業著　一千九百七年真民譯

自由平等二者爲革命之要點。今昔革命黨之意見均不外此。雖然此二佳詞②恆爲狡者假之而爲利用之器。遂有眞贋不符。故吾輩于二者之旁更附二詞以定其確切價値。使無溷含之弊。"**自由**即**無政府**也。**平等**即**共産**也。"

（一）在今日之社會。**無政府**爲破壞強權者也。在來日之社會。則爲阻重建強權者也。亦爲保護箇人之自由也。凡箇人之生長。隨其所需。從其所欲。凡人之聯結。隨各人之自由。推而及于一方。由一方而及于一境。由此類推。以至于推諸境而及于一國。推諸國而爲大同。

（二）在今日之社會。**共産主義**亦與衆挑戰者也。然不在破壞強權。而在取全球之富源置諸公共。在來日之社會。則共産爲衆人之享受。即"各盡其所能。各取其所需"。

凡世間之富源爲衆人所同有。共致之而共享之。甲地之人公用甲地之

---

① "無政府主義與共産主義"，又收入《無政府主義名著叢刻》，署名"克非業著，真民譯"。作者"克非業"，即卡洛·卡菲埃羅（Carlo Cafiero, 1846—1892），意大利工人運動活動家，第一國際會員。1871年同恩格斯通信，在意大利執行總委員會的路綫。1872年起爲意大利無政府主義組織的領導人之一，70年代末抛弃無政府主義。1879年用意大利文出版《資本論》第一卷節寫本。
② "佳詞"，有誤，巴黎本作"佳詞"。

土地器械房屋。如有乙地之人至于斯士①。其享用與衆同。如甲地之人至于乙地。亦若是。

或問曰共産主義果可行乎。吾能有物品足以供衆之取求。而無懈惰之虞乎。吾答曰"各取其所需"之意必可行。因來日之社會。物産豐盈。無須限制取求。亦無工作不及之慮。有三故以証明之。

物産將來之豐盈、賴各種事務發達之協助一也。賴新機器之發明二也。賴減少有損無益之製品以節省機力、器械、工作、物料三也。

"一人之損他人之利。"此競爭之原理。而資本家以爲攻擊之要術也。由是國與國競。一方與一方競。人與人競。此人得之則他人失之。甲之工業興。則乙之工業敗矣。

資本主義乃"各謀己利。排擊他人"。社會主義則"各圖公益。衆濟箇人"。若去資本主義而代之以社會主義。是不相爭而反相助。不相仇而反相友。其時物産之澎漲。猶可預料乎。

今吾輩以爲極發達之機器。與將來之社會較猶微乎其微。今機器之所以不能大興。爲資本家之利心所致。故恆有若干機器因工家無力購取。遂使棄置于無用。蓋資本家寧使其空閒無以利己。而不甘使其有益于人。乃惟利是圖。而不憐同類工作之苦。顧煤礦公司有圖工人之便利。不惜重價而購最良之入井機者乎。顧城董局有因工人之勞而用破石之機者乎。（鋪路之石）更有許多有益人生之新發明不見施諸實用者。亦無非因其不適于資本家之經濟問題而已。（今日所謂文明進步。藝術發達。其實還是爲得謀利。那有益人生的事反到忽畧。若曉得這事愚謬。便懂了這共產主義的完美。與那社會革命是不可緩的事了。）

---

① "斯士"，有誤，巴黎本作"斯土"。

總之機力、器械、物料、三者之浪費今其極矣。因人以之造無用之物。甚至造殺人之物。今此三者費之于軍備者幾何。如戰艦也。砲台也。軍械也。費之于奢華無益之物又幾何。若移此三者盡用之于人生正當之工藝。其物產之澎漲。不可知乎。

由此可見共產主義能施諸實行者也。可聽其各取所需。因所產必足供衆也。亦無勞問工產①之惰否。因無貧困之可慮也。賴物產之豐盈。工作之輕易。則勞働之苦惱變而為游藝之幸福矣。

吾非僅謂共產為可行。且謂其為必須行。若已將物產與器械置諸公共。而仍準箇人之購取。則錢不能廢。錢不費②則有營富不均③之事出。而平等從此失。蓋力富者勢④高過他人。非在平行之地故也。承此而嗣產之事又見。或謂嗣產遺傳不足為患。吾輦⑤深謂不然。因箇人之積蓄非徒起人之不平等。而且工作之不平等。于是工作乃有高卑貴賤之分。高貴者富者享之。卑賤者貧者負之。此則不能從其志願所欲為。而以其謀生之難迫之從事于某業某業。［克民⑥曰。"售女⑦售身以哺其子。稚兒入廠為苦工。"（秩序）此豈其志願所欲。不得已耳。而他人仍罵之曰"下流"。］而強者為利所誘。設法而攫取之。于是有勤情⑧、功過、善惡之分。而賞罰從其後。于是有法律有司法人、有監獄、此皆致亂之由。不公之至也。（君長無非民賊。而人民稱其德。史傳記其功。小民困死無訴。或為盜以延其生。事覺則立正典刑。名辱身死。世事不公之如此類者不可勝道矣。）

---

① "工產"，有誤，應為"工者"。巴黎本作"工作者"。
② "不費"，有誤，應為"不廢"。
③ "營富不均"，有誤，應為"貧富不均"。
④ "力富者勢"，有誤，校勘表改作"富者勢力"。
⑤ "吾輦"，有誤，巴黎本作"吾輩"。
⑥ "民"，有誤，校勘表改作"氏"。
⑦ "售女"，有誤，巴黎本作"婦女"。
⑧ "勤情"，有誤，巴黎本作"勤惰"。

昔吾輩自稱集產主義。蓋以別于箇人主義。與共產專制主義。而言也。究其實吾輩爲共產自由主義也。吾之所謂集產。蓋謂將物產均歸公共。無分彼己。非如今人之所謂集產也。

　　有名爲社會黨者其人言曰。"有日用之物。有生財之物。日用之物爲箇人之所需。如衣食房屋之類。至生財之物爲人用之以生財者也。如工廠機器田地之類。又謂日用之物產①箇人所需。故應授于箇人。至生財之物則應歸集有。"此集產主義。

　　吾不能不爲之問曰。"何故以燃機鑪之煤。膏機器之油。爲集有物。而不以食我之肉。調菜之油。爲集有物乎。何故以養牛馬之牧塲棚廐爲集有物。而不以居人之園屋爲集有物乎。其真理何在。"（物產散則得利難。集則得利易。故集產主義勝于個人主義。乃營私經濟之問題。而非社會公道之問題也。以多少產②集而爲大產。產仍屬於多人。誠稍勝于少數人獨有大產。然無產者仍不得而有之。此仍補救之方。而非清源之作。惟共產全歸公有。各盡所能。各取所需。其光明自非他主義所能比也。）

　　爲是言者亦非望其實行。無非爲主張物產授于箇人者之助耳。無非欲以緩革命之熱心耳。殊不知正以此說喚醒我也。是猶勸我毅然爲共產黨也。

　　總之**共產主義**之必行殆無可疑。第難者又云"出產不足供各人之所需。必須有限制。有分給之法。分給當準于各人之工作"。

　　吾應之曰。即使須有限制。亦用共產主義。然此限制不本其功績。而本其所需。姑以一家譬之。一家者即一小共產也。雖其爲專制共產。而非自由共產。然于此其理無異。

　　譬如一家之父日獲五圓。長子三圓。次子二圓。幼子一圓。所獲皆授於母。母供其食。父子兄弟之所獲不同。至用餐則隨其食量而爲多寡。無

---

① "產"，有誤，巴黎本作"爲"。
② "少產"，有誤，巴黎本作"小產"。

無政府主義與共產主義

有限制。且幼子作工雖少。量恆佳^①。老母終日無爲。反享美食。由此而知分授不論功績。取用本其所需之已實行。來日世界一家。何有異于此乎。

于此問題中可論述者多矣。其詳已經若克呂^②克苦泡特金^③諸同志言之。茲不復及。總之**無政府**與**共產**二者不可須臾離也。**無政府**即**眞自由**。**共產**即**眞平等**。此二者皆**革命**之要點也。

---

① "佳"，有誤，應爲"佳"。
② "若克呂"，即埃利澤·雷克呂斯（Elisée Reclus，1830—1905），法國無政府主義者，與其兄米歇爾·雷克呂斯（Michel Reclus，1827—1904）發起"公道合作社"，出版《聯合—法國内外合作社機關報》（*L'Association, Bulletin des Coopératives Françaises et Étrangères*）月刊，主張平民互助，曾爲克魯泡特金《麵包的征服》法文版作序，著有《人與地》。
③ "克苦泡特金"，有誤，巴黎本、《叢刻》本作"克若泡特金"。

I. —CHATEAU① DU PEUPLE

馬塲路自由民樂園

是園創立已五年矣發起人爲無政府黨諸友慨人生之無道憤世事之不平故起是園爲民圖自由無束之幸福及體育智育德育之樂名之曰"民園"是園在巴黎西北之林中其地名"馬塲路"林景森秀如出塵間園中樓閣高雅花徑曲幽園友遊人終日不絶一入其間相逢如故或談笑或歌舞或爲譏世之戲曲或爲講學之演説或聚讀于書室或習萬國語文公備酒食同作同餐園中無章程無總理無男女之別無尊卑之分而園友互相敬愛遠逾專制社會由此一端可見自由組織之優美而知無政府主義必可實行於世也

（無政府共產）主義試驗之一

II. —COLONIE D'AIGLEMONT②

（無政府共產）主義試驗之二

鷹山村共產殖民地

鷹山村在法之東北境距巴黎百餘啓羅邁③當其地山林森秀人跡罕到有

---

① "CHATEAU"，有誤，應爲"CHÂTEAU"。
② "COLONIE D'AIGLEMONT"，即 La colonie communiste d'Aiglemont，在法國香檳－阿登大區阿登省。1903 年夏，法國無政府主義者讓-查理·孚岱·亨利（Jean-Charles Fortuné Henry, 1869—1931）在這裏創建"鷹山共產村"（La colonie libertaire L'Essai），1905 年時有 11 名成員，1909 年解散。孚岱著有《共產主義實驗》（Communisme expérimental: préliminaires）、Lettres de pioupious、Grève et sabotage 等，創辦有雜誌 Le Libertaire。
③ "啓羅邁"，kilometer 的音譯，即千米。

無政①黨孚岱亨理者往建殖民地以爲共産主義之試驗所千九百三年夏間孚岱隻身入荒林起草屋而居無何爲鄕民覺視驚告相猜後孚引集同志協同操作以及建築不假一傭人之手而田屋日見擴增今竟成一良美農舍矣孚岱及其友抱自由共産主義守"各盡所能各取所需"之要旨盡脱規章之束縛彼此無錢幣之交涉近年更出自由哲理小册子多種及半月報鄕人以其勤懇無私轉相猜而爲欽愛其學理亦因之逐漸輸布于此方之民矣

　　以上諸端不特表見孚岱與其友之才智亦共産主義之必可實行于世之一証也②

---

① "政"，有誤，校勘表云："'政'字下脱'府'字。"
② "一証也"，校勘表云："（下）脱'千九百有七年眞民記'九字。"

I.—CHATEAU DU PEUPLE

馬塲路自由民樂園

是園創立已五年矣發起人爲無政府黨諸友慨人生之無道憤世事之不平故起是園爲民圖自由無束之幸福及體育智育德育之樂名之曰「民園」是園在巴黎西北之林中其地名「馬塲路」林景森秀如出塵閒園中樓閣高雅花徑曲幽園友遊人終日不絕一入其間相逢如故或談笑或歌舞或譏世之戲曲或爲講學之演說或聚讀于書室或習萬國語文公備酒食同作同餐園中無章程無總理無男女之別無尊卑之分而園友互相敬愛遠逾專制社會由此一端可見自由組織之優美而知無政府主義必可實行於世也

無政府共產主義試驗之一

"馬塲路自由民樂園" 圖

II.—COLONIE D'AIGLEMONT

無政府共產主義試驗之二

鷹山村共產殖民地

鷹山村在法之東北境距巴黎百餘啓羅邁當其地山林森秀人跡罕到有無政黨孚岱享理者往建殖民地以為共產主義之試驗所千九百三年夏間孚岱隻身入荒林起草屋而居無何為鄉民覺視驚告相猜後孚引集同志協同操作以及建築不假一傭人之手而田屋日見擴增今竟成一良美農舍矣孚岱及其友抱自由共產主義守「各盡所能各取所需」之要旨盡脫規章之束縛彼此無錢幣之交涉近年更出自由哲理小冊子多種及半月報鄉人以其勤懇無私轉相猜而為欽愛其學理亦因之逐漸輸布于此方之民矣以上諸端不特表見孚岱與其友之才智亦共產主義之必可實行于世之一証也

"鷹山村共產殖民地"圖

七家之書目[①]

GODWIN
高得文

1. An enquiry concening[②] political justice and its influence on general virtue and happines[③].

PROUDHON
蒲魯東

1. Qu'est-ce que la Propriété.

2. Contradictions économiques.

3. Confessions d'un revolutionnaire[④].

4. Idée générale de la Revolution[⑤] au XIXe Siècle.

5. De la Justice dans la Revolution et dans l'Eglise[⑥].

---

① "七家之書目"，目録無此標題，巴黎本中附在《世界七個無政府主義家》文末，無頁碼，且無標題。
② "concening"，巴黎本同，有誤，應爲"concerning"。
③ "happines"，巴黎本同，有誤，應爲"happiness"。
④ "revolutionnaire"，巴黎本作"révolutionnaire"。
⑤ "Revolution"，巴黎本作"Révolution"。下同。
⑥ "l'Eglise"，巴黎本同，有誤，應爲"l'Église"。

6. Du principe fédératif et de la nécessité de constituer[①] le parti de la Revolution.

TUCKER
梯于格

1. Instead of a book by a man tov[②] busy to write one. A fragmentary exposition of philosophical anarchim[③].

TOLSTOJ
道司道

1. Confessions.
2. Courte dissertation sur l'Evangile.
3. Ma croyance.
4. Que faire.
5. De la vie.

STIRNER
司梯爾

1. Der Einzige und sien Eigenthum[④].

---

① "constituer"，有誤，應爲"reconstituer"。
② "tov"，巴黎本同，有誤，應爲"too"。
③ "anarchim"，巴黎本同，有誤，應爲"anarchism"。
④ "sien Eigenthum"，巴黎本同，有誤，應爲"sein Eigentum"。

BAKOUNINE
巴枯寧

1. Fédéralisme, socialisme et antithéologisme dans Michel Bakounine.

2. L'Alliance de la démocratie socialiste et l'association internationale des travailleurs.

3. L'empire Knontagermanique et la revolution sociale[①].

　　Dieu et Etat.[②]

KROPOTKINE
克若泡特金

1. Anarchist communim[③].

2. La conquête du pain.

3. La morale anarchiste.

4. L'anarchie dans l'évolution socialiste.

5. L'anarchie. Sa philosophie—son ideal[④].

6. Les prisons.

---

① "L'empire Knontagermanique et la revolution sociale"，巴黎本同，有誤，應爲 "L'empire Knonto-germanique et la révolution sociale"。
② "Dieu et Etat"，巴黎本同，有誤，應爲 "Dieu et l'Etat"，即《上帝與國家》。此處應當單獨編序號。
③ "communim"，巴黎本同，有誤，應爲 "communism"。
④ "ideal"，有誤，巴黎本作 "idéal"。

7. Les temps nouveaux.

8. Paroles d'un revolté[①].

9. Revolutionary studies.

10. Un siècle d'attente.

---

① "revolté",有誤,巴黎本作"révolté"。

自由園與共產地之地址①

ADRESSES

I. －CHATEAU② DU PEUPLE

4，Route du Champ-d'Entraînement，NEUILLY（Seine）

（Par le tramway qui va de la Porte Maillot à la Porte de Madrid）

II. －COMMUNISME EXPERIMENTAL③

COLONIE D'AIGLEMONT

（Ardennes）

（Par la gare de l'Est）

---

① 目録無此標題。
② "CHATEAU"，有誤，應爲"CHÂTEAU"。
③ "EXPERIMENTAL"，有誤，應爲"EXPÉRIMENTAL"。

本書校勘表

篇名	頁	行	字	誤	正
革命	七	五	十三	代	代
仝	二	九	十三	韭	非
思審自由	仝	八	廿一	（示）	示
仝	六	十	廿三	抵	詆
仝	十一	九	十三	縛字上脫東字	
仝	四	十	廿七	子	于
告少年	七	八	十五	計	什
仝	八	末	七	祉字下脫會字	
仝	十一	一	十一	了背	背了
仝	十六	二	十二	著字下脫門字	
秩序	仝	三	十九	歲	歷
仝	四	七	二十	受	愛
仝	五	二	十四	雛	吾國 難 吾爲
				譯者曰以下別作一行	

無政府主義學說	一	五	十	苦	若
全	二	十一	L'Ananchisme	L'Anarchisme.
全	五	七	末	Anarclue	Anarchie
全	七	九	八	高可	可高
全	八	五	末	抵	詆
學說比較表	二	一	末	九	總	說
全	二	末		Sponlanetestes	Sponlanetistes
無政府共產主義	四	末		力富者勢	富者勢力
全	五	四	十	民	氏
共產殖民地圖說	二	四	二	政字下脫府字	
全	末			脫「千九百有七年冀民記」九字	

印贈新世紀叢書者之言

是書為五年前巴黎留學諸君所出以比法諸國皆有新世紀叢書之刊行諸君欲廣布其光明俊美之無政府共產主義故亦取是名以華文傳之內地標其主義曰自由平等博愛大同公道真理改良進化其宗旨之光明正大亦可見矣是編本以七小冊為一集隨時刊發初出六冊以事中輟乃當時滿政府禁此書綦嚴故內地人士得見此書者頗鮮同人惜之特取而重付剞劂分贈同志亦庶幾廣布宗旨之用意爾

凡欲閱此書或轉贈友人者請隨時到「廣州西關存善東街八號晦鳴學舍」即當奉贈或地遠者函索亦可

同人棉力有限未能多印望同志之士廣為刊布徧贈同胞其功德當較印送善書萬萬也

一千九百十二年七月　　印贈者識

《新世紀叢書》晦鳴本編者説明

萬仕國　編校

1. 底本描述

晦鳴學舍重排《新世紀叢書》合訂本，直排右翻，鉛印洋裝。原件藏北京大學圖書館。封面中書宋體"新世紀叢書"，右下書"非賣品"三字，左書"晦鳴學舍印贈"。封二爲《新世紀叢書目錄》。正文各篇獨自編頁碼，其中：《革命》八頁，《思審自由》十四頁，《告少年》二十四頁（含一頁空白頁），《秩序》六頁（含一頁空白頁），《無政府主義》十頁，《無政府主義七家學説比較表》四頁，《無政府主義與共產主義》八頁，附錄《自由民樂園與共產殖民地圖畫》二頁，另附《七家之書目》二頁，《自由園與共產地之地址》一頁，本書校勘表二頁。封三爲《印贈新世紀叢書者之言》。

2. 新世紀社的主要參與者及《新世紀叢書》巴黎本的主要内容

參見本卷"《新世紀叢書》巴黎本編者説明"。

3. 晦鳴學舍

晦鳴學舍是師復1912年5月在廣州創辦的無政府主義組織。師復（1884—1915），原名劉紹彬，因立志反清，改名劉思復，字子麟。1912年7月，因提倡廢姓，改名師復，廣東香山（今中山市）人。受父親的維新主義思想影響，1901年在香山與鄭彼岸共同發起演說社。1904年留學日本，1905年加入同盟會，閱讀了鼓吹暗殺和恐怖主義的讀物，并學會製造炸藥和炸彈的技術。1906年初回國，在香山創辦隽德女學，提倡女子教育。不久，應謝英伯邀請，赴香港編輯《東方報》。1907年春，革命黨人策劃暗殺廣東水師提督李準，師復自請任實行委員，從香港攜炸彈潛回廣州，在試驗炸彈時受傷，暗殺未果；6月，再次策劃暗殺李準，在安裝炸彈雷管時傷及面部，并被截去左手。旋因暗殺嫌疑被捕，被判押解原籍監禁。在獄中，師復閱讀佛教著作和介紹無政府主義的小冊子，并與李石曾、張繼等人聯繫，思想爲之一變。[①]1909年12月10日由其父及鄭彼岸等營救出獄，又赴香港，一方面研究巴黎《新世紀》宣傳的無政府主義，另一方面與鄭彼岸、丁湘田、陳炯明、高劍父等組織支那暗殺團，繼續籌畫暗殺活動，希望以個人行動警醒社會，推動革命。武昌起義後，師復在廣東東江一帶參與領導民軍起義，號稱"香軍"。廣州光復後，目睹陳炯明、胡漢民的權力爭奪，又聽到浙江、江西、安徽等地革命黨人互相傾軋的消息，十分失望，認爲只有"從宣傳和加強個人道德修養做起"，搞無政府主義，才能革除政府、官吏制度的弊端[②]。南北議和期間，與丁湘田、鄭彼岸北上，準備暗殺袁世凱。1912年南北議和後，袁世凱竊得政權，革命派内部又出現了各種腐敗現象，於是師復解散支那暗殺團，與鄭彼岸、丁湘田等隱杭州白雲庵一個月，醞釀建立既宣傳無政府主義學說，又加強個人道德修養的組織。1912年4月返回廣州，5月建立"晦鳴學舍"，翻印《新世紀叢書》，編印《無政府主義粹言》《無政府主義名著叢刻》等；同時組織心社，制定《信約》12條，

[①] 師復. 駁江亢虎[J]. 民聲，1914（14）：4.
[②] 劉石心. 關於無政府主義活動的點滴回憶[M]//葛懋春，蔣俊，李興芝. 無政府主義思想資料選：下册. 北京：北京大學出版社，1984：931.

增進個人道德。主張社内平等，不設社長、幹事等職務，入社、退社自由。同年秋，發起研究世界語，任環球世界語會廣州分會會長。又邀約同志，擬在九龍宋王臺畔建立無政府主義新村——紅荔山莊，後因二次革命爆發而中輟。1913年8月，在廣州創辦《晦鳴錄》，僅出兩期，就被龍濟光查禁，同時晦鳴學舍被封，袁世凱、黎元洪又通電各省緝拿師復。師復被迫出走澳門，將《晦鳴錄》改名《民聲》，又出兩期，1914年4月轉上海繼續出版。7月，在上海成立無政府共產主義同志社，對外稱 Anarchist-Kommunista Grupo（簡稱 A. K. G，譯作區謹克），發表《無政府共產主義同志社宣言書》，并代表該社向英國倫敦召開的各國無政府主義黨大會遞交了《致無政府黨萬國大會書》[①]，在報告中國無政府主義進展的同時，提出五項建議，加強了與國際無政府主義者的聯繫。1915年3月27日，師復在上海病逝，年僅31歲。所著有《師復文存》《粵語解》《佛學大意》等。

晦鳴學舍的名稱，取自《詩經・鄭風・風雨》："風雨如晦，雞鳴不已。既見君子，云胡不喜！"意思是說，在天昏地暗、風雨交加之際，有志同道合的君子遠道而來，能不高興嗎？之所以用"晦鳴"命名學舍，後來又用以命名其無政府主義刊物，師復曾作過這樣的解釋："二三人相聚，讀書、論道於一室，名之曰'晦鳴學舍'。又取其所讀、論者，借鉛槧紙墨，布之於外，從而名之曰《晦鳴錄》。"[②]晦鳴學舍既是一個無政府主義學説的宣傳機關，也是他們想象中的共同勞動、共同生活的無政府共產主義社會的雛形。其中的成員非親即友，如無等、抱蜀、無爲、天放、世元等是師復的弟弟或妹妹，湘田（扈離）是師復的情人；鄭彼岸、鄭佩剛爲親兄弟，無

---

① 師復. 致無政府黨萬國大會書[J]. 民聲，1914（16）：4-8.
② 師復. 編輯緒言[J]. 晦鳴錄，1913（1）：1.

等又是鄭佩剛的愛人。他們之間的關係，是人人平等，共同勞動、生活和學習。學習的內容除無政府主義知識外，還包括數學、物理、化學、中文、外文等課程，教員由他們的成員擔任，能者爲師，取長補短。勞動的內容，主要是排字、印刷及日常生活瑣事。排字印刷所需的設備，用師復在籌畫暗殺活動時募捐所得購置。

由於新世紀社設在巴黎，再加上清政府的嚴厲查禁，所以新世紀社出版的《新世紀叢書》和《新世紀》周刊當時傳入國內的很少。1912年5月晦鳴學舍成立時，師復所能搜集到的《新世紀》周刊已經是殘本了[①]。爲了解決國內無政府主義資料不足的問題，師復將《新世紀叢書》6個小册子合爲一册，翻印出版。

4.《新世紀叢書》晦鳴本及其傳播

晦鳴本是師復等人於1912年7月根據《新世紀叢書》巴黎本組織重新排印的。晦鳴本的《印贈新世紀叢書者之言》對巴黎本的出版背景及翻印動機作了説明。

> 是書爲五年前巴黎留學諸君所出。以比、法諸國皆有《新世紀叢書》之刊行，諸君欲廣布其光明俊美之無政府共產主義，故亦取是名，以華文傳之內地。標其主義曰：自由、平等、博愛、大同、公道、真理、改良、進化。其宗旨之光明正大，亦可見矣。是編本以七小册爲一集，隨時刊發。初出六册，以事中輟。且當時滿政府禁此書綦嚴，故內地人士得見此書者頗鮮，同人惜之。特取而重付剞劂，分贈同志，

[①] 《無政府主義粹言·選餘贅言》稱，晦鳴學舍得到的《新世紀》周刊，"其中散失十餘册，致佳著或有見遺。俟覓得後，當再刊續篇"。

《新世紀叢書》晦鳴本編者說明

亦庶幾廣布宗旨之用意爾。

煮塵（王緇塵）在《新世界》1912年第6期"自由筆"欄中，介紹了《新世紀叢書》晦鳴本出版的消息。

> 五年前，我國留學法京巴黎諸君，創辦一星期報，名《新世紀》，專事鼓吹社會、無政府、共產等主義。嗣復擇要者刊行六種，名《新世紀叢書》。一、《革命》，真民著。二、《思審自由》，巴若夫著，真民譯。三、《告少年》，克若泡特金著，真民譯。四、《秩序》，克氏著，真民譯。五、《無政府主義》，愛露斯著，真民譯。六、《無政府主義與共產主義》，克非業著，真民譯。末附《馬場路自由民樂園》《鷹山村共產殖民地》兩圖，并爲說明，皆法蘭西人以無政府共產主義試驗之地點也。歐美該黨，皆有是名之小冊子發行，以期普及。真民譯爲華文，計六種，僅二萬餘言，曾刊行於巴黎。當時因滿政府嚴禁是書，故內地人士見者極少。現廣州晦鳴學舍重爲印行，廣送同胞。著者、譯者之精神，固不可沒，而印送諸君之苦心，尤足佳也。爰特紀之如左。①

從煮塵的這個介紹，我們獲得的印象是，晦鳴本僅是巴黎本的翻印本。但是，如果將巴黎本與晦鳴本進行對比，即可以看出：兩者之間既有明顯的承繼關係，又有一些細微的差別。

首先，從書籍形態上說，巴黎本6個單冊是各自單行、獨立裝訂，每書封面正中題書名，右側標"Ⅰ（壹）'新世紀'叢書"，表示這是《新世紀叢書》的第一集；左側標示著譯者的姓名及出版時間，上方列出其法文書

---

① 煮塵. 紹介新著·新世紀叢書復出現[J]. 新世界，1912（6）：2-3.

名，下方列譯著者的外文姓名。晦鳴本將這幾個單册合併爲1册後，封面題"新世紀叢書"，右側標"非賣品"，左側標"晦鳴學舍印贈"。這種改變，使巴黎本封面中的許多重要信息没有能够得到保留，給今人研究帶來了困惑。

其次，巴黎本每册都有一幅以上、圖文并茂的宣傳漫畫①，用簡潔的文字和形象的圖畫介紹革命知識，實際上是在書籍內容之外的一種更爲通俗的宣傳。晦鳴本没有保留這些內容，令人惋惜。

再次，由於晦鳴本出版時間在辛亥革命勝利之後，推翻清政府的任務已經完成，晦鳴本對巴黎本的部分内容進行了删減。如巴黎本《革命》計有8個方面的内容，晦鳴本删去了其中的"（二）非難者謂中人無革命之資格"和"（三）非難者畏革命致瓜分"；《秩序》一篇，僅保留了一節"譯者曰"，删去了譯者關於秩序與和平關係的論述，以及譯者號召反抗政府、投身革命的四首詩，其原因大概是辛亥革命已經勝利，是否需要革命已經不再是問題了。再如巴黎本《思審自由》的目録頁，對所論10個方面的對策手段都有提示，晦鳴本也將這些内容删除了。

最後，晦鳴本在排印過程中，出現了許多誤植，雖然對巴黎本的句讀也作了調整，但其品質反而不及巴黎本，不能不說也是一個遺憾。

當然，晦鳴本也有其自身的價值。首先，晦鳴本作爲一部書，新增了全書目録，便於讀者查找。其次，從《新世紀》周刊中選編了《馬塲路自由民樂園》和《鷹山村共産殖民地》兩幅圖片及文字介紹，增强了讀者對無政府主義實行的感性認知。最後，增加了《自由園與共産地之地址》作爲附録，爲讀者與國外無政府主義組織聯繫提供了便利。

晦鳴本出版後，晦鳴學舍從所存的《新世紀》周刊中，選取重要且完

---

① 巴黎本第一册《革命》與第六册《無政府主義與共産主義》、第二册《思審自由》與第五册《世界七個無政府主義家》的漫畫内容相同。

整的篇目，輯印爲《無政府主義粹言》。兩書共印"九千册，頃刻贈罄，而各處函索者仍絡繹不絶"①。1913年4月，師復等又從晦鳴本中選取《無政府主義與共産主義》、《告少年》和《秩序》三種，與《無政府主義粹言》中的《革命原理》《工人之無政府主義談》《社會主義釋義》《克若泡特金學說》《法律與强權》五篇合併，編爲《無政府主義名著叢刻》，醵資重排，免費贈閱。其後，他們還編印了《工人寶鑒》《軍人之寶筏》等小册子，也是免費贈閱。

　　從1913年開始，師復、江亢虎等人的無政府主義宣傳活動，引起了北洋政府的注意，相關出版物被嚴厲查禁。1913年12月26日，鄭汝成致函金紹城，稱："囑爲注意《晦鳴》革報一節，已飭密查。現在尚在發行。因在租界無可制止，惟有隨時留意可也。"②1916年5月1日，交通部又發文查禁師復所著《無政府淺說》，以及上海無政府共産主義同志社出版的《無政府共産主義同志社宣言書》《致無政府黨萬國大會書》③。1919年5月5日，交通部又查禁《進化》《工人寶鑒》等印刷品④；6月23日，内務部又查禁《兵士須知》⑤；9月5日，新疆省長兼督軍楊增新又致電國務院、内務部、參謀部、陸軍部、財政部、農商部，要求防範無政府主義思潮傳播⑥。1921年10月28日，内務部密令各都統、步軍統領、淞滬護軍使，查禁師復著、平

---

① 《無政府主義名著叢刻·本書目録》，晦鳴學舍1913年排印本。
② 《鄭汝成關於密查〈晦鳴録〉致金紹城函》，參見中國第二歷史檔案館. 中國無政府主義和中國社會黨[M]. 南京：江蘇人民出版社，1981：1.
③ 《交通部關於查禁〈無政府淺說〉〈平民之鐘〉等印刷品飭》，參見中國第二歷史檔案館. 中國無政府主義和中國社會黨[M]. 南京：江蘇人民出版社，1981：18.
④ 《交通部關於查禁〈進化〉〈工人寶鑒〉等印刷品訓令》，參見中國第二歷史檔案館. 中國無政府主義和中國社會黨[M]. 南京：江蘇人民出版社，1981：19.
⑤ 《内務部等關於嚴密查禁〈兵士須知〉函電》，參見中國第二歷史檔案館. 中國無政府主義和中國社會黨[M]. 南京：江蘇人民出版社，1981：30.
⑥ 《楊增新關於防範無政府主義思潮傳播電》，參見中國第二歷史檔案館. 中國無政府主義和中國社會黨[M]. 南京：江蘇人民出版社，1981：34.

民社翻印《無政府主義討論集》等書①。但是，這種查禁，并沒有使中國本土無政府主義思潮被完全扼殺，只是公開的出版宣傳活動被迫轉入地下或者國外。

　　師復及晦鳴學舍同人對新世紀社無政府主義資料的整理與傳播，爲中國本土無政府主義者提供了理論武裝，也對民國初期中國無政府主義運動的發展起到了推動作用。1914年6月，師復在以"無政府共產主義同志社"的名義撰寫的《致無政府黨萬國大會書》中指出："一九一二年五月，晦鳴學舍發起於廣州，是爲中國内地傳播無政府主義之第一團體，數年前《新世紀》所下之種子，至是乃由晦鳴學舍爲之灌溉而培植之，刊布多數之印刷品，介紹其學說於内地，一時風氣頗爲之披靡。凡一般研究社會主義者，皆知無政府社會主義之完善，且知國家社會主義之無用矣。"②1929年6—7月，沈仲九、畢修勺等組織革命周報社，編輯出版《革命小叢書》，也曾翻印過褚民誼的《普及革命》和李石曾的《革命原理》。1930年10月，鍾時主持的美洲平社編輯出版《平社小叢書》，其翻印的《秩序》③和《告少年》也淵源於《新世紀叢書》晦鳴本。師復的無政府主義著作《無政府淺說》《伏虎集》《師復文存》等，在新一代中國無政府主義者中產生了更加廣泛的影響。

---

① 《交通部等查禁〈無政府主義討論集〉及〈好世界〉印刷品有關文件》，參見中國第二歷史檔案館. 中國無政府主義和中國社會黨[M]. 南京：江蘇人民出版社，1981：93-94.
② 鍾離蒙，楊鳳麟. 中國現代哲學史資料彙編：第1集第4册無政府主義批判[M]. 瀋陽：遼寧人民出版社，1981：78.
③ 1930年10月出版的美洲平社小叢書第九種，自稱是"複印"《秩序》，然而其内容與巴黎本及晦鳴本又有不同。一是在"目次"頁增加了"讀者注意"的提醒，云："本書内所講的共產主義是克魯泡特金所倡之自由共產主義，與馬克思的專制共產主義絕非同物。務請分別清楚！"二是在内容上，僅保留了巴黎本《秩序》的譯文部分，刪去了巴黎本文末李石曾的全部按語；同時增加了老梅作於1921年的《無政府共產圓義》一文。三是封三有"介紹良書"的出版廣告，主要有師復著《師復文存》、師復譯《平民之鐘》，鐵心編《社會革命論叢》，李石曾譯《夜未央》，吳稚暉著《吳稚暉學術論著》、譯《鳴不平》，梁冰弦著《近代文化小史》，毛一波著《社會主義批判》，盧劍波著《失敗了的俄國革命》，魯智著《馬克思主義批評》。

5. 研究綜述

學界研究《新世紀叢書》晦鳴本的論著較少，大多數論者都是在介紹晦鳴學舍或叙述師復生平時，提及心社及《新世紀叢書》《無政府主義粹言》《軍人之寶筏》《無政府主義名著叢刻》等，并無深入論述[①]。

齊衛平、鍾家棟在《向着"無何有之鄉"——無政府主義思潮研究》中，重點關注了《新世紀叢書》晦鳴本等在巴黎派與民國初年無政府主義者之間的橋梁作用，指出：晦鳴學舍成立後，師復"主持編印了《新世紀叢書》和《無政府主義粹言》，并將此兩書中的主要內容輯印成《無政府主義名著叢刻》。他們把這些書籍及《晦鳴錄》等其他印刷品向內地廣爲散發，不收分文郵贈國內各報館、會社及省、縣議會，以擴大影響。隨着這些書刊的散布，無政府主義逐漸爲國人知曉"[②]。韓國學者曹世鉉注意到晦鳴學舍與心社的不同：前者側重於對外活動，主要任務是傳播無政府主義；後者側重於對內活動，促成社員精神上的一致。并指出：晦鳴學舍成立後（1912年5月）到《晦鳴錄》創刊（1913年8月）的年餘，晦鳴學舍的主要活動只是將《新世紀》上登載過的各種文章結集出版。例如，《無政府主義粹言》（收錄了《新世紀》中的《革命原理》《普及革命》等18篇文章）、《新世紀叢書》、《無政府主義名著叢刻》（收錄了《工人之無政府主義談》《告少年》等8篇譯文）、《軍人之寶筏》等的出版。因而，他認爲晦鳴學舍初期的主要活動是介紹新世紀派的無政府主義，自己的意見發表得并不多。[③]

[①] 如，胡慶雲. 中國無政府主義思想史[M]. 北京：國防大學出版社，1994：55.
[②] 高瑞泉. 中國近代社會思潮[M]. 上海：華東師範大學出版社，1996：339.
[③] 曹世鉉. 清末民初無政府派的文化思想[M]. 北京：社會科學文獻出版社，2003：207.

歐洲近世智力進步錄

赫克托·麥克弗森 / 著
高葆真 / 參譯
徐惟岱　曹曾涵 / 校潤

上海廣學會

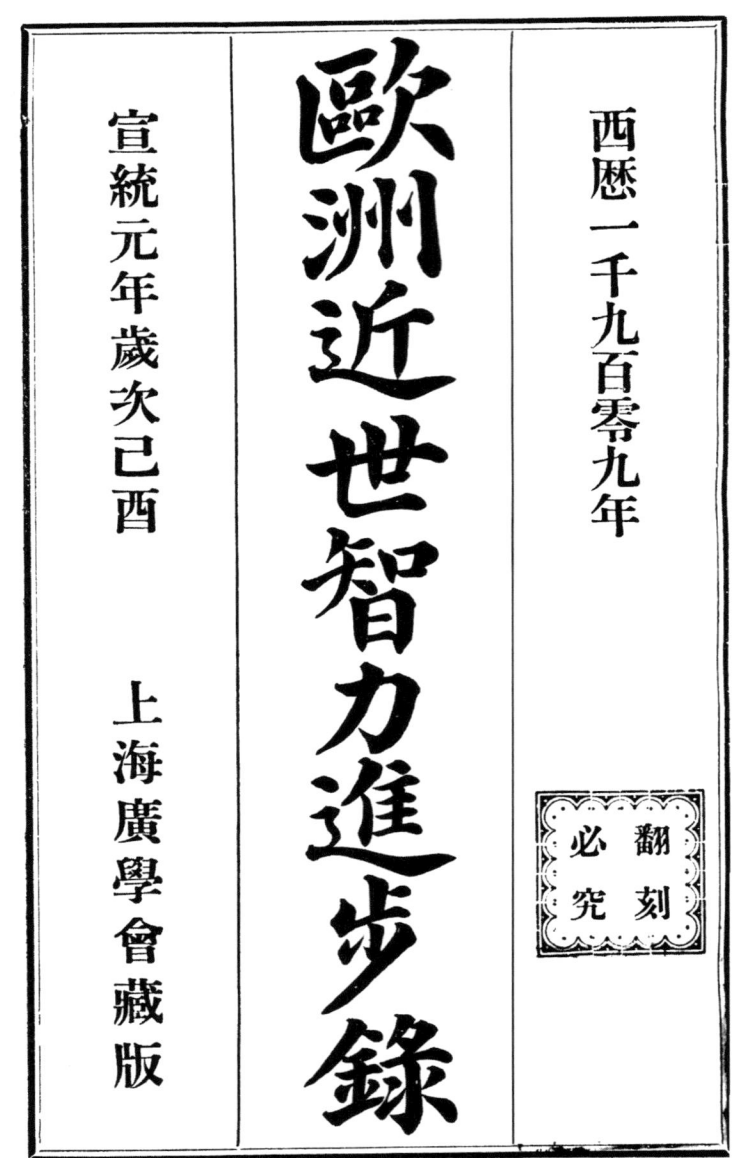

歐洲近世智力進步錄

西曆一千九百零九年

宣統元年歲次己酉

上海廣學會藏版

翻刻必究

上海商務印書館代印

《歐洲近世智力進步錄》扉頁

MODERN INTELLECTUAL DEVELOPMENT

(Based on some chapters of HECTOR MACPHERSON[①]'S 'A Century of Intellectual Development')

BY W. ARTHUR CORNABY.[②]

Christian Literature Society for China.

---

① "HECTOR MACPHERSON",即赫克托·麥克弗森(Hector Macpherson,1851—1924),英國作家和記者。
② "W.ARTHUR CORNABY",即威廉·亞瑟·科納比(William Arthur Cornaby,1860—1921),中文名"高葆真",英國基督教在華傳教士。

MODERN INTELLECTUAL DEVELOPMENT

(Based on some chapters of
HECTOR MACPHERSON'S
'A Century of Intellectual Development')

BY

W. ARTHUR CORNABY.

Christian Literature Society for China.

1909.

《歐洲近世智力進步錄》英文扉頁

CONTENTS

I Pre-Revolution Pioneers of Free Thought,（Rousseau，Holbach，Voltaire）

II The French Encyclopaedists

III Astronomical Discovery

IV The Composition of the Universe

V The Rise of Biology

VI British Philosophy,（Bentham，Mill，etc.）

VII German Philosophy,（Kant，Fichte，Schelling，Hegel）

VIII The Philosophy of Thomas Carlyle

IX Socialist Tendencies

Postscript：Carnegie on Wealth

CONTENTS

- I Pre-Revolution Pioneers of Free Thought, (*Rousseau, Holbach, Voltaire*)
- II The French Encyclopædists
- III Astronomical Discovery
- IV The Composition of the Universe
- V The Rise of Biology
- VI British Philosophy, (*Bentham, Mill, etc.*)
- VII German Philosophy, (*Kant, Fichte, Schelling, Hegel*)
- VIII The Philosophy of Thomas Carlyle
- IX Socialist Tendencies

Postscript: Carnegie on Wealth

《歐洲近世智力進步錄》英文目錄

目次

第一章	法國反對政教之感動	443
第二章	法國才士之感動 附盧梭小傳	449
第三章	天文之感動	457
第四章	物質考之感動	462
第五章	生物學之感動	465
第六章	英國思想家之感動	471
第七章	德國思想家之感動	475
第八章	喀賴爾之理想	479
第九章	理財學 附美國巨富說財	483

歐洲近世智力進步錄

目次

第一章　法國反對政教之感動

第二章　法國才士之感動 附盧梭小傳

第三章　天文之感動

第四章　物質考之感動

第五章　生物學之感動

第六章　英國思想家之感動

第七章　德國思想家之感動

第八章　喀賴爾之理想

第九章　理財學 附美國巨富說財

二　　　目　次

《歐洲近世智力進步錄》目次第 2 頁

歐洲近世智力進步錄

英國高葆眞參譯
震澤徐懴岱
元和曹曾涵　同校潤

第一章　法國反對政教之感動

歐洲近百年來思想發達日進欲求而知之其道有二一分考宗教哲學格致各等智力之進步一綜核各種事理之思想以發明其中智力之所及然此甚難之惟閱者則愈有益苟由是以進考諸歷史可知宗教哲學格致三者均有變化不測之大理在其中而歷史中千條萬緒無非此一理之所貫而已或問近百年智力之進步果以何者爲動力曰若以大者遠者論之則有三大問題一上帝也（宗則有教一宇宙也（格則致有一箇人之地位與人類當然之交接也（則有哲學等學能知世界歷代所趨之大勢必知人類智力有變化不測之長進而其最大動力則全在乎人之對於上帝之思想果知上帝爲宇宙主宰徧人心。則哲學與格致以及人類交接之社會必亦因而均受感動以日進於靡窮。

第一章

法國反對政教之感動

歐洲近百年來。思想發達日進。欲求而知之。其道有二。一分考宗教哲學格致各等智力之進步。一綜核各種事理之思想。以發明其中智力之所及。然此甚難之。惟閱者則愈有益。苟由是以進。考諸歷史。可知宗教、哲學、格致、三者。均有變化不測之大理在其中。而歷史中千條萬緒。無非此一理之所貫而已。

或問近百年智力之進步。果以何者爲動力。曰若以大者遠者論之。則有三大問題。一上帝也。（則有宗教）一宇宙也。（則有格致）一箇人之地位與人類當然之交接也。（則有哲學政學等學）能知世界歷代所趨之大勢。必知人類智力有變化不測之長進。而其最大動力。則全在乎人之對於上帝之思想。果知上帝爲宇宙主宰。覺牖人心。則哲學與格致。以及人類交接之社會。必亦因而均受感動。以日進於靡窮。

法國於大反對[①]以前。其人分上下二級。上級爲貴族富家。與羅馬教之主教等。下級則平民以下是也。貴族之權。能約束民身。主教之權。能檢察民心。民不得自由勤業也。必受役於貴族。以供其奢侈。民不得自由奉

---

① "大反對"，即大革命。法國大反對，指18世紀的法國大革命。

教也。必受命於主教。以强其信從。彼爲貴族者。不恤其下。故有身受飢凍。而仍被强迫。不輟勞役者。初雖隱忍。久之則其怒益積。思有以反對之矣。爲主教者亦然。不能體貼人情。故有陽奉陰違之徒。訾議其教規之優劣。久之思想自生。亦難免反對之矣。蓋身雖可强迫爲奴隸。而心不能强迫以誠敬。誠敬由一己之腦質思想而生。思想或爲人所啟迪。而終不可爲人所强迫。

近數世紀中。歐洲歷史。載有二大事。發明人類之不能强迫。至於極點。一爲德英二國復元教①之發起。以誠服之道心。代表主教之權。一爲法民反對貴族之霸持。大亂之中。以箇人之利權爲標準。蓋人修正其宗教。以教經爲本。與人反對其國權。以凶殺爲法者。其事固迥異而絕不相得者也。二事中第一事之目的。在乎人心。各有應得當然之利權。第二事之目的。在乎人身。各有應脫不當然之壓制。二事之善惡雖不同。其目的均有可以比例參觀之處。若論二事之感動。則人固莫不知今日之格致。於十六世紀後。悉由宗教家復元教之大舉動而生。若法國之大反對。雖僅屬一方面之震動。而影響所及。保無有牽涉歐洲全局之思想耶。是二事之關繫各國甚大。豈特一法而已哉。各國對於此事。觀法人之相約暴動。舉國若狂。爲之動色相戒。極力反抵。法人以政府爲可破壞而破壞之。而各國乃愈以其政府爲宜堅固。法人以宗教爲可棄絕而棄絕之。而各國乃愈以其宗教爲宜崇奉。於是法國大反對之感動益見。顧法國大反對之思想家。如磁石引鍼。尚有感動於後時之思想者。試詳列於下。

夫法民所最痛惡者。貴族以非義之權束縛其身。主教以非理之權。箝制其心也。二者既非禮非義。而此外一切。亦遂視爲非禮非義而痛惡之。

---

① "復元教",指宗教改革後的新教。

第一章　法國反對政教之感動

無論君主之權施於其身。上帝之權施於其心。抑若非均脫離而滅絕之不可。按法民反對其國權。縱行殺戮。此歷史所明言。固不待贅述。惟法民於反對國權之中。尚有反對天權[①]之意。則人所未知。知此反對之思想家。凡七八人。皆歐洲觥觥有名譽之士。中有三人尤著。其所以反對之思想。亦分爲三。可以謂之三種之反對。一曰盧梭。Rousseau[②]二曰浮勒特。Voltaire[③]三曰何勒巴克。Holbach[④]盧生於瑞士。（千七百十二年別有傳詳後）長居法國。主某氏。性質明銳。一人兼習數藝。然無定業。卒以著作成名。或倡爲新劇本。或撰成倫理學諸書。文章所播。海內傾動。時瑞士爲民主國。盧雖居法。亦不屬法。局外旁觀。乃愈有勃發不能自遏之勢。縱筆所之。動成名論。其主義大抵言人生於世。皆有獨立自由之利權。而奪此利權者。君主也。教會也。故斥之甚辯。然於上帝之權在人心。則並未一言可以棄置。浮生於巴黎。（千六百九十四年）爲諷刺家。以謗毀貴族故。下獄者二[⑤]。旅英三載[⑥]。慕復元教規則之善。而愈以羅馬教權爲敵。未幾歸法。里居二十一年[⑦]。而赴柏林。爲德王御前大臣。任事三年[⑧]。以諷刺獲罪於王。旋遊瑞士。年八

---

① "天權"，指宗教權力。
② "盧梭。Rousseau"，即讓-雅克·盧梭（Jean-Jacques Rousseau，1712—1778），法國啓蒙運動主要代表人物，民主主義者，小資産階級思想家，哲學家。
③ "浮勒特。Voltaire"，即伏爾泰，原名弗朗索瓦-馬里·阿魯埃（François-Marie Arouet，1694—1778），法國自然神論哲學家、歷史學家和作家，18世紀資産階級啓蒙運動的主要代表人物。
④ "何勒巴克。Holbach"，即保爾-昂利·迪特里希·霍爾巴赫（Paul-Henri Dietrich Holbach，1723—1789），法國哲學家，唯物主義者，無神論者，啓蒙思想家，革命資産階級的代表人物。
⑤ "下獄者二"，1717年，伏爾泰因在法國作諷刺朝政的諷刺詩被攝政王奧爾良關進巴士底獄，囚禁11個月。1726年又因得罪小貴族德·洛昂騎士，被誣陷入獄，但不久即被釋放，并被驅逐出境。
⑥ "旅英三載"，伏爾泰於1726年5月至1729年3月流亡英國，其間寫就著名的哲學通信集《英國通信》（又稱《哲學通信》）。
⑦ "里居二十一年"，1729年初，伏爾泰離開英國返回法國生活，直至1750年，共21年。
⑧ "爲德王御前大臣。任事三年"，1750年7月，伏爾泰接受普魯士國王腓特烈二世邀請前往柏林，擔任普魯士國王教師，并被任命爲高級侍從。後與腓特烈二世的矛盾日漸激化，1753年3月26日，伏爾泰離開柏林，回到了巴黎。

十四。返巴黎而卒。其撰著爲戲曲歷史倫理。而以格致代表宗教。謂人心不當服教會之權。宜自擇其理而從之。欲自擇其理。須得完全之自由云云。何、德人①。（生於千七百二十三年）以功賜男爵。徙巴黎。終身隱居不出。於千七百七十年。刊印一書。曰萬物之機法②。大旨言宗教本於天性。而人物之性之外。實無天性。故宗教皆屬無本之談。宜廢宗教。而以萬物之理與性爲代表。侃侃直陳。并以人類之憂虞。悉由各種之僭妄而生。宜若何反對之。庶幾斯民獲有安甯之幸福。書中有曰、今世大勢。其君主猶與民戰。其貴族猶與貧苦者戰。人心爲惡。非由於生初之性。實感受他人之強迫而然。在上者欲以權力壓制其貧苦。在下者即以慘殺報酬其荼毒。又曰、今世億兆被強迫。而勞動不息。甚至以汗淚潤土壤。徒供諸貴族之驕奢淫暴。（時法國諸貴族實皆沈湎於是）於政教二事。僭侈已極。而美麗特色之世界。卒變成一悲涕蒼涼之幽境而已。又曰天性者。虛無縹緲之談也。蓋人世絕無天性。天地萬物不過一大機械而已。人類爲機械中之最高貴品。苟得行動自由。則無不旋轉咸宜。（初不認天理次不認人欲與天理相反）所謂道德。但本於衆人之利用者此也。

　　何氏此言既發表。浮氏聞之大驚。以爲未免過甚。蓋此三家。（盧氏浮氏何氏）品性不同。故其議論亦異。盧梭自幼爲市井無定業之游徒。事事仰賴於人。年四十一。以友人某女士贈屋數椽。得居於鄉。常至林間夢想人類本然之狀態。以林居爲華奢。示人類之模範。探源立說。語妙如繪。惜無實行改正世事之誠心。卒亦無甚效果。浮勒特年少風流。工辭令。無論何

---

① "何、德人"，霍爾巴赫出生於德國，7歲喪母，12歲時接受定居於法國的一位伯父弗朗西斯庫斯·亞當·霍爾巴赫（Franciscus Adam d'Holbach）的邀請，隨父親移居法國。
② "萬物之機法"，原著書名爲 *Système de la nature, ou des lois du monde physique et du monde moral*，今譯作《自然的體系，或論物理世界和精神世界的法則》，簡作《自然的體系》，1770年在荷蘭阿姆斯特丹匿名出版。

第一章　法國反對政教之感動

事。恆以隱諷出之。以當時政教中均有詐偽之弊。故譏彈不遺餘力。惟生平不作決絕語。談笑之間。雜以詼諧。大抵以主文譎諫爲事。何勒巴克身居富貴中。盱衡四顧。竊見當世奇巧。不信有眞政眞教。而眞偽遂以不明。因即天道人事一切所當尊敬者。而大加排斥之。冀一洩其憤。蓋何氏此論。本由滿腔積不能平所致。氣燄飛騰。令人畏怖。幾如造炸藥彈者之猛烈不可稍近。先是是書以恐忤當道。本國中不敢公然發行。第於荷蘭私行印售。詎貴族閱之。非特不加罪責。且許爲新奇最有趣味之文品。旋以某主教心有未安故。而貴族愈視爲珍美。玩索不盡。抑知何氏所造之炸藥彈既成。而法國下民。固即將藉此以轟毀貴族一切社會。而大肆其屠戮者哉。雖然。法國下民。設未受貴族之苛暴。至於其極。（時與今世各國不同）則縱有三家之感動。恐亦未必若是之反對耳。時各國思想家。以法國之亂。多半出於惟物主義①。Materialism（按即輕視靈界主義）而以道德爲虛浮。恍然有悟。於是知新道去偽。思必有以糾正之。意謂、若竟以惟物主義爲可從。將人類一切應行尊敬之事。不但可以盡去。而人類一切應行尊敬之心。與分所當盡之性。必亦可以毀滅之矣。而人即墮落爲自私之物。欲拒貴族之羈絆。而適成衆人之羈絆。滅上等自私之權。而立下等自私之權。不以上帝爲宇宙之主宰。而以鄙俗之性爲主宰。嗚呼、是可異已。

　　於是英大哲學家喀賴爾②Carlyle起而言曰。豈不知人類尊敬之性。固爲人心最崇奉之意。與道心最寶貴之物乎。豈不知巍赫有形之宇宙。又有淵穆無形之天性。爲之掌握乎。何反以萬古經歷之大事。謂絕無上帝主持其間。徒以時代變遷。風雲更易。爲後世爭論之問題也哉。

---

① "惟物主義"，即唯物主義。
② "喀賴爾"，即托馬斯·卡萊爾（Thomas Carlyle，1795—1881），英國作家、歷史學家和哲學家。

總而言之。政治宗教。爲今日列强各國萬不可缺少之事。然必其事合乎天理。乃可謂之政治。乃可謂之宗教。如其不然。則爲政治而不免苛猛。爲宗教而不免强迫。將見文人訕謗。下民怨詈。如法國之大反對者。無他。蓋亦二者之離乎天理過遠。而有此一變也。否則亦何致若是。

第二章

法國才士之感動

　　上章所述法民大反對政教前。有碩彥浮氏盧氏何氏三人者。各以所著獻於世。以爲大改革之先聲。三子外。尚有狄德魯①Diderot氏者。（生於千七百十三年）亦名士也。少即從事著譯。嘗著教道宣講文。編纂藏書樓書目。年三十三。著哲學思想②一書。得罪政府。爲國會所焚。越數年。又因前譴。遂被羈禁。既釋。任醫學叢書主筆。時法人見當時所有博學叢書③。皆英文譯本。至用法文自著。獨付闕如。因鳩合全國宿儒。編輯法國博學叢書④。書分格致技術倫理各款目。於千七百六十五年出版。共二十八巨册。書中除列各科學外。狄氏同人復乘機載入性理⑤一門。（人類性理）詳述其反對宗教之理由。影響所及。時局頗爲撼動。蓋狄氏之筆。雖不及浮盧二氏之婉雅

---

① "狄德魯"，即德尼·狄德羅（Denis Diderot，1713—1784），法國哲學家，機械唯物主義的代表人物，法國革命資産階級的代表，啓蒙思想家，百科全書派領袖；1749年因自己的著作遭監禁。
② "哲學思想"，即狄德羅早期哲學著作《哲學思想錄》（1746），該書出版後因其宣揚唯物主義觀點和反宗教思想而被法國政府查禁。
③ "博學叢書"，即百科全書。
④ "法國博學叢書"，指法國的《百科全書或科學、藝術和工藝詳解詞典》（1751—1772年出版，共28卷）。該百科全書是18世紀最著名的法國啓蒙運動者的著作，主編是狄德羅。這部著作爲法國大革命的爆發奠定了輿論基礎。
⑤ "性理"，此處"性理"所對應的英文原文爲"humanitarianism"（參閲 Hector Macpherson. A Century of Intellectual Development[M]. Edinburgh：William Blackwood &Sons，1907：27.），指人道主義。

動聽。而才思橫溢。則有過之已。

　　法國學子所抱之宗旨。缺點甚多。往往遭人指謫。如惟物主義。（輕視靈界之意）則被德國哲學家所駁斥。反對宗教主義。則爲英國哲學家喀賴爾所辨難。蓋其思想之目的。徒以格致爲粉飾門面之具。而毫無精義之所存。故以之傾動一國之鄙夫俗子則有餘。以之厠列歐洲諸大哲學家則不足。其傾覆也亦固所宜。然而揆厥傾覆之原因。又有二端。一則貴族因是愈無忌憚。致爲上帝厭棄。一則小民因是愈懷忿恨。致與貴族仇復。此二事。亦相應者也。人謂法國斯時之思想。極其謬妄。不知固爲後世學者之前驅。若夫復元教提倡宗教自由。與夫闡發哲學自察之權利。則又非羅馬教士之威權所得而干涉已。

　　法國未反抗政教以前。羅馬教士固信日輪繞行地球而地球不動之說。惟迦利留[①]Galileo深思有得。獨排衆議。反之。且歷引諸事實以證明焉。羅馬主教惡之。謂其亂言惑衆。執而監禁。（時在千六百十六年）顧曩日之格致與思想各家。均不願人民反對教權。而亦不忍人民因思想而犧牲於教權之下。故皆緘默不言。有浮勒特氏者。思想自由之豪傑也。不甘爲教權所束縛。其於宗教。無論何者必求確實之憑證。始信不疑。（此合新約所載者曰凡可省察惟據於善見帖撒羅尼加人書[②]五章二十一節）蓋其生平所攻擊者。即教權之橫暴。及教權與辦事諸窒礙是也。（按宗教之職在於感化人心之能非在強迫人身之權）於是爲之辨議。以爲人必自由於所信。乃得謂之眞信云。

　　浮氏所論。大抵謂人之思想。宜啟迪而不可抑壓。且欲研究事實。須任人思想。馳驟六合。縱橫四表。若目格致家爲無意識之事。而束縛其心

---

① "迦利留"，即伽利略·伽利萊（Galileo Galilei，1564—1642），意大利物理學家和天文學家、力學原理的創始人，哥白尼日心說的擁護者，爲此遭到宗教裁判所的審判（1633），晚年在流亡中度過。
② "帖撒羅尼加人書"，今《聖經·新約》中的《帖撒羅尼迦前書》。

第二章　法國才士之感動

志。爲某教某族之奴隸。何哉。人苟無所牽制。探索既深。則必漸得真理。此亦一定之原由耳。此外浮氏。雖不無譏及羅馬教。輕視靈界種種之舉動。然於英國某教會不設教權一事。則輒贊成之。而不爲反對。所反對者。惟阻止思想之特權而已。時羅馬總主教宣言。有上帝不許人考求天地之精蘊。但許聽從羅馬教會之規則一語。以是浮氏頗諷刺之。目爲僞教。復元教人有信之者。浮氏亦姗笑之。蓋謂不知其僞。即不得其真也。今英德法各國哲士。雖不以浮氏之言爲師承。而心極敬慕之。以破壞當時羈絆於思想之界者。實無異路德馬丁①。破壞教皇羈絆於宗教之界焉。顧浮勒特所論。僅在思想自由。而盧梭所論。則在國民自由。浮氏謂教權不本於天。盧氏謂君權亦不本於天。而在國民。其言畧如孟子民爲貴。社稷次之。君爲輕②等語。時法王③貴族驕恣無度。輕視其民。而盧氏之書④。則專重國民。以爲始終。政府則爲可有可無之一物。議論獨闢。近於執拗。其書在英出版後。毫無感動。而法則衆怨沸騰。若爆裂彈藥之堆儲於庫。及聞此言。一星之火。到處蔓延。乃遂不可撲滅。蓋其民自思。已不願再爲政府之僕役。而欲□立⑤爲政府矣。

究之浮勒特之旨。在開民智。而盧梭之旨。則在振民權。有著博學叢書之狄德魯同人。意欲衆民與文士結合團體。以冀灌輸知識。而廢棄國中諸舊制。爲衆民倡。庶其國可圖振興。振興之道。在於廣設民學。教育童蒙。如支那近日之辦法者是。然其國初不設一學堂。惟以格致、哲學、倫

---

① "路德馬丁"，即馬丁・路德（Martin Luther，1483—1546），德國神學家，宗教改革運動的活動家，德國新教路德宗（Lutheranism）的創始人。
② "民爲貴。社稷次之。君爲輕"，語出《孟子・盡心下》。
③ "法王"，這裏指法國國王。盧梭時代的法國國王爲路易十五（Louis XV，1710—1774，1715—1774年在位）。
④ "盧氏之書"，指盧梭所著《社會契約論》。
⑤ "□立"，"立"前空缺一字，疑爲"自立"。

理、政治、社會、財政、文學、等學相啟迪。旗鼓所樹。而君權教權。儼有羣起而攻之勢。并欲得民心以資協助。民間以此爲發達民權起見。一唱百和。遂各有以材智相角逐者。而狄德魯同人之目的。由是大達。而其結果則卒釀成大亂而後已。此法國之明證也。然國民之勞苦。亦自有不沒之處。格致興而民智啟。固國家興盛之一大機會也。

博學叢書既發行。而格致之學。爰日有起色。至十九世紀之最初一年。有法國人士出爲領袖①。而其學益昌。蓋今日之格致學。大半皆當時所發明者焉。

雖然、格致之學固足尚。而專力格致。則亦不無畸輕畸重之弊。蓋格致之要。在於考察。考察之要。在於以虛心研求實業爲不二法門。而法人士當日。則並不虛心研求。而第用格致之術。毀滅羅馬教。故於格致界中。難免偏執。蓋其意以國事糜爛。悉羅馬教之所爲。而世間諸古神教之發端。亦在乎以上帝爲創造保佑治理宇宙之主宰者是也。故欲力拔此基礎。此基礎去。則凡建設於基礎之上者。（按即一切神教）必亦盡行傾覆。去此基礎之法若何。則宇宙有自佑自治之能力。而上帝初不容爲之干預而已。按何勒巴克之言曰。上帝爲永生之神。組織以成萬物者。（説文古字典②曰天神組織以成萬物者也）此説第教士之言爲然。實則最久最遠者惟物質。而其他有動力各物質。亦可久可遠。此外則無所爲有者。（噫人性非物質與物質之動力按何氏此言則人性亦視爲無有矣一笑）凡宇宙中現象。皆出於各物相動之機關。其言若此。與近今格致學家之理想。果能吻合與否。吾縱不得而知。第試就此問題以相辨難曰。所謂物質。不知究係何質。所謂動力。不知究由何動。設不詳考此事。奚

---

① "至十九世紀之最初一年。有法國人士出爲領袖"，指拿破侖。1801年拿破侖代表法國世俗政權，與教宗及教士代表簽訂《1801年宗教協定》。
② "説文古字典"，即《説文解字》。《説文解字》："神，天神，引出萬物者也。"

第二章　法國才士之感動

以窮造化而通神明。若僅以個人構造之思想。代表格致正法。且以此思想。但爲筆舌之戰爭。而索之於虛無縹緲之中。而宇宙之實理。終亦無由窺測。此第可以悅淺見者之耳目。而不可以獲深識者之誠心。吾固可以爲何氏一言解決之也。以故法國真格致家。咸以何氏爲不足法。而不能滿其希望。特闢去彼此爭持之意見。另設一學堂①。以虛心研求實業爲宗旨。並與英國諸名格致家聯合。（按即今之設立格致實學諸名家）爲擴充智力。而濬瀹腦筋之一助焉。

附法名士盧梭小傳②

盧梭者。法國反抗政教前之名士也。千七百十二年。生於瑞士國之遮尼法③城。父母皆法產。從復元教。母早歿。盧年方十齡。其父與人因事相爭不勝。離遮他適。託盧於戚串家。使業雕匠。頗遭虐待。年十六。去至意大利某都。爲羅馬教士所庇。復得婦人娃任夫人④之助。入修道院。受洗禮。自謂熱心宗教。因是溫飽。無何不檢。被斥出院。悵悵無所之。久不得志。某肆婦憐之。即傭於其肆。與婦甚相得。及肆主歸。又下逐客令。盧於是浮遊無定。或執役。或書記。皆嘗爲之。是時年十九矣。仍就娃任夫人。蓋娃任夫人。爲某氏離婚婦。其夫歲必給銀若干。以供所需。年二十八。光彩益豔。視盧如弟。盧亦好之。如是九年。頗相暱。旋以夫人復

---

① "另設一學堂"，指在法國大革命中國民大會於1794年9月28日決定設立的"公共事業中央學校"。該校以波旁王宮爲校址，次年改稱"綜合技術學校"，亦稱"巴黎綜合技術學校"。該校自成立後，即強調科學與技術相結合。
② 目次爲"附盧梭小傳"。
③ "遮尼法"，即日內瓦（Genève）。
④ "娃任夫人"，即瓦朗男爵夫人，全名爲路易絲-愛麗歐諾爾·德·瓦朗（Louise-Éléanore de Warens，1700—1762），生於瑞士，樂善好施的貴婦。年輕時嫁給瓦朗男爵，後離開丈夫，改宗天主教；曾爲盧梭提供家庭庇護，雇傭他當管家，資助他深造。

悅淺見者之耳目而不可以獲深識者之誠心吾固可以為何氏一言解決之也以故法國眞格致家咸以何氏為不足法而不能滿其希望特闢去彼此爭持之意見另設一學堂以虛心研求實業為宗旨並與英國諸名格致家聯合（按卽今之設立格致實學諸名家）為擴充智力而濬瀹腦筋之一助焉

附法名士盧梭小傳

盧梭者法國反抗政敎前之名士也千七百十二年生於瑞士國之遮尼法城。父母皆法產從復元敎母早歿盧年方十齡其父與人因事相爭不勝離遮他適託盧於戚串家使業雕匠頗遭虐待年十六去至意大利某都為羅馬敎士所庇復得婦人娃任夫人之助入修道院受洗禮自謂熱心宗敎因是溫飽無何不檢復被斥出院悵悵無所之久不得志某肆婦憐之卽傭於其肆與婦甚相得及肆主歸又下逐客令盧於是浮遊無定或執役或書記皆嘗為之是時年十九矣仍就娃任夫人蓋娃任夫人為某氏離婚婦其夫歲必給銀若干以供

第二章　法國才士之感動　　　　　　　　　　　　455

昵一少年。盧遂舍去。之法之利安①城。爲教習。嗣以昧於教法。不安其位。二十九歲。以新法編音樂譜。至巴黎。獻之格致會②。會中人納之。惟亦不甚新異。且無益。卒不果用。盧不得已。仍以常法謄繕音樂譜爲生計。既而受聘爲某氏書記。時旅館中。有女名特勒色③者。貌僅中人。且性魯不工書。而盧私識之。前後生子女五人。均送入育嬰院。盧年三十七。著藝術及格致論二種④。爲法國弟將城大學校⑤所稱許。一時膾炙人口。視爲奇文。蓋所論即工藝格致中之事。然敗德之機。實肇於是矣。四十一。著劇文及音樂譜。爲法王所賞悅。是歲又著一書。論文明與野蠻之比較⑥。大略謂文明之法。反不如野蠻之爲有理。蓋以野蠻爲純屬天然。如挾資作惡。及政治苛暴。法律不良。與夫一切非分越禮之事皆是。（可謂奇文）無非欲表其自由之意而已。時有貴婦戴畢內夫人⑦。憫其才。特賜村屋一所。屋在大森林之旁。盧遂挈婦特勒色並婦母偕居焉。未數年。結納漸廣。然與文人墨士。輒生競爭。以是恆鬱鬱。而與戴夫人之誼。亦由此日疏。遂去而之他。爲某公爵夫婦⑧所優待。得棲居公邸園中之一矮屋。年四十有八。始著小說⑨。衆極欣賞。越二年。復著倫理書⑩。出版於荷蘭國。蓋恐本國之人阻抑也。

---

① "利安"，指法國里昂（Lyon），法國東南部城市。
② "格致會"，即巴黎科學藝術院。
③ "特勒色"，即黛萊絲·瓦瑟（Daisy Wasser），旅館女僕，爲盧梭生了五個孩子，盧梭在 56 歲的時候娶黛萊絲·瓦瑟爲妻。
④ "藝術及格致論二種"，"藝術及格致論"，今譯作《論科學和藝術》，該文由兩部分構成。
⑤ "弟將城大學校"，即第戎科學院。1750 年，盧梭以《論科學和藝術》一文獲得第戎科學院徵文比賽頭等獎。
⑥ "論文明與野蠻之比較"，即盧梭所著《論人類不平等的起源和基礎》。
⑦ "戴畢內夫人"，即埃皮奈夫人（Mme d'Epinay），盧梭在這位夫人提供的地方居住了一年多時間。
⑧ "某公爵夫婦"，即盧森堡夫婦，盧森堡（？—1761）爲一元帥。
⑨ "年四十有八。始著小說"，應指《新愛洛伊絲》出版的時間。1756 年盧梭移居"隱廬"，開始寫作《新愛洛伊絲》。1761 年《新愛洛伊絲》出版。
⑩ "倫理書"，指《愛彌兒》。該書 1762 年 6 月在阿姆斯特丹和巴黎同時出版。出版後不久，巴黎大主教畢蒙和巴黎高等法院即對《愛彌兒》發出禁令，并下令逮捕盧梭。

書中所論政教。或攻擊政府。或與羅馬教爲敵。甚形悖忤。事爲國會所偵悉。下令逮捕。幸聞風早。得以遠颺。匿跡於德王之屬城①。（在瑞士國）由是研究植物學。並以作細羅爲業。而巴黎總主教特條駁其書。斤斤不已。盧亦致書答之②。城中人民乃大譁。以盧爲無教之徒。而驅逐之。年五十四。應英歷史家胡墨③之招。居英凡十有六月。著植物字典④。又自爲小傳⑤。以誠篤之詞。寫其平生事跡甚詳。美惡悉備。不稍諱匿。而刊布之。顧盧性多疑。每與人言談之際。常恐英政府欲捕逮彼。戚戚不安。時或露此意。故即離英而返法。得某侯爵之庇護。於五十八歲歸抵巴黎。復操謄繕音樂譜故業。著問答以證明其善行。文中頗含狂謬語。而後之著述。則佳作爲多。未幾癲疾漸發。致幽置於醫院。年六十八。復得友贈村屋一所。不數月、遽卒。嘗有人疑其自盡云。世之知盧梭者。謂其性溫雅如處女。而鮮毅力。無自治志。易受外感。於貞淫二字。尤少見解。然好自矜許。其所著作。筆法娟秀。人莫能出其右。嘻、亦奇已。

---

① "德王之屬城"，即納沙泰爾（Neuchatel），又稱諾恩堡，瑞士西部城市。
② "盧亦致書答之"，1763 年，盧梭出版《致畢蒙教皇書》，抗議教會當局對他的迫害。
③ "胡墨"，即大衛·休謨（David Hume，1711—1776），英國哲學家、歷史學家和經濟學家。
④ "植物字典"，即盧梭 1766 年所編《植物學術語詞典》。
⑤ "自爲小傳"，指盧梭於 1766—1770 年完成的自傳性質的兩卷本《懺悔錄》。

第三章

天文之感動

本章所録天文士著名者。爲叩拍尼庫斯[①]。Copernicus 克拍勒[②]。Kepler 紐藤[③]。Newton 赫色勒[④]。Herschel 坎特[⑤]。Kant 拉伯拉斯[⑥]。Laplace 詳列如下

叩拍尼庫斯氏。德人。生於千四百七十三年。卒於千五百四十三年。爲教士。精天文醫學律法各學。千五百十二年。被舉得職爲官。（按時仍爲醫士與該地領袖教士）治行卓著有功。越五載。至某小城。又以傳道自任。並考察天文機。如是者凡二十六年。未幾即以著述行世。名曰天象轉機[⑦]。

[①]　"叩拍尼庫斯"，即尼古拉·哥白尼（Nicolaus Copernicus，1473—1543），波蘭天文學家，太陽中心説的創立者。
[②]　"克拍勒"，即約翰尼斯·開普勒（Johannes Kepler，1571—1630），德國天文學家、數學家、物理學家，在哥白尼學説的基礎上，發現行星運動的規律。
[③]　"紐藤"，即伊薩克·牛頓（Isaac Newton，1642—1727），英國物理學家、天文學家和數學家，經典力學的創始人。
[④]　"赫色勒"，即弗里德里希·赫歇爾（Friedrich Herschel，1738—1822），英國天文學家，原籍德國，曾擔任過音樂教師、演奏員和作曲家；1781 年發現天王星。
[⑤]　"坎特"，即伊曼努爾·康德（Immanuel Kant，1724—1804），德國古典哲學的創始人，也以自然科學方面的著作聞名。
[⑥]　"拉伯拉斯"，即皮埃爾-西蒙·拉普拉斯（Pierre-Simon Laplace，1749—1827），法國天文學家、數學家和物理學家，不依靠康德獨立地闡發了并且從數學上論證了太陽系起源於星雲的假説（1796），闡發了概率論（1812）。
[⑦]　"天象轉機"，即《天體運行論》（*De Revolutionibus Orbium Coelestium*），是波蘭天文學家哥白尼所著的天文學著作，哥白尼在此著中推翻了托勒密的"地心説"，建立了"日心説"，在科學發展史上具有重要意義。

克拍勒氏。德人。生於千五百七十一年。卒於千六百三十年。爲數學教員。千五百九十四年。迄千六百年。奉御召爲天文副博士。次年即擢任爲領袖博士①。發明天文精理數端②。

紐藤氏。英人。生於千六百四十二年。卒於千七百二十七年。爲數學家。千六百六十五年秋。以小坐花果園。見一蘋實墮身。思想所至。即小見大。遂發明宇宙牽引力之理。及光學。並天文精理數端。

赫色勒氏。德人。旋隸英籍。生於千七百三十八年。卒於千八百二十二年。初以音樂爲業。千七百五十七年。赴英爲音樂教習。旋復專習天文。得其妹贊助力。自造新式天文鏡。覓獲未經人知之行星。英王召爲天文領袖博士。後又窺得數行星。更造天文鏡。長四十尺。

坎特氏。德人。生於千七百二十四年。卒於千八百四年。爲近代哲學家巨擘。

拉伯拉斯氏。法人。生於千七百四十九年。卒於千八百二十九年③。爲法國最大數學家。年未二十四。即發明行星遠近日輪之定程④。繼復詳考宇宙牽引力（紐藤氏所發明）細微之蘊。千七百九十六年。特著書⑤發明空中諸星球。均由星氣質。（如火雲）凝結及運行所成。後又著有數書。名於歐洲諸國。

接上章法國士人。浮氏何氏替氏⑥。以紐藤所發明者。宇宙無論若何闊大。天象無論若何衆多。無非順一物理（即牽引之理）爲常度。三人見之大喜。侃侃而談。遂言此常度。必爲物質所自有。非大智之主宰所設。譬如國有

---

① "擢任爲領袖博士"，1601年第穀·布拉赫（Tycho Brahe，1546—1601）去世，開普勒繼任爲神聖羅馬帝國皇帝的御用數學家。
② "發明天文精理數端"，指開普勒1601年出版的《占星術的可信基礎》一書，書中摒棄了那種認爲星體主管人世間吉凶禍福的迷信觀念。
③ "卒於千八百二十九年"，有誤，拉普拉斯卒於1827年。
④ "行星遠近日輪之定程"，即拉普拉斯定理（Laplace Theorem，1773）。
⑤ "特著書"，指拉普拉斯1796年發表的著作《宇宙系統論》。
⑥ "替氏"，當指狄德羅。

第三章　天文之感動

律法。其律法即爲天然自造自設。並非出於政府之心。其說若此。不知三人所論。雖自謂係用格致發明之理。究不合格致之法。不過以是表其仇怨羅馬敎之意而已。

且即紐藤所發明者以觀。物理一例。徧行宇宙之間。此固最要之道。況紐藤之意。並非棄上帝爲主宰。故其考察之心。愈覺自由。其心自由則愈明。若考察物理。而僅以廢宗敎爲目的。則焉能免偏執之見耶。

紐藤以前。發明天文之要理者。爲叩拍尼庫斯。時（按即十五世紀之末年）人咸信地球在萬象正中。爲天機之樞軸。而天象環繞之。叩氏特發明之。謂地球乃行星之一。而行星皆環繞日輪。（惟月輪則環繞地球）至十七世紀之初年。有克拍勒者。始發明行星行動之三要則。（見天文書詳志三則）然未發明其環繞日輪之因由。蓋此本出於宇宙牽引力之理。而爲紐藤所發明者。紐藤以宇宙爲一大機。萬象均順一大機而行。其說愈明。故其理亦即愈顯。是固天文家最要之本理也。

厥後有赫色勒出。即用其大天文鏡。發明諸星之間。有爲樞軸者。各有其行星環繞。與日輪系（日輪及繞日之行星）相同。即推廣紐藤所發明之界限。而證據其大理。以資推闡。蓋時人以紐藤所發明者。第屬初基。故復窮極其要。而發明者卒有四大端。一曰宇宙之經略通一也。一曰宇宙之體質通一也。（日月星質與地球質一也）一曰宇宙之動力通一也。一曰宇宙之變法通一也。四者之發明。非一旦所能驟幾。蓋其由漸以進者。固非一朝一夕之故耳。

紐藤既發明宇宙牽引力之大理。而坎特與拉伯拉斯。於是大爲感動。發明空中之星球。由星氣質凝結及運行所成。（見天文書詳表）而即以此爲星球之定法。赫色勒則用大天文鏡。窺測諸星球之空處。果有未凝結之星質。形如旋轉之火雲。故謂今所見之諸星球。昔均由此等之火雲。凝結而成者。（按即如空中之雲霧氣凝結爲水球而成雨點也）三人既以是宣布於世。天文家大半不以爲然。乃力駁之。謂赫氏所見爲轉動之火雲。不過遠星之一。不能據以爲證。聚訟紛紛。迄不得其要領。然間亦有略信三人之説者。如蘇格蘭天文家尼叩勒①。Nichol 則亦用新法證明之。千八百五十九年。九月、尼殁。而信此説者僅十之一二。蓋大抵由赫色勒之子②（亦著名天文家）所排斥也。

尼叩勒既卒。而德國物理學家克梭夫③Kirchoff 即報告新造之器成。曰分光鏡。spectroscope（見天文書詳表）並以此鏡發明地球諸原質。與日輪諸原質相同之理。千八百六十三年。英天文家胡斤斯④。Huggins 復以特別較精之分光鏡。研究諸星之最明熒者。發明其質。亦與地球相同。次年又以是鏡窺測天中火雲之形。其質亦與地球相同。且實係最熱之質氣。與赫色勒報告無異。由是以觀。則紐藤所發明者。爲宇宙萬象之例通一。而分光鏡所發明者。其質亦通一而已。

總之此近百年之進步。紐藤則著天文大書第一章。赫色勒則著天文第二章。故雖以克拍勒之大智所未悟及者。後人亦均證實之。知不但今時之星球。皆順一例。即上古之星質氣。亦由是例。凝結而成同質之萬象。而再後之天文家。乃復用赫色勒之考察法而推求之。以發明萬象之大小遠近若何。英有天文家哥爾⑤。Gore 遂藉此以爲計算。區日輪與繞行星爲第一班。此外復有第二班。（即華人所謂天河）二班距地球凡五十二萬萬二萬餘英里之遥。其光之迅速。每秒鐘時。可行十八萬六千英里。故其天河之光。能至地球者。必九千萬年始能一見。其空中且另有星座。較此更遠。以是哥爾嘗謂、

---

① "尼叩勒"，即約翰·普林格爾·尼科爾（John Pringle Nichol，1804—1859），蘇格蘭天文學家。
② "赫色勒之子"，即約翰·赫歇爾（John Herschel，1792—1871），英國物理學家、天文學家、邏輯學家。
③ "克梭夫"，即古斯塔夫·羅伯特·基爾霍夫（Gustav Robert Kirchhoff，1824—1887），德國物理學家，1845 年提出電壓和電流定律，統稱"基爾霍夫定律"。
④ "胡斤斯"，即威廉·哈金斯（William Huggins，1824—1910），英國天文學家，使用分光鏡觀測天體，使天體觀測發生了革命。
⑤ "哥爾"，即約翰·埃拉德·戈爾（John Ellard Gore，1845—1910），愛爾蘭天文學家。

第三章　天文之感動

若能得翼如天使飛翔天中。而今日所見最遠之星。必尚以爲近。而直達其最遠之處。則必迴想我所見之日輪星座一切。猶如一粒之沙。飄泊於巨洋之岸。渡此巨洋。即可親造上帝之明宮。與全能者之寶座也。天文之感動智力凡如此。而人類思想之巨。由是可見。

第四章

物質考之感動

　　格致之學。凡分三層。第一層考察事實。第二層發明事實中之理由。第三層推廣事實中之理由。以該其全。曷爲考察事實也。按上章人有造大天文鏡者。鏡成而天象之事實。乃可以考察是。（是爲格致第一層）知天象之事實。而後知萬象必有與爲相通之理由。以轉運於空中。問理由何在。則紐藤同人、所發明萬物有互相牽引力法也。Law of Gravitation①（是爲格致第二層）格致諸家。既得此理由。以解天象之行動。乃即推廣之以解天象因何而成之問題。而知空中諸星球。實由前時星氣質變幻而成。Nebular Theory②既知星氣質變幻而成之所以然。而進求現時之物質。其分爲凝質流質與氣質者。究何原因。乃成物質考之學。（是爲格致第三層）

　　欲考物質之原理。必用化學討求。而後可知天地之大。萬物雖層出不窮。分之爲千百十類。合之不外七八十類之原質所成。或問此原質究由何生。昔紐藤云。太初之時。上帝創造物質。大抵以原點成之。原點可運動而極堅凝。惟悉按創造者之用法、與爲轉移。而其本體則較世界各物尤爲

---

① "Law of Gravitation"，即萬有引力定律。
② "Nebular Theory"，即星雲說。

第四章　物質考之感動

完固。至莫可破裂而分析之。格致諸家一再辨別。特用牽引力之理由。明其合成各物質之要素。蓋昔以牽引力解釋天空最巨之星球。今并欲以牽引力解釋地上最微之原點。而又於原點中研究攝力與驅力之從來。以解釋其相合相分之性質。其格致之深蓋如此。

然思想家之主義。惟在精進。凡進一步。必求更進一步。（是爲正貴之貪性恆不知足既平隴又望蜀）初不以中道自畫。而求知原點本性之用心。於是益切。蓋凡物各有剛柔可摩。形色可見。寒溫可辨。而獨至原點則無一可摩。無一可見。惟以細密之思想得之。而猶摩之猶見之而已。歐洲格致諸家。求深致遠。以是輒謂堅凝之質。必指其物有阻止於力者而言。如以手力擊鐵石等物。其力即受阻止。然其阻止之性。皆可用熱力以爲更易。譬之於水。無熱必堅。（如冰也）暑熱則成流質。最熱則成氣質。（汽也）其熱愈增。其阻止於力之本性即愈減。則熱之一事。豈非屬於動力乎。（推問原點之動力也）是爲德國赫勒摩勒次①Helmholtz諸家之理論。并得之於最精專之試驗者。故嘗謂熱者動力之一徵表。Heat, a mode of motion 而後人則以熱既爲動力之一徵表。而凡光與電氣磁氣三者。亦即動力之徵表。故推而求諸原點之性質。乃莫不指爲動力之徵表云。

格致諸家。以光熱電磁四者。既根本於動力。乃追溯其相關之性質。以發明此四者。皆可互相變化。（勢力可化爲電力電力可化爲光力等類）而又證以上文所謂光之動力。即如浪之運動。當知聲爲空氣中（或水中或物中）最速之波動力。（按擊鼓吹笛即將鼓皮笛木速動而於空氣生波動力最速之波動力入於耳謂之聲）今知光即原氣（宇宙普遍有細密之氣爲原氣）之一類之波動力。其最微之浪均可量。并知磁

---

① "赫勒摩勒次"，即赫爾曼·馮·亥姆霍茲（Hermann von Helmholtz，1821—1894），德國物理學家和生理學家，不徹底的唯物主義者，傾向於新康德主義的不可知論。同時從事生理光學、力學、流體動力學、聲學、熱動力學和電動力學的研究。

氣亦係波動力。其浪亦可量。而厥後則復有英格致家瑪克斯魏爾①。Maxwell發明光浪與磁力浪。屬於一類。惟微有長短之別。故知無論光力熱力電力磁力。均屬一力。而四者之由於動力者。其義乃益顯。

至於近年發明之原質。有名銳第安②radium 並恆發光熱而無自減之本質。又有愛格司光③。（按是光能透人肉及板木等物惟骨與金石不透故醫家多用以爲考驗人身碎骨槍彈等處）及他數類之妙光。與愛格司大同小異者。（欲知此數等之光並格致家由此所發明者須讀四文最深之光學書）則知物質原點。究不全屬堅凝。大畧均由普達之原氣變化而成云。

---

① "瑪克斯魏爾"，即詹姆斯·克拉克·麥克斯韋（James Clerk Maxwell，1831—1879），英國物理學家和數學家，經典電磁理論的創始人。
② "銳第安"，即鐳（Radium），放射性元素。
③ "愛格司光"，即 X 射綫（X-ray）。

第五章

生物學之感動

　　上章宇宙受上帝創造時。其顯然之情形。非今日可比。蓋由星質最熱之氣。漸成星球。如日輪與諸星座皆是。即地球初亦在日輪火質之中。至經歷若干時代。始成球而列於行星之中。厥後其面漸涼。似鳥卵之有堅殼。而中仍流質。至於今日。其面如殼堅。而其下數百尺之深。則仍熱而有半堅半流之形式。而諸火山即若火中之煙突。宇宙萬象。其由熱而變化成涼者若是。而思想家觸類旁通。乃即推廣其理。謂地球當生物以前。既因千百年之變化而成。則地上生物萬類、未必即如今日之狀態。其或爲人爲馬爲牛羊、爲鳥獸蟲魚。大略當亦由數類之物質。而漸變化爲萬類。其間雖未見有蟲變爲獸而魚變爲鳥者。而人類之調查。在於狹界。要不過於此數千年中。文字記錄之書。彷彿其一二。而自有宇宙以迄今日。則杳冥恍惚。初不知其幾歷年歲。第覺現在所見天河之光。則固可決其已閱九百萬年。而始得至於我目而已。且以天文鏡考察天河。其質均成星球。由星質氣成星球。非數百萬年不可。以是天地生物之變化。其事若甚緩。而其時亦有餘。得以成爲離奇特別之異像者。良非無因而然。向者天演淘汰之説。驟聞之雖不足信。細按之要確有可證也。此爲思想家之一種理論。不甯惟是。考各類之原質。必由一深妙之原質。如普達之原氣漸變而成。蓋生物縱不下萬類。而其初要不外一類之生物。由漸以變成萬類之生物。事雖似奇。而於各生物之漸變漸化者。亦未得其實據。然究不失爲宇宙物質變化之法也。此又思想家之一種理論。（按理論二字特指思想家未得實在證據而懸論之爲事實之大略也蓋言者心之聲設有二人以理相辨質雖未見言者之心而亦可想見言者心中之意如謂甲某之性慈善乙某之性高尚雖未得有確實證據而論者姑取此意以解釋其性之所近則亦尋常之理論也）

是等理論發現之萌芽。歐洲名人。以德國大詩家格德①。Goethe 爲最初之第一人。格於千七百八十四年後。討論植物之變化。頗著效果。次爲德國思想家阿根②、Oken 色令③、Schelling 與赫格勒④Hegel 三人。其持議與格德畧同。至千八百四十四年。有匿名之英文書出版。題曰創造之跡⑤。未幾知是書爲大書賈差墨伯斯⑥Robert Chambers 所著。中論創造之力。大抵發動於卑微之動植各物。而使之層層進化。以底於最完美之一境者也。惟差氏所論。均出於個人之思想。而非實驗。故不能據以爲斷。迨德國生物學家庫斐爾⑦。Cuvier（生於千七百七十九年⑧卒於千八百三十二年）與法臣聖希内爾⑨ St.Hilaire（生於千八百零五年卒於千八百九十五年⑩）出。而彼此争論。各立門户。幾

---

① "格德"，即約翰·沃爾夫岡·馮·歌德（Johann Wolfgang von Goethe，1749—1832），德國詩人、作家、思想家和博物學家。
② "阿根"，即洛倫茨·奧肯（Lorenz Oken，1779—1851），原名奧肯富斯（Ockenfuss），德國自然科學家和哲學家。
③ "色令"，即弗里德里希·威廉·約瑟夫·謝林（Friedrich Wilhelm Joseph Schelling，1775—1854），德國古典哲學家。
④ "赫格勒"，即格奧爾格·威廉·弗里德里希·黑格爾（Georg Wilhelm Friedrich Hegel，1770—1831），德國古典哲學的主要代表。
⑤ "創造之跡"，即 Vestiges of the Natural History of Creation，今譯作《自然創造史的遺迹》。
⑥ "差墨伯斯"，即羅伯特·錢伯斯（Robert Chambers，1802—1871），蘇格蘭出版商和作家，與其兄威廉·錢伯斯共同創立以"錢伯斯"爲名的出版社。
⑦ "庫斐爾"，即喬治·居維葉（Georges Cuvier，1769—1832），法國動物學家和古生物學家，曾將比較解剖學上升爲科學，并提出了灾變論。
⑧ "生於千七百七十九年"，有誤，應爲"生於千七百六十九年"。
⑨ "聖希内爾"，即伊西多爾·若弗鲁瓦·聖伊萊爾（Isidore Geoffroy Saint-Hilaire，1805—1861），法國動物學家。
⑩ "卒於千八百九十五年"，有誤，應爲"卒於千八百六十一年"。

第五章　生物學之感動

有不肯相下之勢。而其義遂益爲發明。蓋庫氏固執其見。以植物與動物不下萬類。皆由上古按類創造。而聖希氏則謂凡植物、第出乎一植物。凡動物、亦出乎一動物。而後漸漸變化。以至萬物。而歐洲諸思想家。由是遂判兩黨。各主其説。至千八百四十年。比國生物學家。以顯微鏡發明植物與動物。均出於微生點。其兩等之生點亦大同小異。乃推廣其變化之理論。謂動物與植物。均出一類之生點。而後變成各類。於是有赫胥黎①Huxley者。特宣布其意曰。所謂生點。亦繁雜而不單純。乃以半流質曰原澶protoplasm者。指爲繁生之本。而後人即宗此説以立論。而斯賓塞爾②於生物惟一之原生質。則亦常細爲推闡。而初不論其變化之法。時有達爾文③。Darwin瓦雷斯④。Wallace不約而同。出其天擇之法説⑤。剖析生物變化種種。而生物學之理論。已不啻普及於歐洲各地。此千八百五十八年。倫敦林尼安格致會⑥Linnean Society所報告之言也。

　　顧瓦雷斯理論之發表。前後不過數日間事。而達爾文則已用二十年調查之功。而至此始一報告。故人於生物學上之尊達爾文。幾與於天機學上之尊紐藤者相等。蓋紐藤所發明者。天機均動於一力。謂之牽引力。達爾文所發明者。凡生物均被天擇之法所感動。以成最美之形故也。厥後又有

---

① "赫胥黎"，即托馬斯·亨利·赫胥黎（Thomas Henry Huxley，1825—1895），英國自然科學家、生物學家，達爾文的朋友、信徒及其學説的普及者。
② "斯賓塞爾"，即赫伯特·斯賓塞（Herbert Spencer，1820—1903），英國哲學家，社會學家，社會達爾文主義者。
③ "達爾文"，即查爾斯·羅伯特·達爾文（Charles Robert Darwin，1809—1882），英國自然科學家，生物進化論的奠基人。
④ "瓦雷斯"，即阿爾弗雷德·拉塞爾·華萊士（Alfred Russel Wallace，1823—1913），英國生物學家，生物地理學的創始人之一，曾和達爾文同時提出自然選擇論。
⑤ "天擇之法説"，即自然選擇論。
⑥ "林尼安格致會"，即林奈學會（Linnaean Society），位於倫敦的世界性生物學協會，由詹姆斯·愛德華·史密斯創建於1788年，協會名來源於瑞典博物學家卡爾·馮·林奈（Carl von Linné，1707—1778）。

德國赫克勒 Haeckal[①]者手著原生論[②]一書。然其宗旨。以大建於小基之論過甚。不合歐洲諸思想家之意。迄未盛行。斯賓塞爾則復引伸其理。以解釋人之道德心。究因何而成。樹義正大。頗足動人。而今日之思想家。則以意在疑似間。尚未全認爲可。顧格致之功。在足動人而長智力。以發明尤完全之理論爲惟一要素。初不在得實事中完全之真理。如上文理論各端。識者故均稱爲先河之導。各相注重。況格致之引人無他。亦引吾人出乎惟物主義之狹見。與人敬畏之心有損。得其事實之美觀。成宇宙莫大之勳勞。並創造者莫大之榮譽而已。而與人智力之進步。其裨益豈有涯涘也哉。

記者曰。試問宇宙萬類之生物。由一類之天擇而進化之。其說果是否歟。曰此說仍本於事之大署爲理論。若以此說爲非。則生物萬類中。既分人類、鳥獸類、蟲魚類、以及植物各類。上古創造。亦必以今日各類之標本而成。即今日之金銀銅鉛鐵類。何孰非上古之早有是物哉。蓋大造變化之理論。在昔雖僅以生物而言。今則統括無生之原質而言。如達爾文諸家所論變化之證據。其實皆在某類界之中。即以西犬論之。按今日西犬凡六十二種。各種皆由一種變化而成。或謂又有一種。則係由古之豺狼所變。似亦可信。然豺狼與亞細亞之黃犬。究均屬於犬類。則各類由一類變化之說明矣。惟亦有一類變化他類者。貓而或變爲犬也。魚而或變爲鳥也。以及蟲而或變爲人之類也。則達氏並未獲有證據。故未論及。然則思想諸家果何以咸信各類必由一類變化之說。請以下文詳之。

以無生之原質而論。如金銀銅鉛鐵。地球中凡分五類。而未成星

---

① "赫克勒 Haeckal",即恩斯特・海克爾（Ernst Haeckel，1834—1919），德國生物學家，"社會達爾文主義"的提倡者，提出了確定系統發育和個體發育之間關係的生物發生律。"Haeckal"，有誤，應爲"Haeckel"。
② "原生論"，指海克爾1866年所著《生物體普通形態學》。

第五章 生物學之感動

球之星質氣。亦分五類。五類非人力所能變化。故鉛不能化而成銀。銅不能化而成金。則固由於創造者之一也。創造有定質。則其初無雜質可知。無雜質則其先爲單純而後漸繁雜可知。各質之創造。又各有力。而宇宙之力。則熱力。光力。電力。磁力。與尋常之動力。均屬一力。而有各類之變化。然要不出乎至一之天心。故五金之類。與原質各類。並出一類。亦似合乎天心之一。至於生物之萬類。則今日之人類。鳥獸類。蟲魚類。以及植物各類。雖非人力所能變化。如化草成蟲。化魚成鳥。化獸成人之類。則又由於創造者之一也。創造有定力。則其初無雜生之物可知。無雜生物。則其先爲單純而後漸繁雜可知。此又合乎力學所發表者。亦似合乎天心之一。以故先純後雜之理。無論力界。原質界。植物與動物界。要均得認爲一定之至理。而不可以稍移易。

所未可必知者。則五金類究由一原氣所變。或古者有彼此相變之事而已。顧就鄙見論之。則各原質之由一原氣直變。似尚可信。而欲求其淡氣[①]變爲養氣[②]。硫質變爲燐質。鉛質變爲銀質。銅質變爲金質之類。則固未可必。設果有之。則今日化學大行。亦應得其變化之一二。乃窮盡其法。迄未見毫髮之影響。第新原質銳第安。似有復歸原氣之變。抑若一原質不能變他原質。而惟能變原氣也者。而各原質於上古時代。由一原氣直變。而無相變之事者。至此亦即可見。否則上古或果有由原氣直變。與他相變之事。由卑而高。變化不測。必其人亦具有大智能。而高出尋常萬倍者方可。不然。則無生之原質。又爲能自變爲各類耶。故今日之格致家。既知原質由古變化。而又莫不信

[①] "淡氣"，指氮氣。
[②] "養氣"，指氧氣。

有大智能者。爲能主宰其變化也。是爲近數十年來智力進步之一大端。而法國之惟物主義。固已皆置諸故紙堆中。而不復與爲研究矣。

　　若論生物。雖有先純後雜之實事。而今日之思想家。所未可必知者。則萬類究由一類之原漕直變。而漸成天擇之法於一類之中。使其由粗至精。果如前所引證之犬類。抑或由卑而高。并如蟲化獸而獸化人之說。則前說或尚可據。而後說則恐斷斷未必。若果直變。而漸成某類。并成某類。而按天擇之法。有進化致精之處。與達爾文實驗之理論。正相符合。外此則仍屬無根之談而已矣。

第六章

英國思想家之感動

　　英思想家本德烈①Jeremy Bentham生於千七百四十八年。卒於千八百三十二年。父爲律法師。有名。本承其業。著一書。名政學原理②。頗得時譽。千七百八十五年。旅居俄京。因見監獄之弊。爲之更定新章③。至法國大亂④末年。復以書諄勸速行新政。故於千八百二十三年至巴黎。法人均極歡迎。其平生事業。以改正英國公署審判規條爲尤著。其所思想之理論。雖未免爲後人所駁。然有感動於智力之進步者。亦頗不少。

　　按本氏思想之理論。與法國反對政教前之士人不同。蓋法國曩時。咸信君主爲天予之利權。而貴族利權次之。至反對風潮起。則國中所侃侃而談者。又罔非人類之利權。與昔大相逕庭。至千八百十四年⑤。拿破

---

① "本德烈"，即耶利米·邊沁（Jeremy Bentham，1748—1832），英國社會學家、哲學家和經濟學家，功利主義理論的主要代表。
② "政學原理"，即邊沁1776年所著《政府片論》（*A Fragment on Government*）。
③ "千七百八十五年。旅居俄京。因見監獄之弊。爲之更定新章"，1785年，邊沁取道法國、意大利、地中海東岸和君士坦丁堡（今伊斯坦布爾）到達俄國，探望他的弟弟塞繆爾·邊沁。在俄國，邊沁對造船業和機械發明等產生了濃厚興趣，并在弟弟的幫助下開始設計"圓形監獄"模型。他原本希望此項設計能引起俄國當局的興趣，但未能如願。
④ "法國大亂"，指1789年爆發的法國大革命。
⑤ "千八百十四年"，有誤，拿破侖於1804年成爲法蘭西第一帝國皇帝。

崙①以力戰得爲法皇。於是復論君主利權。而即以是爲政治之本。（其實法人以拿破崙武力爲當時政治之本）本氏所論。則非謂君主有天予之利權。亦非謂億兆有天予之利權。乃特創一語曰。眾人之福安②。以是即爲政治上社會上及德行上之本。故著書詳論之③。惟其所論。以但觀事之結果。而不求事之原因爲最弱點。蓋至正至大之思想。在本不在末。凡事本於理。若得其理而順焉。則其實自必隨之。此固思想家一定之理。以是一國之人。上下能順天理。無論爲專制立憲之國。而眾人之福安。亦可必其成立。而本氏則但以利用④二字爲念。其理論謂之普利大眾之學說。不問其事之理義。第顧其事之利用。其事若能致眾人之福安者。即以爲美。不能致眾人之福安者。即以爲惡。學說多偏。故究不能列於大哲學家。

按本氏此說。可引一喻以曉之。今設有幼童數人。奉其父母命令。至小學堂受某教員訓誨。此學生若以義理爲尚。則必思父母宜順。教員宜遵。讀書自爾勤謹。若僅以眾人福安爲尚。則其心將以爲教員不過一人。我儕乃眾人也。在此學堂讀書。固教習之福安。而我儕之辛苦。曷弗羣焉舍去。則眾人福安矣。又設有某城貧人若干。若以義理爲尚。則必不爲盜賊。若僅以利用於眾人之說爲尚。則或覬覦某人之富。必謂是第一人之福安耳。曷不黷夜刼奪其資財。則利用於眾矣。以此相喻。可知眾人福安之說。不可爲道德之本。又安能爲政治與社會之本耶。

---

① "拿破崙"，即拿破侖·波拿巴（Napoléon Bonaparte，1769—1821），法國將軍、法蘭西共和國第一執政（1799—1804）、法蘭西第一帝國皇帝（1804—1814、1815）。
② "眾人之福安"，即邊沁的"最大幸福"或"最大福樂"之說（The greatest happiness of greatest number）。
③ "故著書詳論之"，指邊沁的《道德與立法原理導論》。
④ "利用"，今譯作"功利"。

第六章　英國思想家之感動

　　本氏利用主義①。雖難立爲萬事之本。然政學一端。亦宜以衆人福安爲求。本氏特調查當時英律。凡訴訟刑法各規則數端。於衆人無甚利用者。因力勸改正。政府知其弊之不可以久而不去也。遂設新法更易之。而英政治學乃大有進步。是故本氏所論者。雖不認至理爲主宰。而其利用於本國。以及感動他國者。固非一二淺識之子。所可幾及也。

　　英思想家米勒②。John Stuart Mill 生於千八百六年。卒於千八百七十三年。其父亦爲思想家③。而爲本德烈之徒。米勒苦心孤詣。志欲成一空前絕後之思想家。而改正本氏之理論。幼即穎慧好學。年十四。通羅馬希臘文。致力數學辯學政學。千八百二十年遊法。與某政學家（名隨 Say）④爲文字交。晨夕過從。頗獲其益。千八百二十三年入東印度公司。在倫敦總局。（至東印度公司後爲英政府所信用千八百五十八年始辭其任）主持各事。越二十年。腦筋感觸。始悟本氏及其父二人之理論。於人須自修其思想一則。並未提議。因是壹意研究人性思想之要。著有政學理⑤（千八百四十八年刊行）自由論⑥兩書。（千八百五十九年刊行）閱者爭以先睹⑦爲快。

　　本氏與米勒父子宗旨。皆欲將國中社會。改良至於極點。而法國曩昔思想家所論。則恆以政治宗教二者。爲社會中最足阻礙人類自由之行動。不若毀滅之。使人民得全其自由。而欲全自由。必以改良品性始。本氏所

---

① "利用主義"，今譯作"功利主義"（utilitarianism）。
② "米勒"，即約翰·斯圖亞特·穆勒（John Stuart Mill，1806—1873），英國哲學家、經濟學家，古典自由主義思想家。
③ "其父亦爲思想家"，指詹姆斯·穆勒（James Mill，1773—1836），英國機械聯想主義心理學家，著有《政治經濟學要義》（Elements of Political Economy）。
④ "某政學家（名隨 Say）"，指讓-巴蒂斯特·薩伊（Jean-Baptiste Say，1767—1832），法國經濟學家。約翰·斯圖亞特·穆勒曾認真研究過薩伊 1803 年出版的《政治經濟學概論》。
⑤ "政學理"，即約翰·斯圖亞特·穆勒 1848 年所著《政治經濟學原理》（Principles of Political Economy with Some of Their Applications to Social Philosophy）。
⑥ "自由論"，即約翰·斯圖亞特·穆勒 1859 年所著《論自由》（On Liberty）。
⑦ "先賭"，有誤，應爲"先睹"。

論。則不在毀滅社會。而在改其社會之信量。謂苟能改正國律。並諸社會。而得至善之憲政。使人類之外界。與人類均有利用。則人性亦必從而改正。頑梗可化爲善良。怠惰可化爲勤懇。無論歐亞何國。興盛可必。而民享福安矣。嗚呼。本氏之信量如此之大。惜未悟人性中之各有實事耳。

　　米勒之父所信者。與本氏略同。此外惟加教育一端。按米氏之父所論。謂人生無貴賤。其智愚之心量皆同。而其相異之點。則在日後長成時之外界。已得未得之教育不同耳。故欲改正國律社會。並設學校以教育人性。而其子米勒所論。則必證明人性思想之原因。始知以何法教育爲善。所著各書。思想繁富。與當時之哲學家。大有影響。蓋雖未考明人性之至理。而其激起後人。得以發爲尤美之理論者。米氏之功。固不在本氏下也。

第七章

德國思想家之感動

　　坎特、Kant 德人。生於千七百二十四年。卒於千八百四年。年十六。入克尼格斯伯 Koenigsberg 城大學校①。專治哲學。越六載。德國各貴族爭相羅致。延爲教員。三十一。復赴克尼格斯伯大學校。爲教員。及四十六後。即爲是校哲學教員。著書三巨册②。羣推爲大思想家。

　　斐克退、Fichte③ 德人。生於千七百六十二年。卒於千八百十四年。年二十二。爲教員。三十八。赴克尼格斯伯城。謁坎特④。坎特讀其新著⑤之書悦之。千七百九十三年。被舉爲遮拿 Jena 城大學校⑥哲學教員。著書八册。亦羣推爲大思想家。

　　色令、Schelling 德人。生於千七百七十五年。卒於千八百五十四年。千七百九十八年。爲遮拿大學校教員。未幾。爲他大學校聘往。凡閲數處。

---

① "克尼格斯伯 Koenigsberg 城大學校"，即哥尼斯堡大學。
② "著書三巨册"，指康德所著《純粹理性批判》、《實踐理性批判》和《判斷力批判》。
③ "斐克退、Fichte"，即約翰·戈特利布·費希特（Johann Gottlieb Fichte，1762—1814），德國哲學家，德國古典哲學的代表人物。
④ "三十八。赴克尼格斯伯城。謁坎特"，"三十八"，有誤，應爲"二十八"。費希特是在 1791 年 7 月，即他二十九歲時拜訪康德的。
⑤ "其新著"，指《天啓哲學批判》（*An Attempt at a Critique of All Revolution*，又譯作《試評一切天啓》），是費希特爲拜訪康德專門撰寫的，正式出版於 1792 年。
⑥ "遮拿 Jena 城大學校"，即耶拿大學，位於德國圖林根耶拿市。

及千八百二十七年後。爲柏林大學校教員。著書七册。列名思想家。且爲人風雅。其書亦推作手。

赫格勒、Hegel 德人。生於千七百七十年。卒於千八百三十一年。千八百一年。以赴遮拿大學校故。與色令教員成莫逆交。越四載。遂亦得職。爲是校教員。次年。拿破崙與普魯士國（即今德所興發之邦）戰於遮拿。城亂。乃辭去。爲某城中學校校長。在校著書二册①。未幾。被舉至海德勒伯 Heidelberg 城大學校②。千八百十八年爲柏林大學校哲學教員。又著書數册。羣推爲啓迪德國之思想家。

按法國疇昔之思想家。迷信惟物主義。影響所及。雖儼有舉國相從之概。然反激射起德國諸大思想家之辨難。則誠當日所不及料也。其最初者爲坎特氏。於論性一節。謂上古與近今時間相距過遠。世人之智力。縱不足以證上帝爲創造宇宙之原動力。然宇宙中自有天理。達於人之良心。順之者必受益。逆之者必招損。人苟能明乎此。則此天理之本於一大主宰。而固設於宇宙中者。當亦必知其全藉上帝之智能。而究勝於宇宙中固設之天理矣。坎氏故特以此爲證據。而著之爲書。證據若何。則亦不過以格致之發明者。立爲宗教之基礎而已。不甯惟是。坎氏又以善惡在人性。必含有人心自由之願力。人心苟無自由主意之能力。則所行者猶無自由主意之機器。爲宇宙諸力所強迫。若無志之物。則其善非眞善。惡非眞惡。究亦不能論定。若人果有自由主意。則人所宜行之善。即人所能行之義。又安往而不可哉。坎氏因復以最深之思想。出一恆言。以發明之曰。吾既宜行。則我亦能行之焉。

---

① "在校著書二册"，黑格爾於 1808 年 11 月—1816 年 8 月任紐倫堡文科中學校長，其上課講稿、學年年終講話等被編爲《哲學史講演錄》出版；1812—1816 年又先後出版《邏輯學》第一卷和第二卷。
② "海德勒伯 Heidelberg 城大學校"，即海德堡大學。

第七章　德國思想家之感動

斐克退思想之感動。初亦惟以坎特所論爲本。而就其思想之原理而推廣之。自千七百九十九年後。遂詳論宗教。與宇宙原理相合。至千八百六年。出有哲學一書。名曰、宗教正理①。蓋其思想原理②一書。頗極精深。而其終身之宗旨。即可一言蔽之。曰宇宙諸理。究本於一大理。宇宙諸智力。究本於一大智力。宇宙諸生氣。究本於一大生氣而已。理與智力生氣本一。特事物與形式。分之有特別之點耳。

色令論宇宙諸事理。必以最深之思想考求之。始知其蘊。然則宇宙諸事理之必有一大智力者。在於其中。固已毫無疑義。而人之思想愈深。則其學問愈高之程度。即此一言。亦即可以預決。故色氏即以世人之智力。證據宇宙中之大智力而發明之。與法國士人所論宇宙不過一無心之機器。以無靈氣之動力而動之者。其意相反。此外色氏又論凡屬宇宙有形之物。均由無形之智力而成。或由淺以至深。或由單純以至精細。精細之至。即人思想之智力所及而已。

色氏既發明此理。而赫格勒乃又以色氏所論者推廣之。曰、欲窮人生之智力。必知上帝爲大智力者。（思知人不可以不知天）且上帝並不在昊穹萬象之外。而在人性智力之中。爲感動者。無論古今歷代之人事。與技術之知能。宗教之道德。蓋無非一上帝爲之主理。而致之於至善之極而已。赫氏之言若此。而又以最深之思想證據之。故色令與赫格勒所表彰之定理。數十年以前。雖幾幾爲赫胥黎與斯賓塞惟物主義所掩蔽。殆猶浮雲遮日。其雲既過。則日光復見。蓋二十世紀之格致家所發明者。與二氏之以思想法爲證據。大抵相同。謂物質原點與靈性甚近。而宇宙之有形者。則均爲靈界所

---

① "宗教正理"，即費希特所著《天啓哲學批判》。
② "思想原理"，即費希特所著《全部知識學的基礎》（Foundations of the Entire Science of Knowledge）。

包涵也。昔盧梭、與浮勒特、何勒帕克所論。明明與宗教相反。今又明明與格致相反。故世間之思想家。均目爲不可信之辯士。惟赫格勒所論上帝在凡事之上。在凡美善之中。爲確然可信。則凡爲美事。即爲上帝眞體之現形。蓋自此言一出。而其理日益顯明。豈彼妄爲揣測者所可語哉。

第八章

喀賴爾之理想

　　喀賴爾 Carlyle 多瑪①。Thomas 英之蘇格蘭人。生於千七百九十五年。卒於千八百三十二年②。其父蘇之鄉村石工也。喀幼時肄業中學堂。旋被愛丁伯大學堂③考取。遂爲中學堂算學教員。通德法二國語言文字。以德文譯著論説。及最有關要之書十册。中有法國反對政教史④。德國大斐德利克王傳⑤。與夫獨抒心得之作。筆墨超絶。寄託遥深。論者推爲歐洲才子。然其理想。亦常人所能辨也。時英人於德文不甚講求。（時英學堂但教希臘羅馬古文並法國今文）上章所論德國思想家。凡有著述。悉用德文。故知之者惟本國大學堂之文人學士。而其他不解也。以是喀賴爾以前。德國之思想學⑥。與英美絶無感動。而喀則自幼研究德文。即出其德文傳授英美各邦。初以德國思想家之宗旨爲起點。繼則以豐富之經綸續之。蓋德國思想家。論思想之原素。不過空中結撰。而喀乃文中繪畫手也。所寫某人某國某社會。描摹逼

---

① "喀賴爾 Carlyle 多瑪"，即托馬斯·卡萊爾。
② "卒於千八百三十二年"，有誤，應爲"卒於千八百八十一年"。
③ "愛丁伯大學堂"，即愛丁堡大學（University of Edinburgh）。
④ "法國反對政教史"，即卡萊爾 1837 年所著《法國大革命》。
⑤ "德國大斐德利克王傳"，即《普魯士腓特烈大帝史》，卡萊爾 1858—1865 年發表的史學巨著。
⑥ "思想學"，有誤，應爲"思想家"。

真。藉人世之事實。開拓其思想。故人之感動者。不但專門之思想家。即閱書者於其刻畫情狀。亦靡不大有影響焉。

按法國何勒巴克諸人。考察宇宙及人性之原質。謂此一切。悉爲物質動力二者所自出。凡有生氣者無論厚德君子。薄德小人。不過一物質之機械。爲動力所感動而已。即人性亦係腦質之動力。絕無靈界。而英國米勒則謂宇宙中。惟有感覺想像二者。蓋以人性若機械。爲感覺之哀樂所動。（按君子不第於一事動其哀樂必自問其事究合天理與否始行）若以此二者爲師。則人可逞其喜怒之私。不以天理爲主宰。而反以宗教爲空虛之談。道心必絕滅於人世矣。而喀賴爾之論。則與此不同。其所發明。必用化學之見地。代表機械之見地。以求知人性。譬有輕養二氣①。若化合之。則成水而已。而其所化成之水。與輕氣不同形。與養氣亦不同形。乃端然一物質。與二氣不同類。若係常用之物。爲水所淹。則不可謂其物被輕氣養氣所感動。故哀樂雖爲感動人之力。而君子好善而惡惡。不可謂其徒被哀樂之私性所感動。實爲良心所感動。蓋良心與好樂而惡哀之二情不同。卓然立於靈界之中。爲天理之僕。固非哀樂之奴隸也。

欲知人性。當舍末以言本。譬諸植物。言一梧桐。使徒考其孫枝之長。而不明其根幹之大。則誤已。欲知宇宙之大體。不可第求物質之原點。與生物之感覺。（如覺哀覺樂）必先於世界之最高貴而完全者。（即人心智德）考之。庶可明其理。否則第求諸物質與動力。則二者滿目。必誤認爲宇宙所有一切。不過一物質與一動力矣。又或第求諸生物與人類之最卑者。則必誤認爲人性不過一機械。爲哀樂所感動。而昧視良心。目爲無物。昧視天心。亦目爲無物矣。此皆惟物主義之所迷惑。以致若是也。

---

① "輕養二氣"，指氫氣與氧氣。

第八章　喀賴爾之理想

　　善覘世運者。咸謂中國學校日興。民漸知有格致諸學。數十年後。羣神教必大減。及於消滅。至羣神教既滅。倘徒以惟物主義是尚。則興國之智德亦將大損。故此主義宜以鴆毒視之。愛國者盍預防之。

　　喀賴爾所發明者。人之靈性而已。靈性居人身中。猶人身充於所被之衣中。故嘗言不信神靈之思想。必以宇宙爲空談。以其理論單簡。必托格致爲文飾。遂謂人性可以僞襲。如物界之商貨。可於小肆購買。豈知人類天然之智力。惟此人性最爲高貴靈活。屬於神界。而不可僞襲。其尊信。敬畏。謙遜。恆禮禱於天。即靜默時亦湛然自持。人性如此。而謂可以物界例之。不其傎歟。

　　然則人性究若何。持惟物主義者曰。人性乃自樂之機械也。以自利爲全機之引線。引線脆弱。故其所取之樂。有缺而不全。喀賴爾曰。不然。人性者天所賦焉。（天命之謂性率性之謂道①）以天理爲當然之主宰。屬神屬靈。無論宇宙人性。均賴天上一大神靈而生。（天者萬物之祖萬物非天不生②○春秋繁露）而動而存。喀之言如此。近今格致家之發明。亦俱如此。蓋物質原點。追溯至極處。屬乎動力。動力追溯至極處。屬乎一志。而此一志則不外乎靈活之神之心而已矣。神之心。即天之心。亦即蕩蕩上帝之心。是爲人性。

　　當喀賴爾時。凡致格家③所論人性。其説甚多。猶庸醫以刀割人身。而試驗其性也。故喀氏譏之。以爲格致諸家、如入某城偵探、其路徑未明、又安能知其內容之情狀。日後果有格致之眞學者出。其所論必不易吾言矣。喀氏之説。謂宇宙即上帝之城府。而熒星爲屋頂之粧飾。無論一草一木。均有上帝之榮耀發現。而於人性尤甚。語意新穎。殊有妙思。今格致家皆

---

① "天命之謂性率性之謂道"，語出《禮記·中庸》。
② "天者萬物之祖萬物非天不生"，語出漢·董仲舒《春秋繁露·順命》。
③ "致格家"，有誤，應爲"格致家"。

奉爲金鍼云。

不特是也。凡人心於宇宙中。往往覺有一智力奔赴之蹤蹟所在。人既覺此。則必用其智力。以考察各種智力。而宇宙中之智力始可以見。是故人性之智力。即屬主宰宇宙之智力。而亦必爲大智力者所感動。而後能行運於宇宙之間。譬諸室有二琴。鼓此一琴則彼一琴。亦必有應聲之妙。（此聲學家所知）人苟聞其應聲之妙。雖未見所鼓之琴。必知其彼此相類。人心與上帝之智力亦然。人心覺宇宙萬物中有大智力發現之處。而己心亦不覺爲之怦然而動者。則上帝之感動可知。上帝之大智力。雖不可得而見。即吾人之智力。以證上帝之智力。如琴之合。可以共明。不過有大小全缺之別而已。吾謂人性本乎天。亦即本乎天神者。（天神引出萬物者也①〇說文字典）以是而已。是爲格致真法。蓋皆調查人性確有可據者。與喀氏符合。

喀賴爾論宇宙與人性智力。大抵皆表彰上帝聖性。以崇拜爲人類最上等之職分。無可疑義。今信惟物主義者。輒謂人生如一可指名之島。立於無何有之海洋。（由法國浮勒特至英國斯賓塞人亦均如此言）詢之益迷其方。而喀賴爾則以爲上帝之處宇宙。猶殿閣然。爲人類所當敬拜。以此二說比例參觀。孰是孰非。有識者。早覺其雲泥之判矣。

要之喀賴爾之智力。既不亞於前人。其所論合理。以人世之事。爲其實驗。而又能以才人之筆著作成書。感動社會亦不少。書中振興國事。何怪乎思想家。與夫閱書者之一齊傾倒也。

---

① "天神引出萬物者也"，見《說文解字》中"神"字的注解。

第九章

理財學

　　斯米特 Smith 亞當。Adam①蘇格蘭人。生於千七百二十三年。卒於千七百九十年。家居愛丁伯 Edinburgh 城②。博學有才。恆演説文字優劣之考察法。千七百四十八年後。至格拉斯哥 Glasgow 城。千七百五十一年。爲其大學堂辯學教員。明年旋爲哲學教員。越五載。解任去。千七百六十六年。著國民財原考③一書。名聞於世。英相匹特④。Pitt 亦執贄門下。斯氏所論。大抵爲改正英國理財之法。故至今奉爲理財學之祖。

　　利喀多 Ricardo 大衛。David⑤係猶太人。而寄居英國者。生於千七百七十二年。卒於千八百二十三年。生平喜讀斯米特書。嘗衍其義。發爲論説。其意主乎推廣。所論與斯米特殊有不同。

　　瑪克斯 Marx 喀勒。Karl⑥係猶太人。而寄居德國者。生於千八百十八年。

---

① "斯米特 Smith 亞當。Adam"，即亞當・斯密（Adam Smith, 1723—1790），英國經濟學家。
② "愛丁伯 Edinburgh 城"，即愛丁堡。
③ "國民財原考"，即《國富論》（*An Inquiry into the Nature and Causes of the Wealth of Nations*）。
④ "匹特"，即威廉・皮特（William Pitt, 1708—1778），英國政治家，首相（1756—1761、1766—1768）。
⑤ "利喀多 Ricardo 大衛。David"，即大衛・李嘉圖（David Ricardo, 1772—1823），英國經濟學家。
⑥ "瑪克斯 Marx 喀勒。Karl"，即卡爾・馬克思（Karl Marx, 1818—1883）。

卒於千八百八十三年。創設急進黨報①。（千八百四十二年）爲普國（德國內之國）政府所禁阻。去而之巴黎。與法士某②相友善。卒爲均富黨③首領。組織均富主義報④。甫發行。不意又被法國政府所斥逐。乃赴倫敦。師事利喀多。千八百五十九年。推廣利氏均富主義。著成一書。越八載。出版⑤。厥後均富黨謂之爲經者。即此是也。嗣又續成二册⑥。今均富黨與虛無黨⑦。胥奉爲鼻祖。

嗚呼。法國反對政教之感動。不一而足。然其最深之感動。則莫若理財諸事。理財學雖發起於斯米特亞當。而實萌芽於法國昔賢之心。蓋法國狄德魯同人。以其政府強迫人民於宗敎。而反對之。而盍斯内 Ouesney⑧同人。復以其政府強迫人民於工藝。而亦反對之。於時法國下流社會之情形。實有倒懸莫解之勢。故生此反對。而歐洲各國亦因此感動。冀得理財之策。與工藝之法也。

法國暴動之舉。既流播於歐洲。而當世士大夫。聞茲慘劇。豈默然不

---

① "急進黨報"，指《萊茵報》(《萊茵政治、商業和工業日報》的簡稱)，1842 年 1 月 1 日—1843 年 3 月 31 日在科倫出版。青年黑格爾派曾參與該報的編輯和出版。恩格斯從 1842 年 3 月、馬克思從同年 4 月起爲該報撰稿。1842 年 10 月馬克思擔任該報主編以後，《萊茵報》日益具有明顯的革命民主主義傾向，受到普魯士政府和反動報紙的攻擊。
② "法士某"，指阿爾諾德·盧格（Arnold Ruge，1802—1880），德國政論家，青年黑格爾派分子，《哈雷年鑒》的出版者，《萊茵報》的撰稿人，1843—1844 年同馬克思一起籌辦并出版《德法年鑒》；1844 年起反對馬克思，1848 年爲法蘭克福國民議會議員，屬於左派。50 年代是在英國的德國小資産階級流亡者領袖之一，1866 年後成爲民族自由黨人。
③ "均富黨"，指社會主義者。
④ "均富主義報"，指《德法年鑒》，在巴黎出版的德文刊物，主編是阿爾諾德·盧格和馬克思，僅在 1844 年 2 月出版過第 1—2 期合刊。
⑤ "千八百五十九年。推廣利氏均富主義。著成一書。越八載。出版"，馬克思於 1859 年出版《政治經濟學批判》一書，1867 年出版《資本論》第一卷時，他將《政治經濟學批判》的內容概括寫入《資本論》第一卷第一篇中。
⑥ "嗣又續成二册"，馬克思去世後，恩格斯將《資本論》第二、三卷於 1885 年 7 月、1894 年 11 月先後編輯出版。
⑦ "虛無黨"，指無政府主義者。
⑧ "盍斯内 Ouesney"，即弗朗索瓦·魁奈（François Quesnay，1694—1774），法國經濟學家、重農學派的創始人。"Ouesney"，有誤，應爲"Quesnay"。

十年家居愛丁伯 Edinburgh 城博學有才恆演說文字優劣之考察法千七百四十八年後至格拉斯哥 Glasgow 城千七百五十一年為其大學堂辯學教員明年旋為哲學教員越五載解任去千七百六十六年著國民財原考一書名聞於世英相匹特 Pitt 亦執贄門下斯氏所論大抵為改正英國理財之法故至今奉為理財學之祖

利喀多 Ricardo 大衛 David 係猶太人而寄居英國者生於千七百七十二年卒於千八百二十三年生平喜讀斯米特書嘗衍其義發為論說其意主乎推廣所論與斯米特殊有不同

瑪克斯 Marx 喀勒 Karl 係猶太人而寄居德國者生於千八百十八年卒於千八百八十三年創設急進黨報（千八百四十二年）為普國（德國之國內）政府所禁阻去而之巴黎與法士某相友善卒為富黨首領組織均富主義報甫發行不意又被法國政府所斥逐乃赴倫敦師事利喀多千八百五十九年推廣利氏均

第九章

富主義著成一書越八載出版厥後均富黨謂之為經者即此是也嗣又續成二冊今均富黨與虛無黨胥奉為鼻祖。

嗚呼法國反對政教之感動不一而足然其最深之感動則莫若理財諸事理財學雖發起於斯米特亞當而實萌芽於法國昔賢之心蓋法國狄德魯同人以其政府強迫人民於宗教而反對之而盃斯內 Quesney 同人復以其政府強迫人民於工藝而亦反對之於時法國下流社會之情形實有倒懸莫解之勢故生此反對而歐洲各國亦因此感動冀得理財之策與工藝之法也

法國暴動之舉既流播於歐洲而當世士大夫聞茲慘劇豈默然不作一語乎。蓋見法人釀成大禍初不以民財為亟亟故也迨千八百十八年英思想家米勒與利喀多諸人大興其學於是社會中亦咸視此為重要。至千八百四十八年米勒復倡議辯論斯米特書謂多陳腐而不完備自著一書以作均富先聲顧一時亦無大感動但備此以俟諸後日而已

第九章　理財學

作一語乎。蓋見法人釀成大禍。初不以民財爲亟亟故也。迨千八百十八年。英思想家米勒①與利喀多諸人大興其學。於是社會中亦咸視此爲重要。至千八百四十八年。米勒②復倡議辯論斯米特書。謂多陳腐而不完備。自著一書③、以作均富先聲。顧一時亦無大感動。但備此以俟諸後日而已。

時有數國工人。希望得一思想家爲民黨豪傑之領袖。未幾瑪克斯氏崛起。以工人之愁苦泐爲成書。蓋即所謂均富經者是也。今歐洲德法奧意。以及英國工人。（德法奧工人居大半英意工人居小半）多以此均富主義爲濟時之福音。相率而崇奉之。俄國工人亦然。惟又加以虛無黨主義而已。故欲覽今世之事實。察安危之機者。不可不於其理之眞僞。而一爲細究之焉。（按東亞工人今雖尚末④聞及均富主義然此等理論已在印度迤北一帶爲撓亂之感情故中國士大夫亦必預考之）

蓋歐洲之均富黨。雖無高談美國平等自由之說。仍以主僕爲別。然其黨中固均以斯米特亞當。爲均富之祖。而印入於腦筋中者。固已久矣。假令於斯米特所論之中。俄插一言曰。國富即國工所創造。勞心之工。固不宜昧。勞力之工。亦何可忽之。則必當啞然失笑。惜斯尚未明言及之耳。至利喀多既得此旨。乃遂進而發明之。謂貨物之價值。以製造之工藝爲準的。工多則價值自高。工少則價值必低。無論高低。悉由工定。是爲利喀多均富主義。瑪克斯宗尚利學。由是即亦推廣其理。以爲主人之厚利。皆由工人之薄俸而生。凡主人所獲之財產。即其少給工人之工資。工人宜均沾其利。而一人（主人）獨得之。則明明以一人而奪衆工人之金錢也。霸佔非理。實爲有智者所必不能容之僭惡。是爲瑪克斯均富主義。

瑪克斯之理論如此。萬人傳誦。徧及泰西。儼若反對之一大命令。而

---

① "米勒"，指詹姆斯·穆勒。
② "米勒"，指約翰·斯圖亞特·穆勒。
③ "自著一書"，指約翰·斯圖亞特·穆勒的《政治經濟學原理》。
④ "尚末"，有誤，應爲"尚未"。

工人黨於是勃焉以興。蓋昔法國盧梭諸人所論。係激起法民反對貴族之心。以圖平等自由。甚至開貴族下民之大激戰。殺戮貴族。幾至淨盡。今瑪克斯所論。則係激起歐洲工人反對其主。以圖均富自由。甚至工力與財力幾大激戰。雖未致殺戮。而已有罷工等事相挾制。如各報所登。且於俄國又因是生出虛無黨。（今已傳染至印度）日從事於炸彈暗殺。噫。豈非今世之大危險乎。

按瑪克斯所論。凡僱工（或製造、或工程、）所獲之利。均由工人之勞力而出。（按此說似未允洽）故所給俸金。其最少者宜足以養其身。（終日勞力誠宜足以養身）蓋大凡工人作工。苟有一日六時之時間。固宜得足以養身之酬報。而僱工者亦宜給之以足以養身之酬報。幾庶彼此合理。豈知僱工者之意見。恆欲倍其時間。至於一日十二時之工作。而所給之酬報。則不肯稍增。僅僅養身而已。不甯惟是。僱工之主人。或用機器。則每一工人之勞。并可得數倍之工。而機器與工人之關係不一。一減工銀。二增勞力之時間。三迫衆工人之半過勞。四令衆工人之半無工可作。五集財於一二財主之手。此財主與他財主商戰。則即以工人爲商戰之質。而愈奪其工銀。總之工場之中。富者日益富。貧者日益貧。畛域顯分。有積不相能之勢。然則果宜用何法以救正之乎。曰在均富主義。必定律限制一切私財。代立某城某國民大衆會。爲僱工者之總機關部。而以所獲利益。按照各人工作之多寡。分給各人而已。

所謂均富主義蓋如此。實則各大城中。有巨富亦必有赤貧之人。即其僱工之財主中。有不知義理者。給銀不多而強迫作工過勞。亦隨在有之。彼偏信均富主義者。不以爲怪也。雖然。均富之法。即能實行。私財即皆禁止。亦未必可得國泰民安之幸福。如高談均富者之所希望也。

自均富主義之說。騰布於泰西。日興月盛。而崇奉此瑪克斯之理論者。

異口同聲。幾若不必復爲研究也者。然理以駁詰而愈顯。則均富二字。豈能不一考求乎。按瑪克斯之言。生利由於衆工。或謂製造一物。其物之價值。宜合其製造之工資。以相計議。果爾。試舉一褂與一屨爲比例。褂之貴於屨。夫人知之。使造褂之工僅六小時。而造屨之工須十二小時。則屨價倍於褂價乎。抑尤有說焉。凡事苟可不問其工之美惡。而第即其工之多寡計價。則瑪克斯以二十餘年之思想。始成均富主義。而某木工亦以二十餘年之工力。造成桌椅若干。以彼絜此。相去略同。設必謂宜以桌椅之價。全給某木工。則究宜以何者爲瑪克斯酬償地乎。蓋某木工所爲。生財獲利。可以實核。而瑪克斯所論。從何實核。固難計其工價也。故謂價值須視其工之時間而定。吾可決言其不然。按瑪克斯所論之罅隙。彼亦自知必爲人指摘。故其下復有價值無非由各工而生之語。意謂凡造一物。必有用於人。始能有值。無所用則無所值。此乃自圓其前說耳。吾人當細察之。蓋瑪氏所謂有用無用。亦正矛盾。曰有用之物。則爲衆人所需賴者也。曰無用之物。則爲衆人所擯棄者也。二者固不能相並。如謂衆人需賴之物。其工乃有價值。則工值非由工人所費之力與時而生。而生於衆人需賴之下焉。工值不在勞力之多少。而在可供衆人需賴之多少。衆人需賴何者之貨。多則此工值昂。少則下。此勞力者酬報之恆理也。

或問財主之利益。與工力之利益。相合抑或相反。則據瑪克斯所言。實係相反。無他。以財主之資本。爲工力所生。故謂有財而僱工者所獲之大利。均由工人之勞銀所奪也。然人誠信此。勢必目財主爲大盜。爲國律所宜禁矣。而吾之所見則與此異。蓋財力與工力。不在相敵。而在相和。工人所出者愈多。則勞銀愈高。而貨價自低。不但有財力者獲利。而工人與衆人亦必獲數分之利。非財主之利息。與工人之勞銀。出乎一財池也。乃出乎一財源耳。使第出乎一財池。則譬以二人取一池之水。前者所取既盈。後者所取必竭。若在一源。則前者雖多。而後者未必見少。此一定之理也。夫財源之開拓。由於用財而增。苟財主之貿易日興。（以所獲之利推廣之故）則財源之推廣。當亦日盛。而工人之勞銀。要未必見減。財源發達之效果蓋如是。

　　今設有出其一國之資財。循天然之本分行之。而其財既見其大增。而工人亦必得利非淺者。何哉。以現世界創用機器故也。機器與現世界之利益甚夥。一在得宇宙諸力以廣布文明之質。其利益雖不以勞銀之法估計。然頗不乏。一在資財愈生則愈多。而所生之資財中。衆人亦必獲利數分。蓋用機器之大商所要求者。爲敏捷上等之工人。欲求捷敏上等之工人。則必益增其勞銀。以圖減其造貨之費用。造貨之費用既減。則所造者價必隨而見減。以是上等工人之獲益。厥有二端。一在增其勞銀。一在增其銀之購買力。（以貨物價減則必多買故也）不特此也。貨價隨減。則初或無力購買。至此即可多購。而商界必益推廣。商界推廣。則可愈出其貨物。不增其貨價。而愈增其工人之數。（愈增世界賺銀者之數也）故曰財主與工力之利益。不在相敵。而在相和。若是庶可同享國中之安富焉。

　　瑪克斯雖以熱忱排擊世間之財力。而獲泰西工黨之歡心。顧其理論。悉憑空搆造。並無實證。如所謂國中資財。均由工人創造等語。則或指亞洲無機器各邦言之。似稍近是。蓋亞洲各邦之資財。十有八九。大抵爲農工產造品。可認爲民膏民脂。若指泰西近百年之製造與營運而言。則雖其半似真。而其半實偽。以商貨多由地礦與機器製造而成故也。開鑿地礦之法。厥有四端。先是以地質學考察而獲良礦。（與工人之勞力無涉）次以化學試鍊。（此法由勞心而生）次以機器製造。（創造新機器亦勞心之功）次以商務最精之法廣爲流布。（是亦商人之勞心）而卒底於成。是財力之出乎智力。而非出乎勞力者。固已確有證據。苟謂勞力有當然之價值。豈智力獨無價值乎。考泰西各國

第九章 理財學

之財源。大抵有二。勞心與勞力而已。若亞洲各國。則雖出乎勞力者多。而智力近亦頗形發達。足爲擴充財政之計。瑪克斯又謂一國之財主愈多。則工人愈受影響。蓋商家致富之道。大抵以抑勒工價爲不二法門。故一則以富。而一則以貧。然此言究與真理相背。蓋機器製造。日益發明。則貨物之價值必漸減。理財之道。愈臻完善。則工人之價值。亦必隨增。將見國家財政充裕。而無竭蹶之慮。此不必求諸遠也。試證諸歐洲可矣。按近年英國財政學家何百森①。J. A. Hobson嘗著論説。刊登倫敦某報。略謂查各國財政。及其工銀。并每日工作時間之長短三者。如英、德、法、比、荷蘭、瑞典、那威②、美、與日本等國。近二十年來。凡上等工人所獲之工銀。罔不有增無已。姑無論其他。即此一端。已較前佔優勝。至若智力與勞力並進之邦。則三者較前尤勝。（按第三者較前尤勝者蓋每日勞力之時減也）故謂僱工者致富。其語雖是。而所謂病及工人。則未必然耳。此外尚有計學家某君亦言近二十年來。各項工業之傭值有增無減。而貨價較廉。（此第二層之利也）且工作時間。不若往日之久。而工人私蓄恆倍於曩昔。蓋被雇者所增之財。（按大衆計算）大抵較僱人者、所增之財爲尤多故也。均富黨見此。未便嘵嘵。故惟易其詞曰。事固大有進步。顧大利之所歸究以財主爲多。瑪克斯之語。要不可懸爲標準也。蓋瑪氏明言機器愈興。則工作時間愈增。而傭值愈廉。甚至有一家受雇。不及昔時一人之所獲者。總之爲工者之家。無非悉爲財主之奴隷而已。其言相反若此。焉得目爲均富之經。而不置諸故紙堆中哉。

顧瑪克斯所論。雖無實證。而各國工黨。已大受其感動。致有投入該黨者。今泰西諸國。間有議院中以是黨爲代表。其視財主如寇讐。幾與法

---

① "何百森"，即約翰·阿特金森·霍布森（John Atkinson Hobson, 1858—1940），英國經濟學家、社會科學家。
② "那威"，即挪威（Norway）。

民之視貴族無異。即其反對宗教之人。亦間有如法民當日之反對宗教者。故不特以上等社會爲惡。且有以上帝爲虛無之說。有由均富黨而轉入虛無黨者。（在俄國等國）其宗旨則無非反對世上一切可尊可敬。傾覆一切政權。而絕無改絃更張之新法。以證宇宙間不特有好善之上帝。且有好惡之魔鬼。而使悖理者有所儆覺也。（今東亞各土似亦宜爲預防免再流入而爲後日之患）

按均富黨恆言。一國財政。皆由各工發生。所謂工者。固第指勞力者而言。而非指勞心者而言也。人不勞其力。而擁有資財。輒目爲僭占世界之利益。故欲增長民權。必設律令悉罷國中私財。化爲衆民公財。顧近百年中。各國財產。不啻大增三倍。推其原因。試問果皆由於工人之勞力來乎。曰非也。蓋由博學通儒。殫其腦力而得者也。竭數十載之研究精思。於地質學。化學。機器學。汽學。電學等等。而得有是效果。蓋其事固非易易者已。今西國財力三分之一。雖出之於工。而其三分之二。則實出之於學。所謂財由工生之說。工之一字。蓋以心力並列而言也。故工黨果有合宜之要求。凡分給尋常工人者。惟國中三分之一之財而已矣。其三分之二之財。則非均富黨所得過問。

且予嘗聞諸人言曰。某國以兵力取某邦。不知所謂兵力者。果指刀矢之力。槍礮之力。抑指其將帥運籌帷幄之智力。夫將帥無士卒。則莫能出戰。士卒無將帥。則莫能取勝。今日之用工者。亦猶用兵。設無智力之主人。爲之籌劃運動。則亦徒成爲大隊游手好閒之徒耳。安得生財。然則今之工人之所以能生財者。設非以智謀之。而果誰之力與。所生之財。既由於主人之勞心。與工人之勞力。則財即爲兩力之所相輔而得。昔法國貴族以虐待下民故。而民以仇敵目之。今各財主以僱工故。固不可即目爲工人之仇敵。而拒之絕之。以國律爲可以玩視之也。蓋法民殺戮貴族。向有定讞之例。而煽惑工人以拒絕僱工者。自亦難逃法網耳。

第九章　理財學

　　要之、現世界之工場。雖於數端有必須改良之處。以企文明極軌。（如有不諳商法者常設最大公司僱用極貧工人工金甚廉不足瞻養等等必須改良）然以大勢而論。今日以機器協助人力之國。其財愈盛。則工人愈享厚利。而愈得感動其天機。以增長其工作之技能。與智力。其均富黨所指斥之弊竇。則並不屬於理財界。而屬於道德界。蓋人性缺乏道德。本不能以國律爲改易。而惟真實正大之宗教能爲之。故得化惡爲善。化貪爲仁。人苟誠敬上帝。爲人類之父。虔心祈禱。合乎天之仁惠。則對於人類。當以兄弟視之。既能行孝於上帝。亦必博愛於世人。雖此等宗教之感化人道。至今不甚廣布。然已數國日臻強盛。故善覘世態者。頗存希望。冀得榮歸上帝。下則和平。（見路加福音二章十四節）而寰球萬國。庶可拭目以待焉。

附美國巨富說財

　　喀尼基 Carnegie 安得烈、Andrew① 千八百三十五年生於蘇格蘭。年十三。隨父母遷居美之匹特斯伯 Pittsburg 城②。隸入美籍。長於理財。漸致巨富。近年由美歸英。仍居蘇格蘭舊第。歸時所攜資財。共計英金四千萬鎊。每歲收息約得英金二百萬鎊。性慷爽。樂善好施。其最著者、爲英國各城所設之藏書公院③。捐金至八百餘萬鎊。伯明含 Birmingham 大學堂④。捐金五萬鎊。其餘多所捐助。不可勝計。頃著一書。於理財問題三致意焉。節譯如左。

---

① "喀尼基 Carnegie 安得烈、Andrew"，即安德魯·卡內基（Andrew Carnegie，1835—1919），美國實業家、慈善家，19世紀末20世紀初美國壟斷資本的代表人物之一。
② "匹特斯伯 Pittsburg 城"，即匹茲堡（Pittsburgh），位於美國賓夕法尼亞州。
③ "藏書公院"，即公共圖書館。
④ "伯明含 Birmingham 大學堂"，即英國伯明翰大學（University of Birmingham）。

兄弟視之既能行孝於上帝亦必博愛於世人雖此等宗教之感化人道至今不甚廣布然已數國日臻强盛故善覘世態者頗存希望冀得榮歸上帝下則和平。見路加福音二十四節

附美國巨富說財

喀尼基 Carnegie 安得烈 Andrew 千八百三十五年生於蘇格蘭年十三隨父母遷居美之匹特斯伯 Pittsburg 城隸入美籍長於理財。漸致巨富近年由美歸英仍居蘇格蘭舊第歸時所攜資財共計英金四千萬鎊每歲收息約得英金二百萬鎊性慷爽樂善好施其最著者、爲英國各城所設之藏書公院捐金至八百餘萬鎊伯明含 Birmingham 大學堂捐金五萬鎊其餘多所捐助不可勝計頃著一書於理財問題三致意焉節譯如左

喀尼基嘗讀瑪克斯之論財普由工而生而駁之曰昔有兄弟二人在美國各購農地

第九章　理財學　495

　　喀尼基嘗讀瑪克斯之論（財皆由工而生）而駁之曰。昔有兄弟二人。在美國各購農地若干。其後美國創立紐約克①京城。兄地以距紐約克城較遠。荒僻無人過問。而弟地則距紐約克甚近。歷年既久。城市展廣。地價倍增。於是鳩工築屋。或售或租。頓獲厚利。傳諸其子。貲雄一方。號稱素封②。而兄子則身襏襫而首草笠。依然與農夫爲伍。試問其弟之富。果由工人勞力之所獲。抑係己身勞心之所獲歟。曰皆非也。則吾可一言以直決之曰。是誠由於眾人之需賴而致此焉耳。今世界恆有研究新機新法。經營理財者。不轉瞬間。便成巨富。而究其原因。則大半不外勞心之智。然而天下有勞心最甚者。不獲大財。是又何哉。吾觀西國醫士。志極艱苦。雖蹤跡所至。舉國歡迎。而因此大富者甚少。又觀英美教士。不憚跋涉。到處傳教。勞苦其心。而曾無私利之沾潤。即我國官長。凡品秩愈高。則其志愈淡。俸糈贍養而外。反恐以貪得損其令名。不特此也。試舉哲學家。並各科學大學士。以及著作詞章家。何一非勞心尊貴之人。有用於世。而其思想則皆超乎財利之上。而絕不孳孳爲利。蓋惟君子。能視財利爲人役。而小人則爲財利所役。此其大較也。

　　抑又有說焉。世間有巨財者。或因勞心之智而得之。或因事機之幸而得之。將何解此問題。以今日而論。各國之最貧苦者亦眾矣。凡均富黨所侃侃而談者。無非欲以一切私財。歸爲眾民之公財。而以數人之大私財。謂爲眾民之禍。顧就鄙見觀之。則不然。夫貧人之私意。往往以富人爲有幸福。而己則無福。故每懷憤嫉。而不知富人有此財産。其攖心之憂。爲何如也。使其知之。當亦不嫉之矣。且彼謂巨富者之私財。與眾人毫無利益。而不知既有巨財。即有利益於人之感動。且世之坐擁厚貲者。數傳而

---

① "紐約克"，即紐約（New York）。
② "素封"，指無官爵封邑而擁有資財的富人。

後。往往陵替。不能常存。則其財散歸於國民之手者。事所恆有。而以一國視之。則不啻取之中府藏之外府焉。一人果有巨財。衆人雖不可奪。要宜設法。俾其國終沾利益。或問宜設何法。曰取其死後遺財分之可也。按美國某州有取富人死後遺財十分之一之律。英國亦有議案。增益遺財國稅。法良意美。莫要於是。吾謂凡人果有私財。在英金百萬鎊以上者。宜定律取其十分之五焉。此則均富主義之莫善者耳。

　　記者曰、讀此不知均富黨究以此律爲滿意之策否。抑別有所要求耶。然喀尼基之慷慨不吝。於此亦可見一斑。

歐洲近世智力進步錄終

上者宜定律取其十分之五爲此則均富主義之莫善者耳。記者曰、讀此不知均富黨究以此律爲滿意之策否抑別有所要求耶。然喀尼基之慷慨不吝於此亦可見一斑。

六十六　第九章

歐洲近世智力進步錄終

《歐洲近世智力進步錄》編者說明

宋朝龍　路寬　編校

1. 底本描述

《歐洲近世智力進步錄》一書，是清末上海廣學會英國人高葆真（威廉·亞瑟·科納比）根據赫克托·麥克弗森1907年所著《知識進步的世紀》（*A Century of Intellectual Development*）編譯而成，今據北京大學圖書館藏本錄排。該書高22厘米，寬12.8厘米，含封面、中文扉頁、英文扉頁、英文目錄、中文目錄（即目次）、正文，其中正文65頁；中文目錄和正文之間有一補白插圖，是用簡綫條勾畫的漁翁垂釣圖；尾頁（第66頁）亦有一張補白插圖，描繪的是幾只飛翔的仙鶴，末行有"歐洲近世智力進步錄終"的字樣。扉頁標明出版時間爲"西厯一千九百零九年""宣統元年歲次己酉"，"上海廣學會藏版"，"上海商務印書館代印"。

2. 赫克托·麥克弗森[①]

赫克托·麥克弗森（Hector Macpherson，1851—1924），英國作家和記者，1851年出生於格拉斯哥。孩童時期，曾在埃及的亞歷山大生活和工作過。青年時期，自學了卡萊爾、斯賓塞等人的理論。麥克弗森一生主要從事新聞業，1880年與瑪麗·珍妮特·科普蘭（Mary Janet Copland）結婚。1877—

---

① 現在所提供的關於赫克托·麥克弗森的介紹是根據《愛丁堡皇家學會歷任院士傳記索引 1783—2002（第二部分）》（*Former Fellows of the Royal Society of Edinburgh 1783—2002: Biographical Index Part Two*）一書中的相關資料翻譯、整理而成。

1908年在《愛丁堡晚報》擔任記者、編輯等職，1908年後成爲自由撰稿人。麥克弗森撰寫了很多作品，涉及歷史、傳記、政治、宗教等主題，主要有《托馬斯·卡萊爾》（Thomas Carlyle）、《赫伯特·斯賓塞：斯人斯著》（Herbert Spencer，The Man and His Work）、《何謂好書與怎樣讀書》（Books to Read and How to Read Them）、《蘇格蘭的精神獨立之戰》（Scotland's Battles for Spiritual Independence）、《社會主義福音書》（The Gospel of Socialism）、《政治進步的世紀》（A Century of Political Development）、《歷史上的耶穌會》（The Jesuits in History）等。1924年卒於愛丁堡。

3. 高葆真[①]

高葆真，即威廉·亞瑟·科納比（William Arthur Cornaby，1860—1921），英國基督教傳教士，19世紀90年代前後來到中國，參與廣學會書籍編譯工作。1904年2月，廣學會在上海創辦《大同報》（周刊），以普及近代科學技術爲宗旨。由高葆真擔任主編。1915年1月，《大同報》改爲月刊。1917年停刊。高葆真還一度擔任過廣學會的宗教雜誌《中西教會報》的主編。

高葆真是位高產著述家。從目前可見的資料來看，從1900年至1907年，他發表文章590餘篇，大部分發表在《大同報》和《中西教會報》上，還有一部分發表在《萬國公報》《女鐸》《東方雜誌》《新民報》《北京新聞彙報》《中國實業雜誌》《扶風月報》《宗聖匯志》《法政學報》《教保》等雜誌上。他的文章署名有三種形式。第一種是他本人獨撰或獨譯的，署名時只署他本人之名，如"英國高葆真""高葆真譯""高葆真撰""高葆真"；第二種

[①] 關於高葆真的介紹，根據以下資料整理而成：鄭培凱，朱自振. 中國歷代茶書彙編校注本：下冊[M]. 北京：商務印書館，2014：1114；全國報刊索引數據庫中關於高葆真的資料。

是作爲譯者時，與著者共同署名（著者多爲英國人，也有美國人和印度人，涉及著者較多，如英國人有李提摩太、紀登、楊格非、夏範熙、斐德實、樂靈生、季伯令、華立熙、京莫甘，美國人有古君、施德讓），如"英國李提摩太撰、英國高葆真譯""英國華立熙著、高葆真譯"等；第三種是他與中國述者共同署名，如"高葆真、曹曾涵""英國高葆真、震澤徐惟岱""高葆真撰、管鶴潤詞"。從内容上看，高葆真著述或翻譯的内容頗爲廣泛，涉及宗教、國内外時政、自然科學進展、科學發明，以及實業發展等。例如，他曾翻譯《種茶良法》等介紹種茶技術，還曾介紹西方的醫學、生物學等。此外，他還撰寫了很多著作，如《華中漫游》（Rambles in Central China）、《桃核頸項鏈》（A Necklace of Peach-Stones）、《中國概觀》（China under the Searchlight）等。

4. 徐惟岱、曹曾涵

該書由徐惟岱和曹曾涵校潤。

徐惟岱（生卒年不詳），字太岳，庠生，江蘇震澤（今蘇州吳江區）人。目前還找不到關於此人的生平資料。但據其著述來看，徐惟岱，或與（英）高葆真合作，或與（英）莫安仁合作，於1907—1916年在上海廣學會編印的《大同報》《大同月報》《萬國公報》《中西教會報》等刊物上發表了大量文章，部分是原創（有徐惟岱獨著，部分爲他與高葆真或莫安仁合作撰寫的文章），多數是譯文（譯文署名多爲高葆真或莫安仁譯，徐惟岱述）。從内容上看，多是宣傳新思想（包括自然科學方面和社會科學方面的新思想），也有對中外時局問題的評論。高葆真、莫安仁均爲廣學會的英國來華傳教士，由此可以推斷，徐惟岱應是與廣學會及會中傳教士聯繫密切的華人述者。熊月之曾將晚清中國譯才分爲三類：第一類是中述人才，即與傳教士等西人合作翻譯時擔任筆述工作的人，如李善蘭、徐壽、華蘅芳等；第二類是西譯人才，即通曉西文、能獨立進行翻譯工作的人，如嚴復、馬君武等；第三類是日譯人才，即從日文轉譯西學，如梁啟超、楊廷棟等。[①]從徐惟岱的著述來看，他應屬於第一類中述人才，中文較好，但不通西文（或知曉一點），在從事翻譯工作時，多由高葆真或莫安仁口譯或筆譯，由他筆述或校改、潤色。

現簡要列舉徐惟岱在上述刊物上所發文章的標題，以供參考：《設資政院以立議院基礎論》《農學新法》《中國新舊黨與立憲關係議》《論中國宜求新政人才》《英國憲政》《萬國農業大會之組織》《俄皇家前代之慘劇記》《北印度之虛無黨》《論奉天通報館被封事》《亞細亞以中國為全洲之冠論》《個人與立憲之關係》《黃種腦筋問題》《印度籌稅綱要》《內閣振興實業政策平議》《預儲憲政人民之要素說》《土耳其宣布立憲之現狀》《中國運河與各省水災》《天然和平進化之世界說》《英國治印問題》《論整頓國家財政之要》等。很多文章為多期連載，如《財政：二十世紀地球資本金之發達》一文，便為《大同報》多期連載，通常每期集中論述一個主題，如"歐洲資本發達之原因""資本之發達在工業""通商阻滯之原因"等。[②]此外他還有譯著《英國憲政輯要》（威克師著，莫安仁譯，徐惟岱述，宣統元年上海廣學會刊）。

從以上著述可以看到，徐惟岱對新思潮應有所了解，略通憲政、資本、農學方面的知識。

曹曾涵（生卒年不詳），字恂卿，一字蘅史，江蘇元和（今江蘇蘇州吳

[①] 熊月之. 西學東漸與晚清社會[M]. 北京：中國人民大學出版社，1994：679-680.
[②] 根據全國報刊索引數據庫中關於徐惟岱的資料整理而成。

中區）人，曾是希社社友①，亦是西泠印社社員②。20世紀初大概曾在上海廣學會或《大同報》從事翻譯工作。1910、1911年初，先後協助高葆真校潤《種茶良法》和《泰西醫術奇譚》二書。③

與徐惟岱類似，曹曾涵應爲熊月之所說的晚清譯才中的第一種——中述人才，通常擔任西人傳教士的筆述者。據目前可見的資料，1907—1910年，他與英國人季理斐、高葆真合作，在《萬國公報》《大同報》上發表文章140餘篇。季理斐、高葆真爲譯者，曹曾涵爲述者，文章內容主要是中外時政信息，有少部分涉及自然科學、社會變革等。總體來看，內容趨向維新，傾向於通過介紹世界大勢和傳播新思潮來推動社會變革。1910年以後，他在《希社叢編》《青年進步》《詞章雜誌》上發表詩歌、散文等80餘篇。④

曹曾涵曾參與《萬國通史》的翻譯。英國李思（John Lambert Rees）與蔡爾康、徐蓋臣、曹曾涵合作翻譯的《萬國通史》⑤，分前編、續編和三編，各10卷。續編敘英、法兩國歷史，李思譯，徐氏筆述，曹氏潤色；第三編記德、俄兩國歷史，李思譯，曹氏筆述。光緒末年由廣學會刊印。⑥

---

① 希社由高翀1912年農曆七月十五日創辦於上海，以豫園壽暉堂爲社集，月凡一舉，爲文酒之會。希社詞人除高翀、潘飛聲、黃式權、蔡爾康等少數幾人出名外，大多爲不甚出名者。參見李康化. 近代上海詞人的移民身份與文化網絡[M]//教育部人文社會科學重點研究基地，復旦大學中國古代文學研究中心. 中國文學研究：第13輯. 北京：中國文聯出版社，2009：114.
② 余正. 西泠印社早期社員狀況研究之一[M]//西泠印社. "百年名社·千秋印學"國際印學研討會論文集. 杭州：西泠印社，2003：26. 西泠印社由浙派篆刻家丁仁、王禔、吳隱、葉銘發起，清光緒三十年（1904）創立於杭州西湖畔，因臨近西泠橋而得名。該社以"保存金石，研究印學，兼及書畫"爲宗旨，是一個主要從事金石篆刻創作與研究，同時兼及書畫創作的民間學術團體。該社歷史悠久，影響較廣。參見馮驥才，羅吉華. 中國非物質文化遺產百科全書·代表性專案卷：下卷[M]. 北京：中國文聯出版社，2015：625.
③ 鄭培凱，朱自振. 中國歷代茶書彙編校注本：下冊[M]. 北京：商務印書館，2014：1123.
④ 據全國報刊索引數據庫中關於曹曾涵的信息整理而成.
⑤ 該書所據底本，有不少來自英國倫敦麥克米倫公司（MacMillan & Co. of London）出版的由約翰·愛德華·格林（John Edward Green）所編"歷史與文學基本讀物系列"（*The Series of History and Literature Primers*）。見王雲五. 續修四庫全書提要[M]. 臺北：臺灣商務印書館，1972：967-968. 轉引自鄒振環. 西方傳教士與晚清西史東漸：以1815至1900年西方歷史譯著的傳播與影響爲中心[M]. 上海：上海古籍出版社，2007：335.
⑥ 鄭天挺，等. 中國歷史大辭典：音序本（下）[M]. 上海：上海辭書出版社，2007：2692.

5. 上海廣學會[①]

廣學會是1887年（光緒十三年）英、美基督教新教傳教士、外國領事和商人等在中國上海創立的出版機構。其前身爲1834年英、美傳教士在廣州創立的"在華實用知識傳播會"（The Society for the Diffusion of Useful Knowledge in China）和1884年在上海設立的"同文書會"（The Society for the Diffusion of Christian and General Knowledge Among the Chinese），1892年改稱"廣學會"（The Christian Literature Society for China），宗旨爲"以西國之學，廣中國之學；以西國之新學，廣中國之舊學"[②]。

廣學會既是基督教傳教士創立的翻譯出版機構，也是由各教派駐華機構組成的聯合體。中國海關總稅務司的英國人赫德爲第一任董事長，在華傳教士韋廉臣、李提摩太先後擔任總幹事。廣學會的主要成員是西方在華傳教士、外交官、商人，如林樂知、丁韙良、李佳白、慕維廉、艾約瑟等。廣學會工作人員最初只有31人，最多時達到254人（1905年），在北京、奉天（今瀋陽）、西安、南京、烟臺等地設立專門機構，廣泛開展會務活動。

廣學會的翻譯出版規模十分龐大，每年出版新書和重版書100種左右。先後編譯出版了大量宣傳介紹西方宗教、政治、科學、史地的書籍，其中最爲著名的有《泰西新史攬要》《中東戰紀本末》，比較有名的有《格物探

---

① 關於"廣學會"的介紹是依據以下文獻整理而成：中國大百科全書出版社. 中國大百科全書·中國歷史：縮印本[M]. 北京：中國大百科全書出版社，1994；郭書春，李家明. 中國科學技術史·辭典卷[M]. 北京：科學出版社，2011；中國大百科全書總編輯委員會《新聞出版》編輯委員會，中國大百科全書出版社編輯部. 中國大百科全書：新聞出版[M]. 北京：中國大百科全書出版社，1990；鄭天挺，譚其驤. 中國歷史大辭典[M]. 上海：上海辭書出版社，2010；張憲文，方慶秋，黃美真. 中華民國史大辭典[M]. 南京：江蘇古籍出版社，2001；陳旭麓，方詩銘，魏建猷. 中國近代史詞典[M]. 上海：上海辭書出版社，1982；夏征農，陳至立. 大辭海·中國近現代史卷[M]. 上海：上海辭書出版社，2013.
② 古吳困學居士. 廣學會大有造於中國説[J]. 萬國公報，1896（88）：6.

原》《自西徂東》《文學興國策》《大英治理印度新政考》《列國變通興盛記》《治國要務》《天下五洲各大國志要》《百年一覺》①等。此外，還出版發行《萬國公報》《中西教會報》《女星》《大同報》等報刊。其中，《萬國公報》傳布基督教和介紹"西學"，鼓吹改良維新，在戊戌變法前後出版發行量很大，具有廣泛的社會影響，是近代中國介紹西學影響最大的刊物之一。

五四運動後，廣學會出版了《共產主義之研究》《基督教與共產主義》等書刊，反對馬克思主義在中國的傳播。1941年12月太平洋戰爭爆發後廣學會遷往成都，1945年抗日戰爭勝利後仍遷回上海。1949年中華人民共和國成立後，廣學會的外國人撤離中國，組織解散，但其成員仍繼續在滬經營出版業務，出版了不少基督教書刊。1957年與浸會書局等其他3個基督教出版機構合併成立中國基督教聯合書局。

廣學會作為西方傳教士在華創辦的出版機構，對晚清時期西學在中國的傳播具有重要的、積極的推動作用，影響了中國政治、社會和思想的變遷，但它所進行的宗教傳播和文化侵略也受到了人們的批評。

6. 上海商務印書館②

該書由上海商務印書館代印。

商務印書館，1897年由夏瑞芳、鮑咸恩等人集資在上海創辦，是中國近代出版事業中歷史最久的出版機構。1902年分設編譯、印刷、發行三所，由張元濟主持編譯，聘請蔡元培任編譯所所長（次年張元濟繼任）。1921年王雲五進館，歷任編譯所所長、總經理。建館初期以出版中小學教科書及

---

① 《百年一覺》，已收入《馬藏》第一部第一卷。
② 關於商務印書館的介紹是根據《中國出版百科全書》(許力以. 中國出版百科全書[M]. 太原：書海出版社，1997：60-61.)中的相關信息整理而成。

中外文詞典工具書爲主，後來範圍逐步擴大，出版物遍及社會科學、自然科學、應用技術、文學藝術、兒童讀物和各級各類學校課本等領域，還出版雜誌和影印珍本、善本古籍。在海內外設有分支機構40多所，職工人數曾達4200人，擁有當時東亞藏書最多的東方圖書館。1932年，館址大部毀於"一·二八事變"戰火。從建館至1949年，商務印書館的出版物達2萬餘種，占中國出版物總數相當大的部分。在衆多出版物中，商務印書館最值得稱道的是在編印工具書和整理古籍方面所做的工作。在工具書方面，出版了影響較大的《辭源》《英漢雙解韋氏大學字典》《綜合英漢大辭典》《中國人名大辭典》《中國古今地名大辭典》等；在古籍整理方面，先後編印了"續古逸叢書""四部叢刊""百衲本二十四史"等。

1954年總館由上海遷至北京，成爲國家一級出版社。根據國家確定的出版專業方針，商務印書館把主要精力集中在編譯出版世界哲學、社會科學方面的學術著作上，介紹各國哲學、政治、經濟、歷史、地理方面各流派的著作，編纂漢語和各種外語詞典、工具書、教材、研究著作及普及讀物。在介紹西方學術思想和編纂工具書方面發揮自己的優勢，取得了更大的成就。在介紹西方學術思想方面，商務印書館從20世紀50年代開始直到90年代共翻譯出版外國學術著作1300多種，世界名著400餘種。在前期的出版基礎上，還彙編成"漢譯世界學術名著叢書"。在工具書編纂方面，除了中文辭書的編纂外，還出版了阿拉伯、印尼、朝鮮、拉丁、波斯等許多語種的漢外、外漢詞典。自創立以來，商務印書館出版了數萬種圖書，并與英國、美國、日本、法國等20多個國家和地區先後建立了合作出版關係。

7. 翻譯狀況

麥克弗森的原著《知識進步的世紀》共二十一章。《歐洲近世智力進步錄》的九章內容，譯自《知識進步的世紀》的前十一章。其中，第一章"法國反對政教之感動"，介紹了法國大革命前的三位著名學者伏爾泰、盧梭、霍爾巴赫，他們都有著述貢獻於世，引領了大革命的先聲。第二章"法國才士之感動"介紹了法國"百科全書派"（The French Encyclopaedists）的代表人物及其影響。後面附有一則盧梭小傳。第三章"天文之感動"介紹了西方的天文學家，分別是哥白尼、開普勒、牛頓、赫歇爾、康德、拉普拉斯。第四章"物質考之感動"介紹了物理學中物質的構成規律，重點是原子學說和力學理論。第五章"生物學之感動"介紹了生物學界關於生物起源與演化的思想。第六章"英國思想家之感動"介紹了19世紀英國功利主義的代表人物邊沁和穆勒的思想。第七章"德國思想家之感動"介紹了18世紀末至19世紀中葉德國古典哲學的代表康德、費希特、謝林、黑格爾的生平及理論要旨。第八章"喀賴爾之理想"介紹了英國哲學家、歷史學家托馬斯·卡萊爾的思想。該書第九章取自麥克弗森《知識進步的世紀》中"政治經濟學與社會主義"（Political Economy and Socialism）一章，《歐洲近世智力進步錄》將之翻譯爲"理財學"，其主要內容是介紹和批評勞動價值論和社會主義理論。

《歐洲近世智力進步錄》的書名、目錄和正文的翻譯有其鮮明特點。

（1）關於書名和目錄

《歐洲近世智力進步錄》一書在扉頁上注明，該書是根據麥克弗森《知識進步的世紀》一書的若干章節翻譯而成（Based on some chapters of

HECTOR MACPHERSON'S 'A Century of Intellectual Development'）。高葆真等譯者擬定的英文書名爲 *Modern Intellectual Development*（《現代知識的進步》），中文書名爲《歐洲近世智力進步錄》。

該書列有英文和中文目錄，但二者并非一一對應。現將英文目錄、英文目錄的譯文和中文目錄列表展示如下（表1）。

表1　《歐洲近世智力進步錄》中英文目錄對照表

序號	英文目錄	英文目錄的譯文	中文目錄
1	I　Pre-Revolution Pioneers of Free Thought,（Rousseau, Holbach, Voltaire）	一、革命前自由思想的先驅（盧梭、霍爾巴赫、伏爾泰）	第一章　法國反對政教之感動
2	II　The French Encyclopaedists	二、法國百科全書派	第二章　法國才士之感動（附盧梭小傳）
3	III　Astronomical Discovery	三、天文學之發現	第三章　天文之感動
4	IV　The Composition of the Universe	四、宇宙之組成	第四章　物質考之感動
5	V　The Rise of Biology	五、生物學之興起	第五章　生物學之感動
6	VI　British Philosophy,（Bentham, Mill, etc.）	六、英國哲學（邊沁、穆勒等）	第六章　英國思想家之感動
7	VII　German Philosophy,（Kant, Fichte, Schelling, Hegel）	七、德國哲學（康德、費希特、謝林、黑格爾）	第七章　德國思想家之感動
8	VIII　The Philosophy of Thomas Carlyle	八、托馬斯·卡萊爾之哲學	第八章　喀賴爾之理想
9	IX　Socialist Tendencies	九、社會主義之傾向	第九章　理財學（附美國巨富說財）
10	Postscript: Carnegie on Wealth	後記：卡耐基論財富	

注：表中"英文目錄的譯文"是《馬藏》編校者根據英文目錄翻譯的

由表1可知，第一部分的英文名是"Pre-Revolution Pioneers of Free Thought,（Rousseau, Holbach, Voltaire）"，譯爲中文應爲"革命前自由思想的先驅（盧梭、霍爾巴赫、伏爾泰）"，但譯本中文目錄改爲"法國反對政教之感動"。此外，英文目錄中，第九部分爲"社會主義之傾向"，譯者編排時將原著第九部分"社會主義之傾向"和後記"卡耐基論財富"合爲譯本第九章，取名爲"理財學（附美國巨富說財）"。

（2）關於正文

中譯本在翻譯時對英文本進行了較大的改動，采用節選譯法，同時在原著的基礎上增加了一些新的內容。例如，每章前面的人物介紹在英文原著中都沒有。有些章節的附錄材料，也是中文編譯者增加的，如第九章對卡耐基的介紹，就是編譯者加上去的。中譯本對英文原著的內容有的作了刪減，有的作了概括和歸并，有的作了拆解，有的提出了新的論證方式。例如，第九章中對簡單勞動和複雜勞動的論述，中文編譯者就采用了不同於英文原著的論證方式；中譯本結合東亞或中國的情況所作的議論，也是英文原著所沒有的。在術語的翻譯上，則比較混亂。如中譯本把政治經濟學（political economy）翻譯成"理財學"；把社會主義（socialism）翻譯成"均富"；把無政府主義翻譯成"虛無黨主義"；把階級差別翻譯為"主僕為別"；把"資本家"翻譯為"雇工者""僱工之財主""有財力者""僱工之主人""主人"；把"資本"翻譯為"主人所獲之財產"；工資有時也被翻譯為"俸""勞銀"；"需求"被翻譯成"需賴"；"價格"被翻譯成"貨價"。編譯者雖然也使用了"價值"這一概念，但在內涵上，價值概念和使用價值沒有作區分；對勞動二重性沒有概念，因而對生產價值的勞動和生產使用價值的勞動沒有進行區分；"勞動"這一概念也常被翻譯為"工藝"等。

8. 該書對馬克思及其學說的介紹

該書在第九章"理財學"中對馬克思及其部分學說作了評介，具有重要意義。

第一，介紹了馬克思的生平、學說和影響。

文中對馬克思的生平事迹作了簡要介紹。

至否定的態度，如認爲馬克思的勞動價值論激起了歐洲工人的反抗和罷工，"豈非今世之大危險乎"；認爲剩餘價值論"似未允洽"；對於廢除私有制，認爲"均富之法，即能實行，私財即皆禁止，亦未必可得國泰民安之幸福"。當然，儘管書中的一些觀點多有偏頗之處，但對馬克思的生平事迹、勞動價值論、剩餘價值論的介紹爲中國讀者了解馬克思學說提供了重要資料。

9. 研究綜述

目前學術界對該書的研究較少。郭蔚然所著的《晚清漢譯歷史教科書研究》[①]一書指出，《歐洲近世智力進步錄》曾在部分教會學校作爲教科書使用。宋韻聲的著作《中英翻譯文化交流史》[②]只是提到了該書的基本信息，并無介紹。對該書的研究還有待深入。

10. 第十一章譯文

該書中論述馬克思學說的內容主要集中在第九章"理財學"中，這一章是根據《知識進步的世紀》一書的第十一章（XI. Political Economy and Socialism）編譯而來。由於是"編譯"，譯者對原著的翻譯并不完整，也不盡準確，故我們重新完整翻譯了原著中的第十一章。需要指出的是，作者在該章中未能準確理解和把握馬克思思想的意蘊，對馬克思思想的理解多有偏頗，還請讀者明辨之。

第十一章　政治經濟學與社會主義

法國大革命對經濟科學的影響，不遜色於它對任何其他思想領域

---

① 郭蔚然. 晚清漢譯歷史教科書研究[M]. 北京：光明日報出版社，2021：186.
② 宋韻聲. 中英翻譯文化交流史[M]. 瀋陽：遼寧大學出版社，2017：51.

的影響。政治經濟學雖然是一門可以追溯到亞當·斯密時期的科學，但是，激發他創作的那些思想觀念很早就開始流傳了，這一點可以從《國富論》對法國先驅的諸多引用參照中找到答案，這些先驅的革命性的經濟學觀點為法國提供了社會變革的思想土壤。狄德羅和他的追隨者反對國家對人類宗教信仰和智力活動的干涉，魁奈和他的追隨者反對國家對人類工業活動的干涉。法國農民可憐的處境增強了法國經濟學家們進行理論創新的緊迫感；法國大革命在其來臨之際就吸引了全世界對其經濟自由觀念的關注。

法國大革命後，政治經濟學降到了次要的位置。直到1818年，政治經濟學才在法國發揮政治影響力。哲學激進派看到了把政治經濟學納入其政治綱領的重要性，這種政治經濟學在詹姆斯·穆勒和李嘉圖等人的倡導下已經在公共事務中佔有權威地位。李嘉圖的影響如此大，以至他的政治經濟學被視為擁有堅不可摧的理論基礎。但還是有一些反對的聲音。例如，馬爾薩斯就認為，李嘉圖提出的理論的主要體系（the main structure）是不牢固的。約翰·斯圖亞特·穆勒對政治經濟學的可靠性有著強烈的信念，他於1848年著手創作一部用以替代《國富論》的著作。在他看來，《國富論》在很多方面是過時的和有缺陷的。穆勒確實創作了一部著作，但是這部著作的影響卻出乎他的意料。他在其中引入了個人主義和集體主義兩種相反的思想綫索——這兩種綫索最終都指向了社會主義。

在相當長的時間裏，穆勒解決政治經濟學問題的新方法沒有產生什麼影響。中產階級是至高無上的，同時那些對社會主義最感興趣的工人階級卻沒有政治權力。只有當工人階級以一種革命精神去尋求變革時，才出現了卡爾·馬克思這樣重要的思想家，他從古典政治經濟學中構造出了一個經濟學系統，通過這種方法，他把模糊的期望與同樣模糊的工人階級的不滿轉化爲信條——社會主義的信條。在政治世界裏，特別是勞工黨成員重返議會後，社會主義迅速成爲國家的一種力量。因此，這需要政治學家和經濟學家們對其給予最細緻的考察。

要記住，社會主義的政治理想植根於一種明確的經濟理論。社會主義者將亞當·斯密、李嘉圖及穆勒稱作他們的經濟學先導。亞當·斯密在對財富的定義中犯了一個錯誤，李嘉圖延續了這個錯誤，并將其傳播開來，即國家的財富是勞動創造的。由此產生了另外一個錯誤，即勞動是商品價值的衡量尺度。在李嘉圖那裏，這種錯誤是以如下形式表達出來的：勞動是價值的源泉，但事物的價值是由生產成本決定的。李嘉圖是卡爾·馬克思的智慧之父。他曾經認爲，只能通過減少工資的方式增加利潤，一旦接受這個結論，那麽就不可避免地會認爲是資本家的日益繁榮導致了工人的日益貧困。卡爾·馬克思的第一步是讓工人們看清他們生活於其中的隱蔽的奴隸制。李嘉圖對財富的定義本無意激起工人的不滿。在他看來，工人們并不是屈從於資本主義，而是屈從於經濟法則所表達的事物的本性，因此不該責備資產階級。在一系列精確而細緻的分析中，馬克思論證道，工人被奴役是由於資本主義的本質，而不是經濟法則所表達的事物的本質導致的。要打破這種被奴役的狀態，只能靠革命。李嘉圖斷言，只能通過減少工資來獲得利潤。馬克思說，這意味着資本家的利潤就是剩餘價值，而剩餘價值來自工人勞動沒有獲得報酬的部分。

馬克思從不滿意於一般性的斷言，總是從大量具體的細節中尋找抽象的規律。接受李嘉圖關於勞動是財富的源泉的理論，換句話說，即接受價值是由工人的個人勞動所創造的之後，馬克思對這一重要問題進行追問：如何測量勞動本身的價值？經濟學家曾說過，工資率或勞動的價值，都是由勞動力的生產成本決定的。因此，馬克思毫無困難地得出，勞動者的工資或者說價值，至少必須等於他自己的生活花費。例如，如果六小時的平均社會勞動足以爲勞動者提供必要的生活資料，并且假如可以用三先令來代表，那這就是資本家必須支付給勞動者的總額，如果他想讓勞動者去工作的話。但是資本家却發現，勞動者可以生產比他所花費的更多的東西，并且可以迫使他工作十二小時而不是相當於三先令的六小時，從而，資本家占有了另外的三先令。馬克思所描述的作爲剩餘價值的無酬勞動就是資本家的利潤。簡單地說，即資本家掠奪了工人六小時的勞動。

更糟糕的是，機器的使用加劇了對勞動者的剝削，而機器本來被認爲是對勞動者有益的東西。機器就是資本，并且它表明了，工業進步的結果就是資本專制的加強，總體的結果就是：第一，工資減少了；第二，勞動時間延長了；第三，一半的工人階級爲了完成工作開始加班；第四，一些雇傭工人被解雇；第五，所有的剩餘價值都集中到少數的資本家手中，這些集中是通過剝削工人及剝削其他資本家來實現的。總之，馬克思得出的結論是：在現行體制下，富人越來越富，窮人越來越窮。解決的措施是什麼呢？社會主義提供了答案，即廢除資本主義制度。爲此，又需要獲得政治權力。總之，社會主義倡導的革命雖然是不流血的革命，但却比法國大革命影響更深遠。具有諷刺意味的是，這個具有龐大體系的種子是那些堅定、穩重、正統的經濟學家們所種下的。同時，要不是他們的觀點引發了當時社會中的不滿情緒，李嘉圖和其同伴的觀點就幾乎不會產生影響。當我們考慮我們之間的富有與貧窮、暴政和心胸狹窄的個體資本家與苦難和貧困人口的墮落形成的強烈對比時，我們難道還會懷疑悲傷和痛苦的工人是否應該支持那些以投票爲手段、承諾帶來社會和工業普遍福祉的經濟措施嗎？但是同情勞工并不能讓我們無視像社會主義這樣的制度帶來的危險，如果采用這樣的制度，一定會帶來一種與普遍福祉相反的社會狀態。

很明顯，在關於社會主義的論述中，有關於這整個體系的全部政治力量都來源於經濟學上對價值概念的基本規定。馬克思認爲，勞動是價值——或者可能會被表述爲財富——的原因。他認爲，僅有勞動能創造價值。或者，換言之，商品的價值是由生產它們所耗費的勞動量來衡量的。因此，如果做一雙鞋要花六小時，做一件外套要花十二小時，那麼一件外套就抵得上兩雙鞋，也就是說，這件外套的價值就是一雙鞋的兩倍。不駁倒馬克思的價值理論，是不可能在推翻社會主義理論方面取得進展的。事實上，政治經濟學作爲一門科學的根基就在於價值理論。價值理論的錯誤是致命的。如果一個思想家的價值理論是不穩固的，那麼他的整個經濟學體系就會像紙房子一樣輕易倒下。必須從一開始就對馬克思的價值理論進行嚴格的分析。那麼，勞動是財富的來源嗎？一個科學家一天腦力勞動十二小時，以探索永恆的運動，而另一個人花費相同的時間製作椅子和桌子。社會主義者能説兩個人都因他們的勞動而是財富的創造者，并且對他們的勞動產品擁有平等的權利嗎？假如我們把桌椅作爲勞動報酬給予那個製作桌椅的人，那麼，我們應該給那個努力探索永恆運動的勞動者什麼來作爲報酬呢？根據社會主義者的説法，財富是勞動創造的。那麼，那個探索永恆運動的人創造的財富在哪裏呢？我們要用什麼標準來衡量他的勞动价值呢？奥地利的经济学家庞巴维克①举了一个例子："如果产品的交换应该由创造它们所花费的劳动时间的比例来规定，那么，顺其自然地就应该得出：对于游猎民族来说，任何不寻常的蝴蝶，或是任何珍稀的可食用的青蛙，应该是一只鹿的价值的十倍，因为一个人寻找前者可能要花费十天时间，而他捕捉鹿只需要一天。"

马克思是个头脑清醒的思想家，他不会不明白他的价值理论是多么容易被人嘲笑，于是他赶紧加上一个他认为可能更合理的条件。他发现劳动可能会被浪费在如试图发现永恒的运动这种无用的地方，为了掩盖这种情况，所以马克思补充说道，任何物体，如果不是有用物那么就没有价值。他说，如果没有用处，那么物体体现的是徒劳的劳动消耗，因此也就没有创造价值。这样的限制就打破了劳动是价值的源泉的最初定义。实际上，马克思承认了这一点，并把他的定义缩小为这样一句话：有用的劳动是价值的源泉。在这种情况下，我们必须有办法能区分"有用的"和"无用的"劳动。有用的劳动必须是有需要的劳动。接着，我们在这里就得出结论，只有社会有需求的劳动才有价值。因此，价值并不是由劳动创造的，而是由劳动满足社会需求的能力创造的。在这种情况下，劳动的报酬将不取决于劳动者的工作时间，而是取决于社会对其工作的需要。总之，价值不是由劳动产生的。价值，用法国经济学家居约②的话来说，应该这样定义，"某人占有的效用和他人的需求之间的关系"。因此，严格分析后的结果是，我们改变了想法，认为劳动是否应该得到充分的报酬，不是由花在产品

---

① "庞巴维克"，即欧根·冯·庞巴维克（Eugen von Böhm-Bawerk，1851—1914），奥地利学派主要代表人物之一，也是新古典理论的主要传播者，对新古典经济理论取代古典经济理论而占统治地位做出了巨大贡献。
② "居约"，指伊夫·居约（Yves Guyot，1843—1928），法国经济学家、政治家。

上的時間總量決定的，而是由社會對這些產品的需求決定的。在這種情況下，工資僅僅取決於供求規律，而不取決於工人對國家或工會立法所提出的激烈主張。

資本的利潤和勞動本質上是對立的還是和諧的呢？社會主義預設了它們本質上是對立的，并且正如我們所看到的，卡爾·馬克思給出了他之所以認爲是對立的經濟原因。他斷言，勞動，作爲財富的創造者，正在被資本掠奪。社會主義者看到，權力而非權利統治着工業世界，在它的支配下，富人越來越富，窮人越來越窮。一旦接受社會主義者關於勞動創造財富的定義，那麼就很容易理解社會主義者自然會相信分配不均是由於資本的貪婪。如果財富是由勞動創造的，那麼社會主義者對目前分配體系的抱怨就很容易理解了。尤其是，他們在這方面一直受到政治經濟學家著作的鼓舞。當李嘉圖告訴工人階級，資本家必須獲得他的利潤，而利潤只能來自工資，不管工人做了什麼，工資都不會高於（他們的）生存所需，并且同時告訴他們財富是勞動的創造物，那麼，工人階級除了不滿還能做什麼呢？當約翰·斯圖亞特·穆勒告訴工人們，與財富的生產不同，財富的分配是社會或政治安排的問題時，工人們的不滿勢必會增加，并驅使他們走上政治舞臺。一旦他們和李嘉圖及社會主義者一道承認財富是勞動創造的，就會立即認可穆勒的結論，穆勒認爲，現有的財富分配是不平等的和人爲的，應該在立法上采取調節措施。李嘉圖宣稱，資本和勞動處於戰爭狀態；穆勒則認爲"財富的分配僅僅是人類制度的問題"。現在，我們發現那些著名經濟學家的教導對社會主義者產生了實踐上的影響，使他們認爲熄滅資本與勞動之間戰火的方法是一種類似這樣的方法，這種方法試圖終結獅子和羔羊之間的自然敵對關係——讓羔羊安息在獅子的胃裏！

與社會主義者的理論相反，我們認爲，在工業發展的現階段——機器工業階段——資本和勞動的利益并不是對立的，而是和諧的，并且生產和分配不是兩個獨立的過程，而是同一過程的兩個方面。根據這一觀點，工業生產能力的每次提高都會自然地帶來——假設經濟是自由的——財富和分配的雙重增加，即帶來更高的工資和價格更低的生活必需品。在這種觀點看來，構成利潤和工資的資金并不是像一個水池的水一樣，每從中拿走一些就會使總量減少一些，而是像一個水庫，取走的部分會不斷地被持續匯入的溪流所補充。根據自然法則，假設國民財富在增加，相比起資本，看不見的分配法則將在更大程度上促進勞動者的利益。這是爲什麽呢？對該問題的解答可以從機器的引入中找到，通過機器，人支配自然界的力量大大加強，我們日益增進的文明所帶來的福祉也得到了廣泛傳播。機器相較於手工勞動的優勢在於它能以相對較少的成本生產出更多的財富。這種力量的表現是，相比小規模的、幾乎固定的交易中的大額利潤，大規模交易中的小利潤帶來的商業財富更多。在高度機械化的國家中，機器被最大限度地使用以保證產品的品質和數量，此時最需要的是優質工人。在機器工業的競爭中，智力成了一個重要的因素。因此，最有潛能的經濟，是爲優質工人支付豐厚工資的經濟。由於高工資的目的是降低生產成本，因此，工人作爲消費者，以較低的價格買入他以高薪勞動生產的產品。因此，工人獲得了雙重好處，一是工資提高了，二是工資的購買能力提高了。但這還不是事情的全部。用美國經濟學家高頓[①]的話說就是："降價使商品進入那些之前沒有相應消費能力的階級的消費範圍，因而市場就擴大了，因此在不提高利潤的情況下增加了收入——這一切又

---

① "高頓"，即喬治·岡頓（George Gunton，1845—1919），美國經濟學家。

進一步增加了對勞動力的需求，并且提高了社會總福利。"資本和勞動并不是完全對立的，就國家財富的增加來說，它們是真正的合作者和共用者。去除階級法則，生產力的提高及看不見的分配法則，將同時促進資本和勞動的利益。

目前爲止，我們已經從兩個方面考察了馬克思的價值理論。我們已經盡力表明，它經不起理性的考察，并且剝削理論在馬克思自己的哲學意識之外，没有存在之所。財富不是工人階級的創造物，工人在資本的專制統治下并没有變得越來越窮。相反，在資本的領導下，工人具有了與機器革新相關聯的組織能力，并且通過更高的工資和更便宜的商品，工人分享了更多的國家財富。在這一點上，經驗還能告訴我們什麽呢？前段時間一個很優秀的作家J.A.霍布森先生以《外國勞動統計摘要》爲材料，從國際視野來看待勞工情况，爲倫敦一家報紙撰寫了一篇文章。霍布森先生被認爲是一位獨立的思想家，他寫了幾部對工人階級表示同情的名著。他完全是在資本主義武裝的縫隙裏生存。這是他文章的一段摘録："以貨幣、工資和勞動時間爲尺度，我們能够追踪到每個國家，以及幾乎所有有記録的行業，在過去的20年中，工人階級的地位有了明顯的提升。"他接着說道，在德國、法國、荷蘭、比利時、斯堪的納維亞及美國和日本，在過去的20年中，技術行業的工資增長是相當可觀的。這一改善工人階級待遇的趨勢證實了霍布森先生在他的《貧困問題》一書中所表達的觀點，該書在談到工業化的黑暗面時，并不同意社會主義者關於富人越來越富、窮人越來越窮的主張。霍布森先生說："直到幾年前，不論是講臺上的煽動者，還是對這個問題進行深思的作家，假設'富人越來越富，窮人越來越窮'都成了一種習慣。"這一理論正逐漸流行，但一些來自統計學方面的質疑

《歐洲近世智力進步錄》編者說明

却將之扼殺了。萊昂內·利瓦伊①教授、格里芬②先生和大量細心的調查者們表明，在過去的半個世紀中，工人階級的工作條件有了巨大的進步。有人指出，各種工作的工資都大幅提高了，而且物價普遍下降了，因此工資的漲幅實際上比看上去更大；此外，工人工作的時間更短了，獲得了更多更好的食物，更長壽，犯罪行爲也減少了；最後，存下的錢更多了。一般來說，這些說法的準確性是毋庸置疑的。在過去的半個世紀中，工人階級的工作條件有了巨大的進步。儘管關於這一點的證據并不確鑿，但工人階級的總收入甚至比資產階級增長得還要快。

從統計數據中可以得到相同的充分的證據，但是，社會主義者有一個精明的辦法能擺脫這個困境。他們回應道，他們并不否認取得了進步，但是資本家得到的份額最大。好吧，但是馬克思認爲只要資本掌握着機器，工人就不可能得到任何好處。據馬克思預測，資本掌握了機器，將會延長勞動時間，并且極度地壓低工資，以至於製造商現在只用支付他以前支付給一個主要勞動力的工資就可以獲得數倍於前的勞動力。總之，馬克思看到了一個會讓工人階級遭受奴役的進程。看看工人們現在的地位，他們提高了的工資、縮短了的工作時長，以及獲得的更便宜的商品，馬克思做出的黯淡前景的預測著實可笑。馬克思是一個具有強大精神能力的人，要是他沒有經過黑格爾學派的訓練（黑格爾學派是通過思辨原則來解釋自然與生活的），他或許已經在經濟學方面做出了有持久影響的貢獻。黑格爾給了世界一個關於自然哲學的體系，從思辨的角度講，它看上去似乎是十分和諧的，但是它

---

① "萊昂內·利瓦伊"，萊昂內·利瓦伊（Leone Levi，1821—1888），英國統計學家，法學家。
② "格里芬"，疑爲埃德蒙·富勒·格里芬（Edmund Fuller Griffin，1839—?），曾任倫敦大學國王學院法學院講師。

已經被遺忘了，理由很簡單，通過科學觀察進行檢驗時發現它的錯誤可以和它的輝煌相媲美。馬克思在經濟學領域犯了和黑格爾一樣的錯誤。科學觀察對馬克思的價值理論做了和對黑格爾的自然哲學同樣的事情——把它們放逐到智力古董博物館。

目前爲止，在處理社會主義的問題上，我們主要做的是破解這個體系的內核，即馬克思所宣稱的勞動是財富或價值的創造者。我們一直致力於證明社會主義者的價值理論是錯的。爲了便於討論，我們將假設（assume）社會主義者關於勞動是財富的創造者的論點是正確的，然後看社會主義者從這個前提中得出的結論是否正確。當社會主義者說，財富是勞動的創造物時，很明顯，這個觀點是含糊的，除非我們對"勞動"有一個清晰的概念。從字面上看，把"勞動"這個詞的含義局限於體力勞動，是荒謬的。但這正是社會主義者所理解的。當他們說財富是勞動創造的，他們所說的勞動是工人階級的勞動；資本家，獲得利潤和利息的資本家，卻是指依賴工人而生存的人，勞動的剝削者。爲了擺脫所謂的非生產階級，他們建議應該由國家掌握生產資料。社會主義者有時也承認工業領域中腦力勞動的存在，但是他們在面對資本家的罪惡時，很快就會忘記這一點。

在這個階段，出現了這樣一個問題：在過去的一百年中，國家的財富是由工人階級創造的嗎？如果真是由他們創造的，那麼社會主義者譴責那些既不做苦工也不紡綫的人就是有意義的。但是，這是事實嗎？據計算，按人口比例，現在創造的財富是我們偉大祖輩時期的三倍。顯然這一巨大的增長不可能是工人階級的體力勞動帶來的。那麼，增長的原因是什麼呢？這個增長源於機器的發明和勞動者的組織能力，這不是用他們的手，而是用他們的大腦實現的。也就是說，大約三分之二的國民收入并非來自工人的體力勞動，而是來自智力的力量。顯然，如果說財富是由勞動創造的，那麼在財富的分配中，我們必須將腦力勞動者的要求牢記在心。當腦力勞動者的要求得到滿足時，工人階級就必須滿足於享有國家財富的一小部分，而不是全部，正如他們的社會主義導師使他們相信的那樣。

在這裏，我們涉及了勞動定義中的嚴重錯誤，這個錯誤源於亞當·斯密，他已經從正統的經濟學家降格成了馬克思一派的人了。儘管斯密很關注腦力勞動的重要性，但他生活在機器工業之前的時代，很難將勞動和手工業勞動區分開來，他的後繼者們也只是忠實地追隨他的腳步。從他那個時代開始，新的勞動已經投入工業中了——發明者的勞動，以及組織者即工廠領導者的勞動。買方和賣方之間簡單而直接的關係被工業中機器的使用破除了。亞當·斯密所提到的物物交換的簡單進程，逐漸被一種十分複雜的過程所替代，大工廠的領導者轉變爲某種精英（Von Moltke），他的成功在於他能够在紙上演算并且將一系列精細的計算轉變爲實踐。就像白芝浩①所說的："一群分散的勞動者具有烏合之衆的特徵，但是，在資本家控制之下的勞動者，却有許多軍人的特徵。一個資本家爲勞動者提供了生存條件，指明了勞動者該做什麼及什麼時候做，并在適當的時候引出這一切組合的預期結果，他就像一位將軍一樣。他和他的員工將會活下去，并且創造財富，在這樣的環境中只有極少的勞動者會挨餓。"如果工人階級擁有了政治權力，却被資本家是他們的敵人的觀點所欺騙，那將是巨大的遺憾。事實上，資本主義一直是工人階級真正的朋友，不僅是從資本家

---

① "白芝浩"，沃爾特·白哲特（Walter Bagehot，1826—1877），英國經濟學家、政論家、《經濟學家》雜誌主編，維多利亞女王時代中期最有影響的新聞工作者之一。

的慷慨來說的，而且是依據必然的經濟規律所說的：在機器和競爭的時代，資本家爲了他的付出獲得公平的回報，他被迫降低商品的價格，而且這似乎只能通過給他的工人支付高工資這樣矛盾的方式來實現。在這一切中，我們發現了整個過程的原理。當我們説工資上漲的時候，除了意味着人作爲勞動者的價值提高了還意味着什麼呢？此外，當我們説生活必需品變得更便宜的時候，除了意味着商品的價值降低了還意味着什麼呢？這些過程都意味着當前的趨勢與社會主義者的解讀相反。工人們没有變得更窮，而是更富有。工人不是如卡爾·馬克思曾説的被拖到資本家的車輪下，而是坐在他的座位上，沿着進步的道路緩慢而堅定地前進。

　　在達到理想中完善的文明之前，會遇到很多障礙，但我們必須明白，目前的經濟體制正通過向人提出各種需求而日益提升着人的價值。今天，從經濟的必要性來看，薪酬最高的工人必須是最聰明、最可靠的人，在這個事實中，進步没有得到保障嗎？隨着工人人數的增加，隨着他們的享受變得更加理性，將會產生對品質更高的商品的需求，反過來，這也會提高工人的人生價值。

　　社會主義者們控訴的罪惡既有道德上的，也有經濟上的，但這些罪惡并不能通過立法的方式來解決，其中最不可能的，是通過使生產資料國有化的方式來解決。解決的方法應該是從另外一個角度着手，即通過道德力量來彌補經濟力量，認可人們有承當失業的責任和被保護的權利。在社會重建的過程中，各方面的進步都是必要的——經濟學、教會，以及不同領域的社會改革，最重要的是，人們之間更深入、更強烈的同胞感情。所有這些領域都在不斷發展。還有很多事情要着手去完成，只有當工人階級把他們的信念灌注於進化而非革命，事情才算取得了進展。對於那些能夠超越目前的混亂向更遠處看的人來說，更好的未來正在呈現。在利益衝突及鬥爭激情之上，那些相信進化科學精神的人，也許會聽到鼓舞人心的人道箴言："世界和平，人間善意！"

(A-0061.01)

www.sciencep.com

ISBN 978-7-03-075964-1

定 價:580.00元